JN436844

2026년 개정판

알기 쉬운 상속·증여세

공인회계사 **김영수** 지음

“

세린이도
세금고수가 될 수 있다!

”

■ 머리말

2026년 개정판 출간에 앞서…

이번 개정판의 서술방식에서 중점을 둔 것은

세법을 처음 대하는 독자들도 쉽게 이해할 수 있도록 압축된 세법조문을 단순히 열거하기 보다는 세법의 취지를 알기 쉽게 풀어서 전달하고 상속·증여세 이외에 다른 세금과의 관련성도 함께 설명하는데 중점을 두었다. 또한 세법해석의 근거가 되는 관련세법조문, 국세청 질의회신, 조세심판원 판결, 국세청 집행기준 등을 주석으로 표시하여 독자들이 해당 근거규정을 확인할 수 있게 하였다.

개정판에 추가된 내용으로는

2025년도에 개정된 상속·증여세법의 내용을 모두 반영하였고 관련법령조문과 국세청 해석 등을 주기로 표시하였다. 또한 실제 발생할 수 있는 사례를 기초로 하여 상속·증여세신고와 조사과정에서 주의할 사항들을 강조하였다.

또한 상속재산 분할부분에서는 민법의 관련규정을 함께 설명하였고 상속주택과 관련된 양도소득세 규정도 자세히 설명하였으며, 2026년 2월 5일 현재까지 개정된 법률규정을 반영하였다.

감사히 생각하는 것은

항상 서로를 인정해주고 격려해주는 가족들의 사랑에 감사하고, 법률해석에 조언을 마다하지 않은 류광후변호사의 도움과 출간을 허락해주신 정성열사장님 및 편집부직원들에게도 감사의 인사를 드린다.

2026.2.5 저자 씀

알기 쉬운
상속·증여세

Part 1 증여세 • 1

CONTENTS

CONTENTS

Part 2 상속세 • 237

CONTENTS

CONTENTS

증여세

제 1 편

증여세에 대한 기본이해

이제는 나도 증여세 전문가 반열에!

01장

증여세는 누가? 얼마나 내나?

본인의 재산을 다른 사람에게 대가를 받지 않고 주는 것을 증여라 한다.

증여는 살아있는 상태에서 재산을 주는 것이라는 점에서, 사망하고 나서 재산을 넘겨주는 상속과 차이가 있다.

일반적인 증여는 예금을 직접 송금해 주거나 부동산의 명의를 이전해 주는 것과 같은 직접적으로 재산을 주는 것을 의미하지만, 세법상으로는 간접적인 방법으로 다른 사람의 재산 가치를 올려주는 경우에도 증여에 해당된다.

예를 들어 아버지가 본인의 부동산을 자녀들이 주주로 있는 회사에 공짜로 주면, 회사의 주주로 있는 자녀들은 직접 부동산을 받은 것은 아니지만 회사의 이익이 올라가서 자녀들의 주식가치도 올라가는 효과가 있다.

이 경우 자녀들의 주식가치가 올라간 만큼 아버지로부터 증여를 받은 것이 된다.

또한 재산을 공짜로 주는 것 이외에도, 재산을 팔면서 재산의 가치보다 낮게 팔면 그 낮게 판 금액만큼을 상대방에게 증여한 것이 된다.

1 증여세는 증여를 받은 사람이 낸다.

(1) 증여세를 내야 할 사람은 증여를 받은 사람이다.

세법상 증여에 해당하면 증여세를 내야 한다. 부모가 자녀에게 재산을 물려준 경우에는, 증여를 받은 자녀가 증여세를 신고하고 세금을 낸다. 자녀가 증여세를 낼 돈이 없다면 부모로부터 추가로 증여를 받아서 내야 한다.

이와 같이 증여를 받은 사람이 증여세를 내는 것이 원칙이지만, 증여를 받은 사람의 사는 곳이 불명확하거나 증여세를 낼 능력이 없는 경우에는, 증여를 한 사람이 증여를 받은 사람과 공동으로 증여세를 낼 의무가 있다.

또한 증여를 받은 자녀가 해외에 살고 있는 경우에도 우리나라의 국세청이 세금을 받기가 어려우므로, 증여를 한 부모가 해외에 있는 자녀의 증여세를 내야 한다.[1)]

(2) 여러 사람에게 나누어서 증여하는 것이 유리하다.

증여세는 증여를 받은 사람이 내야 하므로, 부모가 여러 명의 자녀들에게 각각 나누어서 증여하더라도, 부모가 증여한 재산을 합하여 증여세를 신고하는 것이 아니라, 증여를 받은 자녀들이 본인들이 받은 금액에 대하여 각자가 증여세를 신고하고 세금을 낸다.

증여세를 계산하는 방법은 증여를 받은 금액이 커질수록 세율이 점점 높아지는 누진세율에 따라 계산한다.

---

1) 상증법 제4조의 2, 증여세납부의무 제⑥항(연대납세의무)

그러므로 부모가 아들에게 재산을 증여할 때는 아들에게만 증여하는 것보다 아들과 며느리에게 나누어 증여하면, 아들이 혼자 증여를 받을 때의 세율보다 두 사람으로 나누어 증여를 받을 때 각자의 세율이 더 낮아지므로 총세금이 줄어들게 된다.

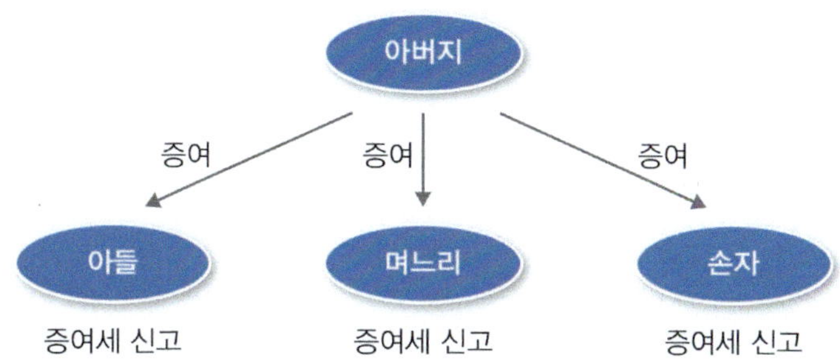

2 증여세는 증여를 받은 건별로 계산한다.

증여세는 증여를 받은 사람이 각자 본인이 받은 재산에 대한 증여세를, 매번 증여를 받을 때마다 건별로 계산하여 세금을 낸다. 그러나 사람이 사망하여 상속세를 신고하는 경우에는, 재산을 누가 얼마씩 받는 것과 상관없이, 사망한 사람이 가지고 있던 재산 전체에 대하여 상속세를 계산한다.

상속세는 사망한 사람이 가지고 있던 전체 재산을 기준으로 계산한다는 것이 증여세와 다른 점이다.

3 증여세는 누진세율에 따라 계산한다.

(1) 단계별 세율은 최저 10%에서 최대 50%를 적용한다.

증여를 받게 되면 최저 10%에서 최대 50%까지 점점 높아지는 세율을 증여세 과세표준 구간별로 각각 곱한 후, 구간별로 계산된 각각의 세금을 합하여 계산한다. 금액 구간별로 정해진 세율은 다음과 같다.

〈상속 · 증여세 세율표〉

과세표준 구간	세율
1억 원까지	10%
1억 원부터 5억 원까지	20%
5억 원부터 10억 원까지	30%
10억 원부터 30억 원까지	40%
30억 원 초과	50%

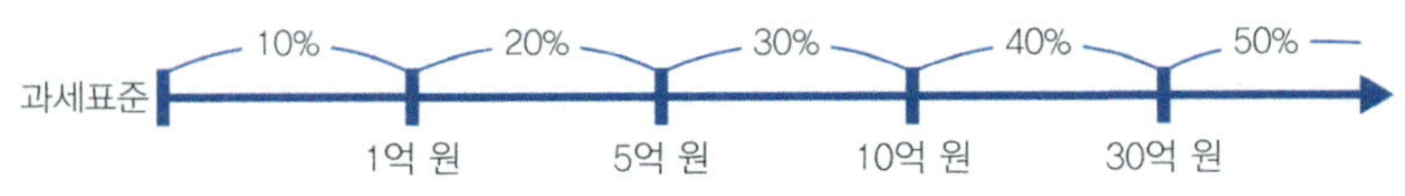

예를 들어 증여세 과세표준이 32억 원일 경우, 증여세는 다음과 같이 계산한다.

구간	구간별 세금	직전구간까지 세금합계*
1억 원까지(1억 원)	1억 원＊10% = 1천만 원	1천만 원
1억 원에서 5억 원까지 (4억 원)	4억 원＊20% = 8천만 원	9천만 원
5억 원에서 10억 원까지 (5억 원)	5억 원＊30% = 1.5억 원	2억4천만 원
10억 원에서 30억 원까지 (20억 원)	20억 원＊40% = 8억 원	10억4천만 원
30억 원을 넘는 금액 (2억 원)	2억 원＊50% = 1억 원	
32억 원에 대한 증여세 합계	**11억4천만 원**	

* 과세표준이 5억 원이면 증여세는 9천만 원, 과세표준이 10억 원이면 증여세는 2.4억 원이 된다.

(2) 간편하게 계산하는 산식을 사용할 수도 있다.

위의 표처럼 매 구간별로 세금을 계산하여 합하지 않고, 하나의 산식으로 계산할 수 있는 간편 계산식이 있다.

간편 계산식에서는, 과세표준이 속해 있는 구간이 정해지면 하나의 산식으로 계산할 수 있다.

과세표준의 위치	직전 구간 세금 합계 + 구간 초과분 세금
1억 원까지	과세표준＊10%
1억 원부터 5억 원까지	1천만 원 + 1억 원 초과액의 20%
5억 원부터 10억 원까지	9천만 원 + 5억 원 초과액의 30%
10억 원부터 30억 원까지	2억4천만 원 + 10억 원 초과액의 40%
30억 원 초과	**10억4천만 원 + 30억 원 초과액의 50%**

위의 표에 따라 과세표준 32억 원의 증여세를 한 번에 계산하면, 30억 원 초과 구간을 적용하여 10억4천만 원 + (32억 원 – 30억 원) * 50% = 11억4천만 원이 된다.

위와 같은 표 이외에도 다른 방법으로 간편하게 계산할 수도 있다. 어느 방법을 사용해도 그 결과는 동일하다.

과세표준의 위치	과세표준 * 구간 세율 – 공제액
1억 원까지	과세표준 * 10%
1억 원부터 5억 원까지	과세표준 * 20% –1천만 원
5억 원부터 10억 원까지	과세표준 * 30% – 6천만 원
10억 원부터 30억 원까지	과세표준 * 40% – 1억6천만 원
30억 원 초과	과세표준 * 50% – 4억6천만 원

이 표에 따라 과세표준 32억 원에 대한 증여세를 한 번에 계산하면, 30억 원 초과 구간을 적용하여 32억 원 * 50% – 4.6억 원 = 11억4천만 원이 된다.

02장

증여세 신고 · 납부방법

증여를 받는 사람은 언제까지 증여세를 신고하고 세금을 납부해야 하나?

증여를 받게 되면 증여를 받은 사람은 두 가지를 해야 한다. 증여세 신고기한 이내에 증여세 신고서를 세무서에 제출해야 하고, 계산된 증여세를 금융기관을 통해 세무서에 납부해야 한다.

1 증여세 신고 · 납부는 3개월까지이다.

(1) 증여세 신고는 증여를 받은 날부터 3개월까지이다.

증여세를 신고해야하는 기한은, 증여를 받은 날이 속하는 달의 말일부터 3개월이 되는 날까지이다.

증여세를 내는 날짜도 증여세 신고기한과 동일하다.

예를 들어 2월 10일에 증여를 받았다면, 2월말 일부터 3개월이 되는 5월 31일까지 증여세 신고서를 제출하고 세금을 내야 한다.

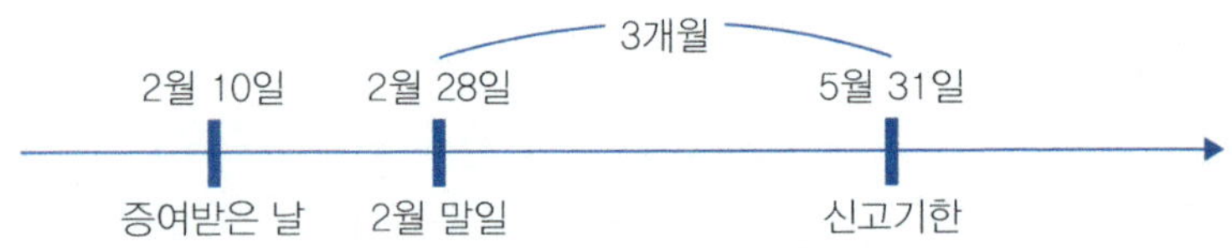

(2) 증여세 신고서는 증여를 받은 사람이 살고 있는 관할세무서에 제출한다.

증여세 신고서를 제출해야 하는 세무서는 증여를 받은 사람이 살고 있는 주소지를 관할하는 세무서이며, 증여를 받은 사람의 주소지가 확실하지 않거나 증여를 받은 사람이 해외에 살고 있는 경우에는, 증여를 한 사람의 주소지를 관할하는 세무서에 제출한다.

(3) 국세청은 신고기한이 종료된 후 6개월까지 신고내용을 검증한다.

증여를 받은 사람이 증여세 신고서를 제출하면 관할세무서는 신고서를 기초로 이후 6개월까지 신고된 내용을 검토한다.

신고된 내용에 누락이 있거나 잘못된 것이 있으면, 관할세무서는 잘못 계산된 세금을 다시 계산한 후 그 차이를 통지한다.

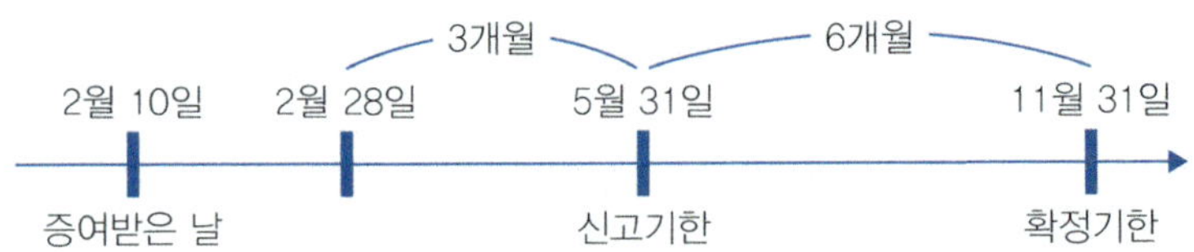

(4) 증여세는 5년에 걸쳐 나누어 낼 수 있다.

내야 할 증여세가 2천만 원을 넘는 경우에는 5년간 나누어 세금을 낼 수도 있다(연부연납). 그러나 이 경우에는 늦게 낼 세금만큼의 담보를 제공해야하며, 세법에서 정한 이자를 함께 내야 한다.[2)]

미래에 낼 증여세에 대하여 담보로 제공할 수 있는 것은, 국가가 발행한 채권이나 은행이 발행한 납세보증서 혹은 토지 등이며, 납세보증서를 제공하고 연부연납을 신청하면 세무서장은 거부할 수 없다.
(60장, 할부로 내는 상속세 참조)

(5) 증여를 받은 재산으로 증여세를 내는 것은 인정되지 않는다.

부모가 사망하여 부동산과 같은 재산을 상속을 받은 경우에는, 상속을 받은 부동산으로 상속세를 낼 수 있다(상속세의 물납).

그러나 상속세와 달리 증여세의 경우에는 현금으로 증여세를 내야 하며, 현금이 아닌 부동산이나 주식과 같은 재산을 증여를 받았다고 해서 그 재산으로 세금을 내는 물납은 인정되지 않는다.[3)]

2 기한 내에 신고하면 3%를 할인해 준다.

(1) 증여를 받은 금액에서 법에서 정한 항목을 뺀 후에 세율을 곱한다.

증여세를 곱하는 과세표준은, 증여를 받은 금액에서 증여재산공제를 뺀 후의 금액을 의미한다.

2) 상증법 제71조, 연부연납
3) 상증법 제73조, 물납

증여를 받은 재산에서 공제해 주는 증여재산공제금액은, 배우자의 경우 6억 원까지, 자녀의 경우 5천만 원까지이다.

증여재산공제를 받기 위한 구체적 조건에 대하여는 3장에서 자세히 설명한다.

(2) 기한 내에 신고서를 제출하면 증여세의 3%를 할인해 준다.

증여를 받게 되면 증여를 받은 사람은 신고기한 이내에 신고서를 세무서에 제출하고, 신고서상에 계산된 증여세를 금융기관을 통해 세무서에 내야 한다.

신고기한 이내에 증여세 신고서를 세무서에 제출하면 증여세의 3%를 할인해준다.[4)]

(3) 신고서만 제출하고 세금을 내지 않아도 3%를 할인받을 수 있다.

3%의 할인은 기한 내 신고에 대한 혜택이므로 신고기한 내에 신고서는 제출하였으나 세금을 내지 않은 경우에도 3%의 공제는 받을 수 있다.[5)]

그러나 신고기한이 지난 이후에 세금을 내면 늦게 낸 날짜 수만큼 가산세를 추가로 내야 한다.

기한 내에 신고서만 제출해도 3%의 할인을 받을 수 있으므로, 만일 기한 내에 세금을 낼 수 없는 경우에도 신고서는 기한 내에 제출하여 3%의 할인혜택을 받는 것이 유리하다.

---

4) 상증법 제69조, 신고세액공제 ②항
5) 상증법 기본통칙 69-0---1(신고세액공제)

또한 신고서를 기한 내에 제출하면 신고서를 제출하지 않은 데 대한 가산세도 피할 수 있다.

사 례

부모로부터 6.5억 원을 증여를 받은 자녀가 납부할 증여세를 계산하면?

증여받은 금액		650,000,000
증여공제액 5천만 원 차감	법에서 공제해주는 금액	-50,000,000
증여세 과세표준	세율을 곱하는 대상금액	600,000,000
증여세 산출세액	6억 원 * 30% - 6천만 원	120,000,000
기한 내 신고 시 할인금액	산출세액의 1.2억 원의 3%	-3,600,000
내야 할 세금		116,400,000

3 신고한 내용에 잘못이 있으면 수정신고 할 수 있다.

(1) 세금을 적게 신고한 경우에는 빠른 시일 내에 수정신고를 해야 한다.

증여를 받고나서 신고기한 이내에 신고를 하고 세금을 냈으나, 나중에 세금을 잘못 계산한 것이 발견되면, 잘못된 내용을 수정하여 신고서를 다시 제출하여야 한다.

수정하여 신고서를 제출하고 추가로 세금을 내면, 이후의 가산세는 낼 필요가 없다.

예를 들어 증여를 받은 재산금액을 잘못 계산하여 법에서 정한 금액보다 낮게 신고하였거나, 과거에 받았던 증여를 합산하지 않고 이번에 받은 증여만 신고한 경우가 해당된다. 내야 할 세금보다 적게 신고한 경우에는, 신고를 잘못한 데 대한 가산세와 세금을 늦게 낸 데 대한 가산세 두 가지를 함께 내야 한다.

예를 들어 1억 원을 내야 할 증여세를 잘못하여 8천만 원만 낸 경우, 1년 후에 수정신고를 할 때 내야 하는 총세금은 다음과 같다.

적게 낸 세금	1억 원－8천만 원	20,000,000
신고 오류에 대한 가산세[6]	20,000,000의 10%	2,000,000
적게 낸데 대한 가산세[7]	20,000,000의 8.03%	1,606,000
내야 할 총세금		23,606,000

(2) 세금을 많이 낸 경우에는 5년 이내에 돌려달라는 청구를 할 수 있다.

증여를 받고 나서 신고기한 내에 신고하고 세금을 냈으나, 신고과정에 착오가 있어 세금을 너무 많이 낸 경우에는 세금을 돌려달라고 하는 요청(경정청구)을 할 수 있다.[8]

6) 국세기본법 제47조의 3, 과소신고가산세
7) 국세기본법 제47조의 4, 납부지연가산세
8) 국세기본법 제45조의 2, 경정 등의 청구

돌려달라는 요청을 할 때는 수정신고와 마찬가지로, 원래 신고했던 내용을 수정하여 제출하고 그 사유를 기록하여 돌려줄 것을 요청한다. 요청을 받은 세무서는 요청 받은 날부터 2개월 이내에 그 결과를 통지해 준다.

돌려주는 것이 결정되면 신고서에 기록된 환급받을 은행계좌로 입금이 된다. 잘못 낸 세금을 돌려달라는 경정청구는 당초 증여세의 신고기한으로부터 5년 이내에만 할 수 있으므로 신고기한으로부터 5년이 지나면 환급청구할 수 없다.

4 신고기한이 지나도 신고할 수 있다.

(1) 신고가 늦어질수록 가산세가 커지므로 발견 즉시 신고하는 것이 유리하다.

증여를 받고나서 신고기한 내에 신고를 하지 못한 경우에도, 나중에 신고서를 제출하고 증여세와 가산세를 낼 수 있다(기한 후 신고).[9)]

신고기한이 지나고 나서 신고를 받은 관할세무서에서는, 3개월 이내에 검토 결과를 알려 준다.

「수정신고」는 신고기한 내에 신고를 하였으나 잘못된 내용이 있는 경우에 수정하는 것이며, 「기한 후 신고」는 신고기한 내에 신고를 하지 않은 경우에 나중에 신고하는 것에 차이가 있다.

---

9) 국세기본법 제45조의 3, 기한 후 신고

(2) 신고를 하지 않으면 가산세는 2종류가 붙는다.

증여세 신고기한 내에 신고서를 제출하지 않으면 가산세가 붙는다. 신고서를 제출하지 않은데 대한 가산세는 내야 할 세금의 20%이다(재산의 은닉과 같은 부정행위로 인한 무신고는 40%).[10]

신고서를 제출하였지만 잘못된 내용으로 제출한 경우에는 적게 낸 세금의 10%를 가산세로 내지만, 신고서를 제출하지 않았을 때는 내야할 세금의 20%를 가산세로 매긴다.

신고서를 제출하지 않은데 대한 가산세 이외에 세금을 내지 않은데 대한 가산세는 별개로 내야 한다. 세금을 늦게 낸데 대한 가산세는 이자의 성격이며, 연금리 8.03%를 기준으로 늦게 낸 날짜만큼 계산하여 내야 한다.[11]

예를 들어 2024년 2월 28까지 증여세로 내야 할 금액이 1억 원인데,신고하지 않고 있다가 다음 연도 1월 31일에 신고하고 세금을 내는 경우에 총세금은 다음과 같다.

증여세	100,000,000
무신고 가산세(적게 낸 세금의 20%)	20,000,000
세금을 늦게 낸 가산세(연리 8.03%, 337일)*	7,414,000
내야 할 총세금	127,414,000

* 1억 원 * 8.03% * (337/365) = 7,414,000

10) 국세기본법 제47조의 2, 무신고가산세
11) 국세기본법 제47조의 4, 납부지연가산세

5 국세청은 소멸시효가 지나면 추징할 수 없다.

(1) 신고를 한 경우에는 10년이 지나면 추징할 수 없다.

증여세를 신고하였으나 신고내용에 잘못이 있는 경우에는, 국세청은 신고기한이 끝나는 날부터 10년 이내에, 적게 낸 세금을 내라고 요구할 수 있다. 만일 신고기한으로부터 10년이 지나면, 신고한 내용에 잘못이 있어 세금을 적게 낸 경우에도 국세청은 세금을 내라고 요구할 수 없다.

(2) 신고를 하지 않은 경우에는 15년이 지나면 추징할 수 없다.

증여를 받고 증여세를 신고한 경우에 10년이 지나면, 적게 낸 세금이 있어도 국세청은 세금을 내라고 할 수 없다. 그러나 증여를 받았으나 신고를 하지 않은 경우에는, 15년까지 국세청이 세금을 추징할 수 있다. 그러나 신고기한으로부터 15년이 지나면, 신고가 누락된 사실을 발견해도 국세청은 증여세를 내라고 요구할 수 없다.[12)]

〈신고의무 소멸기한〉

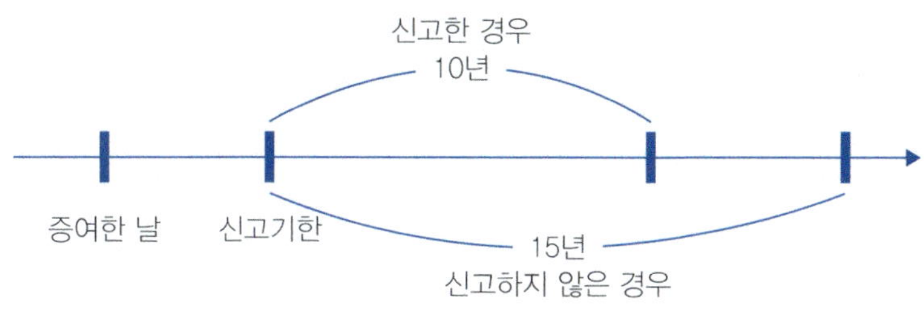

12) 국세기본법 제26조의 2, 국세부과의 제척기간 제④항

(3) 부정하게 증여한 금액이 50억 원이 넘는 경우에는 기한이 없다.

증여한 사람이 본인의 부동산이나 예금인데도, 본인의 이름이 아닌 다른 사람 이름으로 되어있었던 경우로서, 다른 사람 이름으로 된 재산을 증여한 사실을 신고하지 않은 경우에는 부정행위로 본다.

이와 같은 부정행위로 신고를 하지 않은 경우에는, 증여세 신고기한으로부터 15년이 지난 후에도 국세청이 그 사실을 안 날부터 1년 내에는 증여세를 추징할 수 있다.

부정행위인 경우에는 국세청이 안 날로부터 1년 이내에 추징할 수 있으므로, 기한이 없는 것과 마찬가지다.

다만, 본 규정은 부정행위로 신고를 하지 않은 금액이 50억 원이 넘는 경우에만 적용한다.[13)]

---

13) 국세기본법 제26조의 2, 국세부과의 제척기간 제⑤항

03장

증여재산에서 공제하는 금액

증여를 받으면 받은 재산 전체금액에 대하여 증여세를 내는가?

가족으로부터 증여를 받으면 증여를 받은 금액에서 법에서 정해진 공제액을 빼고 나서 증여세를 계산한다.

증여를 받은 금액이 빼주는 금액보다 적으면 증여세가 면제된다. 그러나 공제해 주는 금액은 매번 증여를 받을 때마다 공제해주는 것이 아니라 10년 동안에 받은 금액에서 차례로 공제하며, 10년 내에 전부 사용하면 더 이상 공제받을 수 없다. 그러므로 증여공제는 10년 동안 유지되는 한도대출과 같다.

1 증여공제는 그룹별로 적용한다.

증여금액에서 빼주는 금액은 누구로부터 증여를 받는가에 따라 달라지며, 증여를 하는 사람들의 그룹을 3가지로 묶어서 그룹별로 공제금액을 적용한다.[14)]

14) 상증법 제53조, 증여재산공제

증여를 하는 그룹	관계	증여를 받는 자의 공제금액
배우자그룹(1그룹)	전, 현 배우자 포함	**6억 원 까지**
직계존비속그룹(2그룹)	조부모, 부모, 자녀, 손주	**5천만 원 까지**
기타친족그룹(3그룹)	형제, 조카, 사촌 등	**1천만 원 까지**

증여공제는 개인 별로 적용하지 않고 그룹별로 적용한다. 예를 들어 2그룹인 할아버지로부터 3천만 원을 증여받고 3천만 원을 공제 받았으면 같은 2그룹의 아버지로부터는 5천만 원 중에서 2천만 원만 공제받을 수 있다.

2 배우자로부터 증여를 받으면 6억 원을 공제받는다.

(1) 부부간에는 10년간 6억 원까지 공제받는다.

배우자로부터 증여를 받은 경우에는 6억 원까지 공제한다. 6억 원은 10년간에 걸쳐 공제받는 금액이므로, 10년간 증여받은 금액이 6억 원이 될 때까지 공제되고 6억 원을 모두 공제받게 되면, 10년이 지나고 나서 다시 6억 원까지 공제받을 수 있다.

그러므로 여러 연도에 걸쳐 나누어 증여를 받는 경우에는, 현재 증여를 받는 시점으로부터 거슬러 올라가 과거 10년 이내에 받았던 공제금액을 합하여 6억 원이 될 때까지 공제하고, 6억 원이 넘는 부분이 있으면 6억 원을 넘는 부분에 대하여만 증여세를 납부한다.

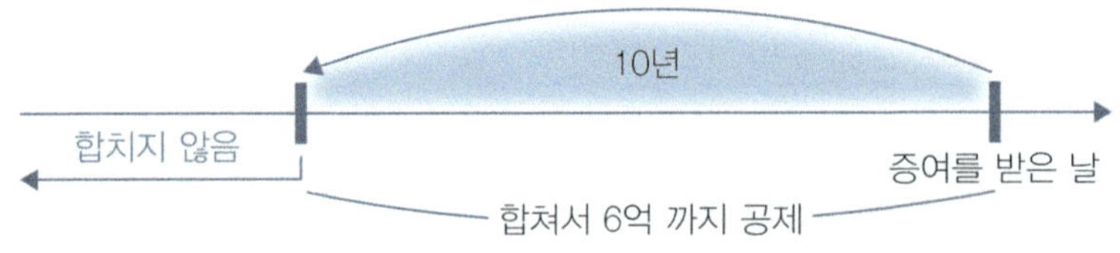

(2) 재혼을 한 경우에도 배우자공제는 6억 원을 한도로 한다.

배우자공제는 배우자 개인을 의미하는 것이 아니라 배우자 그룹을 의미한다. 그러므로 배우자로부터 증여를 받고 6억 원까지 공제를 받은 후, 재혼하여 새로운 배우자로부터 증여를 받을 경우에는 6억 원에서 이전 배우자로부터 증여를 받았을 때 공제받은 금액을 빼고 나머지 금액만 공제받는다.

예를 들어 배우자로부터 4억 원을 증여를 받았으나 6억 원에 미달하여 증여세를 내지 않았다가, 재혼하여 새로운 배우자로부터 증여를 받은 경우에는, 6억 원에서 이미 공제받은 4억 원을 뺀 2억 원까지만 공제받을 수 있다.

3 직계존비속 간은 5천만 원까지 공제한다.

(1) 아버지와 할아버지를 합하여 5천만 원까지 공제한다.

아버지나 할아버지가 자녀에게 증여하면, 증여를 받은 자녀는 10년간 5천만 원까지 공제 받을 수 있다. 공제는 개인별로 적용하지 않고 그룹별로 적용한다. 그러므로 아버지로부터 과거 10년간 5천만 원 이상을 증여를 받았으면 직계존속으로부터 공제받을 금액을 모두 사용했으므로, 할아버지로부터 새로운 증여를 받는 경우에는 공제를 받을 금액이 없다.

직계존속에는, 부모 그리고 아버지 계열의 존속(친할아버지와 친할머니)과 어머니 계열의 존속(외할아버지, 외할머니)을 모두 포함한다.

부모가 재혼한 경우 새로운 부모도 직계존속에 해당되므로, 자녀입장에서는 새로운 부모도 5천만 원을 공제받는 직계존속 그룹에 해당한다.

5천만 원을 공제받는 직계존비속은 할아버지, 아버지, 손주와 같이 혈연관계가 있는 경우에만 해당되므로, 혈연관계가 없는 시부모와 며느리관계 혹은 사위와 장인과의 관계는 직계존비속에 해당되지 않고 기타 친족그룹에 해당한다.

(2) 미성년자가 증여를 받는 경우에는 2천만 원까지 공제한다.

증여를 받은 날 현재 만 19세 미만인 자녀나 손주가 아버지나 할아버지로부터 증여를 받은 경우에는 2천만 원까지만 공제된다.

미성년자인 자녀가 아버지로부터 2천만 원을 증여를 받아 모두 공제를 받은 후, 10년 이내에 성년이 되어 아버지로부터 다시 증여를 받으면 공제금액이 5천만 원으로 늘어난다. 그러므로 성년이 되어 다시 증여를 받는 시점에는, 과거 미성년이었을 때 공제받은 2천만 원을 제외한 3천만 원의 공제를 추가로 받을 수 있다.

(3) 증여한 사람이 사망한 경우에도 이미 공제받은 금액은 사용한 것으로 본다.

할아버지나 아버지와 같은 직계존속으로부터 증여를 받고 5천만 원을 공제를 받은 후에, 할아버지나 아버지가 사망하거나 이혼 혹은 재혼한 경우에도 공제를 받은 금액은 없어지지 않는다.

예를 들어 손주가 할아버지로부터 증여를 받고 5천만 원의 공제를 받은 후에 할아버지가 사망한 경우에, 10년 이내에 아버지로부터 새로운 증여를 받을 때에는 손주가 할아버지로부터 증여를 받은 시점에 이미 5천만 원의 공제를 사용했으므로, 아버지로부터 증여를 받을 때에는 공제받을 금액이 없다.

(4) 자녀가 아버지에게 증여한 경우에도 5천만 원까지 공제를 받을 수 있다.

아들이 아버지나 할아버지에게 증여를 하는 경우에도, 증여를 받는 아버지나 할아버지는 10년간 5천만 원까지 공제를 받을 수 있다.

4 기타의 친족은 1천만 원까지 공제한다.

배우자와 직계존비속을 제외한 기타의 친족으로부터 증여를 받는 경우에는, 친족 모두로부터 증여를 받은 금액을 합하여 10년간 1천만 원까지 공제된다. 기타의 친족에는 4촌 이내의 혈족(형제, 이모, 고모, 조카, 사촌 등)과 3촌 이내의 인척(형수, 처조카, 처이모 등의 혼인으로 맺어진 관계)이 포함된다.

본인의 배우자 쪽은, 배우자의 부모와 형제 그리고 형제의 배우자까지 포함된다.

만일 배우자가 사망한 후, 재혼하지 않으면 배우자의 인척 관계는 유지된다. 그러나 재혼하게 되면 전 배우자와의 인척 관계는 소멸된다.

며느리가 시부모로부터 증여를 받거나 사위가 장인·장모로부터 증여를 받으면, 기타의 친족에 해당되어 1천만 원까지 공제된다.

기타의 친족에도 해당되지 않는 제3자로부터 증여를 받는 경우에는 증여공제금액이 없다.

5 동시에 증여를 받으면 증여금액비례로 공제한다.

할아버지와 아버지는 같은 직계존비속 그룹에 속하므로, 자녀가 할아버지와 아버지로부터 증여를 받으면 합쳐서 5천만 원까지만 공제된다. 만일 할아버지와 아버지로부터 동시에 증여를 받으면, 할아버지로부터 증여를 받은 것과 아버지로부터 증여를 받은 것을 각각 나누어 증여세를 계산하고 두 번 신고를 해야 한다.

이 경우 공제금액 5천만 원은 아버지와 할아버지로부터 증여를 받은 금액에 비례하여 나누어 공제한다.[15)]

• 사 례

할아버지가 6천만 원, 아버지가 4천만 원을 같은 날에 아들에게 증여를 한 경우 아들의 증여세를 계산하면?

	할아버지로부터의 증여	아버지로부터의 증여
증여받은 금액	60,000,000	40,000,000
증여재산공제*	−30,000,000	−20,000,000
과세표준	30,000,000	20,000,000
증여세	3,000,000	2,000,000

* 할아버지로부터의 증여에 대한 공제금액 : 5천만 원 * (6천만 원/1억 원) = 3천만 원

* 아버지로부터의 증여에 대한 공제금액 : 5천만 원 * (4천만 원/1억 원) = 2천만 원

15) 상증법 시행령 제46조, 증여재산공제의 방법 등 제①항 2호

6 혼인 · 출산 시에 1억 원까지 공제된다.

(1) 결혼자금으로 1억 원까지 공제된다.

부모나 조부모와 같은 직계존속으로부터, 혼인신고일(혼인관계증명서상 신고일)로부터 전후2년(총4년) 이내에 증여를 받는 경우에는 1억 원을 한도로 공제된다. 다만, 혼인신고 전에 증여를 하여 공제 받았으나 약혼자의 사망 등 불가피한 사유로 혼인이 취소된 경우, 3개월 이내에 증여받았던 금액을 반환하면 처음부터 증여가 없었던 것으로 본다.

(2) 출산자금으로 1억 원까지 공제된다.

부모 혹은 조부모와 같은 직계존속으로부터 자녀의 출생일이후 2년 이내에 증여를 받는 경우에는 1억 원을 한도로 공제된다.

(3) 결혼 · 출산을 합하여 1억 원을 넘을 수 없다.

결혼자금공제와 출산자금공제는 두 가지를 합하여 1억 원을 넘을 수 없다. 그러므로 결혼자금공제로 8천만 원을 공제받은 경우에는 이후 출산자금으로 2천만 원까지 공제 받을 수 있다.

(4) 직계존속공제에 추가하여 공제된다.

혼인 혹은 출산자금공제 1억 원은 직계존비속공제 5천만 원과 별도로 공제를 받는다.

그러므로 한사람이 직계존속으로부터 공제받을 수 있는 증여금액은 최대 1억5천만 원이 된다. 혼인 혹은 출산자금공제는 2023년에 신설된 제도로써 2024.1.1이후 증여받는 경우부터 적용된다.

7 비거주자는 증여공제를 받을 수 없다.

(1) 증여를 받는 사람이 외국에 살고 있으면 공제받을 수 없다.

증여를 받은 금액에서 공제해주는 제도는 증여를 받는 사람이 국내에 살고 있거나 국내에서 거주한 기간이 연간 183일을 초과하는 경우에만 적용된다. (67장, 세법상 거주자 판정기준 참조)

예를 들어 국내에 살고 있는 아버지가 해외에 살고 있는 자녀에게 증여를 하면, 그 자녀는 세법상 비거주자에 해당되므로 5천만 원의 공제를 받을 수 없으며, 해외에 살고 있는 배우자에게 증여를 한 경우에도 6억 원의 배우자공제를 받을 수 없다.

(2) 증여를 하는 사람이 외국에 살고 있으면 공제받을 수 있다.

증여를 받는 사람이 해외에 살고 있으면 증여공제를 받을 수 없지만, 증여를 하는 사람이 해외에 살고 있고 증여를 받는 사람이 한국에 살고 있으면, 증여를 받은 사람은 증여공제를 받을 수 있다.

예를 들어 국내에 살고 있는 자녀가 해외에 살고 있는 부모로부터 증여를 받는 경우에는, 증여를 받은 재산에서 5천만 원을 공제를 받을 수 있다.

8 증여세가 없는 경우에도 신고하는 것이 유리하다.

증여를 받은 금액이 공제받을 금액보다 적어서 증여세가 없을 경우에도 신고서를 관할세무서에 제출하는 것이 유리하다.

증여를 받은 금액을 신고해 놓게 되면, 증여를 받은 금액만큼은 향후에 자금출처로 인정받을 수 있다.

증여를 받은 금액을 자금출처로 인정받는 목적도 있지만, 만일 증여세를 잘못 계산하여 나중에 세금을 추가적으로 내게 되는 경우에도, 신고서가 제출된 상태라면 추가적으로 내는 증여세의 10%인 과소신고 가산세가 적용되지만 신고를 안 한 상태에서 증여세가 추징이 되면 세금의 20%인 무신고 가산세가 적용된다.

04장

동일인 증여 합산 규정

자녀가 부모로부터 증여를 받을 때, 한 번에 받지 않고 여러 차례로 나누어서 받으면 세금이 절약될까?

한 번 증여를 할 때 큰 금액을 증여하면 큰 금액에 대하여 높은 세율이 적용되므로, 높은 세율을 피할 목적으로 여러 번에 걸쳐 낮은 금액으로 증여할 수도 있다. 나누어서 증여하는 경우와 한 번에 증여하는 경우에 증여세가 달라지지 않게 하기 위하여, 여러 번 나누어 증여하더라도 과거에 증여한 것을 모두 합하여 증여세를 계산하도록 규정되어 있다.

1 과거 10년간의 증여를 합산한다.

증여세는 매번 증여를 받을 때마다 증여를 받은 건별로 세금을 낸다. 1년 동안 두 번을 증여를 받는 경우에도 각각 증여세를 신고하고 세금을 내야 한다. 그러나 증여를 받은 사람의 입장에서 같은 사람으로부터 계속하여 증여를 받으면, 매번 증여를 받을 때마다 과거 10년 동안 그 사람으로부터 증여를 받은 것을 모두 합하여 증여세를 신고해야 한다. 소급하여 10년 동안 받았던 증여만 합산하므로, 10년이 지난 증여는 합산하지 않아 절세효과가 있다.

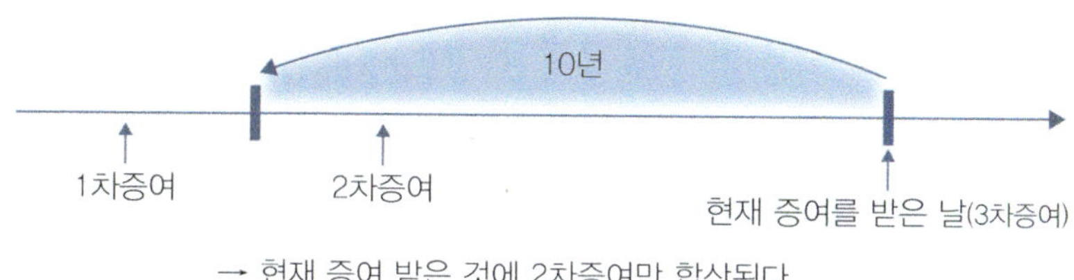

매번 증여를 받은 것을 합하여 신고하므로, 증여를 받은 총 재산금액이 커져서 높은 세율이 적용되는 효과가 발생한다.

10년간 증여를 받은 금액을 합하면 과거에 증여를 받았던 것이 포함되어 있으므로, 전체 증여세를 계산한 후 과거에 증여를 받았을 때 냈던 증여세는 빼고 이번에 증여를 받을 때 증가되는 세금만 낸다.

2 같은 사람으로부터 증여를 받은 것만 합산한다.

(1) 직계존속의 배우자는 같은 사람으로 본다.

과거 10년간에 받았던 증여를 합산하는 규정은 같은 사람으로부터 증여를 받은 것이 대상이며, 다른 사람으로부터 증여를 받은 것은 합산하지 않는다.

여기서 같은 사람을 판단할 때 주의할 것은 아버지로부터 증여를 받고 어머니로부터 각각 증여를 받은 경우에는, 한 사람으로부터 증여받은 것으로 보아 두 개의 증여를 합산해야 한다는 것이다.

즉, 부부로부터 각각 증여를 받는 경우에는 그 부부를 같은 사람으로 본다.[16)]

부부로부터 증여를 받은 경우에 부부를 같은 사람으로 보아 합산하는 규정은, 증여를 한 사람이 부모, 외할아버지·외할머니, 친할아버지·친할머니와 같은 직계존속인 경우에, 직계존속과 그의 배우자를 한 사람으로 본다는 것이다.

예를 들어 아버지로부터 증여를 받은 후 7년 뒤에 어머니로부터 증여를 받게 되면, 어머니로부터 받은 증여세를 계산할 때 아버지와 어머니를 같은 사람으로 본다. 그러므로 어머니로부터 증여를 받은 금액에 대한 증여세를 계산할 때, 아버지로부터 증여를 받은 금액을 합하여 증여세를 계산한 후, 과거 아버지로부터 증여를 받았을 때 증여세로 낸 금액은 빼고 나머지 세금을 낸다.

(2) 부모로부터 동시에 증여를 받는 경우는 합산하여 계산하되 신고서는 각각 제출한다.

자녀가 아버지와 어머니로부터 동시에 증여를 받으면, 증여를 받은 자녀는 아버지와 어머니로부터 받은 증여에 대하여 따로 증여세를 신고해야 하지만, 증여세를 계산할 때는 같은 사람으로 보아 합하여 계산한다.

이 경우 공제받는 금액도 부모를 합하여 5천만 원만 공제해주므로, 임의로 정한 순서대로 증여를 받은 것으로 가정하여 증여세를 2건으로 신고한다.

---

16) 상증법 제47조, 증여세과세가액 제②항

사 례

아버지는 4천만 원, 어머니가 3천만 원씩을 아들에게 동시에 증여를 한 경우 아들이 신고할 증여세를 각각 계산하면?

	어머니로부터의 증여세 (1차로 가정)	아버지로부터의 증여세 (2차로 가정)
증여를 받은 금액	30,000,000	40,000,000
동일인 합산	−	30,000,000
총 증여 받은 금액	30,000,000	70,000,000
증여공제 금액	−30,000,000	−50,000,000
과세표준	−	20,000,000
증여세	−	2,000,000

* 어머니로부터 받은 증여는 세금이 없지만 신고서는 따로 제출해야 한다.

(3) 증여재산을 합산할 때 직계존속의 배우자만 동일인으로 본다.

부부로부터 증여를 받으면 부부를 같은 사람으로 보아 합산하지만, 아버지로부터 증여를 받은 것과 할아버지로부터 증여를 받은 것은 합산하지 않는다.

또한 증여한 사람이 직계존속인 경우에만 배우자를 같은 사람으로 보므로, 직계존속이 아닌 고모와 고모부로부터 증여를 받은 것은 합산하지 않는다.

그리고 며느리와 시부모, 사위와 장인간도 직계존속관계가 아니므로, 며느리가 시아버지와 시어머니로부터 증여를 받는 경우에도 2개의 증여를 합산하지 않으며, 사위가 장인과 장모로부터 받은 증여도 합산하지 않는다.

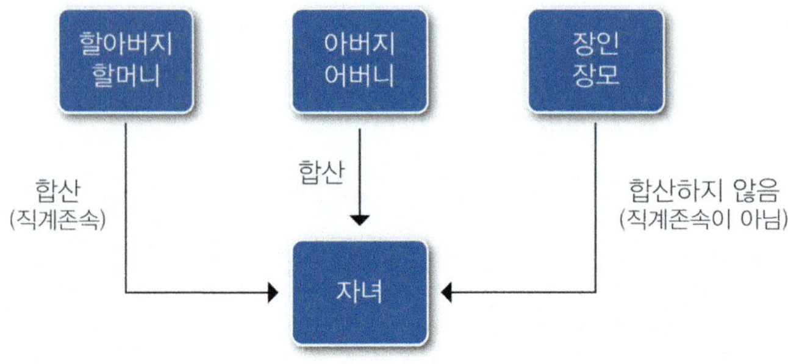

3 친족관계가 소멸된 배우자는 합산하지 않는다.

자녀의 입장에서 아버지와 어머니 같은 관계 즉, 직계존속의 배우자를 같은 사람으로 보는 것은 그 배우자가 살아있거나 혼인을 유지하고 있는 경우에만 적용된다.

예를 들어 아버지로부터 증여를 받은 후 아버지가 사망하고 다시 어머니로부터 증여를 받으면, 아버지와 어머니를 동일인으로 보지 않으므로, 과거 아버지로부터 증여를 받았던 것은 어머니로부터 증여를 받은 것에 합산할 필요가 없다.

또한 아버지로부터 증여를 받은 후 부모가 이혼을 하였고 다시 어머니로부터 증여를 받으면, 부모의 혼인관계가 유지되지 않았으므로 부부를 같은 사람으로 보지 않는다.

아버지로부터 증여를 받은 후 아버지가 재혼하고 새어머니로부터 다시 증여를 받은 것도 합산하지 않는다.[17)]

17) 상증법 집행기준 47-36-6, 증여재산의 합산시 유의사항

4 과거 증여를 받을 당시의 평가액으로 합산한다.

같은 사람으로부터 과거에 증여를 받은 재산을 지금의 증여와 합산할 때, 지금의 가치로 합산하지 않고 과거에 증여를 받았던 당시의 금액으로 합산한다. 과거에 증여를 받은 후에 증여를 받은 재산의 가치가 올랐다 해도, 과거에 가치가 낮을 때 증여를 받은 금액으로 합산하고 현재의 가치로 합산하는 것은 아니다.[18]

그러므로 부동산과 같이 가치가 올라가는 재산인 경우에는, 같은 사람으로부터 10년간 받은 증여를 합산한다 해도 가치가 올라가기 전에 먼저 증여를 하면 세금을 줄일 수 있는 장점이 있다.

5 합산하면 전체 세금은 커진다.

10년 이내에 받았던 증여를 합산하여 증여세를 계산한 후, 과거에 증여세로 냈던 금액은 총 증여세에서 빼준다.

재산을 합산하여 세금을 낸다 해도 두 번 증여세를 내는 것은 아니다. 그러나 합산하여 증여세를 계산하면 재산금액이 커져서 더 높은 세율을 적용받게 된다. 그러므로 합산하여 계산한 세금이, 나누어서 계산한 세금을 합친 것보다 더 커지는 것은 피할 수 없다.

---

18) 상증법 기본통칙 47-0…2, 증여세 합산과세 방법

사 례

1차로 아버지로부터 1억 원을 받고, 10년 내에 2차로 다시 아버지로부터 1억 원을 받은 경우에 합산하지 않은 경우와 합산한 경우를 비교하면?

구분	합산하지 않고 계산하는 경우	합산하는 경우 (현행 세법)	차이
1차분 증여금액	100,000,000	100,000,000	
공제금액	−50,000,000	−50,000,000	
과세표준	50,000,000	50,000,000	
1차분 증여세	5천만 원 * 10% = 5,000,000	5천만 원 * 10% = 5,000,000	
신고세액공제	5백만 원 * 3% = (150,000)	5백만 원 * 3% = (150,000)	
내야 할 세금	**5,000,000− 150,000 = 4,850,000**	**5,000,000− 150,000 = 4,850,000**	
2차분 총 증여금액	100,000,000	200,000,000	
공제금액	−	−50,000,000	
과세표준	100,000,000	150,000,000	
증여세	1억 원 * 10% =10,000,000	1억 원 * 10% + 5천만 원 * 20% =20,000,000	
1차분에서 낸 증여세	−	−5,000,000	
신고세액공제	1천만 원 * 3% = (300,000)	(2천만 원 − 5백만 원) * 3% = (450,000)	
내야 할 세금	**1천만 원−3십만 원 = 9,700,000**	**14,550,000**	
증여세 합계	**4,850,000 + 9,700,000 = 14,550,000**	**4,850,000 + 14,550,000 = 19,400,000**	**4,850,000**

* 위의 사례와 같이 합산하면 합산하지 않은 것보다 4,850,000원 만큼 세금이 커진다.

6 증여재산공제와는 그룹별 공제라는 점에서 차이가 있다.

10년간 증여를 받은 것을 합산할 때는 같은 사람으로부터 받은 증여를 대상으로 하지만, 증여를 받은 재산에서 공제해 주는 금액은 같은 사람으로부터 증여를 받은 금액에서 공제하는 것이 아니라 같은 그룹에 속한 사람들로부터 10년간 증여를 받은 총금액에서 공제하는 데 차이가 있다.

예를 들어 자녀가 아버지와 할아버지로부터 각각 증여를 받으면, 아버지와 할아버지는 같은 사람이 아니므로 합산하여 증여세를 계산하지는 않는다.

그러나 증여공제금액을 계산할 때는 아버지와 할아버지는 직계존속이라는 동일한 그룹에 속하므로, 아버지로부터 증여를 받았을 때 5천만 원을 공제를 받았으면 할아버지로부터 증여를 받았을 때는 5천만 원의 공제를 받을 수 없다.

사 례

1차로 아버지로부터 1억 원을 증여를 받고 2차로 할아버지로부터 1억 원을 증여를 받은 경우에 증여세를 계산하면?

	아버지로부터 1차 증여를 받은 경우	할아버지로부터 2차 증여를 받은 경우
증여를 받은 금액	100,000,000	100,000,000
공제금액	(50,000,000)	-
과세표준	50,000,000	100,000,000
증여세	5,000,000	10,000,000
신고세액공제	150,000	300,000
내야 할 세금	4,850,000	9,700,000

* 할아버지로부터 2차 증여를 받으면 아버지의 증여와 합산하지는 않지만, 공제받는 금액은 이미 아버지로부터 증여를 받을 때 공제받았으므로 다시 받을 수 없다.

05장

증여를 취소하려면?

재산을 증여할 당시보다 그 이후 가치가 하락하여 낮은 금액으로 다시 증여하기 위해 증여를 취소할 수 있을까?

예를 들어 주식을 자녀에게 증여를 하였으나 증여를 한 후에 주식의 가치가 하락하여, 높은 금액으로 증여한 것을 취소하고 낮은 금액으로 증여할 목적으로 원래 했던 증여를 취소하고 낮은 금액으로 다시 증여를 하는 것이 가능한가?

1 3개월 내에 되돌려 주면 증여세가 없다.

처음에 했던 증여를 없었던 것으로 취소하기 위해서는, 증여세 신고기한인 3개월 이내에 자녀 명의로 변경된 재산을 부모 명의로 다시 돌려야 한다.

증여세의 신고기한 이내에 증여가 취소되면, 처음에 하였던 증여와 돌려받는 것 모두 증여한 것으로 보지 않는다.

만일 증여를 하고 3개월이 지난 후에 취소를 하게 되면, 처음에 증여한 것은 취소 할 수 없고 다시 돌려준 것은 취소가 가능하므로 증여에 해당하지 않는다. 다만, 다시 돌려준 것이 증여가 되지 않기 위해서는 증여세 신고기한 경과 후 3개월 이내 즉, 증여를 한 날이 속한 달의 말일부터 총 6개월 이내에 돌려주어야 한다.

6개월이 경과한 이후에 돌려주면, 처음에 한 증여와 다시 돌려주는 것 모두 증여에 해당하므로 증여를 취소할 수 없다.

증여를 취소하는 경우에, 취소하는 시기에 따라 증여가 취소될 수 있는 지를 요약하면 다음과 같다.

구분	날짜	날짜의 의미	증여에 해당 하는가
처음 증여한 날	3월10일	이날에 증여한 것으로 가정	
증여취소기한	6월30일	증여세 신고기한과 동일	처음 증여와 돌려주는 것 모두 증여가 아님
반환한 것만 취소되는 기한	9월30일	신고기한 지난 후 3개월까지	처음 증여는 증여에 해당되고 돌려주는 것은 증여가 아님
증여 취소가 안 되는 경우	10월1일 이후	신고기한 지난 후 3개월 이후	처음 증여와 돌려주는 것 모두 증여에 해당

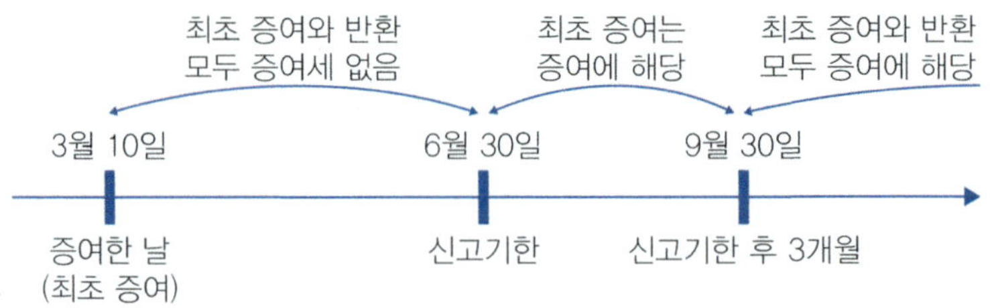

2 증여를 한 날은 재산의 소유자가 바뀌는 날이다.

재산을 증여를 하기 위해서는 증여를 하기로 약속한 후, 증여계약을 체결하고 소유자의 명의를 변경하게 된다.

세법에서 증여한 날은 증여를 하기로 계약한 날이 아니라 실제 재산 소유자가 변경된 날이 된다. 소유자가 변경된 날은, 부동산인 경우 등기부상에 표시된 등기접수일이며, 주식의 경우는 주식을 발행한 회사의 주주명부에 증여를 받은 사람의 이름이 새로운 주주로 올라간 날을 의미한다.

3 현금을 증여한 경우에는 취소될 수 없다.

증여를 받은 것을 다시 돌려주고 취소할 수 있는 재산은, 부동산이나 주식 등과 같이 원래 증여했던 물건과 동일한 물건만 인정되며, 현금인 경우에는 취소가 인정되지 않는다.

그러므로 현금을 증여하였다가 하루 만에 돌려주어도 처음에 준 것과 돌려준 것 모두 증여에 해당된다.

현금을 준 것을 취소할 수 없는 것은, 현금은 그 성격상 처음에 증여를 한 것과 다시 돌려준 것이 동일한 것인지 확인할 수 없기 때문이다.

4 수표를 돌려주는 것도 취소할 수 없다.

수표도 현금에 해당된다. 그러므로 부모가 자녀에게 수표를 증여하였다가 3개월 이내에 증여를 취소하기 위하여 수표를 부모에게 돌려준 경우에는, 처음에 준 것과 돌려준 것 모두 증여에 해당되어 증여세를 두 번 내야 한다.

물론 수표 실물을 받았다가 실물 자체를 부모에게 돌려주면, 수표를 증여하였다가 돌려준 사실이 드러나지 않으므로 국세청에서 그 사실을 알 수는 없을 것이다. 그러나 자녀가 부모로부터 받은 수표를 자녀 이름의 계좌에 입금하였거나, 처음에 수표를 받은 후 증여세 신고서를 제출하였다면, 부모가 자녀에게 수표를 준 사실이 밝혀지므로 처음에 한 증여와 돌려준 것 모두 증여세를 피할 수 없다.

5 금융계좌로 송금한 것도 취소할 수 없는 것이 원칙이다.

(1) 계좌로 송금한 것은 원칙적으로 취소할 수 없다.

부모의 금융계좌에서 자녀의 금융계좌로 돈을 송금하였다면, 부모가 본인계좌에서 현금을 찾아서 자녀에게 주고 자녀는 그 현금을 본인의 계좌에 입금하는 절차가 생략된 것으로 보아야한다.

계좌로 송금된 것은 현금에 해당되므로 처음에 했던 증여를 취소할 수 없다.

(2) 착오로 송금한 경우에는 취소할 수 있다.

다른 사람의 계좌로 송금한 것을 취소할 수 없는 것은, 처음에 송금할 때 증여를 할 목적으로 송금하였다면 취소될 수 없다는 것이다. 만일 부모가 송금한 것이 증여를 할 목적이 아니라, 단순착오로 송금한 것이거나 자녀에게 빌려준 것 혹은 부모의 사업체에서 근무한 것에 대한 월급이라는 사실 등을 입증하면 증여에서 제외될 수 있다.

실제 국세청의 세무조사에서 부모가 자녀의 계좌로 송금한 후, 자녀가 다음날 부모의 계좌로 돌려준 사실이 발견되어, 돌려준 것을 인정하지 않고 처음 송금한 것을 증여한 것으로 보아 세금을 통지한 경우가 있었다. 그러나 당사자가 이의를 제기하여, 처음에 송금한 금액은 잠시 빌려준 것이었고 부모가 송금해 주었던 계좌와 동일한 계좌로 다시 돌려받았다고 주장하여 증여세가 취소된 사례가 있다.

(3) 빌렸던 돈을 돌려준 것이면 증여가 아니다.

금융계좌로 송금하였다가 다시 돌려주는 것은 국세청 단계에서는 취소를 인정하지 않고 있다.

그러나 국세청보다 상급기관인 조세심판원에서는 계좌로 송금된 금액을 무조건 증여를 한 것으로 볼 수는 없으며, 자녀가 빌렸던 돈을 갚은 것으로 인정하여 증여세를 취소해 준 사례가 있다.

그러므로 부모가 자녀 계좌로 송금하였다가 다시 취소하려면, 처음에 송금한 것은 빌려준 것이며, 다시 송금 받은 것은 빌려주었던 돈을 상환 받은 것이라는 것을 입증해야 한다.

돈을 빌려준 것을 입증할 수 있는 방법은, 차용증을 작성하고 이자를 준 사실을 입증하는 것이 원칙이다. (10장, 가족 간 자금대여 창조)

만일 차용증이 작성되지 않았다면, 당초에 자녀가 부모로부터 돈을 빌린 이유를 설명하고, 이후에 자녀가 부모에게 반환할 때 부모가 재산이 충분하므로 자녀로부터 다시 증여를 받을 이유가 없다는 사실 등을 주장할 필요가 있다.

6 조건을 위반하여 재산을 돌려받으면 당초 증여가 취소된다.

증여계약을 할 때 조건을 붙인 상태에서 증여를 한 후, 증여를 받은 사람이 조건을 지키지 않아서 증여계약이 해제되는 경우에는, 조건을 위반한 시점에 증여가 취소된다.

이와 같이 증여를 받았던 사람이 당초의 조건을 따르지 않아 재산을 다시 돌려받는 경우에는, 처음에 했던 증여와 돌려받는 것 모두 증여에 해당하지 않는다.

예를 들어 부모가 자녀에게 아파트를 증여하면서 부모가 살아있는 동안 매월 생활비를 지급하도록 약속하였으나, 2년이 지나 자녀가 생활비를 더 이상 지급하지 않아 증여계약이 해제된 경우에는, 부모는 자녀로부터 아파트를 돌려받게 될 것이다. 이와 같이 증여할 당시의 약속을 지키지 않아 재산을 돌려받는 경우에는, 처음에 부모가 자녀에게 아파트를 증여한 것도 취소되고, 다시 아파트를 돌려받는 것도 비록 증여한 날부터 6개월이 지났다고 해도 증여세를 낼 필요가 없다. 그러므로 자녀가 효도계약을 이행하지 않아서 부모가 소송을 통하여 당초 증여를 취소하고 증여한 부동산을 돌려받는 경우에는, 과거에 냈던 증여세도 환급청구 할 수 있다.[19] 다만, 법원 판결에 의해 증여가 취소되는 경우에는 판결확정일로부터 3개월 이내에 이미 냈던 증여세에 대하여 환급청구를 해야 한다.[20]

19) 조심2011전 0431, 2011.8.9., 당초증여가 취소되는 경우
20) 국세기본법 제45조의2 ②항, 경정 등의 청구

06장

증여세 면제 대상

배우자나 자녀들에게 주는 재산이 증여에 해당된다면, 가족들의 생활비로 준 것도 증여에 해당되는가?

1 치료비나 생활비, 교육비에는 증여세가 없다.[21)]

(1) 가족을 부양하기 위해 사용한 것은 증여가 아니다.

치료비를 부담할 능력이 없는 사람의 치료비를 대신하여 내 준 것은 증여에 해당하지 않는다.

또한 본인이 부양하고 있는 가족의 생활비와 교육비에 대하여도 증여세가 없다.

가족의 생활비로서 증여가 아니라는 것을 판단할 때 주의해야 할 내용은 2가지로서, 첫째는 부양하고 있는 가족을 위한 것이어야 하고, 두 번째는 가족의 생활비나 교육비로 사용되어야 한다는 것이다. 이 두 가지 조건을 모두 갖춘 경우에만 증여세가 없다.

21) 상증법 제46조, 비과세되는 증여재산

(2) 부양의무가 없는 가족에게 주는 생활비는 증여한 것으로 본다.

부모가 자녀에게 생활비나 용돈을 주는 것은 증여를 한 것으로 보지 않는다. 자녀에게 주는 생활비를 증여로 보지 않는 것은 부모가 자녀를 부양할 의무가 있기 때문이다.

만일 자녀가 직업을 가지고 생활능력이 있는데도 불구하고 생활비를 준다면 이것은 증여에 해당하며, 또한 부모의 능력이 충분한데도 불구하고 부모가 자녀의 생활비를 주지 않고 할아버지가 손주를 위하여 생활비를 준다면 이것도 증여에 해당한다.[22)]

생활능력이 있는 자녀에게 생활비를 주거나, 손주를 위해 할아버지가 생활비를 주는 것을 국세청이 알 수는 없을 것이다. 그러나 자녀가 부동산 등의 재산을 취득할 때 국세청의 자금출처조사과정에서 부모로부터 생활비를 지원받은 사실이 밝혀질 수 있다. 또한 부모나 할아버지가 사망하여, 상속세를 조사하는 과정에서 사망하기 전 10년간의 지출 내역을 조사하게 된다. 상속세를 조사하는 과정에서, 부양할 목적이 아니라 증여를 할 목적으로 지출한 사실이 발견되면 증여세는 물론이고 증여세를 신고하지 않은데 대한 가산세까지 추징된다.

(3) 치료비가 아닌 미용목적이거나, 경제력이 있는 사람에게 주는 치료비는 증여를 한 것으로 본다.

부모가 자녀에게 치료비로 주었으나, 자녀가 치료 목적에 사용하지 않고 운동이나 미용에 사용한 것은 증여를 한 것으로 보며, 자녀의 경제력이 있는데도 부모가 병원비를 대신 지급해 주는 것도 증여에 해당한다.[23)]

22) 서울행정법원 판례, 2020구합 82185

(4) 교육비로 준 것 중에서 교육비를 사용하고 남는 것은 증여를 한 것으로 본다.

부모가 자녀의 수업료나 해외 유학비를 주는 것은 증여가 아니다. 증여에 해당하지 않는 것은, 수업료나 유학비로 사용된 부분만 해당되며, 교육비나 유학비를 사용하고 남는 것을 예금 등으로 저축하였다면 이 부분은 증여로 본다.

또한 자녀가 해외에 유학을 하고 있고 현지에서 강의 등을 해서 생활비를 벌고 있는 경우에는, 자녀의 경제력이 있는 상태이므로 국내에 있는 부모가 생활비나 유학비로 보낸 돈은 증여로 보게 된다.

(5) 자녀의 결혼 축하금 중에서 부모가 받는 축하금은 증여한 것으로 본다.

결혼한 자녀들이 친구들이나 친척으로부터 받은 축하금은 증여를 받은 것이 아니다. 그러나 결혼한 자녀들이 친분이 있어 받은 것이 아니라, 부모에게 친분이 있는 사람들이 부모에게 축하금으로 준 것을 결혼한 자녀가 받게 되면 부모로부터 증여를 받은 것이 된다.

결혼 축하금 중에서 증여세가 추징된 사례를 보면, 자녀가 부동산을 사는 과정에서 국세청으로부터 자금출처조사를 받았고 자금출처로서 결혼 축하금을 제시하였으나, 부모가 자신들이 알고 있던 사람들로부터 받았던 자녀 결혼 축하금을 자녀의 자금출처로 소명한 부분을 인정하지 않고 증여로 본 사례가 있다.[24)]

---

23) 조세심판원 심판례, 조심 2020 서 8511
24) 조세심판원 심판례, 조심 2016 서 1353

(6) 혼수용품 중에서 과도한 부분은 증여한 것으로 본다.

자녀가 결혼할 때 부모가 지원해 주는 혼수용품은 증여한 것으로 보지 않는다. 그러나 혼수용품이라 하더라도 일반적인 상식에 비추어 과도하다고 생각되는 부분은 증여로 보며, 또한 혼수용품으로 사용되지 않고 집을 사거나 전세금으로 사용된 부분은 증여에 해당한다.

2 우리사주조합과 근로복지기금에는 증여세가 없다

(1) 우리사주조합이 증여를 받는 것에는 증여세가 없다.

회사가 임직원들에게 회사의 주식을 줄 목적으로 회사의 임직원들이 모여 만든 단체를 「우리사주조합」이라 하며, 회사의 임직원들의 경조사나 자녀 장학금 등을 지원하기 위해 설립된 기금을 「사내근로복지기금」이라 한다.

우리사주조합이나 사내근로복지기금은 근로복지기금법에 따라 만들어진 것으로서, 직원들의 복리를 위해 설립된 단체이므로 이 단체들이 증여를 받는 것에 대하여는 증여세가 없다.

예를 들어 회사의 대주주가 본인의 주식을 우리사주조합에 기부하거나, 회사자금을 근로복지기금에 주는 경우에도 이 단체들은 증여세를 내지 않는다.

(2) 우리사주조합을 통해 주식을 싸게 사는 것도 증여가 아니다.

회사의 임직원들이 우리사주조합으로부터 회사의 주식을 공짜로 받거나 주식가치보다 낮은 가격으로 살 경우, 싸게 산 부분은 증여를 받은 것으로 보지 않는다. 이 경우 증여세를 면제받기 위해서는 임직원 개인별로, 회사 발행주식의 1% 미만을 사야하고 또한 구입한 주식의 액면가 합계가 3억 원에 미달해야 한다.

3 무주택근로자가 근로복지기금에서 받는 주택보조금에는 증여세가 없다.

주택이 없는 근로자가 주택을 살 때 사내근로복지기금으로부터 받는 보조금이나, 주택을 임차할 때 받는 보조금은 증여를 받은 것으로 보지 않는다. 다만 주택의 규모가 전용면적 85제곱미터이내이어야 하며, 주택을 사는 경우에는 취득가액의 5%까지만 증여세를 면제받고, 주택을 임차하는 경우에는 전세가액의 10%까지만 증여세가 면제된다.

4 공익법인은 증여세가 없다.

사회복지, 종교, 교육, 장학, 의료 등 사회 일반의 이익을 목적으로 「민법」 또는 「공익법인의 설립 · 운영에 관한 법률」에 의해 설립된 비영리법인을 「공익법인」이라 한다. 공익법인은 사회 일반의 이익을 목적으로 하기 때문에 이에 필요한 재산을 개인이나 단체가 기부하는 것을 지원하기 위해서, 공익 법인에 기부한 재산에 대해서는 증여세가 없다.

다만, 주식이 아닌 다른 재산에 대하여는 금액의 한도가 없으나, 주식을 증여를 하는 경우에는 주식을 발행한 회사의 총 발행주식 중에서 10% ~ 20%까지만 증여세를 면제해 준다. (38장, 공익법인에 기부한 재산 참조)

07장

손주증여에 대한 할증

자녀를 통하지 않고 손주에게 바로 증여하면 세금이 절약될까?

할아버지가 본인의 자녀에게 증여를 하지 않고 손주에게 증여를 하면 한 단계를 건너뛴 증여가 된다.

할아버지가 자녀를 통하지 않고 직접 손주에게 증여를 하는 경우에도 자녀를 통하여 손주에게 증여를 하는 경우와 동일한 세금을 내게 할 수는 없으므로, 자녀를 거치지 않고 손주에게 증여를 하면 증여세를 할증하여 내야 한다.

1 손주가 증여를 받는 경우에만 할증한다.

(1) 할아버지가 손주에게 증여를 하면 세금의 30%를 할증한다.

증여세를 할증하여 계산하는 대상은, 부모가 있는데도 불구하고 조부모가 부모를 생략하고 손주에게 증여를 하는 경우이다. 조부모가 1세대를 생략하고 손주에게 증여를 하는 경우뿐만 아니라, 2세대를 생략하고 증손주에게 증여를 하는 경우에도 똑같이 30%를 할증한다.[25]

25) 상증법 제57조, 직계비속에 대한 증여의 할증과세

사 례

할아버지가 손주에게 1억 원을 증여를 한 경우 내야 할 증여세는?

증여를 받은 금액	100,000,000	
공제금액	-50,000,000	
과세표준	50,000,000	
증여세	5,000,000	과세표준의 10%
할증금액	1,500,000	증여세의 30%
산출세액	6,500,000	
신고세액공제	-195,000	산출세액의 3%
내야 할 세금	6,305,000	

(2) 미성년자인 손주가 20억 원이 넘는 증여를 받으면 40%를 할증한다.

할아버지로부터 증여를 받는 손주가 미성년자인 경우로서 20억 원보다 큰 증여를 받는 경우에는 증여세의 40%를 할증한다.

(3) 직계비속이 아닌 경우에는 할증하지 않는다.

증여세의 30%를 할증하는 대상은 수직으로 내려오는 직계 혈연 관계만 해당된다. 예를 들어 삼촌과 조카 관계는 수직으로 내려오는 관계가 아니라 형제를 통하여 내려오는 관계이므로, 직계존비속에 해당되지 않는다.

그러므로 삼촌이 조카에게 증여를 하는 경우에는 할증하지 않는다.

(4) 할아버지로부터 여러 번 증여를 받으면 동일인 합산과 세금 할증이 동시에 적용된다.

손주가 할아버지로부터 여러 번 증여를 받으면, 같은 사람으로부터 증여를 받는 경우에 해당되어 10년간 받은 증여를 합하여 세금을 계산하고 할증도 동시에 적용된다. 손주가 할아버지로부터 증여를 받은 후 할머니로부터 증여를 받으면, 동일인으로부터의 증여에 해당되어 합산하여 과세한다.

사 례

할아버지가 손주에게 1차로 1억 원을 증여를 하고, 10년 내에 2차로 2억 원을 증여를 한 경우에 내야 할 증여세는?

	1차 증여분	2차 증여분
증여를 받은 금액	100,000,000	200,000,000
10년 내 증여합산	–	100,000,000
공제금액	-50,000,000	-50,000,000
과세표준	50,000,000	250,000,000
증여세	5,000,000	40,000,000
할증 금액(세금의 30%)	1,500,000	12,000,000
산출세액	6,500,000	52,000,000
1차분 먼저 낸 세금	–	-6,500,000
신고세액공제*	-195,000	-1,365,000
내야 할 세금	6,305,000	44,135,000

* 2차분 신고세액공제 : (52,000,000–6,500,000) * 3% = 1,365,000

2 부모가 없는 경우에는 할증하지 않는다.

(1) 부모가 사망하여 자녀가 증여를 받는 경우에는 할증 대상이 아니다.

부모가 사망하게 되면 손주가 조부모로부터 재산을 상속받을 자격이 있다(대습상속). 손주들은 사망한 부모를 대신하여 상속인의 지위를 가지게 된다. 그러므로 할아버지가 그 손주들에 증여를 한 것은 할증하지 않는다.[26]

(2) 일부만 할증 대상인 경우에는 비율로 할증 금액을 계산한다.

할아버지가 처음으로 손주에게 증여를 한 시점에는 아버지가 살아있어 할증된 후, 할아버지가 두 번째로 그 손주에게 다시 증여를 하게 되면 손주 입장에서는 같은 사람으로부터 증여를 받는 경우이므로 합산하여 증여세를 신고해야 한다.

이때 두 번째 증여를 받는 시점에 아버지가 사망한 상태였다면 두 번째로 증여를 받은 것은 할증 대상이 아니다. 즉, 같은 사람으로부터 여러 차례 증여를 받아 합산하는 경우로서, 할증 대상인 증여와 할증 대상이 아닌 증여가 포함되어 있는 경우에는, 합쳐져 있는 증여재산 전체에 대하여 증여세를 계산한 후 전체 재산 중에서 할증 대상이 되는 재산이 차지하는 비율에 해당하는 증여세를 계산하여 30%를 곱한다.

26) 상증법 제57조, 직계비속에 대한 증여의 할증과세 제①항 단서조항

사 례

할아버지가 손주에게 1억 원을 증여를 한 후 아버지가 사망하였고, 이후 10년 내에 할아버지가 다시 그 손주에게 2억 원을 증여(대습상속)를 한 경우 각각의 증여세를 계산하면?

	1차 증여	2차 증여
증여를 받은 금액	100,000,000	200,000,000
동일인증여합산	–	100,000,000
총 증여재산	100,000,000	300,000,000
공제금액	−50,000,000	−50,000,000
과세표준	50,000,000	250,000,000
증여세	5,000,000	40,000,000
할증 금액*	1,500,000	4,000,000
산출 세액	6,500,000	44,000,000
1차분 먼저 낸 세금	–	−6,500,000
신고세액공제**	−195,000	−1,125,000
내야 할 세금	6,305,000	36,375,000

* 2차 증여에서 할증할 금액 : 40,000,000 * (1억 원/3억 원) * 30% = 4,000,000
** 2차 증여의 신고세액공제 : (44,000,000–6,500,000) * 3% = 1,125,000

3 손주에게 증여하는 것이 유리한 효과도 있다.

할아버지에서 아버지, 손주로 순차적으로 증여를 하는 것보다 할증되더라도 증여세를 한 번만 내는 것이 증여세가 줄어든다. 또한 증여를 한 재산이 부동산인 경우에는 취득세도 한 번만 내게 되므로 취득세도 줄어드는 효과가 있다.

그리고 할아버지가 사망하고 나면 할아버지의 재산을 물려받을 수 있는 법정상속인은 자녀이지만, 할아버지가 사망하기 전에 할아버지가 손주들에게 증여를 하면, 할아버지의 뜻에 따라 손주들에게 먼저 재산을 물려줄 수 있다.

다만, 손주들에게 증여를 한 후 할아버지가 5년 이내에 사망하게 되면, 손주들에게 생전에 증여한 재산은 할아버지의 상속재산에 포함되어 상속세를 내야 한다. 생전에 증여했던 재산이 상속재산에 포함되어 상속세를 내는 경우에도 과거 증여했을 당시에 낸 증여세는 상속세에서 빼준다. (제36장 사전증여재산 합산 참조)

또한, 생전에 증여한 재산이 상속재산에 합산되는 경우에도 상속 당시로 평가하지 않고 과거 증여했을 당시의 평가액으로 합산된다. 그러므로 가치가 상승되는 부동산과 같은 재산은 사전에 증여함으로써 상속세가 절세되는 효과가 있다.

〈손주증여가 유리한 점〉

a. 30%가 할증된다 해도 자녀를 통해 두 번 증여하는 것보다 절세된다.
b. 과거 증여 당시의 평가액으로 상속재산에 합산되므로 상속세가 줄어든다.
c. 증여 이후 5년이 지나면 상속재산에 합산되지 않는다.

08장

대신 내주는 증여세

증여를 받은 자녀가 낼 증여세를 부모가 대신 내줘도 될까?

현재 우리나라에서는 증여를 받은 사람, 즉 수증자가 증여세를 내야 한다.

만일 자녀에게 현금을 증여하면 자녀는 받은 현금 중에서 증여세를 내면 문제가 없다.

그러나 부모로부터 부동산과 같은 재산을 증여를 받았으나 자녀에게 증여세를 낼만한 현금이 없어서 부모가 증여세를 내주는 경우가 있다. 증여를 하는 사람이 증여세까지 내주면, 증여세로 내준 금액도 또 다른 증여가 된다.

1 대신 내주는 증여세를 함께 신고해야 한다.

재산을 증여하면서 증여세를 대신 내주면, 증여세만큼을 추가로 증여를 한 것으로 본다.

증여세를 대신 내주는 것은 또 다른 증여를 한 것으로 보아 증여세를 내게 되고, 이후에 붙는 증여세마다 증여가 무한히 반복되어 계속적으로 증여세가 붙게 된다.

증여를 한 사람이 증여세를 대신 내주는 경우에는, 방정식을 이용하여 증여세를 계산할 수 있다. 방정식을 이용하여 원래 증여하는 재산과 대신 내주는 증여세를 합친 전체 금액에 대한 증여세를 계산하면 한 번의 신고로서 끝난다.[27]

만일 부모가 자녀에게 재산을 증여하고 증여세를 신고한 후, 자녀가 증여세를 낼 현금이 없어 부모가 대신 내게 되면, 관할세무서는 부모가 대신 내준 증여세 자체를 또 다시 증여를 한 것으로 보아 추가적인 증여세와 가산세를 내라고 요구한다.

가산세를 내지 않고 한 번의 신고로 끝내기 위해서는, 방정식을 사용하여 증여할 총액을 계산해야 한다.

최종적인 증여세가 얼마인지 모르는 상태이므로, 원래 증여할 재산에 증여세를 포함한 것을 「총 증여할 금액」으로 놓고 방정식을 만들면 다음과 같다.

> 원래 증여할 금액* + **총 증여할 금액에 대한 증여세****
> = 총 증여할 금액***

* 원래 증여할 금액 : 증여세를 제외한 재산금액
** 총 증여할 금액에 대한 증여세 : 증여재산과 증여세를 합친 전체 금액에 대한 증여세
*** 총 증여할 금액 : 원래증여금액에 총 증여세를 합친 금액을 방정식으로 구해야 한다.

> **총 증여할 금액에 대한 증여세***
> = {(총 증여할 금액 − 증여공제금액) * 증여세율} * (1 − 3%)

* 총 증여할 금액에 대한 증여세 : 가상의 총 증여금액에 증여세율을 곱한 후, 3%의 증여세 신고세액공제를 뺀 금액

27) 국세청해석, 서일 46014-11458

사 례

아버지가 자녀에게 5억 원을 증여를 하면서 증여세도 함께 증여를 하려고 할 경우 얼마를 증여하면 되는가? 증여공제금액은 5천만 원으로 가정한다.

원래 증여할 금액 : 500,000,000

총 증여할 금액 : x

총 증여금액에 대한 증여세 : {(x − 5천만 원) × 증여세율} × (100% − 3%)

5억 원 초과 증여세 산식 : 과세표준 × 30% − 6천만 원

총 증여세로 낼 금액 : {(x − 5천만 원) × 30% − 6천만 원} × (100% − 3%)

{원래 증여할 금액+총 증여세 낼 금액 = 총 증여할 금액} 이므로

5억 원 + {(x − 5천만 원) × 30% − 6천만 원} × 97% = x

5억 원 + x × 30% × 97% − 5천만 원 × 30% × 97% − 6천만 원 × 97% = x

5억 원 + x × 29.1% − 14,550,000 − 58,200,000 = x

427,250,000 = x − x × 29.1%

427,250,000 = x × 70.9%

x = 427,250,000 ÷ 70.9% = **602,609,308(총 증여할 금액)**

증여세로 낼 금액 = 602,609,308 − 500,000,000 = **102,609,308**

검증

원래 증여할 금액	500,000,000
총 증여세액(방정식에서 구한 세금)	102,609,308
총 증여할 금액	602,609,308
공제금액	(50,000,000)
과세표준	552,609,308
세율산식(과세표준 5억 초과)	과세표준 × 30% − 6천만 원
증여세	105,782,792
신고세액공제(105,782,792의 3%)	(3,173,484)
내야 할 세금	**102,609,308**

2 연대납세의무자가 내는 세금은 증여가 아니다.

(1) 증여를 받은 사람이 세금을 낼 능력이 없으면 증여한 사람이 내야한다.

재산을 증여를 받은 사람이 증여세를 내는 것이 원칙이지만, 예외적으로 재산을 증여해 준 사람도 함께 증여세를 내야 하는 경우가 있다.

만일 증여를 받은 사람이 증여세를 낼 능력이 없고 다른 재산도 없다면, 증여를 해준 사람이 공동으로 증여세를 내야 한다.

이 경우 세무서장은 증여를 한 사람에게 증여세 연대납부의무가 있다는 사실을 통지해야 하고, 세무서장의 통지를 받은 사람이 대신 내준 증여세는 또 다른 증여로 보지 않는다.[28)][29)]

(2) 증여를 받은 사람의 주소가 불분명하면 증여한 사람도 세금을 낼 의무가 있다.

증여를 받은 사람의 주소가 확인되지 않으면, 증여를 받은 사람이 증여세를 내지 않아도 국세청은 증여세를 거둘 수가 없다. 이런 경우 세무서장이 증여를 해준 사람에게 증여세 연대납부의무가 있다는 통지를 해야 하고, 이에 따라 증여를 해준 사람이 대신 내준 증여세는 또 다른 증여에 해당하지 않는다.

---

28) 상증법 제4조의 2, 증여세 납부의무 제⑥항 연대납세의무 및 ⑦항
29) 상증법 집행기준 4의 2-0-6, 증여세 연대납부의무의 통지 및 효력

(3) 해외에 살고 있는 사람의 증여세를 대신 내는 것은 증여를 한 것이 아니다.

앞에서 설명한 바와 같이 증여를 받은 사람이 증여세를 낼 능력이 없거나 주소가 불분명한 경우에는, 세무서장이 증여를 한 사람에게 증여세 연대납부의무를 통지하지 않으면 증여를 한 사람이 증여세를 낼 의무가 없다. 그러나 해외에 살고 있는 사람이 증여를 받은 경우에는 세무서장의 통지가 없어도 증여를 한 사람이 증여세를 납부할 의무가 있다. 이런 경우 국내에서 증여를 해 준 사람이 공동으로 증여세를 내야 하므로, 국내에서 증여를 해준 사람이 세무서장의 통지를 받지 않고 증여세를 대신 내더라도 또 다른 증여에 해당하지 않는다.[30)][31)]

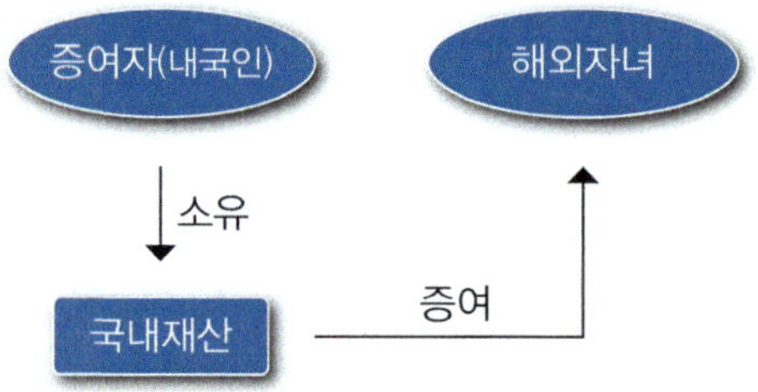

3 해외재산을 비거주자에게 증여하면 증여자가 세금을 내야 한다.

국내에 있는 사람이 해외에 있는 사람에게 국내에 있는 재산을 증여를 하면, 증여를 받은 사람과 증여를 해준 사람 모두 증여세를 낼 의무가 있다.

---

30) 서면 - 2020 - 법령해석재산 - 5328, 2021.12.10.
31) 상증세 집행기준 4의 2-0-6 (증여세 연대납세의무의 통지 및 효력)

그러나 국내에 있는 사람이 해외에 있는 사람에게, 해외에 있는 재산을 증여를 하면 「국제조세조정에 관한 법률」에 따라, 해외에서 증여를 받은 사람은 증여세를 낼 의무가 없고 국내에서 증여한 사람만이 증여세를 내야 한다.[32)]

이런 경우 국내에서 증여를 한 사람이 내는 증여세는, 법률의 규정에 따라 본인의 세금을 내는 것이므로 다른 사람에게 증여를 한 것이 될 수 없다.

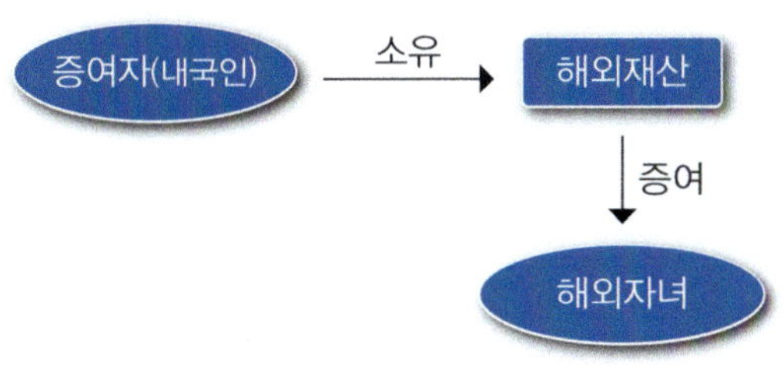

4 취득세도 증여를 받은 사람이 낼 의무가 있다.

부동산을 취득하면 취득한 사람이 지방세법에 따라 취득세를 내야 한다. 그러므로 부동산과 같이 취득세를 내야 하는 재산을 증여를 받으면, 증여를 받는 사람이 취득세를 내야 한다.

만일 증여를 받는 사람이 취득세를 낼 능력이 없어 증여를 해 준 사람이 취득세를 대신 내면, 증여한 사람이 대신 내 준 취득세도 증여를 해준 재산에 합하여 증여세를 내야 한다.

32) 국제조세조정에 관한 법률 제35조, 국외 증여에 대한 과세특례

제 2 편

가족 간 증여문제

준비 없이 주면 증여세 폭탄!

09장

가족 간 재산매매

가족 간에 재산을 매매하는 것이 인정될까?

현재 상증법상으로는, 가족 간에 시가와 다르게 재산을 매매한 것과, 경제력이 없는 사람이 비싼 재산을 취득한 경우에 증여를 받은 것으로 보는 두 가지의 「증여추정규정」이 있다.

경제력이 없는 사람이 고가의 재산을 취득하면 자금출처조사를 하며, 자금출처를 입증하지 못하는 경우에 증여세를 매긴다. 여기에서는 가족 간의 재산 거래에 대하여 설명하고 자금출처조사에 대하여는 4편에서 설명한다.

1 배우자나 자녀에게 재산을 양도하면 증여한 것으로 본다.

(1) 배우자와 자녀에게 판 것은 원칙적으로 증여로 본다.

부동산과 같은 재산을 부부간에 사고팔거나 부모와 자녀 간에 사고판 경우, 국세청은 증여를 한 것으로 보아 소명을 요구한다. 당사자가 실제로 사고판 사실을 입증하지 못하면 국세청은 증여세를 내라고 할 수 있다.[33]

33) 상증법 제44조, 배우자 등에게 양도한 재산의 증여 추정 제①항

외형상으로는 부부간에 혹은 부모와 자녀 간에 계약을 체결하고 재산을 사고파는 형식을 갖추어도, 실제로는 돈을 주고받지 않거나 받은 돈을 되돌려줌으로써 재산을 증여를 한 것이라고 본다.

(2) 실제 매매한 것을 입증하면 증여세를 피할 수 있다.

부부간에는 경제적 공동체로서 재산을 사고파는 것이 현실과 맞지 않다고 볼 수 있으나, 부모와 자녀 간에는 반드시 경제적 공동체라고 할 수는 없다. 만일 부모와 자녀 간에 실제로 재산을 사고 판 것이 입증되면 증여로 볼 수 없다. 실제 사고판 것으로 인정받기 위해서는 다음의 두 가지 조건을 모두 갖추어야 한다.

a. **돈을 주고받은 사실이 명백히 입증될 것** : 은행 계좌를 통해 돈을 주고받은 내역이 입증되어야 한다.

b. **지급한 돈의 원천이 확인될 것** : 재산을 산 사람이 국세청에 신고된 소득으로 지급했거나, 상속 혹은 증여세가 신고된 재산으로 지급한 경우, 그리고 다른 재산을 처분한 돈으로 지급한 것을 의미한다.

부모와 자녀 간에 매매한 것을 인정받기 위해서는 금융거래를 통해 돈이 지급된 것만으로는 충분치 않고, 상대방이 돈을 지급한 원천도 국세청에 신고된 자료로 입증되어야 한다.

돈을 지급한 원천을 입증해야 하므로, 돈을 나중에 지급하기로 하였다면 지급한 원천을 입증한 것이 아니므로 증여세를 피할 수 없다. 그러므로 국세청이 요구하는 입증자료를 갖추지 못한 상태에서 부모와 자녀 간에 매매거래를 하면 증여세가 나올 수 있다.

그러나 부동산이나 주식과 같이 소유자의 이름이 등록되는 재산을 서로 교환한 경우에는 실제 매매한 것으로 인정된다.[34)]

(3) 며느리나 사위와 매매한 것은 증여로 보지 않는다.

가족 간에 매매한 것을 인정하지 않고 증여로 보는 규정은, 상대방이 배우자이거나 자녀일 때만 적용된다. 그러므로 며느리와 시부모 간에 매매한 것과 사위와 장인·장모와 매매한 거래는 증여를 한 것으로 보지 않는다.

(4) 실제 매매하는 경우에도 반드시 시가대로 거래할 필요는 없다.

부모와 자녀 간에 재산을 매매할 때 재산의 시가대로 거래하면 문제가 없다.

그러나 부모가 자녀에게 재산을 시가보다 싸게 팔거나, 자녀가 부모에게 재산을 시가보다 비싸게 팔수도 있을 것이다. 이처럼 시가와 다른 가격으로 매매하는 경우, 시가와 지나치게 큰 차이가 나면 상대방에게 이익을 준 것으로 보아 증여에 해당될 수도 있다.[35)]

정상적인 차이라고 인정되는 범위는, 시가의 30%까지이다. 시가의 30%까지를 정상가격으로 인정하므로 시가의 70% 혹은 시가의 130% 이내의 가격으로 매매하면 증여세 문제는 발생하지 않는다.

시가의 30%를 인정하는 기준 이외에 두 번째 기준으로서, 시가에 30%를 곱한 금액이 「3억 원」보다 큰 경우에는,「3억 원」만을 정상적인 차이로 인정한다.

---

34) 상증법 집행기준 44-33-2, 배우자에게 양도한 사실이 명백하여 증여추정 배제되는 경우
35) 상증법 제35조, 저가 양수 또는 고가 양도에 따른 이익의 증여 제①항

즉, 시가가 10억 원 이하인 경우에는 시가의 30% 범위 내에서 매매하면 증여세 문제가 없고, 시가가 10억 원을 넘으면 3억 원의 차이 내에서 매매해야 증여세 문제가 발생하지 않는다.

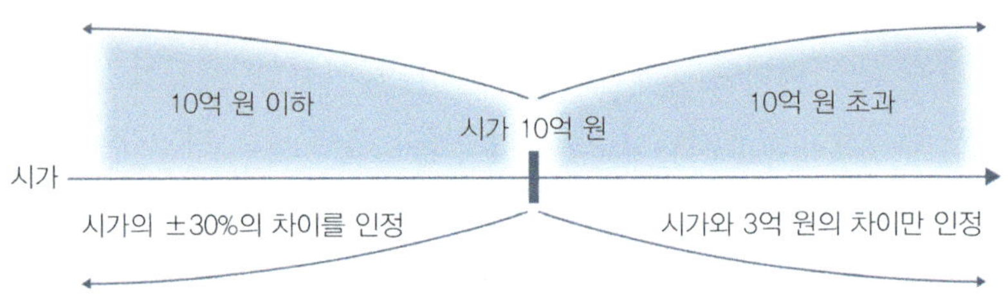

예를 들어 부모가 소유한 시가 5억 원인 주택을 자녀에게 3억 원만 받고 처분한 경우에는, 5억 원의 70%인 3.5억 원이 인정받을 수 있는 기준금액이다. 그러나 기준금액 3.5억 원과 실제 매매가 3억 원의 차이가 0.5억 원이므로, 0.5억 원만큼 부모가 자녀에게 증여를 한 것으로 본다.

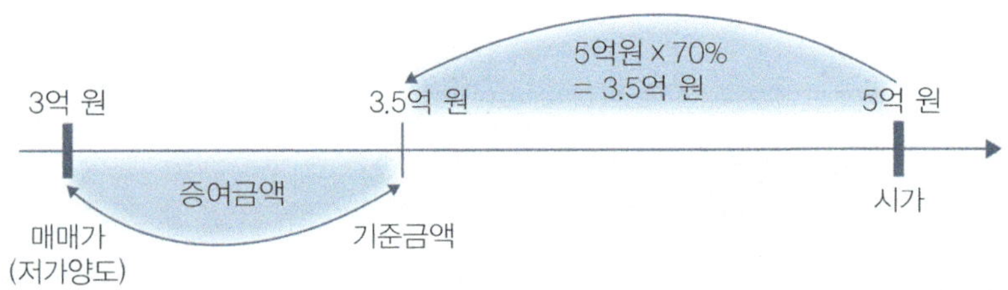

다만, 시가가 5억 원인 주택을 3억 원으로 매매하면 증여세 이외에 양도소득세를 고려해야 한다. 소득세법상 가족 간의 매매에서는 시가로 양도가액을 산정하므로, 양도소득세는 5억 원을 양도가액으로 하여 계산하여야 한다.

만일 자녀가 소유한 시가 12억 원인 주택을 부모에게 20억 원에 비싸게 팔았다면, 시가가 10억 원보다 크므로, 시가 12억 원에 3억 원을 더한 15억 원이 인정받을 수 있는 기준금액이 된다.

기준금액인 15억 원과, 매매가액 20억 원을 비교하여, 그 차이인 5억 원만큼을 부모가 자녀에게 증여를 한 것으로 본다.

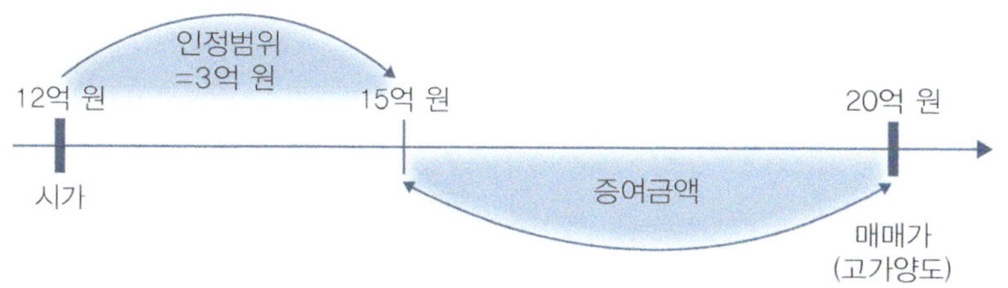

2 다른 가족을 통하여 배우자나 자녀에게 양도해도 직접 증여를 한 것으로 본다.

(1) 자녀에게 직접 팔지 않고 다른 가족을 통해 팔아도 증여를 한 것으로 본다.

부모가 직접 배우자나 자녀에게 재산을 팔면, 위에서 본 것과 같이 증여를 한 것으로 본다. 이 규정을 피하기 위해, 부모가 배우자나 자녀에게 직접 팔지 않고 다른 가족을 중간에 끼워서 그 다른 가족에게 판 후, 그 다른 가족이 원래의 배우자나 자녀에게 다시 파는 경우가 있다.

이와 같이 다른 사람을 거쳐서 자녀에게 양도하는 경우에도 그 다른 가족과의 거래를 인정하지 않고, 부모가 직접 배우자나 자녀에게 증여를 한 것으로 본다.[36)]

36) 상증법 제44조, 배우자 등에게 양도한 재산의 증여추정 제②항(우회양도)

다른 사람과의 거래를 인정하지 않는 규정은, 부모가 다른 가족에게 판 날로부터 3년 이내에 배우자나 자녀가 다시 살 때에만 적용된다. 다른 가족은 형제자매, 삼촌이나 사촌 형제 혹은 장인·장모와 같은 특수관계자를 의미한다. 특수관계자는 본인의 4촌까지의 가족이나, 배우자의 3촌까지의 관계를 의미한다. (25장, 주택증여 후 세금 참조)

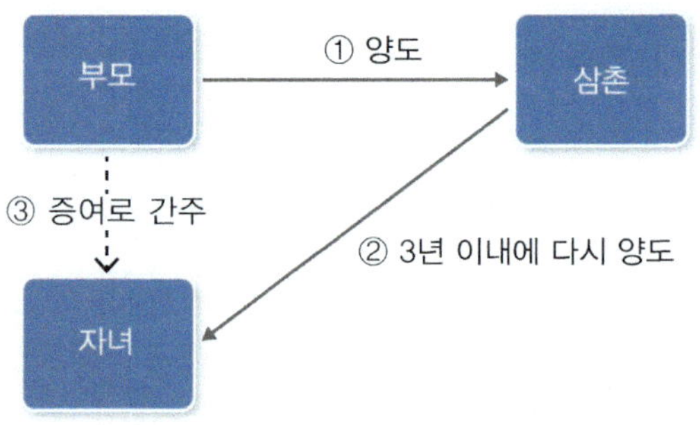

(2) 증여세를 내면 이미 낸 두 번의 양도소득세는 돌려받는다.

부모가 다른 가족에게 처분한 시점에 양도소득세를 내고, 그 다른 가족이 원래 부모의 배우자나 자녀에게 다시 팔 때 양도소득세를 또 낸다. 이렇게 두 번 낸 양도소득세를 합친 금액이, 부모가 배우자 혹은 자녀에게 직접 증여를 한 것으로 보아 계산한 증여세보다 더 크면 증여세를 낼 필요가 없다.

만일 양도소득세로 낸 금액보다 증여세가 더 커서 증여세를 내는 경우에는, 이미 낸 양도소득세를 돌려받을 수 있다.

10장

가족 간 자금대여

가족 간에 돈을 빌려준 것을 증여로 보지 않을까?

국세청에서 재산을 취득한 사람에 대하여 구입자금의 출처조사를 할 때, 원칙적으로 배우자나 부모로부터 빌린 돈은 자금출처로 인정하지 않는다.[37] 그러나 상환능력 · 이자지급사실 등을 통하여 실제로 빌렸다는 사실을 입증하면 증여에서 제외될 수 있다.

1 가족 간에 돈을 빌려주는 것은 원칙적으로 인정되지 않는다.

만일 자녀가 부동산을 취득하였고 국세청이 구입자금의 출처를 입증하라는 요청을 하였을 때 부모로부터 빌린 돈으로 부동산을 샀다고 설명하면, 국세청에서는 자녀가 부모로부터 빌린 것이 아니라 증여를 받은 것으로 보아 증여세를 내라고 통보할 수 있다.

37) 상증세법 기본통칙 45-34--1, 자금출처로 인정되는 경우

그러므로 배우자나 부모로부터 돈을 빌린 것으로 인정받기 위해서는, 가족이 아닌 제3자로부터 돈을 빌린다는 가정 하에, 제3자와 같은 조건을 갖추어 돈을 빌린 사실을 입증해야만 빌린 것으로 인정받을 수 있다.

2 가족 간에도 제3자와 같은 방법으로 빌려야 한다.

(1) 갚을 능력이 없으면 빌릴 수도 없다.

가족이 아닌 제3자에게 돈을 빌려줄 때 어떤 조건과 서류가 필요한 지를 생각해 보면, 가족 간에 돈을 빌릴 때도 어떤 조건을 갖추어야 하는지 알 수 있다.

만일 제3자에게 돈을 빌려준다면 가장 필요한 조건은 그 사람이 돈을 갚을 능력이 있는 지와, 실제 돈을 갚을 지를 확인하는 것이 최우선이다.

빌린 사람이 갚을 능력이 있다면, 그 다음은 이자를 얼마로 할 것인지 그리고 언제 갚을 것인지를 서류로 작성할 것이며, 그 서류에 도장을 날인하여 보관할 것이다.

자금출처를 조사할 때에도 이와 같은 상식에 입각하여, 가족 간에 돈을 빌려준 것을 인정할지를 결정하게 된다.

실제로 가족 간에 돈을 빌려준 것을 인정하지 않고 증여세를 추징한 사례를 보면, 19억 원짜리 주택을 사면서 17억 원을 어머니로부터 빌린 것이라고 설명하였으나, 만일 은행에서 30년 만기 · 연이율 2.7% · 원리금 균등 상환조건으로 17억 원을 빌렸다고 가정하면 매월 726만 원을 상환해야 한다. 그러나 자녀의 월급수준으로 볼 때 매월 726만 원을 상환할 수 없다고 보아, 빌렸다고 해명한 17억 원을 전부 증여를 받은 것으로 보아 증여세를 통지한 사례가 있다.

위의 사례에서 알 수 있듯이, 돈을 빌린 사람의 소득이 많지 않아 빌린 돈과 이자를 갚을 능력이 부족하면 가족 간에 빌린 것을 인정받을 수 없다.

(2) 실제 빌린 것을 입증하려면 객관적인 대여조건을 갖추어야 한다.

다른 사람에게 돈을 빌려주는 경우에는 갚을 능력을 확인한 후, 이자율과 받을 날짜를 정하고, 빌려주는 시점에 그 내용을 서류로 작성하여 보관할 것이다.

일반적으로 돈을 빌려주는 경우의 조건을 예로 들면 다음과 같다.

〈돈을 빌려주는 조건〉

a. 빌린 사람이 갚을 능력이 있는가?
(원금과 이자를 갚을 소득이나 재산상태로 입증)

b. 갚지 않을 경우 회수할 방법이 있는가?
(빌린 사람의 재산을 담보로 제공받는 방법 등)

c. 원금과 이자를 갚는 방법이 있는가?
(약정서상 원금과 이자를 갚는 날짜가 기록될 것)

d. 약정서에 필요한 내용을 갖추고 있는가?
(돈을 빌린 목적과 빌린 날짜가 기록될 것)

e. 약정서가 효력이 있는가?
(빌리는 사람이 직접 인감 도장을 날인하고 인감증명을 첨부할 것)

부모와 자녀 간에 작성된 차용증을 보여주고 빌린 돈이라고 소명하였으나 인정받지 못한 사례를 보면, 자녀의 오피스텔 임차보증금 3억 원이 부모의 계좌에서 송금되었으나 자녀는 부모로부터 빌린 것이라고 소명하면서 차입약정서와 일부 원리금을 갚은 내역을 제시하였다. 그러나 차입약정서가 돈을 빌린 당시에 만들어진 것인지 명확하지 않고, 약정서에 자금의 용도가 표시되지 않았으며, 약정서상으로 원리금을 갚을 계획이 구체적으로 기록되어 있지 않은 점 등에 비추어 신뢰할 수 있는 약정서가 아니라고 하여 3억 원 전부를 증여를 받은 것으로 간주된 사례가 있다.[38]

(3) 차용증은 돈을 빌린 시점에 만들어진 사실이 입증되어야 한다.

가족 간의 차용증에 대하여 국세청에서 가장 먼저 확인하는 것은, 차용증이 만들어진 시점이다.

실제 돈을 빌린 사실도 없는데 나중에 세무조사를 하는 시점에 차용증이 만들어진 것이라는 의심이 들면, 가족 간에 돈을 빌린 것으로 인정하지 않는다.

만일 자녀가 구입한 부동산의 등기부상으로, 부모의 이름으로 담보가 설정되어 있다면 차용증을 인정받을 수 있다. 그러나 돈을 빌려준 사람이 반드시 담보를 설정해야 한다는 강제 규정은 없으므로, 다른 방법으로 차용증이 나중에 작성된 것이 아니라는 사실을 입증해야 한다.

차용증을 작성한 날짜를 입증하는 방법으로 다음 중 어느 하나의 방법을 사용할 수 있다.

---

38) 국세청 심사사례, 심사 증여 2020-19

a. 차용증을 작성한 후 공증 사무실에서 공증을 받는 방법

b. 차용증에, 빌린 사람의 인감도장을 날인하고 인감증명서를 첨부하는 방법. 다만, 인감증명서는 돈을 빌린 날짜보다 이전에 발급된 것이어야 하고, 차용증과 인감증명서를 겹쳐서 간인으로 날인할 것.

c. 차용증을 내용증명 우편으로 빌린 사람에게 발송하면, 차용증 내용과 작성한 날짜가 증명되므로 공증 받은 것과 같은 효과가 있다.

d. 차용증을 이메일로 전송하여 이메일이 전송된 날에 차용증이 작성된 것을 입증한다.

(4) 원금과 이자를 갚는 날짜가 표시되어야 한다.

차용증이 만들어진 시점이 확인되면, 차용증에 기록된 데로 원금과 이자를 갚아야 한다.

세무조사는 재산을 취득한 때로부터 2~3년 후에 하게 되므로, 원금과 이자는, 돈을 빌린 날부터 세무조사를 받는 날까지 계속하여 갚고 있어야 한다.

만일 사정에 의해 돈을 빌려줄 당시에 차용증을 만들지 못한 경우에는 빌린 돈을 이미 갚았거나, 갚고 있는 중이라는 사실을 입증하여야 돈을 빌린 것으로 인정받을 수 있다.

돈을 빌린 시점에 차용증이 만들어 졌고, 차용증에 기록된 내용대로 갚고 있다면 증여를 한 것으로 볼 수 없다.

가족 간에 차용증을 만들었지만 돈을 빌려준 것으로 인정받지 못한 사례를 보면, 제출한 차용증에 원금과 이자를 갚는 약정이 없고, 빌린 날 이후 세무조사 시점까지 원금을 갚은 사실이 없는 점 등에 비추어 증여를 한 것으로 판정된 사례가 있다.[39]

39) 조세심판원 심판례, 조심 2020 중 5

3 최소 받아야 할 이자율은 연간 4.6%이다.

(1) 원금 2억 1천7백만 원까지는 이자를 받지 않아도 된다.

다른 사람에게 돈을 빌려주고 이자를 안 받거나 적게 받으면, 빌려준 사람이 상대방에게 이자만큼을 증여를 한 것으로 본다.

2026년 1월 현재 세법에서 요구하는 최소 이자율은 연 4.6%이며, 4.6% 보다 낮은 이자를 받으면 낮게 받은 이자만큼을 증여를 한 것으로 본다.[40]

그러나 상증법상으로는 적게 받은 이자금액이 연간 1천만 원 이상인 경우에는 이자 전체를 증여를 했다고 보지만, 적게 받은 이자금액이 연간 1천만 원 미만이면 증여를 한 것으로 보지 않는다.

연 4.6%의 이자율로 연간 1천만 원의 이자를 받을 수 있는 원금을 계산하면 2억1천7백만 원(1천만 원/4.6% = 2.17억 원)이다.

그러므로 원금 2.17억 원까지는 이자를 받지 않아도 이자에 대한 증여세 문제는 없다.

증여세가 면제되는 연간 1천만 원의 이자에 대하여는 동일인 증여 합산규정(p.31)이 적용되지 않으므로, 아버지로부터 2억 원을 무이자로 빌리고 어머니로부터 2억 원을 무이자로 빌려서 총 4억 원을 부모로부터 빌려도 이자에 대한 증여세 문제는 없다.[41]

---

40) 상증법 제41조의 4, 금전 무상대출에 따른 이익의 증여 및 상증법 시행령 제31조의 4
41) 서면-2018-상속증여-2137(2019.1.23.)

(2) 정당한 이유 없이 제3자에게 빌려준 경우에도 증여세를 추징할 수 있다.

돈을 빌려준 사람이 연 4.6%보다 이자를 적게 받으면 그 차이를 증여로 보는 규정은 가족 간과 같은 특수관계자(4촌 이내의 혈족, 3촌 이내의 친족) 뿐만 아니라, 제3자에게 빌려준 경우에도 적용된다. 그러므로 가족이 아닌 제3자에게 돈을 빌려주고 연 4.6%보다 낮은 이자를 받으면, 적게 받은 이자만큼을 증여를 한 것으로 보므로, 돈을 빌린 사람이 증여세를 신고하고 세금을 내야 한다.

다만, 가족과 같은 특수관계가 있는 사람에게 낮은 이자로 돈을 빌려주면 무조건 증여를 한 것으로 보지만, 가족이 아닌 제3자에게 낮은 이자로 돈을 빌려준 경우에는 낮은 이자를 받은 정당한 이유를 제시하면 증여로 보지 않는다.

(3) 이자를 받는 사람은 소득세를 내야 한다.

돈을 빌려주고 이자를 받는 사람은, 이자와 배당소득합계액이 2천만 원을 초과하는 경우에는 다음 연도 5월 31일까지 종합소득으로 신고해야 한다.

이자와 배당소득을 합한 금액이 2천만 원 이하인 경우에는 이자를 주는 사람이 원천징수를 한 경우에는 종합소득으로 신고할 필요가 없으나, 원천징수를 하지 않은 경우에는 종합소득으로 신고하고 세금을 내야 한다.

(4) 이자를 적게 받는다고 해서 개인소득세를 낼 필요는 없다.

위에서 설명한 것과 같이 이자를 적게 준 사람은 적게 준 이자만큼 증여세를 신고해야 하지만, 돈을 빌려주고 이자를 받는 사람은 적게 받은 이자에 대하여 소득세를 낼 필요는 없다.

소득세법에서는, 개인사업을 하는 사람인 경우에 사업상의 자금을 직원 등과 같은 특수 관계인에게 낮은 이자로 빌려주면 낮게 받은 이자만큼을 사업소득에 포함하여 신고해야 하지만, 사업을 하지 않는 개인들은 가족이나 다른 사람에게 이자를 적게 받았다고 해서 이자소득세를 신고할 필요는 없다.[42)]

(5) 이자를 주는 사람은 세금을 원천징수해야 한다.

이자를 주는 사람은 총이자 중에서 72.5%만 돈을 빌려준 사람에게 주고, 27.5%(소득세 25%와 지방소득세 2.5%)를 원천징수해서 본인의 주소지를 관할하는 세무서에 내야 한다.

만약, 이자를 주는 사람이 이자의 27.5%를 세무서에 내지 않으면, 세무서에서는 그 사람을 상대로 27.5%의 세금 및 가산세까지 내라고 통지한다.

그러나 개인들이 세금을 원천징수하여 신고서를 제출하고 세무서에 내는 것이 쉽지 않을 것이다.

만일 이자를 받은 상대방이 본인이 받은 이자를 종합소득으로 신고하게 되면, 이자를 준 사람이 원천징수를 하지 않은 경우에도 27.5%의 세금은 낼 필요가 없고 가산세만 물면 된다.[43)]

---

42) 소득세법 제41조, 부당행위 계산
43) 소득세법 제85조, 징수와 환급 제③항

원천징수할 세금을 제외한 가산세 부분은, 원천징수할 세금의 연 8.03%로서 크지 않는 수준이다.

아래에서 몇 가지 사례별로 최소한의 법정이자와 원천징수에 대한 가산세 금액을 계산해 보기로 한다.

빌려준 금액 사례	법정이자 (연리 4.6%)	최소 이자금액	연이자로 받을 금액	연간 원천 징수할 세금	원천징수 가산세
	법에서 요구하는 연간이자	법에서 면제해주는 이자금액	증여세가 없는 최소이자	최소이자의 27.5%	1년 기준 원천 징수 불이행 가산세
a. 2억 원	9,200,000	10,000,000	없음	없음	**없음**
b. 3억 원	13,800,000	10,000,000	3,800,000	1,045,000	**83,913**
c. 5억 원	23,000,000	10,000,000	13,000,000	3,575,000	**287,072**
d. 10억 원	46,000,000	10,000,000	36,000,000	9,900,000	**794,970**

위 표에서 a.와 같이 2억 원을 무이자로 빌려주어도 이자를 증여로 보는 금액은 없으며, b.와 같이 3억 원을 빌려준 경우에는 연 3,800,000원의 이자만 받으면 증여에 해당하는 이자는 없다.

만일 3억 원에 대한 이자를 지급하는 사람이 1,045,000원을 원천징수하지 않았다고 가정하면, 가산세로 연간 83,913원만 내면 되므로 가산세는 크게 부담되지 않는 금액이라는 것을 알 수 있다.

(6) 돈을 빌린 날에 1년 치 이자를 증여를 받은 것으로 본다.

돈을 빌리고 이자를 주지 않거나 적게 주는 경우에는, 돈을 빌린 날에 1년 치 이자를 증여를 받은 것으로 본다.

대출 기간이 없거나 대출기간이 1년보다 긴 경우에도 1년 치의 이자를 계산하여 증여를 받은 것으로 보며, 이후에도 매 1년 단위로

새로 돈을 빌린 것으로 보고 1년 치의 이자금액을 계산하여 증여세를 내야 한다.[44)]

(7) 빌린 사실이 없어지면 증여세를 돌려받을 수 있다.

연이자율 4.6%보다 낮은 이자를 준 것에 대하여 증여세를 낸 후에, 빌렸던 원금을 증여를 받은 것으로 변경하면 이자를 계속하여 줄 필요가 없어진다. 그러므로 1년 치의 이자에 대해 낸 증여세 중에서, 증여를 받은 것으로 변경한 날짜 이후의 이자는 세무서에 돌려줄 것을 요구할 수 있다.[45)]

> 돌려받을 수 있는 증여세
> = 처음에 낸 증여세 * (빌린 기간이 끝난 이후의 월수 / 12개월)

연 4.6%보다 낮은 이자로 주던 것을 4.6%의 이자율로 높여서 이자를 주는 경우에도 이미 납부한 증여세를 돌려달라고 요구할 수 있다.

(8) 증여를 받은 사람이 증여세를 낼 능력이 없으면 증여세가 면제된다.

다른 사람으로부터 낮은 이자로 돈을 빌려서 이자에 대한 증여세를 내야 하는 사람이지만, 증여세를 낼 수 있는 경제력이 없고, 국세청이 강제로 세금을 거둘 다른 재산도 없는 경우에는 증여세를 면제받을 수 있다. 증여를 받은 사람이 증여세를 낼 능력이 없어서 증여

44) 상증법 제41조의 4, 금전 무상대출에 따른 이익의 증여 제②항
45) 상증법 제79조, 경정청구 등의 특례 제②항

세를 면제받으면, 증여를 한 사람이 증여세를 대신 내야 할 의무도 면제된다.46)

4 다른 사람을 통하여 빌려주는 것은 소용이 없다.

배우자나 자녀에게 돈을 빌려준 사실을 인정받기가 어려우므로, 다른 사람을 통하여 돈을 빌려주어 증여로 간주되는 것을 피하려고 할 수 있다. 그러나 큰 금액을 다른 사람에게 보내고 그 사람이 본인의 배우자나 자녀에게 다시 빌려주는 형태를 취하여도 세무조사를 할 때는 관련된 사람들의 금융계좌를 조사할 수 있으므로, 국세청의 추적을 피할 수는 없다.

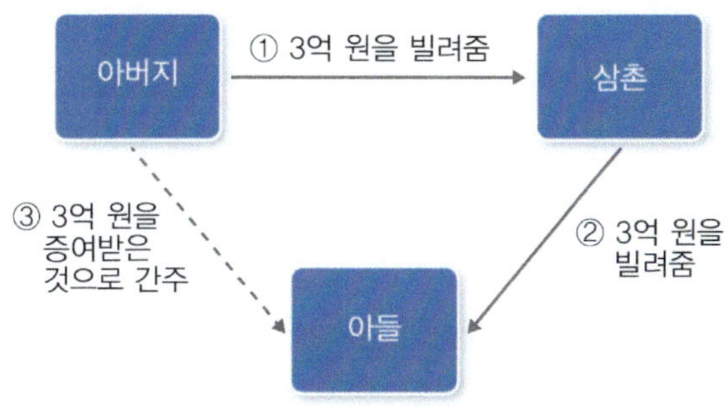

대기업 임원 A 씨가 자신의 두 아들이 주택을 살 수 있도록 주택 구입자금을 자신의 동생인 B 씨에게 전달하고, 이후 B 씨가 A 씨의 두 아들에게 돈을 빌려주도록 해서 자신의 두 아들이 서울시 소재 아파트를 각각 구입할 수 있도록 도운 사실이 밝혀져 자녀들에게 증

46) 상증법 제4조의 2, 증여세 납부의무 제⑤항 및 제⑥항

여세가 나온 사례가 있었다.

또한, 국세청은 개인사업자인 C 씨가 자신의 아들에게 주택을 살 돈을 증여하기 위해서 자신의 형 D에게 주택을 살 돈을 전달하고, D 씨가 C 씨의 아들에게 돈을 빌려주도록 한 사실을 밝혀냈다.

C 씨는 자신이 운영하는 사업장에서 자신의 아들이 일한 사실이 없는데도 불구하고, 아들에게 월급을 지급함으로써 빌렸던 원금과 이자를 갚도록 했다. 결국 자녀는 아버지로부터 증여를 받은 것으로 밝혀져 증여세가 추징되었고, 아버지의 사업장에 대하여도 소득세가 추징된 사례가 있다.

5 국세청은 빌린 돈을 누가 갚았는지를 사후에도 확인한다.

국세청에서는 가족이나 제3자로부터 돈을 빌린 사실이, 차용증과 상환 능력 등으로 보아 인정되는 경우에도 그 빌린 사실을 정보로 남겨두었다가, 이후에 돈을 빌렸던 사람이 그 사람의 능력으로 원금을 갚았는지를 확인하고 있다.

만일 재산을 취득하는 시점에서는 돈을 빌린 것을 인정하였지만, 나중에 다른 사람이 대신 갚아준 것이 확인되면, 대신 갚아준 돈에 대하여 증여세를 추징하게 된다.

빌린 돈을 다른 사람이 대신 갚은 경우에도 증여세가 추징되지만 빌린 돈을 채권자로부터 면제를 받은 것이 확인되면 면제받은 채무 금액에도 증여세가 추징된다.

6 돈을 빌려준 부모가 사망하면 상속재산으로 신고해야 한다.

자녀가 집을 사면서 부모로부터 돈을 빌린 것이라고 인정받은 후, 돈을 빌려준 부모가 사망하게 되면 부모가 돌려받지 못한 부분은 부모가 받아야 할 채권이 된다. 그러므로 사망한 부모의 상속세를 신고할 때, 앞으로 받아야 할 부분을 부모의 재산에 포함하여 상속세를 신고해야 한다.

만일 사망한 부모의 상속세를 신고할 때, 받아야 할 채권을 상속재산으로 신고하지 않으면 과거에 부모로부터 빌렸다는 것을 인정받을 수 없다. 그렇게 되면 과거에 돈을 빌렸던 것이 증여를 받은 것으로 되어 증여세와 가산세까지 낼 수 있다는 것을 주의해야 한다.

차 용 증

채권자 성명 : (주민등록번호 : -)
주소:
연락처:
채무자 성명 : (주민등록번호 : -)
주소:
연락처:

차용금액 일금 : 금 정 (₩ 원)

위 채무자는 아래 조항을 이행할 것을 확약한다.

1. 위 금액은 채무자가 취득할 예정인 서울시 용산구***아파트***호의 매입자금에 사용할 목적으로 채권자로부터 차용하기로 한다.
2. 이자는 연 %로(월 이자금 원) 정하고 매월 일자에 채권자의 계좌로 입금하기로 한다.
3. 원금의 변제는 년 월까지로 하고 채권자의 계좌에 입금하기로 한다. 다만 당사자 간의 합의에 따라 원금의 변제 기간을 연장할 수 있다.
4. 이자의 지급을 연체할 때에는 채권자는 원리금 잔액에 대한 상환청구를 할 수 있다.
5. 본 채무에 관한 분쟁의 재판관할은 채권자의 주소지를 관할하는 법원으로 정한다.

위 계약을 확실히 하기 위하여 이 증서를 작성하고 기명날인하여 각자 1부씩 보관한다.

20 년 월 일

채권자 (인)

채무자 (인)

11장

부동산 무상사용에 대한 증여

부모가 소유한 주택을 자녀가 임대료 없이 사용해도 될까?

다른 사람의 부동산을 공짜로 사용하면 사용료만큼을 증여받은 것으로 본다.

1 다른 사람의 부동산을 공짜로 사용하면 표준사용료 만큼 증여를 받은 것으로 본다.

(1) 매 5년 단위로 증여세를 계산한다.

다른 사람의 부동산을 공짜로 사용하면, 상증법에 따라 계산한 사용료만큼을 증여받은 것으로 본다. 증여를 받은 날은 부동산을 공짜로 사용하기 시작한 날이며, 증여를 받은 이익은 사용한 날부터 5년 단위로 계산한다.[47)]

만일 5년 단위로 계산하여 증여세를 낸 후에 5년이 되기 전에 사용을 중단하면, 이미 낸 증여세 중에서 사용을 하지 않은 부분은 국세청으로부터 돌려받을 수 있다.

47) 상증법 제37조, 부동산 무상사용에 따른 이익의 증여

(2) 부동산의 기준시가의 2%를 연간 사용료로 본다.

현재의 상증법에서는 부동산가격에 2%를 곱한 금액을 연간 표준사용료로 보고 있다.

증여를 받은 금액은 연간 표준사용료를 5년간 합친 금액이다. 5년간의 총 사용료를 계산할 때는 매년 2%의 사용료를 5년간 단순히 합하지 않고, 미래 5년간의 사용료를 현재의 가치로 할인하여 총 사용료를 계산한다.

2%를 곱할 때 부동산가격은 시가로 하지만, 시가가 없으면 기준시가를 사용한다.

> 5년간의 부동산 무상사용 이익
> = (부동산가격 * 2%) * (5년, 10%로 할인한 연금현재가치계수)*

* 5년, 10%로 할인한 연금현재가치계수란, 5년 동안 매년 같은 금액을 받는 경우에, 미래에 받는 금액은 현재 시점보다 가치가 더 낮으므로 그 효과를 고려하여 연리 10%를 가정하여 공학적으로 계산된 할인 계수를 의미하며 그 계수는 3.790790이다.

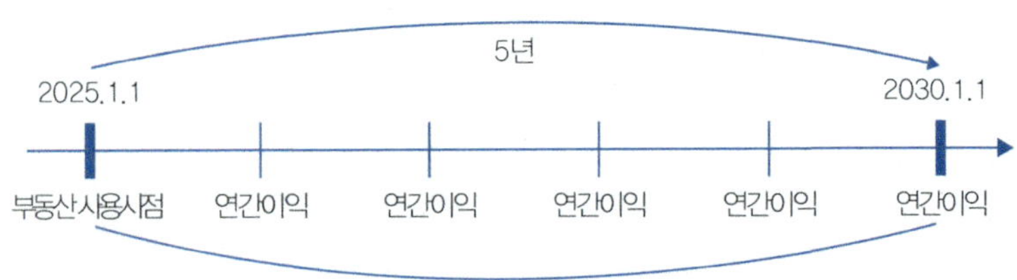

사 례

아버지는 아들부부에게 시가 15억 원짜리 아파트에서 살게 하고 월세를 받지 않고 있다. 아들이 아버지로부터 증여를 받은 것으로 보는 금액은?

아들이 받은 이익 : (15억 원 * 2%) * 3.79079
= 113,723,700원

* 연간사용료는 15억 원의 2%인 3천만 원이며, 5년 치의 단순합계는 150,000,000원이지만 미래에 받을 사용료를 현재가치로 계산한 값은 113,723,700원이 된다.
* 여러 명의 가족이 사용하고 있는 경우에는 소유자와 가장 가까운 촌수에 해당하는 사람이 증여를 받은 것으로 본다. (아들과 며느리 중에서 아들)

(3) 부동산 가격이 13억 원 미만이면 무상사용에 대한 증여세가 없다.

부동산 사용료를 증여받은 것으로 볼 때, 5년간의 이익이 1억 원 미만이면 증여세가 없다.

5년간의 이익이 1억 원이 넘기 위해서는, 부동산 가격이 약 13억 원보다 커야 한다. 즉, 시세가 13억 원보다 적은 부동산은 다른 사람에게 공짜로 빌려주어도 증여세 문제는 발생하지 않는다.

1억 원 = 부동산 가격 * 2% * 3.79079 에서
부동산 가격 = 100,000,000 / 2% / 3.79079 을 역산하면
부동산 가격 = 1,318,986,000

(4) 부동산의 소유자와 함께 사는 경우에는 증여한 것이 아니다.

부동산을 공짜로 빌려준 경우에도, 부동산을 빌린 사람이 그 부동산을 소유한 사람과 함께 사는 경우에는 증여한 것으로 보지 않는다.

예를 들어 부모가 소유하고 있는 아파트에 자녀만 살게 되면 사용료를 증여를 받은 것이 되지만, 부모와 자녀가 같이 사는 경우에는 증여를 한 것으로 보지 않는다.

(5) 증여를 받은 시점은 부동산을 사용하기 시작한 날이다

부동산 사용료에 대한 증여는, 살기 시작한 날을 증여를 받은 날로 하여, 그날에 5년 치 사용료를 증여를 받은 것으로 본다. 그러므로 증여세를 면제해 주는 금액인 13억 원보다 비싼 부동산을 무상으로 빌린 경우에는, 사용하기 시작한 날이 속하는 달의 말일부터 3개월 이내에 증여세를 신고·납부해야 한다.

(6) 사용이 중단되면 이미 냈던 증여세를 돌려받을 수 있다.

다른 사람이 소유한 부동산을 공짜로 사용하여 증여세를 낸 후에, 그 부동산을 사용하던 사람이 부동산을 증여를 받거나 부동산을 소유한 사람이 사망한 경우에는 더 이상 사용료를 낼 필요가 없다. 이런 경우에는 5년간의 증여세로 낸 금액 중에서 증여를 받은 이후의 증여세는 세무서에 돌려 달라고 요구를 할 수 있다.[48)]

> 돌려받을 수 있는 증여세
> = 처음에 낸 증여세 * (5년 중 사용이 종료된 이후의 월수 / 60개월)

48) 상증법 제79조, 경정청구 등의 특례 제②항

2 주택이 아닌 임대용 부동산을 공짜로 빌려준 사람은 소득세를 내야 한다.

임대용 부동산을 소유한 사람이 가족과 같은 특수관계자(4촌 이내의 혈족, 3촌 이내의 인척 등)에게 공짜로 빌려주면, 공짜로 사용하는 사람은 사용료만큼을 증여를 받은 것이므로 증여세를 내야하고, 소유자는 정상적인 부동산임대소득만큼을 받지 않은 것이므로 소득세를 내야 한다.[49]

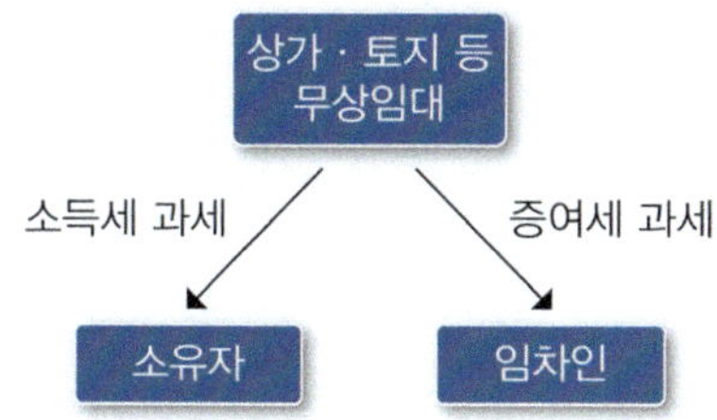

소득세법에서 규정하고 있는 표준임대료는 상증법과는 달리, 부동산의 가격의 50%에, 국세청이 고시하는 정기예금 이자율을 곱하여 계산한다.

정상적인 연간 부동산임대소득 = (부동산시가 * 50%) * 3.1%*

* 2026.2월 현재 국세청이 고시하는 정기예금이자율

부동산을 공짜로 빌려준 경우에 부동산을 소유한 자가 임대소득세를 내야 하는 규정은, 상가나 토지 등을 빌려준 경우에만 해당된다. 주택은 임대용 부동산이 아니므로 주택을 공짜로 빌려준 경우에는, 주택을 소유한 사람이 임대소득세를 낼 필요가 없다.

49) 소득세법 시행령 제98조, 부당행위 계산의 대상이 되는 유형 제②항 2호

임대 사업에 사용하고 있는 상가나 토지를 가족과 같은 특수관계자에게 공짜로 빌려주면 임대수익에 대한 소득세를 내야하지만, 소득세에 추가하여 정상 임대료의 10%에 해당하는 부가가치세도 내야한다.[50)]

3 다른 사람의 부동산을 담보로 사용한 이익도 증여받은 것으로 본다.

(1) 담보를 제공받은 이익은 연간 이자율의 차이로 계산한다.

금융기관 등에서 돈을 빌리면서 다른 사람의 부동산을 담보로 제공을 받은 경우에는, 그 부동산을 소유하고 있는 사람으로부터 담보로 사용한 데 대한 이익을 증여를 받은 것으로 본다.

앞에서 설명한 부동산 무상사용으로 인한 증여는 5년간의 사용료를 증여받은 금액으로 보지만, 다른 사람의 부동산을 담보로 제공받은 이익은 1년 단위로 계산한다.[51)]

은행으로부터 돈을 빌릴 때 부동산을 담보로 제공하면 낮은 이자율로 빌릴 수 있으므로, 담보가 없을 때의 높은 이자율과 부동산을 담보로 제공하여 낮아진 이자율과의 차이만큼을 증여를 받은 것으로 본다. 담보가 없는 경우에 적용되는 정상 이자율은 연 4.6%이다.

담보사용으로 인한 연간이익	=	대출금액 * 4.6%	−	담보를 제공한 후 실제 지급하는 이자

50) 부가가치세법 제29조, 과세표준 제④항 3호
51) 상증법 제37조, 부동산 무상사용에 따른 이익의 증여 제②항

사 례

아들이 은행에서 6억 원을 빌리면서 아버지 소유의 아파트를 담보로 제공받은 경우 아들이 증여를 받은 금액을 계산하면? 아들이 은행에 지급하는 연간 이자율은 2%이다.

담보사용으로 인한 이익 = 6억 원 * 4.6% - 6억 원 * 2%
= 15,600,000

다른 사람으로부터 담보를 제공받은 이익에 대한 증여세는, 재산을 담보로 제공을 받은 경우에만 해당되므로, 다른 사람으로부터 인적보증을 제공받은 경우에는 증여를 받은 것이 아니다.

(2) 이익이 1천만 원 미만이면 증여가 아니다.

다른 사람의 부동산을 담보로 제공받아 증여에 해당하는 경우는, 연간 이익 금액이 1천만 원 이상인 경우에만 해당되며 연간 이익이 1천만 원에 미달되면 증여세가 없다.

(3) 증여를 받은 날은 담보를 제공받은 날이다.

다른 사람의 부동산을 담보로 사용하는 데 대한 증여는, 담보로 사용하기 시작한 날을 증여를 받은 날로 본다. 그러므로 그 날이 속하는 달의 말일부터 3개월까지 증여세를 신고해야 한다.

(4) 다른 사람의 납세 담보로 부동산을 제공받는 경우는 증여로 보지 않는다.

상속세 혹은 증여세를 일시에 내지 않고 수년에 걸쳐 납부하는 연부연납의 경우에는 연부연납할 세금에 해당하는 담보를 제공해야 한다. 연부연납에 대한 담보물을 다른 사람의 부동산으로 제공받는 경우에는 납세를 위한 협력행위로 보아 증여세를 과세하지 않는다.[52)]

4 증여세를 낼 능력이 없으면 증여세가 면제된다.

다른 사람의 부동산을 공짜로 사용하거나 담보를 제공받은 경우로서, 증여세를 낼 수 있는 경제력이 없고 국세청이 강제로 세금을 거둘 수 있는 다른 재산도 없는 경우에는 증여세를 면제받을 수 있다.

증여를 받은 사람이 증여세를 낼 능력이 없어서 증여세를 면제받으면, 증여를 한 사람도 증여세를 대신 내야 할 의무도 없다.[53)]

---

52) 서면-2016-법령해석재산-4248 (2018.3.7.)
53) 상증법 제4조의 2, 증여세 납부의무 제⑤항 및 제⑥항

12장

채무면제에 대한 증여

가족에게 돈을 빌려준 후 돌려받지 않아도 될까?

다른 사람에게 갚아야 할 채무를 부모가 대신 갚아줘도 될까?

상증법에서는 받아야 할 채권을 포기하거나 다른 사람의 채무를 인수하는 것도 증여로 보고 있다.

1 받을 돈을 포기하면 증여를 한 것으로 본다.

가족이나 다른 사람에게 돈을 빌려준 후, 빚을 면제해 주면 그 사람에게 증여를 한 것으로 본다.[54)]

그러므로 빚을 면제받은 사람은, 돈을 증여를 받은 것과 마찬가지로 증여세를 내야 한다.

빚을 면제받아서 증여를 받은 경우는, 돈을 빌려준 사람이 받지 않겠다고 의사표시를 한 날에 증여를 받은 것으로 본다.

54) 상증법 제36조, 채무면제 등에 따른 증여

2 다른 사람의 빚을 대신 갚아주면 증여를 한 것으로 본다.

본인이 다른 사람에게 갚아야 할 빚이 있는 상태에서, 다른 제3자가 자기 빚으로 바꾸거나 대신 갚아주면, 원래 빚을 지고 있던 사람이 증여를 받은 것으로 본다.

다른 사람의 빚을 자기의 빚으로 바꾸는 경우에는, 채무를 인수한 사람과 돈을 빌려주었던 사람이 계약한 날에 증여를 한 것으로 본다.[55)]

3 재산이 없는 사람은 증여세가 면제된다.

(1) 빚을 면제받은 사람이 증여세를 낼 능력이 없으면 증여세가 면제된다.

돈을 빌려준 사람으로부터 빚을 면제받거나, 본인의 빚을 다른 사람이 대신 갚아주면, 빚만큼을 증여를 받은 것이 되어 증여세를 내야 한다. 그러나 빚을 면제받은 사람이 증여세를 낼 능력이 없고 또한 다른 재산도 없어서 국세청이 세금을 받기도 곤란한 경우에는, 증여세를 면제해 준다.[56)]

55) 상증법 제36조, 채무면제에 따른 증여
56) 상증법 제4조의 2, 증여세 납부의무 제⑤항(증여세면제)

(2) 빚을 면제해 준 사람도 증여세를 낼 의무가 없다.

원칙적으로 증여세를 내야 할 사람은 증여를 받은 사람이다. 그러나 증여를 받은 사람의 주소가 불분명하거나, 증여세를 낼 능력이 없는 경우에는 증여를 한 사람도 증여세를 낼 연대납부의무가 있다.

그러나 빚을 면제해 주거나 다른 사람의 빚을 대신 갚아준 경우로서, 채무자가 증여세를 낼 능력과 재산이 없는 경우에는, 빚을 면제해 준 사람에게도 증여세를 면제해준다.[57)]

(3) 현금을 주고 빚을 갚도록 하면 증여세를 내야 한다.

채무자를 위해서 다른 사람이 그 빚을 갚아주면 채무자가 증여세를 내야 하지만, 채무자가 증여세를 낼 능력이 없으면 채무자와 빚을 갚아준 사람 모두 증여세가 면제된다.

이와 같이 채무자와 빚을 갚아 준 사람 모두 증여세를 면제받는 경우는, 채무자가 증여세를 낼 능력이 없는 경우에만 인정된다.

그러나 채무자의 빚을 대신 갚아주지 않고, 채무자에게 현금을 주고 그 현금으로 본인의 빚을 갚게 하면, 채무자가 증여세를 낼 능력이 없어도 증여세가 면제되지 않는다. 다른 사람에게 현금을 주면 이미 증여한 상태가 되므로 채무자뿐만 아니라 현금으로 준 사람 또한 연대납세의무에 따라 증여세를 내야 할 의무가 있다.

그러므로 경제력이 없는 채무자의 빚을 대신 갚아줄 때는, 현금으로 지원해 주지 말고 직접 채권자에게 송금해서 빚을 갚아 주어야 한다.

---

57) 상증법 제4조의 2, 증여세 납부의무 제⑥항 2호(연대납세의무의 면제)

제3편

상속과 관련된 증여

증여는 표현만 다른 상속이다.

13장

상속재산에 합산되는 사전증여

생전에 재산을 증여하여 상속시점의 재산을 없애면 상속세를 줄일 수 있을까? 생전에 증여를 한다면 어느 시점에 하는 것이 좋을까? 이에 대한 해답은 증여를 받는 상대방에 있다.

생전에 재산을 배우자나 자녀에게 증여를 한 후 10년이 되기 전에 사망하면, 사망 당시에 가지고 있던 재산과 과거에 증여를 했던 재산을 합하여 상속세를 계산한다.

즉, 상속세는 사망 당시에 가지고 있던 모든 재산과, 사망한 사람이 10년 이내에 상속인들에게 증여를 했던 재산을 합하여 계산한다.

사망하기 전 10년 이내에 증여를 한 재산을 사망 당시의 재산에 합산하는 이유는, 사전에 재산을 분산하여 증여를 하여 사망 시점에 일시적으로 높은 세율이 적용되는 것을 피할 수 있으므로 이를 방지하기 위한 규정이다. (36장, 사전증여재산합산 참조)

1 상속인에게 10년 이내에 증여한 재산은 상속재산에 합산된다.

배우자나 자녀가 있는 경우에는 배우자와 자녀가 상속인이 된다.

사망한 사람이 10년 이내에 상속인에게 증여를 하고 증여세를 낸 경우에도, 생전에 증여를 한 재산은 사망 당시에 가지고 있던 재산에 합산하여 상속세를 계산한다.

생전에 증여했던 재산을 사망한 시점의 재산에 합산하여 상속세를 계산하면, 생전에 재산을 분산하여 증여를 하더라도 상속세를 줄일 수 없다. 그러나 사망일로부터 10년보다 더 오래전에 했던 증여는, 상속재산에 합산하지 않으므로 상속세가 낮아지는 효과가 있다.[58]

2 상속인이 아닌 사람에게 증여를 한 것은 5년까지만 합산한다.

사망한 사람의 배우자나 자녀들이 아니라, 손주나 며느리 혹은 다른 가족에게 생전에 증여를 했던 재산은 5년 이내에 증여한 경우에만 상속재산에 합산한다.

58) 상증법 제 13조, 상속세과세가액 제①항

〈상속재산에 합산하는 생전증여재산의 범위〉

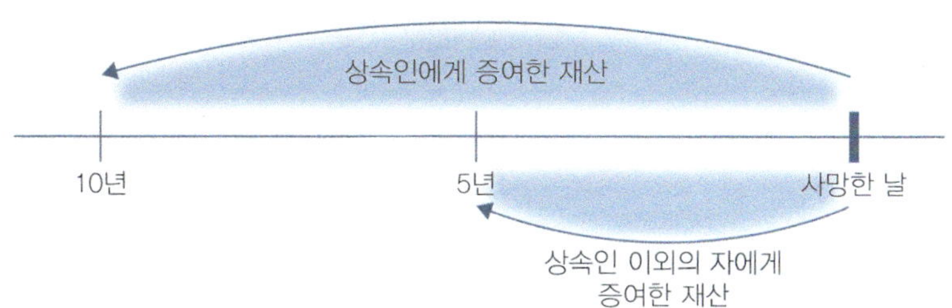

3 다른 사람의 계좌로 송금한 것도 증여한 것으로 볼 수 있다.

사망하기 전에 사망한 사람의 계좌에서 다른 사람의 계좌로 송금한 것이 증여를 한 것으로 확인되면, 증여세와 가산세가 통보되고 또한 상속재산에도 합산하여 상속세를 계산한다.

만일 사망하기 전에 은행계좌에서 출금된 사실은 있으나 상대방을 확인할 수 없는 경우에는, 증여세는 없지만 상속재산에는 합산될 수 있다.

사망하기 전 1년 이내에 재산을 팔거나 계좌에서 인출한 금액이 2억 원 이상이거나, 사망하기 전 2년 이내에 재산을 팔거나 계좌에서 인출한 금액이 5억 원 이상인 경우로서, 계좌에서 인출한 금액을 어디에 사용하였는지를 확인할 수 없을 때에는 상속재산에 합산하여 상속세를 계산한다.[59] (35장, 추정상속재산 참조)

---

59) 상증법 제15조, 상속개시일전 처분재산의 상속추정 제①항

14장

사전증여냐? 사후상속이냐?

전체 재산 중 얼마를 생전에 증여하고 얼마를 상속으로 물려주어야 할까?

부동산 혹은 회사의 주식과 같이 미래에 가치가 올라갈 것이 예상되는 재산은 생전에 증여하는 것이 절세효과가 있으며, 예금과 같은 금융재산은 상속으로 물려주는 것이 더 유리하다.

1 재산가치가 낮을 때 증여하는 것이 유리하다.

배우자나 자녀들에게 증여를 한 후에 10년 이상 살다가 사망하면, 증여를 했던 재산을 상속재산에 합산하지 않는다. 이런 경우에는 증여를 했던 재산에 대하여는 증여세를 내고, 이후 사망 당시의 재산에 대하여는 상속세만 내므로 증여를 하지 않고 한꺼번에 상속세를 내는 것보다 세금이 줄어들 수 있다.

그리고 증여세는 증여를 받을 당시의 재산가치로 계산하는 것이므로, 증여를 하는 시점의 재산가치보다 사망시점의 재산가치가 더 올라가면, 증여를 한 이후에 재산가치가 올라간 부분은 상속세를 내지 않으므로 사전에 증여를 하면 세금이 줄어든다.

2 사망 시점의 재산이 10억 원 이하이면 사전 증여할 필요가 없다.

가지고 있는 재산금액의 크기가, 상속세를 계산한다고 가정할 경우에 받을 수 있는 상속공제금액보다 적은 경우에는, 사전에 증여를 하지 않고 사망 후 상속공제를 전부 받게 되면 세금이 없다.

이런 경우에 사전에 증여를 하게 되면 증여세를 내지만, 증여를 했던 사람이 사망하여 상속세를 계산할 때 과거에 낸 증여세를 돌려주지 않으므로 생전에 냈던 증여세만큼 세금을 내는 불이익이 있다.

이와 같이 사망하기 전에 증여를 먼저 하는 것이 불리한지 아니면 유리한 지는, 전체 재산 중에서 생전에 증여할 재산을 빼고 상속재산으로 남게 될 재산 크기에 따라 달라진다.

배우자와 자녀가 있는 경우의 상속공제액은, 배우자공제 5억 원과 일괄공제 5억 원을 합친 10억 원이다.

총재산에서 생전에 증여할 재산을 빼고 남는 재산이 10억 원이 안 되는 데도 사전에 증여를 하게 되면, 사망하는 시점에 상속공제금액 10억 원을 전부 사용할 수 없으므로, 생전에 증여를 한 데 대한 증여세만큼 더 많이 내게 된다. (44장, 상속공제의 한도 참조)

사 례

총재산이 15억 원인 사람이 6억 원을 생전에 증여하고 사망 시점에 9억 원을 남긴 경우와, 생전에 증여를 안 하고 15억 원 전부를 상속한 경우를 비교하여 세금을 계산하면?

증여공제는 무시하고 증여를 한 후 10년 내에 사망한 것으로 가정한다.

	생전에 증여를 한 경우	생전에 증여를 안 한 경우
생전재산총액	1,500,000,000	1,500,000,000
생전에 증여한 금액	600,000,000	–
사망당시재산	**900,000,000**	**1,500,000,000**
생전증여합산	600,000,000	–
상속재산금액	1,500,000,000	1,500,000,000
상속공제액*	(900,000,000)	(1,000,000,000)
상속세과세표준	**600,000,000**	**500,000,000**
상속세총액	120,000,000	90,000,000
이미 낸 증여세**	(120,000,000)	–
내야 할 상속세	–	90,000,000
내는 세금 총액	**120,000,000**	**90,000,000**
세금차이***	**30,000,000**	

* 상속재산 15억 원에서 생전증여재산 6억 원을 뺀 9억 원만 상속공제로 인정된다.

** 생전증여재산 6억 원에 대한 증여세로 낸 금액

*** 생전에 증여를 한 경우에는 사망 당시 남은 재산 9억 원이 최대 상속공제액 10억 원보다 적어서 상속공제를 전부 사용하지 못하므로 세금이 3천만 원 증가한다.

3 사망 시점의 재산이 10억을 넘으면 사전 증여를 하는 것이 유리하다.

총재산이 많아서 생전에 증여를 한 재산을 빼고도 남는 재산이 10억 원을 넘으면, 사망 당시에 10억 원의 상속공제를 전부 사용할 수 있으므로 생전에 증여를 한다고 하여 세금이 더 커지는 것은 아니다.

이럴 경우에는 사전에 증여를 하는데 세금 때문에 망설일 필요는 없다. 만일 배우자가 없이 자녀만 있는 경우에는 배우자공제가 없으므로 5억 원의 일괄공제액과 비교하여, 상속시점에 남는 재산이 5억 원 보다 더 크면 생전에 증여를 하는 것이 더 유리하다.

사전에 증여를 하면 자녀들이 필요한 시점에 재산을 물려줄 수 있고, 증여를 한 이후에 그 재산으로부터 생기는 수익은 상속세를 내지 않고 모두 자녀의 몫이 되는 혜택이 있다.

사 례

총재산이 15억 원인 사람이 4억 원을 생전에 증여를 하고 사망 시점에 11억 원을 남긴 경우와, 생전에 증여를 안 하고 15억 원을 전부 상속한 경우를 비교하여 세금을 계산하면?

증여공제는 무시하고 증여를 한 후 10년 내에 사망한 것으로 가정한다.

	생전에 증여를 한 경우	생전에 증여를 안 한 경우
생전재산총액	1,500,000,000	1,500,000,000
생전증여금액	400,000,000	–
사망당시재산	**1,100,000,000**	**1,500,000,000**
생전증여합산	400,000,000	–
상속재산가액	1,500,000,000	1,500,000,000
상속공제액	(1,000,000,000)	(1,000,000,000)
상속세과세표준	**500,000,000**	**500,000,000**
상속세총액	90,000,000	90,000,000
이미 낸 증여세	(70,000,000)	–
내야 할 상속세	20,000,000	90,000,000
내는 세금 총액	**90,000,000**	**90,000,000**
세금차이*	–	–

* 생전에 증여를 한 경우에 사망 당시 남은 재산 11억 원이 최대 상속공제액 10억 원보다 커서 상속공제 10억 원을 모두 사용하므로 세금차이가 없다. 이런 경우에는 생전에 증여를 하는 것이 더 유리하다.

15장

상속재산 분할시의 증여

1 법정상속분을 초과하여 상속받아도 문제없다.

각자의 가족이 상속재산을 나누는 방법은 남아있는 상속인들이 자유롭게 정할 수 있다.

민법상의 법정지분율은 상속인들 간에 합의가 없을 때 적용되는 것이며, 상속인들 간의 합의가 있으면 민법상의 지분율과 상관없이 그 합의대로 재산을 나눌 수 있다. (49장, 협의에 의한 재산분할 참조)

만일 협의에 따라 나눈 재산이, 민법상의 지분비율만큼을 넘는 경우에도 그 넘는 부분은 증여를 받은 것이 아니다.

예를 들어 아버지가 사망하여 어머니와 자녀가 남은 가족일 때, 모든 재산을 자녀들에게만 주고 어머니는 재산을 상속받지 않아도, 자녀들이 어머니로부터 증여를 받은 것으로 보지 않는다.

2 상속세 신고기한 내에는 분할을 변경할 수 있다.

(1) 상속세 신고기한 내에 다시 나누면 증여세는 없다.

가족들이 합의하거나 혹은 법정비율대로 재산을 나누어 등기절차를 마친 후에, 처음에 합의한 내용을 수정하여 다시 재산을 나누면 증여세 문제를 고려해야 한다.

그러나 상속세의 신고기한 이내에 처음에 나눈 재산을 다시 나누어서, 처음에 받았던 상속분을 넘어서 추가로 받는 부분이 있어도 증여를 받은 것으로 보지 아니한다.

그러므로 1차로 재산을 나눈 후, 원래 합의했던 내용이 변동되어 다시 나누려면 상속세의 신고기한 이내에 나누어야 한다.[60)]

상속세의 신고기한은 사망일이 속하는 달의 말일부터 6개월까지이다. 예를 들어 2.12일에 사망한 사람의 상속세 신고기한은, 2월 말일부터 6개월인 8.31일까지이다.

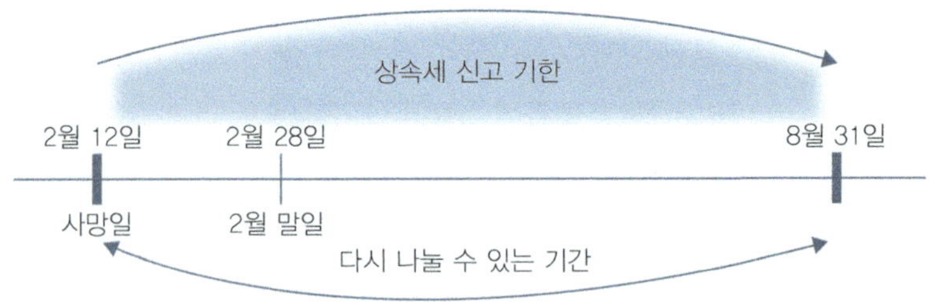

60) 상증법 제4조, 증여세 과세대상 제③항

상속을 받은 재산 중에 부동산이 있으면 받은 사람 이름으로 등기 이전을 할 때 취득세를 내야 한다. 처음에 합의한 대로 부동산의 명의를 바꾼 후, 상속세의 신고기한 이내에 합의했던 내용이 변동되어 다시 등기를 하는 경우에는 취득세를 다시 낼 필요가 없다.[61]

(2) 상속세 신고기한 이후에 다시 나누면 증여로 본다.

상속인들 간에 합의를 해서 상속재산을 나눈 이후에, 상속세의 신고기한 이내에 처음에 나눈 재산을 다시 나누는 경우에는 증여세 문제는 없다.

그러나 재산을 나눈 후, 상속세 신고기한이 지나고 나서 재산을 다시 나누면 새로 받은 재산은 증여를 받은 것으로 본다.

그러므로 다시 나누어 새로 받은 부분에 대하여 3개월 이내에 증여세를 신고해야 한다.

상속인들 간에 합의에 의해 재산을 나눈 후에, 상속세의 신고기한 이내에 처음에 나눈 재산을 다시 나누어 취득하는 경우에도 취득세를 다시 낼 필요는 없다.

그러나 재산을 나눈 후, 상속세 신고기한이 지나고 나서 재산을 다시 나누면 새로 받은 재산 부분은 증여를 받아 취득한 것이 된다.

그러므로 새로 취득한 부분에 대하여 취득한 날로부터 60일 이내에 취득세를 신고하고 세금을 내야 한다.

61) 지방세법 제7조, 취득세 납세의무자 제⑬항 1호

3 재산보다 부채가 더 크면 증여를 한 것으로 본다.

사망한 사람의 재산을 상속 받으려면, 사망한 사람이 가지고 있던 부채도 함께 받아야 한다.

만일 상속을 받을 재산금액보다 부채가 더 크다면, 상속을 포기하여야 할 것이다.

그러나 전체 상속재산금액이 부채보다 더 커서 상속을 포기하는 것은 아니지만, 상속인들 간에 재산과 부채를 나누면서 어느 한 사람이 받은 재산보다 부채가 더 큰 사람이 있을 수 있다.

재산을 상속받으면서 부채가 재산보다 더 큰 경우에는, 그 초과하는 부채 부분을 다른 상속인들에게 증여를 한 것으로 본다.[62)]

예를 들어 10억 원짜리 주택을 어머니와 자녀가 50%씩을 상속받으면서 주택에 설정된 채무 8억 원을 어머니가 전부 인수하였다면, 어머니가 상속받은 재산 5억 원을 초과하여 인수한 부채 3억 원만큼은 어머니가 자녀에게 증여를 한 것으로 본다.

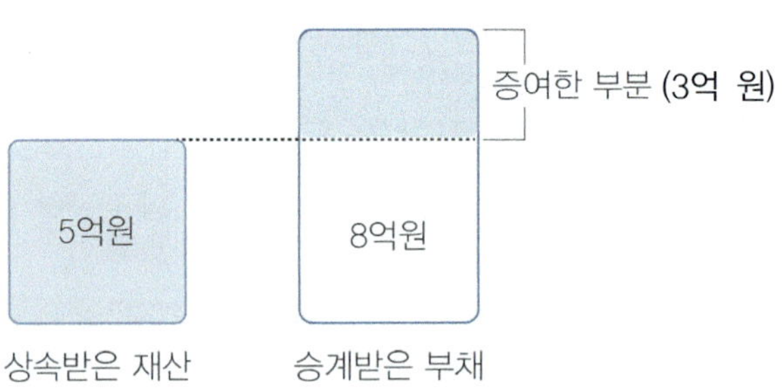

62) 국세청 질의회신, 서면 인터넷 방문상담 4팀-1542(2006.6.1.)

16장

혼자 부담하는 상속세

상속인 중 한 명이 상속세를 전부 내는 것이 가능할까?

증여세 문제없이 한 사람이 최대한 부담할 수 있는 상속세는 얼마인가?

상속세를 한 사람이 단독으로 부담해도 상관이 없다. 그러나 상속받은 재산금액보다 더 많은 상속세를 내면 증여문제가 발생한다.

1 상속세는 각자가 받은 재산의 비율대로 낼 의무가 있다.

사망한 사람의 재산전체에 대하여 상속세가 계산되면, 상속인들 각자가 상속세를 나누어 내야 한다. 상속세를 나누는 방법은 상속인들 각자가 상속받은 재산의 비율만큼씩 내야 한다.[63] (49장, 상속세 납부방법 참조)

상속인별로 상속세를 내는 비율을 계산할 때는, 배우자공제나 기타의 인적공제와 같은 공제금액과 상관없이, 본인들이 상속받은 재산금액의 비율로만 계산한다.

63) 상증법 제3조의 2, 상속세 납세의무 제①항

예를 들어 사망한 사람의 배우자가 재산을 5억 원을 상속받은 경우, 상속세를 계산할 때 배우자공제로 5억 원을 공제받으므로 이론적으로 배우자가 내야 할 상속세는 없지만, 각자의 상속인들이 내야 할 상속세는 공제금액과 상관없이 본인이 받은 재산의 비율만큼 내야 한다. 그러므로 5억 원의 재산을 받은 배우자는 전체 재산 중에서 5억 원에 해당하는 비율만큼 상속세를 내야 할 의무가 생긴다.

2 다른 사람의 상속세를 대신 내도 증여를 한 것이 아니다.

(1) 상속세는 상속인들이 공동으로 내야 할 책임이 있다.

각자의 상속인들은 상속세 전체를 공동으로 내야 할 의무가 있다.[64]

상속세를 내야 할 의무가 상속인들 모두에게 있으므로, 한 사람의 상속인이 다른 사람의 상속세를 대신 내는 경우에도 증여를 한 것으로 보지 않는다. 만일 상속인들 중에서 어느 한 명이 상속세를 전부 내면, 나머지 상속인들은 상속세를 낼 의무가 없어진다.

예를 들어 어머니와 아들이 각각 재산의 50%씩을 상속을 받은 경우에, 전체 상속세 중에서 50%씩을 각자가 내야 할 의무가 있지만 어머니가 상속세를 전부 낸 경우에도 증여세 문제는 발생하지 않는다.

64) 상증법 제3조의 2, 상속세 납부의무 제③항(연대납세의무)

또한 모든 상속인들이 상속세 전체를 내야 하므로, 만일 상속인들 모두가 상속세를 내지 않으면, 국세청은 대표 상속인이나 다른 상속인 한 명에게 전체 상속세를 내도록 통보하고, 상속받은 재산규모에 관계없이 상속인 중 어느 한 사람에게 강제로 세금을 거둘 수 있다.

(2) 상속세를 낼 수 있는 최대금액은 받은 재산까지이다.

상속인 중 한 명이 본인이 내야 할 상속세뿐만 아니라 다른 가족의 상속세까지 내주는 경우에도 원칙적으로 증여를 한 것이 아니다.

그러므로 상속재산을 나눌 때, 상속세를 많이 낼 사람이 정해지면 그 사람에게는 현금으로 바꾸기가 어려운 부동산보다는 예금과 같은 재산을 분배해야 한다.

다른 사람에게 증여한 것에 해당되지 않고 최대한으로 한 사람이 낼 수 있는 세금은, 본인이 상속받은 재산금액까지이다.

(3) 상속받은 재산 금액보다 더 많은 상속세를 내면 증여를 한 것으로 본다.

본인이 상속받은 재산 금액보다 더 많은 상속세를 내게 되면, 더 많이 낸 부분은 본인이 상속받지 않은 개인의 재산으로 다른 사람의 세금을 내준 것이 되므로 그 부분은 증여를 한 것으로 본다.

그러므로 상속인이 어머니와 자녀인 상태에서 어머니는 재산을 상속받지 않고 상속세를 전부 부담한다면, 어머니가 부담한 상속세는 자녀들이 증여를 받은 것으로 본다.

제 4 편

자금출처입증

출처 없이 집을 사면? 국세청 단골손님!

17장

사전에 준비할 자금출처조사

국세청의 자금출처조사를 사전에 준비하는 방법은?

고액의 부동산을 취득하거나 고액의 부채를 갚을 때는 국세청에 자금출처를 입증할 수 있어야 한다.

국세청의 입장에서 부동산과 같은 재산을 산 사람이, 직업이나 나이, 국세청에 신고된 소득, 본인이 가진 재산 등을 종합적으로 고려하였을 때 그 사람의 돈으로 산 것으로 볼 수 없을 때에는 다른 사람으로부터 증여를 받은 것으로 추정하게 된다.[65)]

재산을 취득한 자금출처를 입증하지 못하면, 누구로부터 증여를 받았는지를 확인하지 않아도 증여세를 매길 수 있다.

즉, 자금출처조사를 하는 목적은, 자금의 출처를 설명하지 못하면 다른 사람으로부터 증여를 받은 것으로 간주하여 증여세를 매기기 위한 준비절차에 해당한다.

65) 상증법 제45조, 재산취득자금 등의 증여추정 제①항

1 신고된 소득보다 지출이 과다하면 자금의 출처를 요청받는다.

자금출처조사는 대부분 부동산과 같은 재산을 취득한 경우에 요청되지만, 재산을 취득한 경우 이외에도 본인 이름으로 된 대출금을 갚은 경우, 과다하게 신용카드를 사용한 경우, 해외송금액이 큰 경우, 금융계좌로 큰 금액이 입금된 경우, 증권계좌로 주식이 이체된 경우 등에 대하여도 그 돈이 본인의 자금인지에 대하여 소명하도록 요청할 수 있다.

국세청에서 자금의 출처를 요청하는 대상은 다음과 같다.

a. 고가의 부동산, 주식 등의 재산을 산 경우

소득이 크지 않은 사람이 비싼 부동산이나 큰 금액의 주식을 취득한 경우에 자금출처조사를 요청받을 수 있다. 출처 조사가 필요하다고 판단되면, 뒤에 첨부된 것과 같은 형식의 자금출처를 해명하라는 안내문을 우편으로 보낸다. 국세청이 자금출처를 소명하라고 요청하면, 그 요청에 답변하는 특별한 형식은 없으며 자금출처별로 입증되는 금액을 쓰고 입증서류를 첨부하여 제출해야 한다.

b. 국세청에 신고된 소득이나 재산에 비해 신용카드 사용액이 과도한 경우

예를 들어 3~4년간 신용카드를 사용한 금액이 본인의 소득에 비하여 과도하여, 소득신고가 누락되었거나 혹은 다른 사람으로부터 증여를 받은 것으로 의심되는 경우에 자금의 원천을 소명하라고 요구할 수 있다.

c. 과다한 해외여행경비를 사용한 경우

소득이나 재산 규모에 비하여, 해외에 체류한 기간이 길고 해외에서 신용카드를 과다하게 사용한 경우에도 자금의 원천을 소명하라고 요구할 수 있다.

d. 금융계좌로 큰 금액이 송금된 경우

상속세나 증여세를 조사하는 과정에서 다른 사람에게 돈을 송금한 것이 발견되면, 송금한 이유를 소명하라고 요구할 수 있다. 송금한 이유가 설명되지 않으면, 송금을 받은 사람이 증여를 받은 것으로 볼 수 있다.

e. 해외로 송금한 금액이 과다한 경우

본인의 재산 규모나 소득에 비하여 해외에 송금한 금액이 과다하면, 다른 사람으로부터 증여를 받은 돈으로 송금한 것으로 볼 수 있다.

f. 고액의 대출금을 갚은 경우

재산을 취득한 경우뿐만 아니라, 과거에 빌렸던 대출금을 갚은 경우에도 본인의 돈으로 갚았는 지를 소명해야 한다. 국세청은 대출금을 갚은 자금 원천을 확인할 필요가 있다고 판단되면, 「부채 상환에 대한 소명 안내문」을 우편으로 보낸다.
소명해야 할 부채에는 금융기관으로부터 빌렸던 대출금과 가족간에 빌렸던 부채도 모두 포함된다.
부채 상환에 대한 소명 안내문을 받으면 갚은 날짜, 금액, 상환 방법, 자금 원천을 증빙서류와 함께 제출해야 한다.

2 다른 가족에게까지 조사가 확대될 수 있다.

(1) 자금출처조사는 가족으로 확대될 수도 있다.

국세청의 자금출처조사는 기본적인 서류 및 구두 소명으로 종료되는 「간편조사」와, 여러 연도의 자금 흐름까지 조사하거나 배우자나 부모의 자금 흐름까지도 조사할 수 있는 「일반조사」로 나누어진다.

자녀가 소득에 비해 고가의 부동산을 취득하여 자금출처조사를 받게 되는 경우에는, 해당 자녀의 자금 원천만 조사하는데 그치지 않고 자녀에게 증여할 가능성이 있는 다른 가족에 대한 세무조사를 같이할 수도 있다.

만일 부모가 법인이나 개인사업체를 가지고 있다면 사업 자금에 대한 조사로 확대될 수도 있다.

(2) 재산을 취득하기 전에 입증할 수 있는 출처를 마련해야 한다.

일단 자금출처조사를 받게 되면, 이미 신고된 소득이나 다른 재산을 판 사실 등으로 소명을 하고 소명이 부족한 부분에 대하여 증여세가 부과될 뿐 아니라, 다른 가족에게까지 조사가 확대될 수 있다는 사실을 주의해야 한다.

고가의 부동산 등을 취득할 때는, 자금출처를 먼저 확인해야 한다. 만일 구입자금을 소명할 금액이 부족한 상황이라면, 취득하기 전에 돈을 빌린 증거를 확보하거나 그래도 부족한 부분은 증여세 신고를 먼저 하고 난 후에 재산을 취득하는 것이 바람직하다.

3 정해진 기준 이상의 재산을 취득하면 자금출처조사 대상이 될 수 있다.

일반적인 자금출처조사에서 자금출처를 입증하지 못하면, 국세청은 다른 사람으로부터 증여를 받은 사실을 확인하지 않고서도 증여세를 매길 수 있다.

그러나 모든 재산을 취득하는 것에 대하여 자금출처를 조사하는 것이 행정력의 낭비가 크므로, 일정 기준을 설정하여 그 기준금액보다 적은 금액의 재산을 취득하는 경우에는 자금출처조사를 면제하는 기준을 가지고 있다.[66)]

이 기준보다 낮은 재산을 샀는데도 증여세를 매기기 위해서는, 재산을 취득한 사람이 누구로부터 증여받았는 지를 국세청이 입증해야 한다.

국세청에서 정한 기준 이상의 재산을 취득하면 취득한 사람이 자금의 원천을 입증해야 하고, 기준에 미달하는 재산을 취득하면 국세청이 증여를 받은 사실을 입증하는 경우에만 증여세를 매길 수 있다.

〈증여추정 배제기준〉

취득한 사람의 나이	주택인 경우	기타의 재산	채무상환액	총한도액
30세 미만	5천만 원	5천만 원	5천만 원	1억 원
30세 이상	1.5억 원	5천만 원	5천만 원	2억 원
40세 이상	3억 원	1억 원	5천만 원	4억 원

66) 상증세 사무처리규정 제42조, 재산취득자금 등의 증여추정배제기준

위의 증여추정배제규정은 10년간 재산을 산 금액과 부채를 갚은 금액을 합쳐서 적용한다.

예를 들어 35세인 사람이 1억 5천만 원 이상의 주택을 취득하여 국세청이 자금출처를 요청할 경우에는 본인이 자금출처를 입증하여야 하지만, 1억 5천만 원 미만의 주택을 취득한 경우에는 자금출처 조사의 대상이 되지는 않는다.

그러나 만일 국세청이 부모를 세무 조사하는 과정에서 자녀가 부모로부터 증여를 받아 재산을 취득한 것이 확인되면, 위의 기준에 미달되는 재산을 취득한 경우에도 증여세를 추징할 수 있다.

4 구입한 자금의 80%까지 입증하면 된다.

자금출처를 소명할 때는 일부 금액을 소명하지 못해도 소명된 것으로 인정해 준다.

자금출처를 소명하지 않아도 되는 금액은, 구입자금이 10억 원 이하일 때는 구입자금의 20%이며, 구입자금이 10억 원 이상인 경우에는 2억 원까지는 소명한 것으로 인정받는다.[67)]

예를 들어 부동산 구입자금으로 소명하라고 통지된 금액이 6억 원인 경우는, 구입금액이 10억 원 이하이므로 6억 원의 20%인 1.2억 원까지는 소명할 필요가 없다. 그러므로 6억 원에서 1.2억을 뺀 4.8억 원까지만 소명하면 된다.

67) 상증법 시행령 제34조, 재산취득자금 등의 증여추정 제①항

만일 부동산 구입자금으로 소명하라고 통지된 금액이 15억 원인 경우는, 구입금액이 10억 원을 넘으므로 13억 원까지는 소명해야 하고 나머지 2억 원은 소명할 필요가 없다.

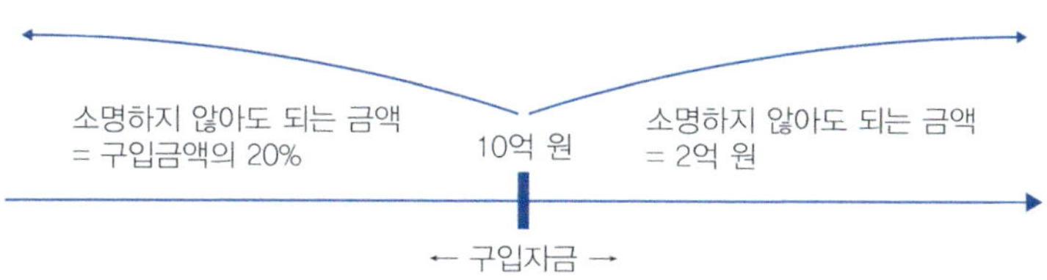

5 고액의 전세보증금도 출처조사대상이 된다.

부모가 자녀에게 전세보증금을 준 경우에 자녀에게 빌려준 것이라고 입증하지 못하면, 자녀에게 증여를 한 것으로 간주한다.

종전에는 국세청에서 전입신고와 확정일자를 받은 내역으로 전세보증금에 대한 자료를 확보하였으나, 2021.6.1. 부터 전월세 신고의무화가 시행되어 구청에 신고된 전월세 자료가 있고, 주택을 사는 사람은 「자금조달계획서」상 전세보증금 자료도 제출하게 되어 있으므로 현재는 국세청에서 모든 전월세 자료를 확보할 수 있다.

다만, 모든 전월세에 대하여 자금출처조사를 하는 것은 아니며, 고액의 전세보증금에 대하여 전세로 들어온 사람의 소득과 재산상황을 고려하여 증여를 받은 것으로 의심되면 자금출처 소명 통지서를 보내게 된다.

자금출처조사를 하는 고액의 전세보증금의 기준은 없지만, 2019년도에 수도권 지역의 9억 이상 전세 및 주택을 산 사람들에 대한 자금출처조사를 실시한 사례가 있었다.

6 국세청에 이미 신고된 것은 자금출처로 인정한다.

국세청에서 자금출처로 인정해주는 것은 다음과 같다.[68)]

a. **본인의 재산을 처분한 경우** : 재산을 처분한 금액에서, 양도소득세와 임대보증금 혹은 대출금을 빼고 남은 금액

b. **신고한 소득금액** : 신고된 소득금액에서 소득세를 뺀 금액

c. **부채로 조달한 금액** : 재산을 취득한 날 이전에 빌린 대출금으로서 계약서와 담보 설정, 이자 지급 사실 등으로 확인되는 대출금을 인정해준다. 다만, 배우자나 직계존비속 간에 빌린 것은 원칙적으로 인정하지 않는다.

d. **전세금 혹은 보증금** : 재산을 구입한 날 이전에 계약되어 받은 전세보증금

e. **상속받은 재산금액** : 국세청에 신고된 상속받은 재산금액

f. **증여받은 재산금액** : 국세청에 신고된 증여를 받은 재산을 의미하며, 증여를 받은 재산으로만 구입자금을 입증하는 경우에는 구입금액의 20% 혹은 2억 원의 여유분을 인정하지 않고 구입자금 전액을 입증해야 한다.

자금출처를 소명할 때, 과거에 다른 재산을 사면서 자금출처로 이미 소명했던 금액은 제외되며, 과거에 다른 재산을 사는데 사용된 금액도 제외된다.

---

68) 상증법 기본통칙 45-43--1

그리고 국세청은 개인별로 재산을 구입한 정보와 신용카드를 사용한 정보를 모두 가지고 있으므로, 소득이 발생되는 기간 동안 신용카드로 사용한 금액을 뺀 나머지 금액만을 출처로 인정받을 수 있다.

예를 들어 3년간 급여로 2억 원을 받은 경우 2억 원을 자금출처로 인정하는 것이 아니라, 2억 원에서 소득세로 낸 금액과 3년간 신용카드로 사용한 금액을 제외한 나머지 금액만을 자금출처로 인정해 준다.

7 예금 잔액은 자금출처로 인정되지 않는다.

자금출처를 소명할 때, 본인 이름으로 된 예금이나 상장주식 잔고는 그 자체만으로는 자금출처가 될 수 없다.

예금 잔액이나 주식 잔고를 자금출처로 인정받으려면, 그 예금이나 주식이 어떤 원천에서 발생된 것인지를 다시 밝혀야 한다.

예를 들어 본인의 월급을 저축하거나 본인 이름으로 되어있던 부동산을 팔아서 예금한 것이라면 자금출처로 인정되지만, 부모로부터 받은 용돈을 모아서 예금한 것이거나 부모가 대신 가입해 준 펀드는 본인의 자금으로 인정되지 않는다.

만일 부모의 도움으로 예금이 생겼다고 소명하면, 부모로부터 증여를 받은 것을 인정하는 결과가 된다는 것을 주의해야 한다.

8 자금출처 자료는 미리 마련해 두어야 한다.

재산을 취득하거나 대출금을 갚은 이후에는 소급하여 그 이전의 자금출처를 마련할 수 없으므로, 재산을 취득하기 전에 미리 자금출처가 마련되어 있어야 한다. 자금출처를 마련하는 방법으로 다음과 같은 것을 예로 들 수 있다.

a. 양도소득세가 면제되는 재산을 처분한 경우에도 양도소득세 신고서를 제출해야 한다.

예를 들어 주택을 팔았으나 1세대 1주택에 해당되어 양도소득세가 면제되는 경우에는 원칙적으로 양도소득세를 신고할 의무는 없다.

그러나 내야 할 세금이 없더라도 신고서를 제출해 놓으면, 국세청에 주택을 처분한 기록이 남게 되므로 자금출처를 인정받을 수 있다.

b. 부모로부터 상속세 없이 재산을 상속받은 경우에도 상속세 신고서를 제출해야 한다.

예를 들어 아버지가 사망하여 재산을 물려받은 사실이 있으나, 상속재산총액이 10억 원(일괄공제 5억 원과 배우자공제 5억 원 합계)보다 적으면 상속세로 낼 금액은 없다.

그런 경우에도 상속세 신고서를 제출하여 상속을 받은 사실을 남겨두어야 추후 자금출처로 인정받을 수 있다.

c. 펀드나 상장주식에 투자하여 이익을 본 경우에는 투자이익을 입증하기 위해 거래원장을 보관하여 자금출처로 사용한다.

d. 대출금을 갚은 돈의 출처를 먼저 확보해야 한다.

금융기관 대출금이나 가족 간에 빌린 돈으로 자금출처로 입증하는 경우에는, 그 대출금을 자금출처로 인정받는 것으로 끝나는 것이 아니라, 나중에 그 대출금을 갚을 때 사용된 자금에 대한 출처를 다시 요구를 받게 되므로, 이자와 원금을 갚은 출처 자료도 준비해야 한다.

e. 빌린 돈은 철저한 입증자료가 필요하다.

다른 자금 원천이 부족하여 부모로부터 빌릴 경우에는, 차입약정서, 이자 지급에 대한 상세한 입증자료가 필요하다. (10장, 가족 간 자금대여 참조)

[상속세 및 증여세 사무처리규정 별지 제13호 서식](2011.4.1.개정)

기 관 명

취득 자금출처에 대한 해명자료 제출 안내

문서번호 : -

◦ 성명 : 귀하 ◦ 생년월일:

안녕하십니까? 귀댁의 안녕과 화목을 귀원합니다.

귀하가 아래의 재산을 취득한 것으로 확인되었으나 귀하의 소득 등으로 보아 자금 원천이 확인되지 않는 부분이 있어 이 안내문을 보내드리니 201 . . .**까지** 아래 재산 명세에 대한 취득자금과 관계된 증빙자료를 제출하여 주시기 바랍니다.

취득한 재산 명세	
제출할 서류	1. 계좌 ○○○○○ 거래 명세서 2. ○○동 ○○번지 취득계약서 사본 등 증빙 3. 취득자금에 대한 금융증빙 4. 기타 해명할 내용
해명 요청 사항	1. 구체적으로 해명사항을 요청함 2. 3.

요청한 자료를 제출하지 않거나 제출한 자료가 불충분할 때에는 사실 확인을 위한 조사를 할 수 있음을 알려드립니다.

년 월 일

기 관 장

위 내용과 관련하여 문의 사항이 있을 때에는 담당자에게 연락하시면 친절하게 상담해 드리겠습니다. 성실납세자가 우대받는 사회를 만드는 국세청이 되겠습니다.
◆ **담당자 : ○○세무서 ○○○과 ○○○ 조사관(전화 : , 전송 :)**

18장

자금조달계획서 작성방법

1 주택을 구입할 때 자금조달계획서를 제출해야 한다.

(1) 규제지역에서 주택을 사는 사람은 자금조달계획서를 제출해야 한다.

국토교통부에서 지정하여 고시한 「투기과열지구」와 「조정대상지역」에서 주택을 사는 사람은 「부동산 거래신고 등에 관한 법률」에 따라, 사고자 하는 주택을 어떤 자금으로 조달하는지를 설명하는 「주택취득 자금조달 및 입주계획서」를 제출해야 한다.[69]

투기과열지구는 국토교통부에서 지정하여 고시하는 지역으로서, 2025.10.15.일자로 고시된 지역은 다음과 같다.

69) 부동산 거래신고 등에 관한 법률 시행령 별표 1, 부동산 거래신고사항

〈투기과열지구 및 조정대상지역〉

이 전 (2025.10.14. 이전)	이 후 (2025.10.15. 이후)
(서울) 4개구 강남구·서초구·송파구·용산구	(서울) 25개구 전역 (경기) 12개 지역 • 과천시, 광명시 • 수원시 영통구·장안구·팔달구 • 성남시 분당구·수정구·중원구 • 안양시 동안구 • 용인시 수지구 • 의왕시, 하남시

조정대상지역은 투기과열지구와 동일하다.

투기과열지구와 조정대상지역에서 주택을 사는 사람은 주택 가격과 상관없이 모두 자금조달계획서를 제출해야 하며, 이외의 지역에서 주택을 사는 경우에는 구입 가격이 6억 원 이상인 경우에만 제출 대상이 된다.

(2) 구입계약일로부터 30일 내에 제출해야 한다.

주택을 사는 사람은 구입 계약일로부터 30일 이내에 부동산 거래 내용을 구청에 신고하며, 부동산 거래신고를 할 때 자금조달계획서도 함께 제출해야 한다. 기존 주택을 사는 경우는 물론이고 주택을 분양받은 경우에도 자금조달계획서를 제출해야 한다.

자금조달계획서는 주택을 사는 사람이 작성하여 직접 제출할 수도 있지만, 공인중개사가 부동산 거래신고와 함께 구청에 제출하거나, 혹은 분양주택의 경우 분양 시행사에서 일괄적으로 제출할 수도 있다.

(3) 제출하지 않으면 과태료가 나온다.

주택을 사면서 자금조달계획서를 제출하지 않으면 5백만 원의 과태료가 나오며, 거짓으로 자료를 제출하면 최대 3천만 원까지의 과태료가 나올 수 있다.

(4) 제출된 내용은 국토부와 국세청에 통보된다.

자금조달계획서는 관할 구청에 제출하며, 제출된 계획서는 국토부에 통보되어 투기거래를 확인하는 자료로 사용된다. 또한 제출한 계획서상으로 자금조달 내역이 분명하지 않은 경우에는 국세청으로도 통보되어, 증여세를 조사하는 자료로 사용된다는 것을 주의해야 한다.

2 입증할 수 있는 자금조달계획에 따라 작성해야 한다.

(1) 자기자금과 타인자금으로 구분하여 작성한다.

주택을 사는 자금의 원천을 크게 두 가지로 나누어 기록한다.

본인의 자금으로 조달하는 자기자금과 돈을 빌려서 조달하는 차입금으로 나누어 기록하며, 자기자금과 차입금을 합친 금액은 주택의 실제 구입 가격과 같은 금액이 되어야 한다.

예를 들어 사고자 하는 주택 가격이 10억 원이고 자기자금이 6억 원이 있다면, 차입금으로 4억 원을 기록해야 한다.

(2) 자기자금 란에는 본인의 소득으로 번 돈이나 증여를 받은 재산 등을 기입한다.

자기자금으로 기록하는 부분에는 「금융기관 예금액」, 「주식 매각대금」, 「증여나 상속받은 금액」, 「현금 등 그 밖의 자금」, 「부동산 처분대금」으로 구분하여 기록하며 기록하는 내용은 다음과 같다.

〈자기자금 구분별 기재하는 방법〉

서식에 있는 구분란	기재하는 방법
② 금융기관예금액	본인의 근로소득이나 개인사업 등에서 번 자금 중에서 현재 은행 등에 예치되어 있는 금액을 기록한다. 주의할 사항은 주식을 처분하여 모은 자금이나 증여 혹은 상속받은 자금, 그리고 본인 소유의 부동산 등을 처분한 후 금융기관에 예치하고 있는 자금은 아래의 해당되는 칸에 별도로 기록하여야 하며, 본인의 예금 잔액 전부를 여기에 기록하지 않는다는 것이다.
③ 주식매각대금	주식투자를 통해 보유하고 있는 자금이나, 향후 주식을 매각할 예정금액을 기록한다.
④ 증여, 상속	과거에 증여를 받거나 상속을 받은 금액이 있는 경우, 혹은 향후 증여받기로 예정된 금액을 기록한다.
⑤ 현금 등 그 밖의 자금	현재 현금으로 가지고 있는 금액 혹은 펀드나 보험을 해약하여 받을 금액을 기록하거나, 향후 잔금지급일자까지 받을 수 있는 근로소득이나 개인사업소득 예상액을 기록한다.
⑥ 부동산처분대금 등	현재 소유하고 있는 부동산을 처분하여 가지고 있는 자금 혹은 향후에 부동산을 처분할 예정인 경우에는 처분예정금액을 기록한다. 만일 현재의 전세보증금을 회수하여 잔금지급에 충당하는 경우에는 돌려받을 예정인 전세보증금을 기록한다.

자기자금으로 기록할 경우에 주의할 것에는 다음의 두 가지가 있다.

첫째는, 「금융기관 예금액」란에는 예금이 생긴 원천을 입증할 수 있는 금액만을 기입하여야 한다.

만일 본인의 자금이 충분하지 않아서 다른 사람의 돈을 일시적으로 송금 받은 후 금융기관 예금액에 포함하여 제출하게 되면, 의심거래로 분류되어 소명 요청을 받을 수 있다.

둘째는, 「현금 등 그 밖의 자금」란에는 소명할 수 없는 큰 금액을 기록하지 않아야 한다.

현금실물로 많은 돈을 보유하고 있을 수 없으므로, 현금을 큰 금액으로 기록할 수 없으며, 펀드나 보험 해약금액이 큰 경우 펀드를 본인의 소득으로 가입한 사실을 입증할 수 있어야 한다. 만일 주택을 분양받은 경우에는 잔금지급일까지의 기간이 2~3년이 소요되므로, 그때까지 본인의 근로소득이나 개인사업소득을 예상하여 그 금액을 기록할 수 있다.

(3) 차입금란에는 대출금 혹은 전세보증금 등을 기입한다.

〈차입금등 구분별 기재하는 방법〉

서식에 있는 구분란	기재하는 방법
⑧ 금융기관대출액	주택담보대출금액, 신용대출로 받을 금액 등과 같이 금융기관으로부터 이미 대출받았거나 혹은 향후 받을 예정인 대출금을 기록한다. 기존 주택에 담보대출이 있는 경우 기존주택 보유란에 체크 표시한다.
⑨ 임대보증금	구입하는 주택에 직접 입주하지 않고 전세로 임대할 경우에, 향후 받을 예정인 임대보증금을 기록한다.
⑩ 회사지원금	본인이 다니는 직장에서 주택구입자금을 대출받거나 지원받을 수 있는 금액을 기록한다.
⑪ 그 밖의 차입금	가족이나 제3자로부터 빌렸거나 향후 빌릴 예정인 금액을 기록한다. 가족과 같이 개인으로부터 자금을 빌리는 경우에는 차용증이 작성되어야 하고, 차용증에는 원금과 이자를 지급하는 방법이 약정되어 있어야 하며, 돈을 빌린 후부터는 약정된 대로 원금과 이자를 갚은 내역을 입증할 수 있어야 한다. 본인과 빌려주는 사람과의 관계를 부부, 직계존비속, 그 밖의 관계 중 해당되는 란에 체크 표시한다.

차입금으로 기록할 경우에는 「그 밖의 차입금」란을 주의하여야 한다. 자기자금과 금융기관 차입금이 부족하다면 가족 등으로부터 빌린 자금으로 보충할 수 있으나, 개인으로부터 돈을 빌릴 경우에는 빌리는 사람이 원금과 이자를 갚을 수 있는 능력이 있어야 한다.

그리고 주택을 구입한 후에 그 밖의 차입금에 대하여 실제 빌린 사실과 원리금을 갚은 사실을 소명하라고 요청받을 수 있으며, 그 사실이 입증되지 않으면 증여를 받은 것으로 간주되어 증여세가 나올 수 있다는 것에 주의해야 한다.

특히 가족 간에 돈을 빌린 것은 증여를 받은 것으로 의심받을 수 있으므로, 빌린 것이라는 것을 객관적으로 입증해야 한다. 가족 간에 자금을 빌리는 경우에 갖추어야 할 조건들은 10장 가족 간 자금 대여에서 자세히 설명되어 있다.

(4) 조달자금지급방식 란은 은행으로 송금하는 금액 혹은 대출 승계 등으로 기입한다.

주택구입자금을 어떤 방법으로 지급하였거나 혹은 어떤 방법으로 지급할 예정인지를 기록하는 란이다.

본인이 조달한 자금으로 송금하는 금액을 기록하고, 전세보증금으로 조달하거나 기존 대출금을 승계한 금액이 있을 경우 그 금액을 기록한다.

3 자금조달방법별로 증빙서류를 제출해야 한다.

(1) 투기과열지구에서 주택을 사면 증빙서류를 추가로 첨부해야 한다.

투기과열지구에서 9억 원을 초과하는 주택을 사는 경우에는, 자금조달 계획서상에 기입한 자금의 각 원천별로 증빙서류를 추가로 제출해야 한다.

증빙서류는 「예금잔액증명서」, 「증여세 신고서」, 「주택매매계약서」, 「금융거래확인서」 등과 같이 자금의 원천을 입증할 수 있는 서류를 의미하며, 각 원천별로 첨부해야 할 증빙서류는 뒤에서 제시된 「미제출 사유서」 양식에 표시되어 있다.

〈자금조달계획서와 증빙서류의 제출의무〉

지역	자금조달계획서 제출의무	증빙서류제출의무
투기지역	모든 구입자	9억 초과 주택 구입자
기타지역	실거래가 6억 원 이상	제출의무 없음

(2) 증빙서류가 없는 경우에는 미제출사유서를 제출한다.

자금조달 계획서는 계약일로부터 30일 이내에 제출해야 하므로, 미래에 예정된 내용으로 작성되는 부분도 있을 수 있으며, 향후 예정된 자금조달 부분은 현재 증빙서를 제출할 수 없는 사유를 기록한 「미제출 사유서」를 별도로 제출하면 된다.

미제출 사유에는 예정하는 시기와 향후 예정이라는 사실을 간략히 기록하며, 그 사례는 뒤에 첨부되어 있다.

(3) 제출된 계획과 다르게 자금조달을 한 경우에는 입증자료를 준비해야 한다.

자금조달 계획서는 최종 잔금을 지급하기 전에 조달 계획을 제출하는 것이므로, 향후 실제 돈을 지급할 때는 제출된 계획과 다르게 지급될 수도 있다. 예를 들어 기존주택을 처분할 예정으로 5억 원을 기재하였으나 실제 4억 원에 처분되었다면 부족한 1억 원을 부모로부터 추가로 빌릴 수도 있다.

처음에 제출했던 계획과 다르게 조달된 경우에는, 향후 소명 요구가 나왔을 때 변경된 내용을 소명할 수 있어야 한다.

4 불법으로 의심되는 거래는 소명 요청을 받을 수 있다.

국토교통부에서는 부동산시장을 안정화하기 위한 목적으로 2020년에 「한국부동산원」을 설립하였으며, 부동산 실거래 내용을 조사하는 업무를 한국 부동산원에 위탁하고 있다.

한국부동산원은 부동산 실거래자료를 분석하여, 누락된 자료가 있거나 제출된 자금조달 계획서상에 의심스러운 내용이 있는지를 검토한 후 주택 매수자와 주택 매도자 및 공인중개사 등에게 소명자료 제출을 요구하며, 소명되지 않는 거래에 대하여는 국세청과 관계 기관에 조사 결과를 통보한다.

한국부동산원에서는 부동산 거래신고서와 자금조달 계획서를 기초로 하여, 같은 단지에서 여러 주택을 사는 경우와, 단기 차익을 노리는 투기적 거래로 의심되는 경우에는 주택을 사는 사람에게 「실거래 소명자료」 제출 안내문을 보낸다.

주택을 산 사람이 한국부동산원의 안내문을 받으면, 계약금 지급일 2주 전부터 잔금지급일 2주 후까지의 입출금 내역, 소득금액 증명원, 금융기관 예금 잔고 확인서와 같은 자금 원천을 입증하는 증빙서류를 제출해야 한다.

소명 요구를 받으면 2주일 내에 제출하여야 하며, 증빙자료를 제출하지 않거나 허위로 제출하면 최대 3천만 원까지의 과태료가 나올 수 있다.

5 자금조달계획서는 세금추징에 활용되고 있다.

국세청은 2025.10.30.자로 자금조달계획서를 활용한 추징사례를 발표한 바 있다.

국세청은 국토교통부로부터 수집한 자금조달계획서를 국세청이 보유한 재산·소득 등 다양한 과세자료와 연계하여 탈루여부를 정밀 분석하고 있으며, 자금조달계획서상 기재내용이 사실과 다르거나 자금출처가 불분명하여 편법증여 등 탈세가 의심되는 경우에는 자금출처조사 대상으로 선정해 실제 자금흐름을 추적하고 탈루된 세금을 추징하고 있다.

자금조달계획서를 활용한 주요 추징사례는 다음과 같다.

(1) 부모 등으로부터 증여받은 자금으로 취득한 사례

① 서울 소재 신축아파트를 갭투자로 취득하면서 기존 보유한 아파트 처분대금을 자금원천으로 제출하였으나, 실제 처분대금은 본인의 전세자금으로 사용하고, 아파트 취득자금은 부친으로부터 별도 현금 증여받은 사실을 확인하여 증여세를 추징당하였다.

② 사회초년생이 서울 소재 초고가아파트를 취득하면서 기존 보유한 아파트 처분대금을 자금원천으로 제출하였으나, 처분한 아파트의 당초 취득자금이 불분명하여 조사한 결과 모친으로부터 전액 현금으로 증여받아 취득한 것으로 확인되어 증여세를 추징당하였다.

(2) 소득누락하거나 법인자금을 유출한 자금으로 취득한 사례

① 개인병원을 운영하는 의사가 서울 소재 재건축 예정 고가아파트를 취득하면서 예금을 자금원천으로 제출하였으나, 신고소득에 비해 고액 예금을 보유하고 있어 조사한 결과 비급여 진료비를 현금으로 받고 신고누락한 사실이 확인되어 소득세를 추징당하였다.

② 법인 대표가 고가 아파트를 취득하면서 기존 거주주택 전세금을 자금원천으로 제출하였으나, 실제 전세계약 금액과 달라 조사한 결과 법인의 현금매출을 누락한 자금으로 아파트를 취득한 사실이 확인되어 법인세를 추징당하였다.

(3) 허위 전세계약을 이용해 취득자금을 증여한 사례

대학생이 서울 소재 주상복합아파트를 취득하면서 임대보증금을 자금원천으로 제출하였으나, 조사 결과 증여세를 탈루하기 위해 아파트를 취득하면서 동일세대인 부모와 허위의 전세계약을 체결한 사실이 확인되어 증여세를 추징당하였다.

■ 부동산거래신고 등에 관한 법률시행규칙[별지 제1호의 3서식] 〈개정2020.10.27.〉

부동산거래관리시스템(rtms.molit.go.kr)에서도 신청할 수 있습니다.

주택취득자금 조달 및 입주계획서

※ 색상이 어두운 난은 신청인이 적지 않으며, [ ]에는 해당되는 곳에 √표시를 합니다. (앞쪽)

접수번호	접수일시	처리기간

제출인 (매수인)	성명(법인명)	주민등록번호(법인 · 외국인등록번호)
	주소(법인소재지)	(휴대)전화번호

<table>
<tr><td rowspan="10">① 자금 조달 계획</td><td rowspan="4">자기 자금</td><td colspan="2">② 금융기관 예금액
원</td><td colspan="2">③ 주식 · 채권 매각대금
원</td></tr>
<tr><td colspan="2">④ 증여 · 상속
원</td><td colspan="2">⑤ 현금 등 그 밖의 자금
원</td></tr>
<tr><td colspan="2">[ ] 부부 [ ] 직계존비속(관계:)
[ ] 그 밖의 관계( )</td><td colspan="2">[ ] 보유 현금
[ ] 그 밖의 자산(종류:)</td></tr>
<tr><td colspan="2">⑥ 부동산 처분대금 등
원</td><td colspan="2">⑦ 소계
원</td></tr>
<tr><td rowspan="5">차입금 등</td><td rowspan="3">⑧ 금융기관 대출액 합계
원</td><td>주택담보대출</td><td colspan="2">원</td></tr>
<tr><td>신용대출</td><td colspan="2">원</td></tr>
<tr><td>그 밖의 대출</td><td colspan="2">(대출 종류:) 원</td></tr>
<tr><td colspan="4">기존주택보유여부(주택담보대출이 있는 경우만 기재)
[ ] 미보유 [ ] 보유 (건)</td></tr>
<tr><td colspan="2">⑨ 임대보증금
원
⑪ 그 밖의 차입금
원
[ ] 부부 [ ] 직계존비속(관계:)
[ ] 그 밖의 관계( )</td><td colspan="2">⑩ 회사지원금 · 사채
원
⑫ 소계
원</td></tr>
<tr><td>⑬ 합계</td><td colspan="4">원</td></tr>
</table>

<table>
<tr><td rowspan="5">⑭ 조달자금 지급방식</td><td>총 거래금액</td><td>원</td></tr>
<tr><td>⑮ 계좌이체금액</td><td>원</td></tr>
<tr><td>⑯ 보증금 · 대출 승계 금액</td><td>원</td></tr>
<tr><td>⑰ 현금 및 그 밖의 지급방식 금액</td><td>원</td></tr>
<tr><td colspan="2">지급 사유 ( )</td></tr>
</table>

⑱ 입주 계획	[ ] 본인입주 [ ] 본인 외 가족입주 (입주 예정 시기: 년 월)	[ ] 임대 (전 · 월세)	[ ] 그 밖의 경우 (재건축 등)

「부동산 거래신고 등에 관한 법률 시행령」 별표 1 제2호나목, 같은 표 제3호가목 전단, 같은 호 나목 및 같은 법 시행규칙 제2조제6항부터 제9항까지의 규정에 따라 위와 같이 주택취득자금 조달 및 입주계획서를 제출합니다.

년 월 일

제출인 (서명 또는 인)

시장 · 군수 · 구청장 귀하

유의사항

1. 제출하신 주택취득자금 조달 및 입주계획서는 국세청 등 관계기관에 통보되어, 신고내역 조사 및 관련 세법에 따른 조사 시 참고자료로 활용됩니다.
2. 주택취득 자금조달 및 입주계획서(첨부서류제출대상인 경우 첨부서류를 포함합니다)를 계약체결일부터 30일 이내에 제출하지 않거나 거짓으로 작성하는 경우 「부동산거래신고 등에 관한 법률」 제28조제2항 또는 제3항에 따라 과태료가 부과되오니 유의하시기 바랍니다.
3. 이 서식은 부동산거래계약 신고서 접수 전에는 제출이 불가하오니 별도 제출하는 경우에는 미리 부동산거래계약 신고서의 제출여부를 신고서 제출자 또는 신고관청에 확인하시기 바랍니다.

210mm×297mm[백상지(80g/㎡) 또는 중질지(80g/㎡)]

(뒤쪽)

첨부 서류	투기과열지구에 소재하는 주택으로서 실제 거래가격이 9억원을 초과하는 주택의 거래계약을 체결한 경우에는 다음 각 호의 구분에 따른 서류를 첨부해야 합니다. 이 경우 주택취득자금 조달 및 입주계획서의 제출일을 기준으로 주택취득에 필요한 자금의 대출이 실행되지 않았거나 본인 소유 부동산의 매매계약이 체결되지 않은 경우 등 항목별 금액 증명이 어려운 경우에는 그 사유서를 첨부해야 합니다. 1. 금융기관 예금액 항목을 적은 경우: 예금잔액증명서 등 예금 금액을 증명할 수 있는 서류 2. 주식 · 채권 매각대금 항목을 적은 경우: 주식거래내역서 또는 예금잔액증명서 등 주식 · 채권 매각금액을 증명할 수 있는 서류 3. 증여 · 상속 항목을 적은 경우: 증여세 · 상속세 신고서 또는 납세증명서 등 증여 또는 상속받은 금액을 증명할 수 있는 서류 4. 현금 등 그 밖의 자금 항목을 적은 경우: 소득금액증명원 또는 근로소득 원천징수영수증 등 소득을 증명할 수 있는 서류 5. 부동산 처분대금 등 항목을 적은 경우: 부동산 매매계약서 또는 부동산 임대차계약서 등 부동산 처분 등에 따른 금액을 증명할 수 있는 서류 6. 금융기관 대출액 합계 항목을 적은 경우: 금융거래확인서, 부채증명서 또는 금융기관 대출신청서 등 금융기관으로부터 대출받은 금액을 증명할 수 있는 서류 7. 임대보증금 항목을 적은 경우: 부동산 임대차계약서 8. 회사지원금 · 사채 또는 그 밖의 차입금 항목을 적은 경우: 금전을 빌린 사실과 그 금액을 확인할 수 있는 서류

작성방법

1. ① "자금조달계획"에는 해당 주택의 취득에 필요한 자금의 조달계획을 적고, 매수인이 다수인 경우 각 매수인별로 작성해야 하며, 각 매수인별 금액을 합산한 총 금액과 거래신고된 주택거래금액이 일치해야 합니다.
2. ② ~ ⑥에는 자기자금을 종류별로 구분하여 중복되지 않게 적습니다.
3. ② "금융기관 예금액"에는 금융기관에 예치되어 있는 본인명의의 예금(적금 등)을 통해 조달하려는 자금을 적습니다.
4. ③ "주식 · 채권 매각대금"에는 본인 명의 주식 · 채권 및 각종 유가증권 매각 등을 통해 조달하려는 자금을 적습니다.
5. ④ "증여 · 상속"에는 가족 등으로부터 증여 받거나 상속받아 조달하는 자금을 적고, 자금을 제공한 자와의 관계를 해당 난에 √표시를 하며, 부부 외의 경우 해당 관계를 적습니다.
6. ⑤ "현금 등 그 밖의 자금"에는 현금으로 보유하고 있는 자금 및 자기자금 중 다른 항목에 포함되지 않는 그 밖의 본인 자산을 통해 조달하려는 자금(금융기관 예금액 외의 각종 금융상품 및 간접투자상품을 통해 조달하려는 자금 포함)을 적고, 해당 자금이 보유하고 있는 현금일 경우 "보유 현금"에 √표시를 하고, 현금이 아닌 경우 "그 밖의 자산"에 √표시를 하고 자산의 종류를 적습니다.
7. ⑥ "부동산 처분대금 등"에는 본인 소유 부동산의 매도, 기존 임대보증금 회수 등을 통해 조달하려는 자금 또는 재건축, 재개발시 발생한 종전 부동산 권리가액 등을 적습니다.
8. ⑦ "소계"에는 ② ~ ⑥의 합계액을 적습니다.
9. ⑧ ~ ⑪에는 자기자금을 제외한 차입금 등을 종류별로 구분하여 중복되지 않게 적습니다.
10. ⑧ "금융기관 대출액 합계"에는 금융기관으로부터 대출을 통해 조달하려는 자금 또는 매도인의 대출금 승계 자금을 적고, 주택담보대출 · 신용대출인 경우 각 해당 난에 대출액을 적으며, 그 밖의 대출인 경우 대출액 및 대출 종류를 적습니다. 또한 주택담보 대출액이 있는 경우 "기존 주택 보유 여부"의 해당 난에 √표시를 합니다. 이 경우 기존 주택은 신고하려는 거래계약 대상인 주택은 제외하고, 주택을 취득할 수 있는 권리와 주택을 지분으로 보유하고 있는 경우는 포함하며,"기존 주택 보유 여부" 중 "보유"에 √표시를 한 경우에는 기존 주택 보유 수(지분으로 보유하고 있는 경우에는 각 건별로 계산합니다)를 적습니다.
11. ⑨ "임대보증금"에는 취득 주택의 신규 임대차 계약 또는 매도인으로부터 승계한 임대차 계약의 임대보증금 등 임대를 통해 조달하는 자금을 적습니다.
12. ⑩ "회사지원금 · 사채"에는 금융기관 외의 법인, 개인사업자로부터 차입을 통해 조달하려는 자금을 적습니다.
13. ⑪ "그 밖의 차입금"에는 ⑧ ~ ⑩에 포함되지 않는 차입금 등을 적고, 자금을 제공한 자와의 관계를 해당 난에 √표시를 하고 부부 외의 경우 해당 관계를 적습니다.
14. ⑫에는 ⑧ ~ ⑪의 합계액을, ⑬에는 ⑦과 ⑫의 합계액을 적습니다.
15. ⑭ "조달자금 지급방식"에는 조달한 자금을 매도인에게 지급하는 방식 등을 각 항목별로 적습니다.
16. ⑮ "계좌이체 금액"에는 금융기관 계좌이체로 지급했거나 지급 예정인 금액 등 금융기관을 통해서 자금지급 확인이 가능한 금액을 적습니다.
17. ⑯ "보증금 · 대출 승계 금액"에는 종전 임대차계약 보증금 또는 대출금 승계 등 매도인으로부터 승계했거나 승계 예정인 자금의 금액을 적습니다.
18. ⑰ "현금 및 그 밖의 지급방식 금액"에는 ⑮, ⑯ 외의 방식으로 지급했거나 지급 예정인 금액을 적고 계좌이체가 아닌 현금(수표) 등의 방식으로 지급하는 구체적인 사유를 적습니다.
19. ⑱ "입주 계획"에는 해당 주택의 거래계약을 체결한 이후 첫 번째 입주자 기준(다세대, 다가구 등 2세대 이상인 경우에는 해당 항목별 중복하여 적습니다)으로 적으며, "본인입주"란 매수자 및 주민등록상 동일 세대원이 함께 입주하는 경우를, "본인 외 가족입주"란 매수자와 주민등록상 세대가 분리된 가족이 입주하는 경우를 말하며, 이 경우에는 입주 예정 시기 연월을 적습니다. 또한 재건축 추진 또는 멸실 후 신축 등 해당 주택에 입주 또는 임대하지 않는 경우 등에는 "그 밖의 경우"에 √표시를 합니다.

〈 증빙서류 미제출 사유서 사례〉

자금조달계획서 기재항목		증빙자료	제출 여부	미제출사유 (작성사례)
자기 자금	금융기관 예금액	예금잔액증명서	O	제출완료
		기타(소득금액증명원)	O	
	주식 · 채권 매각대금	주식거래내역서	X	2년 후 입주 시에 주식을 매각할 예정
		예금잔액증명서	X	
		기 타	X	
	증여 · 상속	증여 · 상속세 신고서	X	2년 후 입주시점에 부모로부터 증여를 받기로 약정
		납세증명서	X	
		기 타	X	
	현금 등 그 밖의 자금	소득금액증명원	X	향후 2년간 근로소득으로 조달할 예정
		근로소득원천징수영수증	X	
		기 타	X	
	부동산 처분대금 등	부동산 매매계약서	X	기존 아파트를 처분의뢰 하였으나 현재까지 미계약 상태
		부동산 임대차계약서	X	
		기 타	X	
차입금	금융기관 대출액	금융거래확인서	X	1년 후 3차 중도금납부시점에 중도금대출을 받을 예정
		부채증명서	X	
		금융기관 대출신청서	X	
		기 타	X	
	임대보증금	부동산임대차계약서	X	해당사항 없음
	회사지원금 · 사채	금전을 빌린 사실과 그 금액을 확인할 수 있는 서류	X	잔금을 회사에서 지원되는 종업원 주택구입자금대여액으로 지급할 예정
	그 밖의 차입금	금전을 빌린 사실과 그 금액을 확인할 수 있는 서류	X	잔금을 형제로부터 차입하기로 약정

「부동산 거래신고 등에 관한 법률 시행규칙」 제2조제6항의 규정에 따라 미제출사유서를 제출합니다.

년 월 일

제출인 (서명 또는 인)

19장

국세청이 보유한 납세자 정보

1 국세청은 나에 대한 정보를 얼마나 알고 있는가?

국세청은 개인이 부동산을 사거나 빚을 갚는 경우와 같이 자금을 사용했을 때, 어디에서 그 자금을 마련했는지에 대하여 소명하라고 하는 자금출처조사를 하며, 소명되지 않는 자금에 대하여 증여세를 매기게 된다.

재산을 살 때의 자금출처조사 이외에도, 개인별 소득발생 내역, 재산 규모, 소비, 금융거래내역, 증권계좌 간 이체내역, 해외 출입국 기록 등을 수년간 분석하여 자금출처에 대한 소명을 요구하거나 세무조사를 하게 된다.

국세청은 여러 행정기관으로부터 세금을 매기는데 필요한 정보를 제공받아, 그 정보를 국세통합정보시스템(NTIS)으로 관리하고 있다.

예를 들어 대법원으로부터는 부동산 등기자료를 제공받고, 금융기관으로부터는 개인별 이자 및 배당금 지급내역을 제공받으며, 법인세 신고서에서 주식변동 상황을 파악하고, 구청으로부터 개인이 주택을 구입할 때 제출받은 「주택취득 자금조달 및 입주계획서」의 내용을 통보받을 수 있다.

이외에도 상속세나 증여세, 법인세, 소득세 등의 각종 세무조사 과정에서 증여를 의심할 만한 것이 발견되면, 증여를 받은 것으로 예상되는 사람의 관할세무서로 자료를 통보한다.

이와 같은 정보를 통합하여 자료를 찾아내는 방법으로, 아래에서 설명하는 정보 분석 시스템인 재산소비소득분석 시스템(PCI)과 금융거래 정보시스템(FIU) 등이 있다.

2 신고한 소득에 비하여 소비 및 재산증가가 더 큰 경우에 주의하라.

국세청은 개인별로 재산 규모, 소비내역, 소득금액을 상호 비교하여 신고되지 않은 금액을 추정한다. 이러한 전산분석 시스템을 PCI (Property, Consumption and Income) 시스템이라 한다.

PCI 분석의 개념은, 개인별로 일정 기간 동안 재산이 늘어나거나 소비로 사용된 금액은, 신고된 소득금액 범위 내에서 이루어져야 한다는 개념에서 출발한다. 만일 지출의 원천이 되는 소득금액보다 재산이 늘어나거나 소비로 사용한 금액이 더 큰 경우에, 그 차이 금액만큼 세금신고가 누락된 금액이라고 추정하는 방법이다

예를 들어 어떤 사람의 4년간 신고된 소득금액이 5억 원일 경우, 5억 원의 범위 내에서 재산이 늘어나거나 소비지출이 이루어지면 문제가 없으나, 같은 기간 동안 재산이 증가하거나 소비로 지출한 금액의 합계가 8억 원이었다면, 8억 원과 5억 원의 차이인 3억 원은 신고되지 않은 금액이라고 추정하는 방식이다. 이런 경우에는 그 사람에게 차이에 대한 소명을 요구하거나 세무조사를 실시하여, 신고

하지 않은 소득이나 신고하지 않고 증여를 받은 재산을 조사한다.

국세청은 PCI 시스템을 운용하기 위하여, 개인 이름으로 등기하거나 등록하는 모든 재산 즉, 부동산 · 주식 · 골프회원권 · 자동차 등을 보유한 사실을 파악하고 있으며, 신용카드 및 현금영수증 사용내역 · 해외 출입국 내역 등도 모두 파악할 수 있다.

그러므로 소득금액에 비하여 소비 규모가 더 크고 재산을 산 것이 많은 경우, 세무조사의 대상이 될 수 있다는 것을 알고 대비하는 것이 필요하다.

3 의심스런 금융거래는 국세청에 보고된다.

모든 금융기관은 불법자금으로 의심되는 금융거래나 고액의 현금거래 등을 금융정보분석원(FIU)에 보고해야 한다. 금융정보분석원은 보고받은 금융 정보를 분석하여 고액의 현금거래 정보를 국세청에 제공하고 있다.

금융기관이 금융정보분석원에 보고하는 정보 중에서 국세청으로 통보될 수 있는 정보는 다음과 같다.

a. 의심거래보고(STR)

금융기관이 불법재산, 자금세탁행위 등이라고 판단하여 보고하는 자료로서 금액기준은 없다.

b. 고액현금거래보고(CTR)

개별금융기관입장에서 개인이 하루에 1천만 원 이상의 현금을 인출하거나 1천만 원 이상의 현금을 입금하는 경우가 보고대상이다. 고액현금보고대상은 금융기관별로 하루의 현금거래합계가 1천만 원 이상인 사람이 보고대상이며, 모든 금융기관 전체를 합계하여 하루 1천만 원 이상을 의미하는 것은 아니다.

국세청은 금융정보분석원에서 제공받는 정보 이외에도, 직접 금융정보분석원에 필요한 금융자료를 요청할 수도 있다. 또한 특정 금융기관이나 특정 지점에 대하여, 개인의 예금 입출금 거래와 대출금 상환 거래와 같은 금융거래내역을 요청할 수도 있다.

4 금융거래내역도 국세청에 통보된다.

(1) 보험거래내역은 국세청에 통보된다.

보험회사는 보험계약이 해지되어 환급금이 발생하거나 보험사고가 발생하여 보험금을 지급한 내역 그리고 보험계약자의 명의가 변경된 내역을 매 분기별로 국세청에 제출한다.

국세청은 보험회사로부터 제공받은 자료를 기초로 증여세를 매기는 자료로 활용한다.

예를 들어 보험금을 받은 사람이 자녀이고 보험료를 낸 사람이 부모인 경우에는, 보험금을 받은 자녀가 부모로부터 보험금을 증여를 받은 것으로 보아 증여세를 매긴다.

또한 부모가 즉시연금보험에 가입하여 보험료를 일시에 낸 후에, 보험금을 받을 수익자를 자녀로 변경하면 계약을 변경한 날에 해지 환급금만큼 자녀가 부모로부터 증여를 받은 것으로 본다.

다만, 부모가 사망하여 보험금을 받는 경우에는 그 보험금은 부모의 상속재산에 포함되므로 증여세는 없다.

(2) 증권계좌 간에 주식이 이체된 내용도 국세청에 통보된다.

고객의 증권계좌를 가지고 있는 증권회사는 증권계좌를 통하여 주식이 고객들 간에 이체된 내용을 매 분기별로 국세청에 제출해야 한다. 제출하는 내용은 계좌의 인적사항, 이체일자, 주식종목명, 이체수량 등이다. 증권계좌 간의 주식이체내용을 국세청에 제출하는 것은 신설된 규정으로 2022년 1월 1일 이후 이체하는 것부터 대상이 된다.[70]

70) 상증법 제82조, 지급명세서 등의 제출 제①항, ⑦항

제 5 편

가족회사를 통한 증여

회사에 이익을 주면 주주가 증여세를 낸다?

20장

회사를 통한 증여

재산을 자녀에게 직접 주지 않고 자녀의 회사에 주면?

자녀에게 직접 이익을 주는 것은 물론이고 회사를 통해 자녀에게 이익을 주는 것도 모두 증여에 해당한다.

가족이 대주주인 회사에서 가족 중 어느 한 사람이 회사에 재산을 증여하면 회사에 이익이 되며, 회사의 주주들은 주식가치가 올라가서 간접적인 이익이 생기게 된다. 개인 간에 직접 재산을 증여를 하면 증여세를 내는 것과 같이, 주주가 회사에 재산을 증여함으로써 다른 주주에게 간접적으로 이익을 주는 경우에도, 다른 주주에게 직접 증여를 한 것과 같이 증여세를 내야 한다.

1 가족이 30% 이상을 소유한 회사를 대상으로 한다.

(1) 최대주주와 친족을 합하여 30% 이상 소유한 회사를 대상으로 한다.

주주의 가족이 회사에 재산을 증여하는 경우에 다른 주주가 증여를 받은 것으로 보는 규정은, 회사의 주식을 가장 많이 보유한 최대주주와 그의 친족(4촌 이내의 혈족 및 3촌 이내의 인척)을 합하여 회사 주식의 30% 이상을 가지고 있는 가족법인에게만 적용된다.

가족 전체가 가지고 있는 주식의 비율이 30%를 넘으면 본 규정이 적용되므로 회사가 손실이 발생하는 경우에도 상관없이 적용된다.[71]

2020.1.1. 이전에는 손실이 나는 회사에 대하여만 이 규정이 적용되었으나, 2020.1.1. 이후부터는 회사가 손실이 나는지 여부와 관계없이 주식소유비율만으로 적용대상 회사를 판정한다.

(2) 직접소유주식과 간접소유주식을 합하여 30%를 판정한다.

최대주주와 그 친족을 합하여 30% 이상을 가지고 있는 지를 계산할 때, 주주가 직접 회사의 주식을 가지고 있는 것뿐만 아니라, 다른 회사를 통하여 간접적으로 가지고 있는 주식도 합하여 계산한다.

예를 들어 주주 한 명이 A회사의 주식을 20%를 가지고 있고, 그 주주가 80%를 가지고 있는 다른 B회사에서 A회사의 주식을 50% 가지고 있다면, 그 주주가 가진 A회사의 지분율은 〈20% + 80% * 50% = 60%〉가 되므로, 그 주주는 A회사의 주식을 30% 이상 가지고 있는 주주에 해당된다.

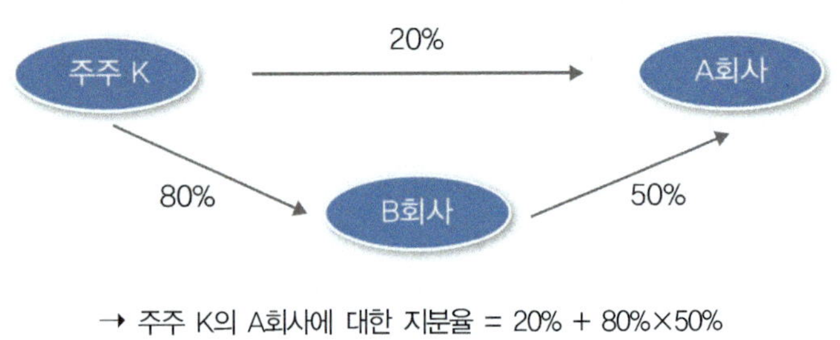

→ 주주 K의 A회사에 대한 지분율 = 20% + 80%×50%
= 60%

71) 상증법 제45조의 5, 특정법인과의 거래를 통한 이익의 증여의제

(3) 최대주주의 특수 관계인이 회사와 거래한 경우에 적용한다.

최대주주가 소유하고 있는 회사에게, 최대주주의 친족이 회사에 이익을 준 경우에, 그 회사의 주주로 있는 다른 친족에게 증여를 한 것으로 본다.

예를 들어 아들이 최대주주로 있는 회사에, 부모가 부동산을 회사에 무상으로 기증하였다면 아들이 부모로부터 증여를 받은 것으로 본다.

2 주주가 회사에 이익을 주면 다른 주주에게 증여를 한 것으로 본다.

(1) 개인재산을 회사에 증여하면 다른 주주에게 증여한 것으로 본다.

최대주주의 가족이 회사에 재산을 증여하여 회사에 이익을 주면, 재산을 증여한 사람과 친족관계에 있는 모든 주주는, 회사의 이익 중에서 각자의 주식을 소유한 비율만큼 증여를 받은 것으로 본다.

회사는 증여받은 이익에 대하여 증여세는 면제되지만 법인세를 내야하고, 주주들은 증여세를 내야 한다.

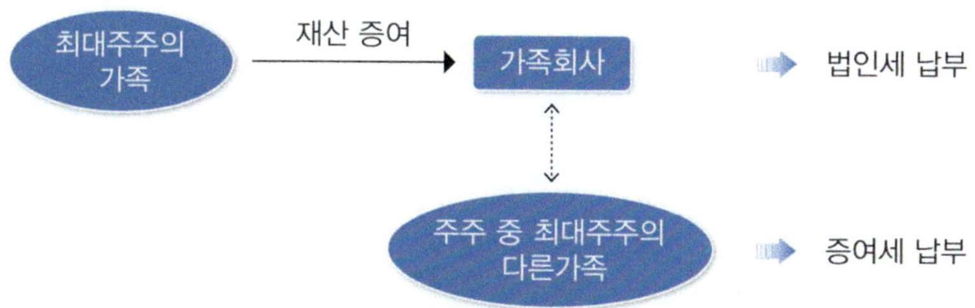

(2) 개인재산을 회사에 싸게 팔아도 다른 주주에게 증여를 한 것으로 본다.

최대주주의 가족이 회사에 재산을 싸게 팔아서 회사에 이익을 주면, 재산을 싸게 판 사람과 친족관계에 있는 모든 주주는, 회사의 이익 중에서 각자의 주식소유비율만큼 증여를 받은 것으로 본다.

증여한 것으로 보는 기준은, 재산의 시가가 10억 원보다 클 때는 시가보다 3억 원 이상 낮게 파는 경우를 의미하고, 재산의 시가가 10억 원보다 적을 때는 시가의 30% 이상 낮게 파는 경우에만 해당된다.

사 례

아들이 100%를 소유한 회사에 아버지가 가진 토지를 싸게 팔아서 이익을 주고자 한다.

아래의 각 사례별로 아들에 대한 증여문제를 피하기 위해서 아버지는 회사에 최소 얼마 이상으로 토지를 팔아야 하는가?

	상황 1	상황 2
토지시가	15억 원	8억 원
기준금액	(3억 원)*	(2.4억 원)**
최소처분가격***	12억 원	5.6억 원

* 토지시가가 10억 원보다 크므로 3억 원의 차이만 인정한다.

** 토지시가가 10억 원보다 적으므로 8억 원 * 30% = 2.4억 원의 차이만 인정한다.

*** 아버지가 최소 처분가격보다 낮게 팔면 아들에게 증여한 것으로 본다. 예를 들어 15억 원짜리 토지를 12억 원보다 낮은 10억 원에 팔았다면 5억 원(15억 원-10억 원)을 아들에게 증여를 한 것으로 본다.

**** 토지에 대한 양도소득세는 토지시가를 양도가액으로 하여 산정되므로 시가보다 낮게 팔아도 양도소득세는 절감되지 않는다.

(3) 회사의 재산을 비싸게 사면 다른 주주에게 증여한 것으로 본다.

위의 상황과 반대로, 최대주주의 가족이 회사가 소유하던 재산을 비싸게 사서 회사에 이익을 주는 경우에도, 그와 친인척인 다른 주주에게 증여를 한 것으로 본다.

회사의 재산을 비싸게 사서 증여를 한 것으로 보는 기준은, 재산의 시가가 10억 원보다 클 때는 시가보다 3억 원 이상 비싸게 사는 경우를 의미하고, 재산의 시가가 10억 원보다 적을 때는 시가의 30% 이상 비싸게 사는 경우에만 해당된다.

사 례

아들이 100% 주주인 회사로부터 아버지가 토지를 비싸게 사서 혜택을 주려고 한다. 아래의 각 사례별로 아들에 대한 증여 문제를 피하기 위해서 아버지는 회사로부터 토지를 최대 얼마 이하로 사야 하는가?

	상황 1	상황 2
토지시가	15억 원	8억 원
기준금액	3억 원*	2.4억 원**
최대매입가격***	18억 원	10.4억 원

* 토지시가가 10억 원보다 크므로 3억 원의 차이만 인정한다.

** 토지시가가 10억 원보다 적으므로 8억 원 * 30% = 2.4억 원의 차이만 인정한다.

*** 아버지가 최대매입가격보다 비싸게 사면 아들에게 증여한 것으로 본다. 예를 들어 아버지가 15억 원짜리 토지를 19억 원에 사면 4억 원(19억 원-15억 원) 만큼의 이익을 아들에게 증여를 한 것으로 본다.

(4) 낮은 이자율로 회사에 돈을 빌려주면 다른 주주에게 증여를 한 것으로 본다.

최대주주의 가족이 회사에 돈을 빌려주면서 이자를 안 받거나 낮은 이자를 받아 회사에 이익을 주면, 친족관계에 있는 회사의 다른 주주에게 증여를 한 것으로 본다.

상증법에서 정하고 있는 법정이자율은 연 4.6%이므로, 연 4.6%보다 더 낮은 이자율로 회사에 돈을 빌려준 경우에는 낮게 받은 이자금액만큼 증여를 한 것이 된다.

예를 들어 아들이 100%를 소유한 회사에 아버지가 무이자로 30억 원을 1년간 빌려주면, 아들이 이익을 보는 금액은 30억 원*4.6% = 1.38억 원이 된다.

(5) 회사에게 부채를 면제해 주면 다른 주주에게 증여한 것으로 본다.

최대주주의 가족이 회사에 돈을 빌려주었다가 그 대여금을 면제해서 회사에 이익을 주면, 대여금을 면제해 준 사람이 친족관계에 있는 다른 주주에게 증여를 한 것으로 본다.

회사에 돈을 빌려준 사람이 대여금을 면제해 주는 경우뿐만 아니라, 회사가 갚아야 할 제3자에 대한 부채를 개인의 부채로 바꾸는 경우에도 다른 주주에게 증여를 한 것에 해당한다.

3 회사의 이익만큼 증여한 것으로 본다.

(1) 증여를 한 금액은 회사의 이익과 같은 금액이다.

위에서 설명한 것과 같이 회사에 재산을 증여하거나 대여금을 면제하는 등의 방법으로 회사에 이익을 주면, 주주가 받는 이익은 회사가 받은 이익금액에서 법인세를 뺀 금액이 된다. 주주가 여러 명일 때는 각 주주별로 각자의 주식소유비율을 곱한 금액이 각 주주가 증여를 받는 금액이 된다.

주주별 증여를 받은 이익
= (회사의 이익 − 이익에 대한 법인세) * 각 주주의 지분율

사 례

아들과 딸이 각각 50%씩을 가지고 있는 회사에 아버지가 토지 20억 원을 증여를 한 경우 두 자녀가 증여를 받은 이익은?

20억 원이 회사의 이익에 포함된 상태에서 회사의 총이익은 50억 원이며, 법인세 총액은 10억 원이다.

회사의 이익 : 20억 원
이익에 대한 법인세 : 10억 원 × (20억 원 / 50억 원) = 4억 원
자녀 각각이 증여를 받은 이익 : (20억 원 − 4억 원) * 50% = 8억 원

(2) 증여를 받은 이익이 1억 원보다 적으면 증여세가 없다.

회사가 받은 이익에 대하여 주주가 증여를 받은 것으로 보는 규정은 개별 주주별로 증여를 받은 이익이 1억 원 이상일 때만 적용된다. 그러므로 주주별로 증여를 받은 금액이 1억 원보다 적으면 증여세를 낼 필요가 없다.[72]

위의 사례에서 자녀들이 증여를 받은 이익은 각각 8억 원으로서, 기준금액인 1억 원보다 크므로 자녀들은 8억 원에 대한 증여세를 내야 한다.

(3) 증여세 신고기한은 회사의 결산종료일로부터 3개월까지이다.

일반적인 증여의 경우 증여세의 신고기한은, 증여를 받은 날이 속하는 달의 말일부터 3개월까지이다. 그러나 회사의 이익을 주주가 증여를 받은 것으로 보는 경우에는, 회사의 결산과 법인세 신고가 끝나야만 주주별 이익이 계산된다.

그러므로 주주별 증여세는 회사의 법인세 신고기한이 종료된 후 3개월이 되는 날이 신고기한이 된다.[73]

예를 들어 12월 31일이 결산일인 회사의 경우, 다음 연도 3월 31일까지가 회사의 법인세 신고기한이며, 그로부터 3개월인 6월 30일까지가 주주별로 증여세를 신고할 기한이 된다.

---

72) 상증법 시행령 34조의 5, 특정법인과의 거래를 통한 이익의 증여의제 제⑤항
73) 상증법 제68조, 증여세 과세표준 신고 제①항 단서규정

4 과세된 이익금액은 주식의 취득원가에 가산한다.

회사의 이익에 대하여 주주가 증여를 받은 것으로 보아 증여세를 내게 되면, 주주 입장에서는 본인이 받은 이익만큼 주식 취득원가가 올라간다.

그러므로 증여받은 이익에 대하여 증여세를 낸 주주는, 나중에 본인의 주식을 팔 때 과거에 증여세를 냈을 당시의 증여이익만큼을 주식의 처분이익에서 공제받을 수 있다.[74]

예를 들어 개인주주가 주식을 12억 원에 취득한 후, 회사의 이익 중에서 8억 원을 증여를 받은 것으로 보아 증여세를 냈다면, 그 주주의 주식취득원가는 12억 원에 8억 원을 더한 20억 원이 된다.

주식의 취득원가가 8억 원이 올라가면 이후 주식을 팔 때 처분이익이 8억 원이 줄어서 양도소득세가 절감되는 효과가 있다.

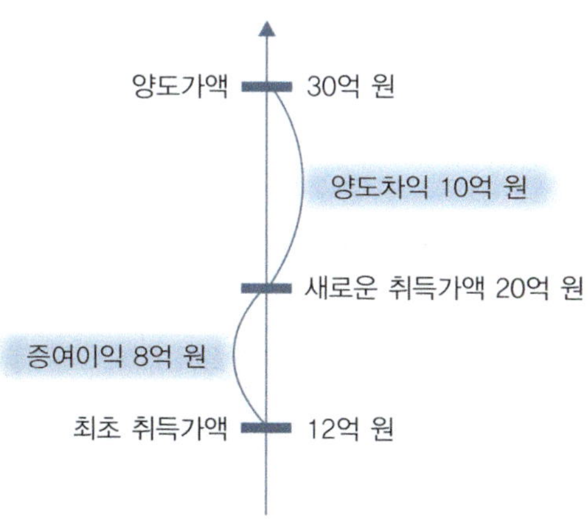

74) 소득세법 시행령 제163조, 양도자산의 필요경비 제⑩항

5 법인에게 재산을 상속하면 상속인들이 상속세를 낸다.

(1) 회사가 재산을 상속받으면 주주로 있는 상속인과 손주가 상속세를 낸다.

주주와 친족관계에 있는 사람이 회사에 재산을 증여하여 이익을 주면 주주가 친족으로부터 증여를 받은 것으로 보는 규정은, 증여한 사람이 살아있는 상태에서 재산을 증여하는 경우에 적용된다.

그러나 재산을 가진 사람이 사망하면서 유언을 통하여 본인의 재산을 회사에 상속하는 경우가 있다. 이와 같이 회사가 재산을 상속을 받는 경우에는 회사 입장에서는 상속세는 면제되지만, 상속을 받은 만큼의 이익에 대하여 법인세를 내게 된다.

만일 회사가 재산을 상속받고 나서 법인세만 내고 상속세를 면제받으면, 10%~22%인 법인세율이 10%~50%인 상속세율보다 더 낮으므로, 회사의 주주들은 직접 재산을 상속받지 않고 회사를 통해 간접적으로 상속을 받는 것이 더 유리해진다.

상속세는 재산을 상속받는 사람들이 받은 재산의 범위 내에서 각자가 낼 의무가 있다. 만일 사망한 사람의 모든 재산을 회사에 상속해 버리면, 상속받은 가족이 없으므로 상속세를 낼 사람이 없게 된다.

이와 같이 회사를 통하여 재산을 상속받아서 주주들이 상속세를 회피하는 문제점이 있어, 회사가 면제받은 상속세를 주주들이 내도록 하고 있다.[75]

---

75) 상증법 제3조의 2, 상속세 납부의무 제②항

그러나 상속세를 내는 주주는 사망한 사람의 상속인(배우자와 자녀) 및 직계존비속만 해당되므로, 회사의 주주 중에서 사망한 사람의 배우자, 자녀 및 손주만 상속세를 내게 된다.

그러므로 상속인 및 직계존비속에 해당하지 않은 사위 혹은 며느리와 같은 기타 주주들은 상속세를 낼 필요가 없다.

(2) 주주별 상속세는 회사가 면제받은 상속세에 주식소유비율을 곱한 금액이다.

회사의 주주 중에서 사망한 사람의 상속인 및 직계존비속이 각자 내야 할 상속세는, 회사가 면제받은 상속세에서 회사가 상속받은 재산의 10%를 뺀 금액에 각자의 지분율을 곱하여 계산한다.

상속받은 재산의 10%를 빼주는 것은 회사가 낼 법인세를 10%로 계산한 것이다.

주주가 각자 낼 상속세 = (회사가 면제받은 상속세 − 상속받은 재산금액 * 10%) * 각 주주의 지분비율

21장

창업자금으로 증여하라.

자녀에게 창업자금으로 현금을 증여하면 증여세 혜택이 있을까?

부모가 자녀에게 현금을 증여하면 최대 50%의 세율로 증여세를 내야 한다. 그러나 자녀가 증여를 받은 돈으로 중소기업을 창업하면 낮은 세율로 증여세를 계산한다.

이 제도는 부모가 재산을 사전에 물려주어 그 재원으로 기업을 창업할 수 있게 함으로써, 증여를 받은 재산을 경제활동에 투자하도록 유도하는 제도이다.

1 중소기업을 창업해야 한다.

(1) 60세 이상의 부모가 자녀에게 증여를 해야 한다.

60세 이상인 부모로부터 중소기업을 창업할 목적으로 현금 등을 증여받는 경우에 증여세 특례가 적용된다.[76)]

창업자금으로 두 번 이상 증여를 받으면 증여를 받은 금액을 합하여 특례를 적용하고, 아버지와 어머니로부터 각각 증여를 받는 경우에도 증여를 받은 금액을 합하여 특례를 적용한다.

76) 조세특례제한법 제30조의 5, 창업자금에 대한 조세특례

(2) 18세 이상의 자녀가 증여를 받아야 한다.

창업자금을 증여를 받는 자녀는 18세 이상인 자녀로서 국내에 살고 있어야 한다.

자녀가 여러 명인 경우에도 각자가 부모로부터 창업자금을 증여받으면, 증여를 받은 자녀들은 모두 증여세 특례제도를 적용받을 수 있다.

(3) 토지나 건물을 제외한 현금 등을 증여를 받아야 한다.

증여세 특례가 적용되는 창업자금은, 현금이나 채권 및 상장주식을 의미한다.

토지나 건물과 같이, 처분할 때 양도소득세를 내야 하는 재산을 창업자금으로 인정하면 양도소득세를 피하기 위하여 창업자금으로 증여를 할 수 있으므로, 토지나 건물을 증여하는 것은 창업자금으로 인정되지 않는다.

(4) 중소기업을 창업해야 한다.

증여세 특례가 적용되는 기업은 중소기업에 해당하는 업종을 운영할 목적으로 창업하는 경우에만 해당된다.[77]

창업은 개인사업체로 창업하여 다른 사람들과 공동으로 사업을 하는 경우에도 인정되며, 법인을 설립하는 경우에는 증여를 받은 자녀가 법인의 설립 발기인이 되어 법인에 출자해야 한다.[78]

---

77) 조세특례제한법 제6조 제③항(중소기업 해당업종)
78) 서면 인터넷 방문상담 4팀-1394

(5) 기존의 사업을 인수하거나 법인전환은 창업이 아니다.

창업자금에 대한 증여세 특례는 증여를 받은 자녀가 새로 사업을 시작하는 경우에만 적용된다.

예를 들어 다른 사람의 사업을 인수하거나, 개인사업체를 법인으로 전환한 경우, 폐업 후 새로 사업을 시작하였으나 폐업하기 전의 사업과 같은 업종의 사업을 하는 경우, 기존 사업을 확장한 경우 등은 새로 사업을 시작하는 것이 아니므로 특례가 적용되지 않는다.

(6) 사업용 자산과 임차보증금 등에 사용되어야 한다.

창업자금을 증여를 받으면 사업과 관련된 용도에 사용되어야 한다. 법에서 인정하고 있는 창업자금의 용도는 다음과 같다.

〈창업자금의 용도〉

a. 사업에 사용되는 토지, 건물, 기계장치 등의 구입 b. 사업장의 임차보증금, 임차료

2 증여한 금액의 10%를 증여세로 낸다.

(1) 50억 원까지 10%의 특례세율을 적용한다.

창업자금으로 증여를 받은 금액에서 5억 원을 뺀 금액에, 10%의 특례세율을 곱하여 증여세를 계산한다.

특례가 적용되는 창업자금은 50억 원까지 인정받을 수 있다.

그러나 창업을 통하여 10명 이상의 임직원을 신규로 고용한 경우에는 100억 원까지 인정받는다.

증여세 = (창업자금으로 증여를 받은 금액* − 5억 원) * 10%

* 10명 미만을 고용하는 경우에는 50억 원까지 인정하되, 10명 이상을 고용하는 경우에는 100억 원까지 인정한다.

일반적인 증여세는 신고하는 시점에 3%의 신고세액공제금액을 빼고 세금을 내지만, 창업자금에 대한 증여세는 낮은 10%의 세율을 적용하므로 3%의 신고세액공제를 인정하지 않는다.

(2) 과세특례 신청서를 제출해야 한다.

창업자금을 증여를 받은 자녀는, 증여를 받은 날이 속하는 달의 말일부터 3개월까지 증여세 신고서를 제출해야 한다. 또한 증여세 신고서와 함께 「창업자금 특례 신청서」 및 「창업자금 사용내역서」를 관할세무서에 제출해야 한다.[79]

만일 증여세 신고기한까지 「창업자금 특례 신청 및 사용내역서」를 제출하지 않으면 증여세 특례를 적용받을 수 없다.

79) 조세특례제한법 별지 제16호의 6 서식

3 특례를 받은 후 사후조건을 지켜야 한다.

(1) 창업자금 사용명세서를 제출해야 한다.

창업자금으로 사업을 시작한 경우에는 창업일이 속하는 달의 다음 달 말일까지 창업자금 사용명세서를 관할세무서에 제출해야 한다.

그리고 이후 4년간 개인의 경우 소득세 신고기한, 법인의 경우 법인세 신고기한까지 계속하여 창업자금 사용명세서를 제출해야 한다.

(2) 증여를 받은 날부터 2년 내에 창업해야 한다.

창업자금을 증여를 받은 자녀는 증여를 받은 날부터 2년 이내에 창업을 해야 한다.

또한 증여를 받은 날부터 4년이 되는 날까지 법에서 정한 목적에 창업자금을 사용해야 한다.

(3) 10년 내에 폐업하면 증여세를 추가로 낸다.

창업자금을 증여를 받고 창업한 이후 10년 이내에 사업을 폐업하면, 창업자금과 창업 이후 증가된 이익금액에 대하여 증여세와 가산세를 내야 한다.

가산세는 창업자금에 대한 증여세의 신고기한의 다음날부터 폐업한 날까지 연금리 8.03%를 곱하여 계산한다.

(4) 가업승계 증여에 대한 증여세 특례를 중복하여 받지 못한다.

창업자금에 대한 증여세 특례를 적용받은 자녀는, 다음 장에서 설명하는 「가업승계에 대한 증여세 특례」를 중복하여 적용받을 수 없다. 그러므로 부모가 운영하던 가업이 있고 그 가업을 승계 받으려고 하는 자녀는, 창업자금을 증여를 받는 경우에도 증여세 특례를 신청하지 않는 것이 더 유리할 수 있다.

(5) 같은 사람으로부터 증여를 받은 재산과 합산하지 않는다.

같은 사람으로부터 여러 번 증여를 받으면, 과거 10년 이내에 증여를 받은 금액을 모두 합산하여 증여세를 계산하는 것이 원칙이다.

그러나 창업자금을 증여를 받은 경우에는, 부모로부터 과거에 다른 재산을 증여를 받은 것이 있어도 합산하지 않고 별도로 증여세를 계산한다.

4 부모가 사망하면 상속재산에 합산된다.

(1) 창업자금은 시기와 상관없이 상속재산에 합하여 상속세로 내게 된다.

창업자금을 증여를 받은 후, 증여했던 부모가 사망하면 과거에 창업자금으로 증여를 받은 금액은 부모가 사망 당시에 가지고 있던 재산에 합산하여 상속세를 계산한다.

과거 증여를 받을 당시에 낸 증여세는 상속세에서 공제해 주지만, 전체 상속재산이 커지므로 높은 세율이 적용되어 세금이 더 커지게 된다.

창업자금이 아닌 다른 재산은 사망일로부터 10년 이내에 상속인에게 증여한 것만 상속재산에 합하지만, 창업자금으로 증여한 금액은 사망한 시점과 상관없이 10년이 지난 경우에도 상속재산에 합산한다.

결국 창업자금에 대한 증여특례를 적용받아도 이후 상속세로 다시 세금을 내게 되므로, 증여세와 상속세를 합하면 세금이 줄어드는 효과는 없다.

(2) 과거 증여한 금액으로 합산되므로 증여 이후 사업이익은 상속세가 면제된다.

창업자금에 대한 증여특례를 적용받으면, 증여를 받을 당시에 줄어든 증여세를 부모가 사망하면 상속세로 내게 되므로, 창업자금 자체에 대한 절세효과는 없다. 그러나 창업한 이후에 사업용 부동산의 가치가 증가하거나 창업 이후의 이익이 발생하면, 부동산의 가격 상승분이나 창업 후 발생된 이익에 대하여는 상속세가 면제되는 효과가 있다.

22장

가업승계에 대한 혜택

생존하고 있는 부모로부터 사업을 승계받으면 증여세 혜택이 있을까?

부모가 하던 사업을 자녀에게 물려줄 때 두 가지의 혜택이 있다.

부모가 살아 있을 때 가업으로 인정되는 회사의 주식을 증여받으면, 최대 600억 원까지 10%~20%의 낮은 세율로 증여세를 낼 수 있는 「가업승계에 대한 증여세 과세특례제도」가 있고, 부모가 사망하게 되면 가업으로 인정되는 주식에 대하여 최대 600억 원까지 상속세를 면제해주는 「가업상속공제제도」가 있다. (43장, 가업승계에 대한 상속공제 참조)

여기서는 가업에 해당되는 주식을 생전에 증여를 하는 경우에 적용되는 가업승계에 대한 증여세 과세특례제도를 설명한다.[80]

80) 조세특례제한법 제30조의 6, 가업의 승계에 대한 증여세과세특례

1 중소기업 및 중견기업을 물려받아야 한다.

(1) 증여한 부모는 10년 이상 사업한 60세 이상이어야 한다.

사업을 운영한 부모 및 특수관계자가 합하여 10년 이상 계속하여 회사의 50% 이상을 소유한 주주로서, 10년 이상 사업을 운영하던 부모가 회사의 주식을 증여를 하는 경우에 특례를 적용한다.[81)]

주식을 증여하는 부모는 증여하는 날 현재 60세 이상이어야 하지만, 증여를 할 당시에 반드시 회사의 대표이사일 필요는 없다.

(2) 증여하는 부모는 대표이사로 재직했어야 한다.

가업을 증여하는 부모는 가업영위기간의 50% 이상을 대표이사로 재직하였거나, 증여일로부터 소급하여 10년 중 5년 이상을 대표이사로 재직하였어야 한다. (2025년부터 새로 적용되는 조건임.)

(3) 증여를 받는 사람은 18세 이상의 자녀이어야 한다.

가업을 물려받는 자녀는 증여를 받는 날 현재 18세 이상으로서 국내에 살고 있어야 한다.

자녀가 증여를 받는 시점에 반드시 회사에 근무해야 할 필요는 없지만, 증여세 신고기한까지는 회사의 업무에 종사해야 한다.

자녀가 증여를 받는 시점에 이미 회사에 근무하거나 대표이사인 경우에도 상관없으며, 만일 증여를 받을 당시에 회사의 대표이사가 아니었다면, 증여를 받은 날부터 3년 이내에 회사의 대표이사로 취임해야 한다.

---

81) 상증법 제18조의 2, 가업상속공제

(4) 한명의 부모로부터 여러 명의 자녀가 사업을 물려받는 것도 인정된다.

가업승계에 대한 증여세 과세특례제도에 따라 가업을 물려줄 수 있는 사람은 한 사람의 주주만 인정되지만, 가업을 물려받을 수 있는 자녀는 2명 이상도 인정해 준다.

2019.12.31. 까지는 가업을 물려받을 수 있는 자녀는 한 명만 인정하였으나, 2020.1.1. 부터는 2명 이상의 자녀가 동시에 물려받을 수도 있고, 각 자녀가 순차적으로 가업을 물려받을 수도 있도록 개정되었다.[82)]

가업을 물려줄 목적으로 어느 한 명의 자녀에게 주식을 증여하여 증여세 특례를 적용받은 후에, 처음에 주식을 증여한 부모가 가업을 물려준 그 자녀 혹은 다른 자녀에게 다시 가업을 물려줄 목적으로 추가적인 증여를 하는 것에 대하여도 증여세 특례를 적용한다.

그러나 한 명의 자녀에게 가업을 물려줄 목적으로 주식을 증여한 후, 가업을 물려준 그 부모가 다른 자녀에게 주식을 증여하고 특례를 다시 적용받을 수는 있지만, 가업을 물려받은 그 자녀들이 각자가 최대 600억 원의 증여세 특례를 적용받는 것은 아니며, 자녀들이 증여를 받은 주식 전부를 합하여 최대 600억 원의 한도 내에서 증여세 특례를 적용받게 된다.[83)]

가업을 물려받을 수 있는 자녀는 두 사람 이상도 가능하지만, 가업을 물려줄 수 있는 사람은 한 사람만 인정한다. 그러므로 아버지가 자녀에게 가업을 물려주고 특례를 적용받은 후에, 사업을 공동으로 운영하던 삼촌이 본인의 자녀에게도 가업을 물려주는 것은 인정

82) 조세특례제한법 제30조의 6, 가업승계에 대한 증여세과세특례 제②항
83) 국세청 질의 회신, 서면-2020-상속증여-0478

되지 않는다.[84]

(5) 중소기업 혹은 중견기업을 승계 받아야 한다.

가업으로 인정받을 수 있는 회사는 직전연도 말 현재 중소기업 혹은 중견기업이어야 한다.

중소기업에 해당되는 업종은 상증법에서 열거하고 있는 「가업상속공제를 적용받는 중소·중견기업의 해당 업종」 중 어느 하나에 해당되어야 한다.

또한, 중소기업으로 인정받기 위해서는 업종별로 정해진 매출액 규모를 넘지 않아야 하며, 자산총액이 5천억 원 미만이어야 한다.[85]

중견기업인 경우에도 증여세 특례를 적용받을 수 있으며, 중견기업에 해당되기 위해서는 직전 3개 연도의 평균 매출액이 5천억 원을 넘지 않아야 한다.[86]

2 최대 600억 원까지 10%~20%를 증여세로 낸다.

(1) 증여를 받은 주식금액 중 사업용 자산의 비율만큼만 특례대상이 된다.

부모가 가업에 해당하는 회사의 주식을 자녀에게 증여를 하는 경우에, 주식을 상증법으로 평가한 금액을 증여한 금액으로 본다. 만일 회사의 자산 중에서 사업에 사용되지 않는 자산이 있다면, 회사

84) 조세특례제한법 제30조의 6, 가업승계에 대한 증여세 과세특례 제①항 단서부분
85) 상증법 시행령 제15조, 가업상속 제①항(중소기업의 범위)
86) 상증법 시행령 제15조 가업상속, 제③항(중견기업의 범위)

의 자산총액 중 그 비율만큼은 증여세 특례대상에서 제외한다.

사업에 사용되지 않는 자산은 비업무용 부동산, 대여금, 타인에 임대하고 있는 부동산, 다른 법인의 주식 등을 의미한다.

증여세 특례대상 주식금액 = 증여한 주식금액 * (1 - 사업무관자산 / 총자산)

사 례

아버지가 최대주주로 20년을 운영하던 회사의 주식을 아들에게 증여하고 증여세 특례를 적용받고자 한다. 아버지가 소유한 총 주식 중에서 100억 원만큼을 증여하고자 하며, 회사의 총자산 500억 원 중 임대하고 있는 부동산이 200억 원이 있다. 증여세 특례대상이 되는 주식금액은?

특례대상 주식금액 = 100억 원 * (1 - 200/500)
= 60억 원

(2) 최대 600억 원까지 특례세율을 적용한다.

가업승계에 대한 증여세는 증여한 주식금액 중에서 120억 원까지는 10억 원을 뺀 후 10%의 세율로 증여세를 계산한다. 그리고 120억 원을 넘는 주식에 대하여는, 20%의 세율을 곱하여 증여세를 계산한다. 특례를 적용받는 주식금액은 가업을 영위한 기간에 따라 달라진다.

가업영위기간	적용한도
10년 이상 20년 미만	300억 원
20년 이상 30년 미만	400억 원
30년 이상	600억 원

사 례

증여세 과세특례의 대상이 되는 주식금액이 130억 원인 경우 증여세를 계산하면?

120억 원까지에 대한 증여세 : (120억 원 - 10억 원) * 10% = 11억 원
120억 원 초과에 대한 증여세 : (130억 원 - 120억 원) * 20% = 2억 원
특례 증여세 합계 : 11억 원 + 2억 원 = 13억 원

* 만일 증여세 특례를 적용받지 못한다면, 130억 원에 대한 증여세로 60억 4천만 원을 내야 한다. (10억 4천만 원 + 100억 원 * 50% = 60억 4천만 원)

(3) 부모로부터 과거에 증여를 받은 금액과 합산하지 않는다.

자녀가 부모로부터 다른 재산을 증여를 받았다면 과거 10년 이내에 증여를 받은 금액과 합산하여 증여세를 계산해야 한다.

그러나 증여세 특례제도를 적용받는 주식을 증여를 받은 경우에도 과거에 증여를 받은 재산과 합산하면 증여세 특례 혜택이 없어지게 된다. 그러므로 증여세 특례를 적용받는 주식은, 과거에 부모로부터 증여를 받았던 다른 재산과 합산하지 않고 별도로 계산한다.

(4) 신고세액공제는 받을 수 없다.

일반적인 증여를 받아 증여세 신고기한 내에 신고하면 세금의 3%를 공제받을 수 있지만, 증여세 특례를 적용받아 증여세를 내는 경우에는 이미 낮은 세율로 세금을 계산하였으므로 3%의 세액공제는 받을 수 없다.

(5) 15년까지 분할납부할 수 있다.

증여세 과세특례를 적용받은 경우 증여세를 일시에 납부하지 않고 15년간 나누어 분납할 수 있다.[87)]

(6) 과세특례신청서를 제출하여야 한다.

증여세 과세특례를 적용받기 위해서는, 증여세를 신고할 때 과세특례적용신청서를 제출해야 한다.[88)]

증여세 신고기한까지 「주식 등 특례신청서」를 제출하지 않으면 증여세 특례를 적용받을 수 없다.

3 사후조건을 지켜야 한다.

(1) 증여한 부모가 사망하면 상속재산에 합산된다.

증여세 특례를 적용받은 후에 주식을 증여했던 부모가 사망하게 되면 부모의 상속재산에 합산하여 상속세를 계산한다.

사망하기 전에 증여한 주식금액을 상속재산에 합산하여 상속세를 계산한 후, 증여를 받을 당시에 낸 증여세는 상속세에서 빼준다. 생전에 증여한 주식금액을 상속재산에 합산하면 상속세가 더 커지는 것이 일반적이지만, 상속공제금액이 커서 상속세가 적게 나오는 경우에도 증여세를 돌려받을 수는 없다.

87) 상증법 제71조, 연부연납 ②항 2호
88) 조세특례제한법 별지서식 11호의 7, 주식 등 특례신청서

상속세를 계산할 때 생전에 증여한 재산을 합산하는 규정은, 사망한 사람이 사망하기 전 10년 이내에 증여를 한 것만 합산하지만, 증여세 특례를 적용받은 주식은 10년의 규정을 적용하지 않고 10년을 넘은 경우에도 상속재산에 합산해야 한다.

다만, 상속세를 계산할 때 증여세 특례를 이미 적용받았던 주식에 대하여도 가업상속공제를 받을 수 있다.

(2) 증여를 받은 날부터 3년 내에 대표이사로 취임해야 한다.

가업을 물려받을 목적으로 주식을 증여를 받은 자녀는 두 가지의 조건을 따라야 한다.

첫째, 주식을 증여를 받은 후 증여세 신고기한(증여일이 속하는 달의 말일부터 3개월)까지 가업에 종사해야 한다. 가업에 종사한다는 것은 실질적으로 사업에 종사하는 것을 의미하며 직책이나 업무내용에 대한 제한은 없다.

둘째, 주식을 증여를 받은 날부터 3년 이내에 대표이사에 취임하여야 한다. 증여를 받은 날부터 3년 이내에 대표이사에 취임하면 되므로, 주식을 증여를 받기 전에 이미 대표이사에 취임한 경우에도 조건을 갖춘 것으로 본다.

위에서 설명한 가업승계 조건은 주식을 증여를 받은 자녀가 그 조건을 갖추거나 혹은 그 자녀의 배우자가 조건을 갖추어도 인정해 준다.

(3) 증여를 받은 후 5년간 사업을 계속해야 한다.

주식을 증여를 받은 자녀는 증여를 받은 후 5년간 사업을 운영해야 하며, 만일 정당한 사유 없이 사업을 휴업하거나 폐업하면, 증여를 받은 주식금액에 일반 증여세율인 10%~50%의 세율로 증여세를 다시 계산하여, 연리 8.03%로 계산한 이자와 함께 추가되는 증여세를 내야 한다.

이 규정은 증여를 받은 주식을 팔거나 증여를 받은 날부터 5년 이내에 대표이사에 취임하지 않은 경우에도 동일하게 적용된다.

또한 5년간 기존의 사업종류를 변경할 수 없다. 다만, 표준산업분류표상 대분류업종(제조업, 건설업 등의 분류로서 2024년부터 중분류에서 대분류로 변경됨)내에서의 사업종류를 변경하는 것은 인정해 준다.

(4) 창업자금증여에 대한 증여세특례와 중복하여 받지 못한다.

가업승계에 대한 증여세 특례규정은 창업자금에 대한 증여세 특례규정과 중복하여 적용받을 수 없다.

즉, 어느 한 자녀가 부모로부터 창업자금에 대한 증여세 특례를 적용받은 경우에 그 자녀는, 부모로부터 가업승계에 대한 증여세 특례를 적용받을 수 없다.

4 불리한 경우와 유리한 경우를 모두 고려해야 한다.

(1) 불리한 점 : 가업상속공제를 받아 상속세를 면제받게 되면 이미 낸 증여세는 돌려주지 않는다.

증여세 과세특례는 최대 600억 원까지 증여를 받은 주식에 대하여 10%~20%의 낮은 세율로 증여세를 줄여주지만, 생전에 증여를 하지 않고 사망시점까지 주식을 가지고 있다가 가업상속공제를 받을 수도 있다.

가업상속공제는 최대 600억 원까지 가업 주식에 대하여 상속세를 면제해주는 제도이다.

만일, 부모가 소유한 가업 주식에 대하여 가업상속공제를 받게 되면 상속세가 없지만, 생전에 증여할 당시에 낸 증여세는 돌려주지 않는다.

결과적으로 생전에 증여를 하지 않고 모두 상속을 받았으면 세금을 내지 않을 수 있지만, 생전에 증여를 함으로써 불필요한 증여세를 내게 되는 불리한 점이 있다.

(2) 유리한 점 : 주식가치가 올라가는 경우에는 절세효과가 있다.

가업승계에 대한 증여세 특례를 적용받아 증여세가 줄어든다고 해도, 증여를 받은 이후에 부모가 사망하면 상속재산에 합산되어 10%~50%의 세율을 적용받게 된다.

만일 가업상속공제를 받을 조건을 갖추지 못하여 부모가 사망하는 시점에 가업상속공제를 받을 수 없다면, 과거에 증여를 받았을 당시에 줄어든 증여세를 상속세로 다시 내게 되므로 세금이 줄어드는 효과는 없다.

그러나 증여세 특례를 적용받은 주식을 부모가 사망하여 상속재산에 합산할 때는, 부모가 사망한 시점의 가치로 합산하는 것이 아니라 과거에 증여를 받을 당시의 주식가치로 합산한다. 그러므로 주식가치가 계속적으로 올라가는 경우에는 증여를 받은 이후에 주식가치가 올라간 부분에 대하여는 상속세를 면제받는 효과가 있다.

이와 같이 주식가치가 올라가는 경우에 받을 수 있는 혜택은, 가업상속공제 조건을 갖추지 못하여 상속세를 내야 하는 경우에만 혜택이 된다는 점에 주의해야 한다.

제6편

증여 이후의 주의사항

재산 종류별로 서로 다른 사후관리

23장

부동산의 증여 이후 매각

증여를 받은 부동산을 증여받은 즉시 비싸게 처분해도 문제가 없을까?

부동산을 증여한 후 처분하면 양도소득세를 줄일 수 있을까?

증여를 받은 후 언제 처분하는 지에 따라 증여세와 양도소득세에 영향을 준다.

1 3개월 내에 팔면 증여세를 수정신고 해야 한다.

(1) 증여세 신고서는 6개월간 검토한다.

증여받은 부동산을 국토부가 고시한 기준시가로 증여세를 신고한 후에, 증여를 받은 후 3개월 이내에 그 재산을 팔면, 기준시가보다 실제 처분가격이 우선하므로 그 처분가격으로 평가액을 수정하여 증여세를 다시 신고해야 한다.[89](66장, 시가평가원칙 참고)

증여세를 신고하는 기한은, 증여를 받은 날이 속하는 달의 말일부터 3개월까지이다.

89) 상증법 시행령 제49조, 평가의 원칙 등 제①항

예를 들어 3월 20일에 증여를 받은 경우, 3월 31일부터 3개월인 6.30까지가 신고기한이다. 신고서를 관할세무서에 제출하면 관할세무서에서는 신고기한이 지난 후 6개월까지 신고서를 검토하고 세금을 확정한다.

신고서를 검토하는 과정에서 증여를 받았던 재산을 시가대로 평가하였는지 검토하게 되는데, 그 과정에서 증여를 받았던 재산을 처분하였는지도 검토한다.

시가로 보는 기간은 증여를 받은 날 이후 3개월까지이므로, 3월 20일에 증여를 받은 경우에는 3개월 후인 6월 20일 이전에 매매계약이 체결되면 그 가격을 시가로 본다. 시가로 보는 기간 내에 처분했는지를 판정할 때 잔금을 받은 날이 아닌 계약체결일자를 기준으로 판정하는 것을 주의하여야 한다.

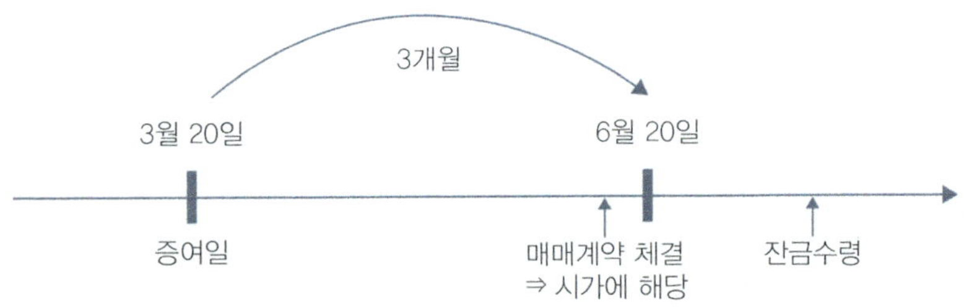

(2) 신고한 금액보다 비싸게 팔면 세금을 더 내야 한다.

처음의 증여세 신고서에 재산평가액으로 신고한 금액보다 3개월 이내에 처분한 금액이 더 크면 증여세를 적게 낸 것이므로, 높게 처분한 가격으로 증여세를 다시 계산하여 증가되는 증여세를 추가로 내야 한다.

재산에 대한 평가금액이 신고할 당시와 달라서 수정신고를 하는 경우에는, 의도적으로 적게 신고한 것이 아니므로 과소신고 가산세는 면제된다. 신고서를 잘못 제출한 데 대한 과소신고 가산세는 면제되지만, 추가로 내는 세금만큼은 늦게 낸 것이므로 세금을 늦게 낸데 대한 가산세는 내야 한다.

납부지연가산세는 연금리 8.03%를 기준으로 하여, 신고기한 이후부터 세금을 내는 날까지 경과한 날짜만큼 낸다.

• 사 례

아버지로부터 아파트를 증여받고 국세청 기준시가인 3억 원으로 증여세를 신고하였다. 증여세로 5천만 원을 내고, 2개월 후에 그 아파트를 5억 원에 팔았을 때 세법에 따라 증여세를 다시 계산하면? 증여공제는 무시한다.

	원래 신고한 내용	세법에 따른 세금
재산평가액	300,000,000	500,000,000*
증여세	50,000,000	90,000,000
추가로 낼 증여세		40,000,000
납부지연가산세*		536,800**
추가로 낼 세금		**40,536,800**

* 증여를 받은 후 3개월이 지나기 전에 팔았으므로 실제 판 금액을 평가액으로 본다.
** 4천만 원 * 8.03% * (61일 / 365일) = 536,800

(3) 신고한 금액보다 싸게 팔면 세금을 돌려받을 수 있다.

처음의 증여세 신고서에 재산평가액으로 신고한 금액보다 3개월 이내에 처분한 금액이 더 낮으면 증여세를 많이 낸 것이므로, 낮게 처분한 가격으로 증여세를 다시 계산하여 줄어드는 증여세를 돌려받아야 한다.

평가금액이 달라진 이유를 써서 신고서를 다시 제출하면, 줄어드는 세금만큼 돌려받을 수 있다.[90)]

세금을 돌려받을 때는 세금뿐만 아니라, 연금리 3.1%(2026.2월 기준)를 기준으로 하여 신고기한 이후에 지난 날짜만큼 이자를 함께 받을 수 있다.

2 증여받은 부동산을 10년 내에 팔면 양도소득세가 커진다.

(1) 증여를 받은 재산을 팔 때의 취득가액은 증여를 받을 당시의 시가가 원칙이다.

증여를 받은 토지나 건물을 나중에 팔면 양도소득세를 내야 한다.

양도소득세는 양도이익을 계산한 후, 양도소득세율을 곱하여 계산하며, 처분한 금액에서 취득원가를 빼서 양도이익을 계산한다. 자신이 직접 샀던 부동산을 처분할 때는 취득할 때에 지급한 금액이 취득원가가 되지만, 증여를 받은 부동산을 처분할 때는 증여를 받은 당시에 신고한 금액을 취득원가로 한다.

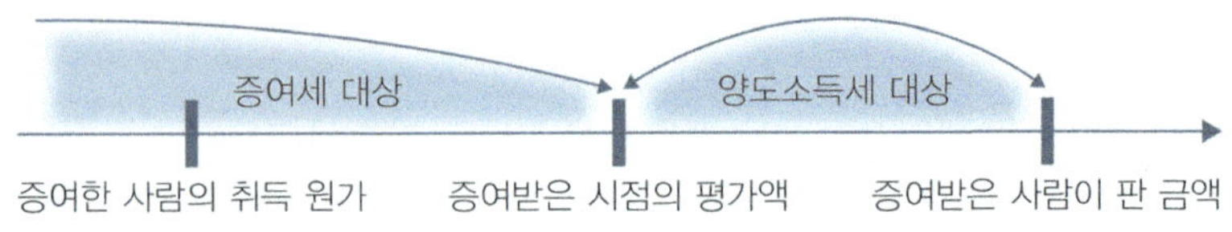

90) 국세기본법 제45조의 2, 경정 등의 청구

(2) 증여공제금액을 활용하면 증여세와 양도소득세를 모두 줄일 수 있다.

토지나 건물을 증여받은 사람이 나중에 그 재산을 팔게 되면, 증여를 받은 시점의 시가를 취득금액으로 인정해준다.

그러므로 증여를 받은 부동산을 팔게 되면, 증여를 받기 전에 가치가 올라간 부분에 대하여는 양도소득세가 없다. 만일 배우자로부터 증여를 받은 토지가 6억 원이고 배우자공제 6억 원을 공제받아 증여세는 낼 금액이 없고, 이후에 배우자가 그 토지를 팔 때도 증여를 받을 당시의 시가를 취득금액으로 빼주므로, 증여를 받기 전에 가치가 올라간 6억 원까지에 대하여 증여세와 양도소득세가 모두 면제되는 결과가 된다.

(3) 증여를 받은 부동산을 10년 내에 팔면 증여했던 사람의 취득원가로 양도이익을 계산한다.

위에서 설명한 바와 같이, 부동산을 가진 사람이 본인이 직접 팔지 않고 가족에게 증여를 한 후, 증여를 받은 가족이 부동산을 팔아서 양도소득세를 줄이는 것을 방지하기 위해, 증여를 받고 나서 단기간 내에 부동산을 파는 경우에는 취득금액에 대한 특별규정을 두고 있다.

즉, 부모나 배우자로부터 부동산을 증여를 받고, 이후 10년 이내에 그 부동산을 팔면, 양도이익을 계산할 때 증여를 받을 당시의 금액을 취득금액으로 빼지 않고, 증여를 해준 배우자나 부모가 과거에 샀던 취득원가를 빼서 계산한다.[91]

---

91) 소득세법 제97조의 2, 양도소득 필요경비 계산의 특례 제①항(이월과세)

2023년 이전에는 증여를 받은 후 5년 내에 처분한 경우로 하였으나 세법이 개정되어 10년 내에 처분한 경우로 변경되었다.

다만, 2023.1.1. 이전에 증여를 받은 재산은 5년을 적용하고, 2023.1.1. 이후에 증여를 받은 재산에 대하여 10년을 적용한다.[92]

증여받은 시기	이월과세 적용대상
2023.1.1. 이전	증여받은 후 5년 내 처분시
2023.1.1. 이후	증여받은 후 10년 내 처분시

* 10년의 이월과세규정은 배우자와 직계존비속간의 증여에 대하여만 적용된다.

부동산 가격이 올라가는 시기에는 부모나 배우자가 처음에 취득한 금액이 증여한 당시의 시가보다 더 낮으므로, 양도이익이 더 커지게 된다. 다만 증여를 받을 당시에 낸 증여세는 양도이익에서 빼준다.

2023.1.1. 이후에 부모나 배우자로부터 증여를 받은 부동산을 팔 때는, 증여를 받은 후 10년이 지났는지에 따라 양도소득세가 달라지므로 파는 시점에 주의가 필요하다.

	증여받은 후 10년 내 파는 경우	증여받은 후 10년 후 파는 경우
양도가액	처분금액	처분금액
취득가액	(증여했던 사람의 취득원가)*	(증여를 받은 당시의 시가)
양도비용	(증여세로 낸 금액)	
	양도이익	**양도이익**

* 증여했던 사람의 취득원가를 양도하는 사람의 취득원가로 적용하는 경우에는, 부동산의 보유기간도 증여한 사람의 취득시점부터 계산한다.[93]

92) 소득세법 부칙 18조(2022.12.31.)
93) 소득세법 제95조, 양도소득금액 제④항

〈배우자 · 부모로부터 증여를 받은 부동산을 팔았을 때의 양도차익〉

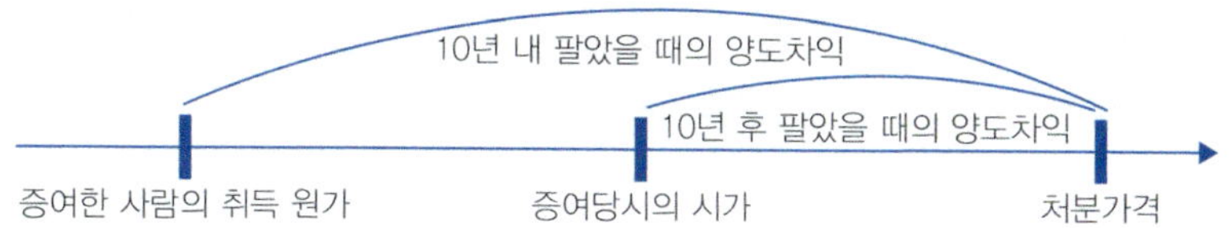

• 사 례

K씨는 10년 전에 2억 원에 산 토지의 시세가 8억 원이 되어 처분할 예정이다. 그러나 양도소득세가 많이 나올 것으로 생각되어 아내에게 증여를 한 후 아내가 처분할 계획이다.

지금 공시지가는 5억 원으로서 증여를 하더라도 배우자공제 6억 원 이내이므로 증여세는 없는 것으로 확인하였다.

아내가 증여를 받은 후 3년 만에 토지를 8억 원에 처분하면 양도소득세가 줄어들 수 있을까?

	K씨의 생각	세법에 따른 계산
양도가액	800,000,000	800,000,000
취득가액	500,000,000	200,000,000*
양도이익	**300,000,000**	**600,000,000**

* 증여를 받은 후 10년 내에 처분하면 증여한 사람의 취득가액을 적용하므로 증여를 한 사람이 직접 판 것과 같아서 양도소득세를 줄일 수 없다.

(4) 증여한 사람이 사망하면 이월과세를 적용하지 않는다.

부모나 배우자로부터 부동산을 증여받았으나 당초에 증여했던 부모나 배우자가 사망하게 되면, 증여를 받은 자녀나 배우자가 부동산을 팔 때 이월과세 규정을 적용하지 않는다.[94)]

94) 소득세법 제97조의 2, 양도소득 필요경비 계산 특례

즉, 증여했던 부모나 배우자가 사망한 경우에 증여를 받은 자녀나 배우자가 부동산을 팔 때의 취득원가는 증여를 받을 당시의 금액을 적용한다.

24장

부채를 포함한 증여

전세로 빌려준 주택을 전세금과 함께 증여하면?

전세로 빌려주거나 대출금이 남아있는 부동산을 증여하면 증여세와 양도소득세로 나누어서 세금을 내야 한다.

1 부채를 함께 증여할 수도 있다.

전세로 빌려준 아파트를 증여를 하는 경우에, 아파트를 증여하면 전세금도 함께 이전된다.

전세금은 세입자에게 돌려주어야 할 부채이므로, 주택을 소유했던 사람은 증여를 함으로써 본인의 부채가 없어지고, 그 부채는 증여를 받은 사람의 부채로 넘어간다.[95]

금융기관의 대출금이 있는 부동산을 증여하는 경우에도 전세금이 있는 부동산을 증여하는 것과 동일하다.

95) 소득세법 제88조, 정의 제1호(부담부 증여)

2 부채부분은 양도로 본다.

(1) 함께 넘겨준 부채부분은 양도한 것으로 본다.

전세를 끼고 아파트를 증여하면, 증여를 한 사람은 전세금을 돌려줄 의무가 없어지게 된다.

증여를 한 사람 입장에서는 전세금 부분만큼 돈을 받아 전세금을 돌려준 것과 같고, 증여를 받은 사람은 새로 전세금을 받고 아파트를 빌려준 것과 같은 결과가 된다.

그러므로 증여를 한 사람의 입장에서는 아파트 전체 중에서 전세금에 해당하는 아파트 부분은 돈을 받고 판 것이 되고, 전세금을 뺀 나머지 부분만 증여를 한 것이 된다.

증여를 받은 사람은 전체 아파트 중에서 전세금 부분을 뺀 나머지 만큼만 본인의 재산이 늘어나고, 전세금만큼은 재산과 부채가 동시에 생기므로 증여를 받은 것이 될 수 없다.

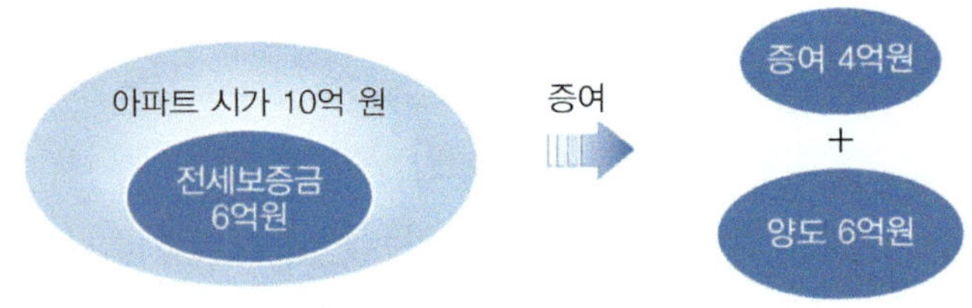

(2) 부채가 실제 이전되어야 양도한 것으로 인정된다.

부채를 포함하여 증여를 하면 증여한 재산의 시가에서 부채 부분을 제외한 부분만 증여한 것으로 보므로, 증여세가 줄어든다.

부채부분을 양도한 것으로 인정받기 위해서는, 첫째 증여를 하는 재산에 증여를 하는 사람의 이름으로 설정되어 있는 전세계약이나 금융기관 대출금 등과 같은 부채가 있어야 하고, 둘째 그 부채가 증여를 받는 사람의 부채로 이전되어야 하며, 셋째 재산을 증여를 받은 사람이 향후에 그 부채를 실제로 갚아야 한다.[96]

예를 들어, 은행 대출금이 설정되어 있는 땅을 아버지가 아들에게 증여하면서 은행 대출금 부분은 양도한 것으로 신고하고, 대출금 부분을 제외한 나머지 부분만 증여를 한 것으로 신고한 후에, 땅에 설정되어 있던 은행 대출금을 아들이 갚지 않고 아버지가 대신 갚아주었다면, 처음에 양도한 것으로 신고했던 부채 부분은 증여를 한 것으로 간주된다. 이런 경우에는 부채 부분에 대하여 과거 증여할 당시에 내지 않았던 증여세가 추징될 수 있다는 것을 주의해야 한다.

(3) 증여세와 양도소득세 두 가지를 신고해야 한다.

부동산을 부채와 함께 증여를 하게 되면, 상대방에게 이전되는 부채 부분에 대하여는 증여를 하는 사람이 양도소득세를 신고해야 하고, 나머지 부분에 대하여는 증여를 받는 사람이 증여세를 신고해야 한다.

예를 들어, 부모가 전세로 6억 원에 빌려주고 있는 10억 원짜리 아파트를 자녀에게 증여를 한 경우에는 자녀는 4억 원만큼의 증여를 받은 것이 되고, 부모는 6억 원만큼의 아파트를 판 것으로 본다.

96) 소득세법 시행령 제151조, 양도의 범위 제③항

사 례

10년 전에 4억 원에 산 현재 시가 10억 원인 아파트를 자녀에게 증여를 하기로 하고, 전세보증금 6억 원을 함께 자녀에게 이전하기로 하였다면 증여를 받은 금액과 양도차익은?

	증여부분
재산의 시가	10억 원
부채금액	(6억 원)
증여를 받은 금액	4억 원

	양도부분
양도가액	6억 원
취득가액	(2.4억 원)*
양도차익	3.6억 원

* 4억 원 * (6억 원 / 10억 원) = 2.4억 원

3 양도소득세는 증여한 사람이 낸다.

(1) 증여한 사람이 1주택자인 경우 양도소득세가 없다.

부채를 포함하여 증여를 한 경우 부채 부분에 대하여는 증여를 한 사람이 양도자가 되므로, 증여한 사람이 양도소득세를 내야 한다. 만일 증여를 한 사람이 증여한 1주택만 가지고 있었고 1세대 1주택 비과세 조건을 갖춘 상태였다면, 소득세법에 따라 양도소득세가 없다.

이런 경우에는 전세금을 함께 증여를 하면, 전세금 부분은 양도소득세가 없고 전세금을 제외한 나머지 부분에 대해서만 증여세를 내므로 세금이 줄어든다.

(2) 증여한 사람이 다주택자인 경우 양도소득세를 내야 한다.

만일 증여를 한 사람이 주택을 2개 이상 가진 상태에서, 부채를 포함하여 하나의 주택을 증여하면, 양도소득세가 과세된다.

여러 개의 주택을 가진 부모가 그 중 하나의 주택을 자녀에게 증여하면서, 전세금이나 은행 대출금을 자녀에게 함께 넘기면 양도소득세와 증여세를 함께 내게 되므로 증여를 하기 전에 세금을 비교해 볼 필요가 있다.

· 사 례

앞의 사례와 같이 10년 전에 4억 원에 산 시가 10억 원인 아파트를 자녀에게 증여를 하기로 하고, 전세보증금 6억 원을 함께 넘기기로 하였다면 증여세 금액과 양도소득세는? (증여공제는 무시한다.)

	부채 없이 증여한 경우	부채를 포함하여 증여한 경우
증여금액	1,000,000,000	400,000,000
증여세	**240,000,000**	**70,000,000**
양도차익		360,000,000
장기보유특별공제*		(72,000,000)
양도소득공제		(2,500,000)
과세표준		285,500,000
양도소득세**		**88,550,000**
지방소득세		**8,855,000**
증여세 · 양도세 합계	**240,000,000**	**167,405,000**

* 장기보유특별공제는 10년 보유시 20%를 적용한다. (360,000,000×20% = 72,000,000)
** (285,500,000 − 150,000,000)×38% + 37,060,000 = 88,550,000(양도소득기본세율)

(3) 양도소득세 신고기한은 증여세 신고기한과 동일하다.

일반적으로 부동산을 팔 때는 양도한 달의 말일부터 2개월 내에 양도소득세를 신고해야 한다.

그러나 부채가 설정되어 있는 부동산을 증여하면서 부채 부분에 대한 양도소득세를 신고하는 경우에는, 증여세 신고기한과 같이 증여한 달의 말일부터 3개월 내에 양도소득세를 신고하면 된다.[97)]

25장

주택증여 이후의 세금

주택을 증여받은 이후의 세금문제는?

주택을 증여받는 시점에는 취득세를 내야 하고 보유기간동안에는 종합부동산세 및 임대소득세를 내며 처분단계에서 양도소득세를 내야 한다.

1 증여를 받은 사람은 취득세를 내야 한다.

주택을 증여를 받은 사람은 국세청에 내는 증여세와 별도로, 관할구청에 취득세를 내야 한다.

만일 부모가 1세대 1주택자이고 그 주택을 배우자나 자녀에게 증여를 하면, 주택의 소재 지역이나 기준시가와 상관없이 증여에 대한 기본세율 4%(취득세 3.5%에 농특세, 교육세를 포함한 것)를 적용한다.

---

97) 소득세법제 105조, 양도소득과세표준예정신고 제①항 3호

2 주택을 소유하는 동안에 종합부동산세를 내야 한다.

(1) 종합부동산세는 개인별로 소유한 주택가격을 합하여 계산한다.

주택을 증여를 받아 보유하게 되면 다른 주택 보유자와 같이 매년 6.1일 자를 기준으로 종합부동산세를 내야 한다.

재산세는 지방자치단체에 내는 지방세로 매년 6.1일을 기준으로 개별 주택별로 내는 것이지만, 종합부동산세는 중앙정부에 내는 세금으로 한 사람이 여러 채의 주택을 가지고 있으면 그 사람이 소유한 주택을 합하여 세금을 계산한다.

종합부동산세를 계산할 때, 재산세로 낸 금액은 빼고 나머지 금액만 내면 된다.

주택에 대한 종합부동산세는 각 개인별로 본인이 소유한 주택의 기준시가 합계액에서 9억 원을 뺀 금액에 세율을 곱하여 계산한다.

종합부동산세 = 과세표준 * 종부세율 - 재산세

종합부동산세
= {(기준시가 - 9억 원) * 공정시가비율} * 종부세율 - 재산세

* 과세표준을 계산할 때 기준시가 합계에서 공제되는 금액은 1세대 1주택자로서 단독 명의자는 12억 원, 공동명의자는 각자가 9억 원씩을 공제받는다.

** 공정 시가비율은 60%를 적용한다. (2026.2월 현재)

*** 재산세는 주택 전체의 재산세 중에서 종합부동산세의 과세표준금액에 해당하는 재산세만 빼준다.

**** 종합부동산세 세율표

과세표준	1, 2주택자	3주택 이상자
3억 원 이하	0.5%	0.5%
3 ~ 6억 원	0.7%	0.7%
6~12억 원	1.0%	1.0%
12~25억 원	1.3%	2.0%
25~50억 원	1.5%	3.0%
50~94억 원	2.0%	4.0%
94억 원 초과	2.7%	5.0%

* 개인별로 각자의 과세표준금액을 계산한 후, 과세표준 구간별로 세율을 곱한 후 전체의 세금을 합하여 계산한다.

(2) 장기보유자와 60세 이상인 자는 세금을 깎아 준다.

종합부동산세는 1세대 1주택 자에 대하여 60세 이상인 자와 장기보유자에 대하여 세금을 할인해 준다.

세금을 할인해 주는 세액공제는 1세대 1주택자가 아니면 공제받을 수 없다.

〈만 60세 이상자의 세액공제〉

6월 1일 현재 연령	공제율
만 60~65세	세액 * 20%
만 65~70세	세액 * 30%
만 70세 이상	세액 * 40%

〈 장기보유자 세액공제〉

보유기간	공제율
5~10년	세액 * 20%
10~15년	세액 * 40%
15년 이상	세액 * 50%

앞의 두 가지 세액공제는 둘 다 해당되면 중복하여 공제받을 수 있으나, 두 공제율을 합하여 80%를 넘을 수는 없다.

예를 들어 1주택자로서 71세인 사람이 16년 보유한 아파트를 가진 경우, 종합부동산세가 5백만 원으로 계산되었다면 60세 이상인 자의 공제율 40%와 장기보유 공제율 50% 공제율을 합한 90%의 공제율이 되지만, 공제 한도인 80%를 공제받아 종합부동산세는 5백만 원＊(100%−80%)인 1백만 원이 된다.

(3) 배우자와 공동명의로 주택을 가진 경우에도 단독 명의자로 신청할 수 있다.

부부가 공동으로 주택을 가진 경우에 그 중 한 사람을 대표자로 신청하여 1세대 1주택자로 세금을 내거나, 혹은 부부 각자가 50%씩을 가진 것으로 신고할 수도 있다.

부부 각자가 50%씩을 가진 것으로 신고하는 경우에는 세액공제를 받을 수는 없으나, 기준시가를 1/2로 나누게 되므로 세율이 낮아지고, 각자가 9억 원씩을 공제 받으므로 총18억 원을 공제받을 수 있다.

반면에 단독 명의자로 신청하게 되면 최대 80%의 세액공제는 받을 수 있지만, 공제금액이 12억 원이므로 공동명의로 신청하여 18억 원을 공제받는 것보다 적게 공제되므로, 세율이 올라가는 단점이 있다.

단독 명의자로 신청하여 한 사람이 신고할지, 아니면 공동명의자로 신청하여 각자가 신고할지는 보유기간과 연령에 따라 달라지므로 두 가지 방법을 비교해 세금을 계산해 볼 필요가 있다.

일반적으로 보유기간이 10년 이상이고 연령이 65세가 넘으면 세액공제금액이 커서 단독명의로 신청하는 것이 유리할 수 있다.

두 가지 방법에 따른 세금은 국세청 홈택스 · 신고납부 · 종부세 1주택자 특례신청 · 간이세액계산 · 종부세 간이세액계산 메뉴에서, 기준시가와 배우자 인적사항 및 보유기간을 입력하면 자동으로 계산되어 두 가지의 방법에 따른 세금을 비교할 수 있다.

(4) 최근에 산 주택을 증여하면 종합부동산세가 줄어든다.

부모가 3주택 이상자인 경우 그중 1채를 자녀에게 증여를 하면, 부모는 1~2주택자에게 적용되는 낮은 세율을 적용받을 수 있고 증여를 받은 자녀도 1주택자인 경우 낮은 세율을 적용받는다. 그러므로 3주택자인 상태에서 내는 종합부동산세보다 부모와 자녀가 각자 1주택자로서 내는 종합부동산세를 합한 것이 더 적으므로, 자녀에게 1개의 주택을 증여함으로써 전체 종합부동산세는 절감될 수 있다.

부모가 증여를 한 후 1주택자가 된다면, 장기보유자 세액공제를 적용받을 수 있으므로 보유기간이 오래된 주택을 계속 보유하고, 최근에 샀던 주택을 증여를 하는 것이 유리하다.

그러나 주택을 증여를 한 이후에도 자녀가 부모와 별도 세대로 분리되지 않으면 1세대 2주택인 상태가 그대로 유지되므로, 1세대 1주택자에게만 적용되는 세액공제를 받을 수 없다.

3 주택을 임대하면 소득세 과세대상이 된다.

증여를 받은 부동산을 빌려주어 임대소득이 발생하면, 연간 2천만 원을 초과하는 주택의 임대소득을 다음 연도 5.31까지 종합소득세로 신고해야 한다(연간 2천만 원 이하는 분리과세).

주택에 대한 임대소득세를 신고해야하는 대상은, 주택의 기준시가와 소유 주택의 수에 따라 달라진다.[98]

〈임대소득 신고대상〉

소유주택수****	월세를 받는 경우*	전세금을 받는 경우
1주택 소유자	기준시가 12억 초과 주택 신고	신고 불필요
2주택 소유자	모든 월세수입을 신고	신고 불필요**
3주택 소유자	모든 월세수입을 신고	전세금 합계가 3억 초과하면 월세로 환산하여 신고***

* 해외주택의 월세소득은 모두 신고대상이다.

** 기준시가가 12억 원을 초과하는 2개의 주택소유자는 12억 원을 초과하는 전세금을 월세로 환산하여 신고해야 한다. (2026.1.1.부터)

*** 전세금을 소득으로 신고하는 경우에는 3억 원을 넘는 전세금의 60%를 월세로 환산한다.
(전세금 – 3억 원) * 60% * 연 3.1% = 연간 임대수입[99]

**** 주택수는 부부가 보유한 주택을 합하여 계산한다.

위의 표는 주택(주거용 오피스텔 포함)을 월세나 전세로 빌려주는 경우에 신고해야 할 대상자를 요약한 것이며, 주택이 아닌 상가나 토지를 임대하면 모든 월세 수입을 종합소득세로 신고해야 한다.

98) 소득세법 제12조, 비과세소득 2호 나

99) 소득세법 시행령 제53조, 총수입계산의 특례 제③항

4 양도소득세 비과세 판정기준은 구입한 주택과 동일하다.

무주택이었던 자녀가 독립세대를 구성하는 경우, 1주택을 증여를 받으면 1세대 1주택으로 양도소득세 비과세를 받을 수 있다.

즉, 주택이 없던 사람이 주택을 증여를 받은 경우에는 1세대 1주택으로 인정될 수 있으나, 증여를 받은 후 2년간 보유해야 한다. 또한 조정대상지역에 있는 주택의 경우에는 2년간의 보유 조건에 추가하여, 증여를 받은 날 이후 2년 이상 거주해야만 1세대 1주택 비과세 조건을 충족할 수 있다.

만일 이미 주택을 가진 상태에서 다른 주택을 증여를 받으면, 증여를 받은 주택이 주택 수에 포함되어 다주택자에 해당되므로 나중에 주택 중 하나를 파는 경우에 양도세가 과세된다.

다만, 2026.5.9. 까지는 다주택자에 대한 양도소득세 중과세율을 적용하지 않는 것으로 유예된 상태이지만 중과세율 유예가 더 이상 적용되지 않으면 2026.5.10.이후부터는 중과세율이 적용될 수 있다.

26장

예금은 증여보다 상속

예금이나 주식을 사전에 증여하는 것이 유리한가?

부동산과 같이 가치가 상승하는 재산을 우선적으로 사전증여하고, 예금이나 주식과 같은 금융재산은 상속으로 물려주는 것이 더 유리하다.

1 예금을 생전에 증여하면 상속공제를 받을 수 없다.

예금이나 주식과 같은 금융재산을 가진 상태에서 사망하면, 금융재산 중 20%(2억 원까지)를 상속재산에서 공제받으므로 상속세를 줄일 수 있다.

그러나 아버지가 자녀에게 금융재산을 생전에 증여한 후 10년이 되기 전에 사망하게 되면, 아버지의 상속세를 계산할 때 사전에 증여한 재산을 합산하여 상속세를 계산한다. 이 경우 과거에 증여했던 금융재산은 사망 당시에 가지고 있던 재산이 아니므로, 상속재산에는 합산되지만 20%의 상속공제는 받지 못한다.

그러므로 사망이 임박한 시점에 예금이나 주식과 같은 금융재산을 증여를 하는 것은 피해야 한다.

상속세를 계산할 때 20%가 공제되는 금융재산에는 예금과 상장·비상장주식도 포함되지만, 회사의 최대주주로서 보유한 주식은 공제대상이 되지 않는다.

2 배우자의 계좌에 송금한 것은 증여한 것으로 간주될 수 있다.

아내 명의로 된 은행계좌에 남편이 송금했을 경우, 그 송금한 것이 부부간에 돈을 빌려주었거나 부부가 공동으로 관리하는 계좌라는 것이 입증되지 않으면, 아내가 남편으로부터 증여를 받은 것으로 볼 수 있다.

부부 중 어느 한 사람이 부동산과 같이 큰 금액의 재산을 산 경우에는, 국세청으로부터 자금출처조사를 받을 수 있다. 자금출처조사 과정에서 국세청은 부부의 금융기관 예금의 입출금을 조사할 수 있으며, 부부간에 자금을 송금한 것이 발견되면 일단 증여를 한 것으로 본다.

부부간에 자금을 송금하였다가 증여세가 나오거나, 그와 반대로 증여가 아니라는 것을 입증하여 세금이 취소된 사례들을 보면 다음과 같다.

(1) 남편의 자금으로 아내 명의로 전세계약을 한 경우에 증여세가 나온 사례100)

아내 명의로 전세계약을 체결하면서 남편이 아내 계좌로 송금한 돈으로 전세금을 지급한 것을, 남편이 아내에게 증여를 한 것으로 보아 증여세를 통보받은 사례가 있다.

만일 남편이 아내의 계좌로 송금한 돈으로 전세보증금을 주었다 하더라도 아내 명의가 아니라 남편 명의 혹은 부부 공동명의로 전세계약을 체결하였다면, 아내는 남편을 대신하여 전세금을 지급한 것뿐이므로 증여세를 통보할 수 없었을 것이다.

(2) 남편의 자금으로 아내 명의로 전세계약을 한 경우에 증여한 것이 아니라고 인정된 사례101)

위의 사례와 반대로 아내 명의로 전세계약을 체결하면서 남편이 아내 계좌로 송금한 돈으로 전세금을 지급하였으나, 남편이 아내에게 증여를 한 것으로 볼 수 없다고 인정받은 사례가 있다.

이 사례는 아내 이름으로 된 계좌라 해도 남편과 아내는 수십 년간 함께 사업을 해오며 공동으로 자금을 관리해온 사실이 있고, 남편이 아내 명의로 된 계좌번호와 공인인증서 번호를 관리한 기록이 있었다. 그러므로 남편 계좌에서 출금된 자금은 부부 공동재산의 일부이므로 아내 계좌로 송금된 금액 중에서 50%만을 남편이 아내에게 증여를 한 것으로 보아야 한다고 결정하였다.

---

100) 조세심판원, 조세심판례 2020 서 7746
101) 조세심판원, 조세심판례 2021 서 0880

(3) 부부간에 자금을 송금한 것을 증여가 아니라고 한 사례[102)]

국세청에서는 남편이 아내의 계좌로 송금한 것이 세무조사에서 나타나면, 이체된 건별로 증여를 한 것이 아니라는 것을 입증하도록 요구하고, 증여를 한 것이 아니라는 사실을 입증하지 못하면 증여세를 매기고 있다.

그러나 부부간에는 생활비로 주거나 아내가 자금을 관리할 수도 있으므로, 증여가 아니라는 사실을 입증하는 것은 쉬운 문제가 아니다.

이렇게 관행적으로 국세청이 부부간에 자금을 이체한 것을 증여로 보아 세금을 매겨왔으나, 2015년도에 대법원에서는 부부간에 자금을 이체하는 것은, 증여를 목적으로 하는 것 이외에도 공동생활의 편의를 위하거나 다른 배우자가 자금을 위탁받아 관리할 수도 있으며, 가족을 위한 생활비 등으로 지급되는 것과 같이 여러 원인이 있다고 보았다. 그리고 국세청이 증여세를 과세하기 위해서는 납세자에게 증여가 아니라는 사실을 입증하도록 요구할 수 없으며, 오히려 배우자 간에 증여를 하였다는 사실을 국세청이 입증한 후에, 명백히 확인이 되는 증여에 대하여만 증여세를 과세할 수 있다고 판결하였다.

이 판결은 대법원에서 내린 특정 사건에 대한 판결이고 법률이 개정된 것은 아니므로 실제 국세청의 세무조사에서는 대법원 판결에도 불구하고 부부간의 자금이체에 대하여 증여세를 과세할 수 있다. 그러나 국세청으로부터 증여세를 통지받게 되면 소송을 통하여 증여세를 취소할 수 있는 근거가 마련된 것에 그 의미가 있다.

---

102) 대법원 판례, 대법 2015 두 41937

3 부모가 자녀의 계좌에 송금한 것은 증여로 본다.

부부가 다른 배우자의 계좌에 자금을 송금한 것은 대법원 판례에도 있듯이 바로 증여를 한 것이라고 단정할 수는 없다. 그러나 공동으로 생활을 하는 부부간이 아니라, 부모의 계좌에서 자녀 이름으로 된 계좌로 자금이 송금된 경우에는 그 자금이 자녀에게 빌려준 것이라고 입증되거나, 생활능력이 없는 자녀에게 준 생활비 혹은 학자금이라는 사실을 입증하지 못하면 증여세가 나올 수 있다.

가족 간에 돈을 빌려준 것이라고 주장하기 위해서는, 차입약정서뿐만 아니라 이자를 지급한 사실이나 원금을 갚은 기록 등이 입증되어야 한다. (10장, 가족 간의 자금대여 참조)

자녀에게 자금을 송금하였다가 증여세가 과세된 사례들을 보면 다음과 같다.

(1) 아버지의 계좌에서 아들의 전세보증금을 지급한 것에 증여세가 과세된 사례[103]

아들이 4억 원의 전세계약을 한데 대하여 국세청이 자금출처조사를 실시하였고, 아들이 전세보증금을 아버지 계좌에서 지급한 사실이 확인되었다. 아들은 아버지로부터 빌린 것이라고 주장하였으나, 원칙적으로 배우자 및 부모 자녀 간에 돈을 빌린 것은 인정되지 않으므로 아들에 대한 증여세가 통보되었다.

103) 서울고등법원판례, 2020 누 55178

(2) 아버지의 계좌에서 아들의 계좌로 송금한 것이 증여로 판정된 사례[104)]

국세청은 강제 경매된 부동산의 매각대금을 분배하는 과정에서, 아들이 주어야 할 부동산 계약금과 잔금을 아버지의 계좌에서 아들의 계좌로 이체한 사실을 확인하였다. 아들은 아버지로부터 증여를 받은 사실을 인정하지 않고 그 자금은 자신의 돈과 자신이 대출받은 금액의 일부라고 주장하였으나, 원래 본인의 자금이었다는 주장을 입증할 수 있는 자료를 제출하지 못하여 결국 증여세가 통보되었다.

(3) 아버지가 자녀의 계좌를 사용한 것이 증여를 한 것으로 판결된 사례[105)]

국세청이 골프장회원권 취득에 대한 자금출처조사를 하는 과정에서, 아버지가 자녀의 계좌로 송금하여 자녀 명의로 된 계좌에 보관하고 있던 사실이 발견되어 자녀에 대한 증여로 보아 증여세를 통보하였다. 부모는 자녀 명의로 된 계좌가 자녀의 이름을 빌려 사용하는 계좌라고 주장하였으나, 소송의 최종단계인 대법원에서는 증여를 할 의도가 없이 부모가 자녀 명의로 된 계좌를 관리해야 할 이유가 없다고 보아 증여세를 내야 한다고 판결하였다.

위의 사례에서 알 수 있듯이 부모가 자녀에게 자금을 송금한 것은 일단 증여를 한 것으로 간주되며, 부모가 자녀의 계좌를 빌려서 사용할 수밖에 없었던 이유를 입증하지 못하면, 증여세를 피할 수 없는 것이 현실이다.

---

104) 조세심판원, 조세심판례 2020 중 0853
105) 대법원 판례, 대법 2016 두 47680

27장

증여받은 상장주식의 매각

상장주식을 팔 때 양도소득세를 내는 대상은?

상장법인의 소액주주는 양도소득세가 없지만 대주주에 해당하면 양도소득세를 낸다. 대주주는 지분율과 주식평가액 중 어느 하나로 판정한다.

1 상장주식을 증여하면 4개월 치의 종가를 평균하여 평가한다.

상장주식을 증여를 하는 경우에는 증여한 날짜로부터 전후 2개월, 즉, 총 4개월간의 매 일자별로 종가를 합한 후, 합한 종가를 4개월간의 거래일수를 나누어 1주당 평균 종가를 계산한다. 이 1주당 평균 종가를 증여한 주식수에 곱한 금액을 증여를 한 금액으로 본다.

상장주식을 증여를 받은 사람이 나중에 주식을 파는 경우에는, 소액주주는 양도소득세가 없으나 대주주에 해당되면 양도소득세를 내야 한다. (Part3 상속증여재산의 평가방법 참조)

2 상장법인의 대주주는 양도소득세를 내야 한다.

(1) 주식소유비율 기준과 주식평가액 기준 중 어느 하나에 해당되면 대주주로 본다.

양도소득세를 내야 하는 상장법인의 대주주는, 다음 둘 중 어느 하나에만 해당되면 대주주가 된다.[106] 다만, 법인주주는 제외한다.

첫째, 직전연도 종료일 현재 본인의 주식소유비율이 다음의 기준 이상이면 대주주로 본다.

코스피 시장은 1% 이상, 코스닥 시장은 2%, 코넥스 시장은 4% 이상을 소유한 주주를 의미하며 직전연도말 기준으로 대주주에 해당하면 그다음 연도말까지는 계속하여 대주주에 해당한다. 또한 직전연도말에는 해당 지분율 보다 낮았으나, 이번 연도 중에 주식을 추가로 사서 1%(혹은 2%, 4%) 이상이 된 상태에서 그 이후에 주식을 팔면, 주식을 추가로 산 시점부터 이번 연도 말까지는 대주주에 해당한다.

즉, 연도 중에 주식소유비율이 올라가서 대주주에 해당하면 대주주가 된 이후부터 파는 것은 모두 양도소득세를 내야 한다.[107]

둘째, 직전연도 종료일 현재 주식평가액이 50억 원(2024.1.1. 이후부터 50억 원으로 변경됨) 이상인 주주가 그 다음 연도에 주식을 팔면 대주주에 해당된다.

직전연도 말에 주식을 50억 원 이상 가지고 있다가 이번 연도 중에 일부를 팔아서 50억 원 이하가 된 상태에서 다시 파는 것도, 이번 연도 말까지는 대주주로 보아 양도소득세를 내야 한다.

---

106) 소득세법 시행령 제157조, 주권상장법인 대주주의 범위 등 제④항~제⑦항
107) 소득세법 집행기준 94-157-2

(2) 대주주는 직전연도 말로 판정한다.

직전연도 말의 주식소유비율을 기준으로 대주주를 판정할 때는 직전연도 말 혹은 당해 연도 중 언제라도 1%(혹은 2%, 4%) 이상을 가지게 되면 그 연도 말까지는 계속하여 대주주로 본다. 그러나 직전연도의 시가총액 50억 원을 기준으로 대주주를 판정할 때는, 직전연도 말에 50억 원 보다 낮았으나 이번 연도 중에 50억 원 이상 보유하게 된 경우에는 이번 연도 말까지는 대주주로 보지 않는다는 점에서 차이가 있다.

(3) 소유비율은 개인기준으로 판단하며 배우자, 자녀가 보유한 주식은 제외된다.

2023년 이전에는 주식소유비율 혹은 시가총액을 계산할 때 본인과 자녀, 손주 그리고 배우자의 주식을 합하여 대주주 기준에 해당되면 그룹에 속한 가족 전부를 대주주로 보았지만, 2023년부터는 배우자나 가족의 주식을 합하지 않고 개인별로 판정한다.[108]

(4) 양도이익은 처분금액에서 취득원가를 빼서 계산한다.

양도소득세를 계산하기 위해서는, 양도이익을 계산하여 세율을 곱해야 한다.

양도이익은 매번 처분할 때마다 계산해야 하며, 매번의 처분금액에서 취득가액을 빼서 계산한다. 처분가액은 실제 처분된 금액에서 수수료를 뺀 것이며, 증여를 받은 주식은 증여 당시의 평가액(전후 2개월의 종가평균)을 취득가액으로 본다.

108) 소득세법 시행령 제157조 제④항

(5) 대주주의 양도소득세는 최고 27.5%의 세율이 적용된다.

상장법인의 주식을 증여받은 후 대주주에 해당되어 주식을 처분하면, 처분금액에서 증여 당시 평가액을 취득원가로 빼서 양도이익을 계산한다. 양도차익 3억 원 이하는 22%, 3억 원 초과분은 27.5%의 양도소득세를 내야 한다.

	금액	양도소득세율	지방소득세율	총 세율
양도소득	3억 원 이하분	20%	2%	22%
양도소득	3억 원 초과분	25.0%	2.50%	27.50%

양도소득세의 신고기한은 주식을 처분한 날이 속하는 반기의 말일부터 2개월까지이며, 양도소득세는 관할세무서에 내고 지방 소득세는 구청에 내야 한다.

예를 들어 2월과 5월 중에 주식을 처분했다면, 반기말인 6.30일부터 2개월인 8.31일까지 신고해야 한다.

3 증여받은 주식을 1년 내에 팔면 양도소득세가 폭탄이 된다.

배우자나 부모로부터 대주주에 해당하는 주식을 증여를 받은 후 1년 이내에 매각하면 양도소득세를 계산할 때 특별규정이 적용된다. 즉 증여를 받은 자녀가 주식을 양도하여 양도소득세를 계산할 때, 자녀의 취득원가를 증여시점의 평가액으로 하지 않고 배우자나 부모가 취득했던 원가를 자녀의 취득원가로 적용한다.[109]

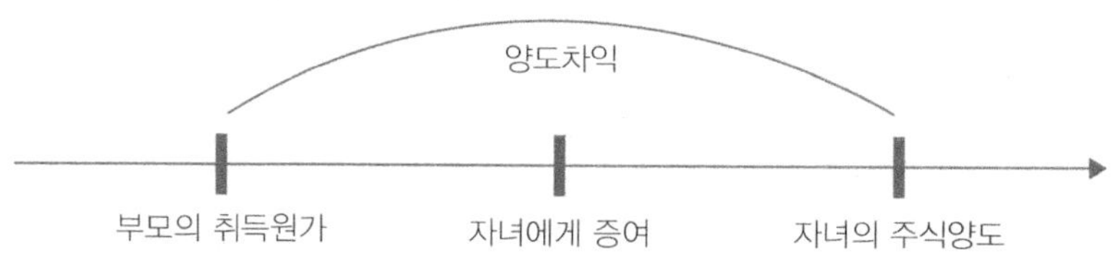

원칙적으로 배우자 혹은 부모가 과거에 낮은 가격으로 주식을 취득한 후 가격이 올라간 상태에서 배우자나 자녀에게 증여를 하면 증여를 받은 자녀의 취득원가는 증여를 받은 시점의 시가가 된다. 그러나 예외적으로 자녀가 증여를 받은 날부터 1년 이내에 주식을 처분하면, 증여를 받은 시점의 시가가 아니라 증여한 배우자나 부모가 취득했던 금액을 취득원가로 보므로 양도소득세가 커지게 된다.

109) 소득세법 제 97조의 2, 양도소득 필요경비 계산특례

28장

증여받은 비상장주식의 사후관리

비상장주식이 향후 상장될 것으로 예상되어 상장 전에 증여하면?

비상장주식은 증여시점에 증여세를 내고, 증여이후 5년 내에 상장이 되면 상장으로 인한 이익에 대하여 추가로 증여세를 낸다.

1 비상장주식은 손실이 가장 크게 발생한 다음 연도에 증여하라.

비상장주식은 순이익 가치와 순자산가치를 평균하여 평가한다. 그러므로 회사의 이익과 순자산이 모두 평가액에 영향을 미친다.

회사의 순이익 가치는, 증여를 받은 연도를 기준으로 직전 1차 연도, 전 2차 연도, 전 3차 연도, 즉 과거 3년간의 순이익에 대하여, 최근 순서대로 3:2:1의 가중치를 주어 순이익 가치를 계산한다.

계속하여 순이익이 늘어나고 있는 회사의 주식은 순이익 가치가 계속하여 커지므로 증여하는 시기를 앞당기는 것이 유리하며, 손실이 나는 회사인 경우에는 손실이 가장 크게 난 연도의 다음 연도에 주식을 증여하면 직전연도에 발생한 큰 손실이 평가액을 줄이게 된다.

다만, 손실이 크게 발생하여 주식의 가치가 지나치게 낮아지는 것을 방지하기 위하여, 순이익 가치와 순자산가치를 평균한 최종평가액은, 순자산가치의 80%를 하한선으로 하고 있다.

그러므로 비상장주식의 평가액은 순자산가치의 80%보다 낮을 수 없다.

2 주식으로부터 배당을 받으면 종합소득으로 신고한다.

증여를 받은 주식으로부터 배당금을 받는 경우에는, 다른 회사에서 받은 배당금과 은행으로부터 받은 이자금액을 합쳐서 연간 2천만 원을 넘게 되면 종합소득세를 신고해야 하며, 연간 2천만 원에 미달되면 원천징수로서 과세가 종결된다.

3 비상장주식을 처분하면 양도소득세를 내야 한다.

(1) 모든 주주가 11%에서 27.5%의 양도소득세를 낸다.

상장주식을 처분하는 경우에는 대주주만 양도소득세를 내고, 소액주주는 세금이 없다. 그러나 비상장법인의 주주가 주식을 처분하면 모든 주주가 양도소득세를 낸다.

양도소득세는 처분금액에서 취득금액을 뺀 양도이익에 세율을 곱하여 계산하며, 주식을 발행한 회사가 중소기업인지 여부와, 주식을 처분한 주주가 대주주인지 여부에 따라 세율이 달라진다.

증여를 받은 비상장주식의 취득금액은 증여 당시에 상증법에 따라 평가한 금액이 된다. (Part3, 상속 · 증여재산의 평가방법 참조)

〈비상장주식 양도소득에 적용되는 세율〉

주주구분	중소기업주식	비중소기업주식
소액주주	11%	22%
대주주	3억 이하는 22%,3억 초과분은 27.5%*	

(2) 지분율이 4% 이상이거나 주식이 10억 원 이상이면 대주주로 본다.

비상장법인의 대주주에 해당되면, 상장법인의 대주주와 같이 높은 세율의 양도소득세를 내야 한다.[110)]

대주주는 본인과 4촌 이내의 혈족, 3촌 이내의 인척 및 배우자를 합하여 다음 둘 중 어느 하나에 해당되는 경우에, 그 범위에 포함되는 모든 주주를 의미한다.

첫째, 직전사업연도 말 주식소유비율의 합계가 4% 이상인 경우에는 다음 연도에 대주주에 해당한다.

직전연도 말에는 4%가 안 되었으나 그 후 주식을 추가로 사서 4% 이상이 되면 그 연도 말까지는 대주주로 본다.

둘째, 직전사업연도 말 현재 소유하고 있는 주식의 평가액 합계가 10억 원(벤처기업은 40억 원) 이상인 경우에는 대주주에 해당한다. 그러나 직전연도 말에는 10억 원이 되지 않았으나 주식을 추가로 사서 10억 원 이상이 되는 경우에는 그 연도 말까지는 대주주가 아니

110) 소득세법 시행령 167조의 8 대주주의 범위

라는 점에서 지분율기준과 차이가 있다.

대주주를 판정하기 위한 주식평가액은 소득세법에 따라 평가한 금액으로서 증여를 받은 주식을 평가하는 방법과 동일하다. 다만 순이익가치를 계산할 때, 직전 3년간의 순이익을 평균하지 않고 직전 1년의 순이익액을 10%로 나누어 평가한다는 점에 차이가 있다.[111]

(3) 처분한 금액에 대하여 증권거래세도 내야 한다.

비상장법인의 주주가 주식을 처분하면, 처분한 금액의 0.35%(35/1,000)를 증권거래세로 내야 한다. 증권거래세는 관할세무서에 낸다.

(4) K-OTC에서 양도하는 소액주주는 양도소득세가 면제된다.

한국금융투자협회에서는 비상장주식을 거래하는 장외거래시장인 K-OTC를 운영하고 있으며, K-OTC에서 거래되는 비상장주식 중 다음 요건을 모두 갖춘 주식은 양도소득세를 과세하지 않는다.[112]

a. 중소기업기본법에 의한 중소기업 혹은 조세특례제한법에 의한 중견기업의 주식일 것

b. 대주주가 아닐 것(대주주란 특수관계자를 합하여 지분율 4% 혹은 주식평가액 50억 원 이상을 의미)

111) 소득세법 시행령 165조 ④항
112) 소득세법 제94조, 양도소득의 범위 ①항 3호 나

4 주식이 5년 내에 상장되면 추가로 증여세를 낼 수 있다.

(1) 주식을 증여를 받은 후 5년 내에 상장되면 증여세를 추가로 낸다.

비상장주식을 증여한 사람이 회사의 최대주주이거나 25% 이상을 소유한 주주인 경우에, 주식을 증여를 받고 5년 이내에 주식이 상장이 되면, 상장으로 발생되는 이익에 대하여 추가적으로 증여세를 내야 한다.113)

회사의 최대주주 혹은 25% 이상인 주주를 판정할 때, 주주 본인과 특수 관계에 있는 사람이 소유한 지분을 합하여 최대주주를 판정한다.

(2) 최대주주에는 가족과 임직원과 같은 특수관계자를 포함한다.

최대주주를 판정할 때는 주주 개인과 특수 관계에 있는 사람을 그 사람과 같은 사람으로 간주한다. 예를 들어 본인과 배우자 및 아들 세 사람이 각각 20%씩의 주식을 가지고 있다면, 가족 모두의 주식을 합친 60%를 한 사람이 가진 것으로 본다.

다만, 법인이 보유하고 있는 자기주식은 최대주주에 포함하지 않는다.114)

특수관계자에 해당되는 범위는 다음과 같다.

113) 상증법 제41조의 3, 주식 등 상장에 따른 이익의 증여
114) 조심2018서 1878. 2018.12.6

〈특수관계자의 범위〉115)

a. 4촌 이내의 혈족
본인과 촌수가 4촌까지인 친척이며 부모, 자녀, 조부모, 삼촌, 조카, 형제, 4촌 형제를 포함한다.
혈족에는 아버지와 연결된 친척뿐만 아니라 어머니와 연결된 친척도 포함된다.

b. 3촌 이내의 인척
인척이란 혼인으로 연결되는 관계를 의미한다.
본인과 3촌 이내인 혈족의 배우자(형수, 숙모, 이모부, 고모부, 조카의 배우자 등)과, 배우자의 3촌 이내의 혈족(장인 장모, 처형 처제, 처숙모, 처삼촌, 배우자의 조카 등)을 포함한다.

c. 자녀의 배우자(사위, 며느리)와 그 배우자의 2촌 이내 혈족(사위의 부모와 형제 및 그 배우자)

d. 본인이 고용하고 있는 직원 및 본인이 지배하고 있는 회사에 근무하는 임직원

e. 본인과 위의 특수관계자가 합하여 30%이상을 출자하고 있는 1차 출자법인

f. 본인이 30%이상을 출자하고 있는 법인과 합하여 50%이상을 출자하고 있는 2차 출자법인

(3) 증여를 받은 사람이 최대주주와 특수관계에 있는 경우에 해당된다.

최대주주의 가족이 최대주주(특수관계자를 포함)로부터 증여를 받게 되면, 증여를 받은 가족이 상장으로 인한 이익에 대하여 증여세를 내야 한다.

상장으로 인한 증여세는 최대주주로부터 주식을 증여를 받은 경우뿐만 아니라, 최대주주로부터 주식을 구입한 경우에도 해당된다.

115) 상증법 시행령 제2조의 2, 특수관계인의 범위

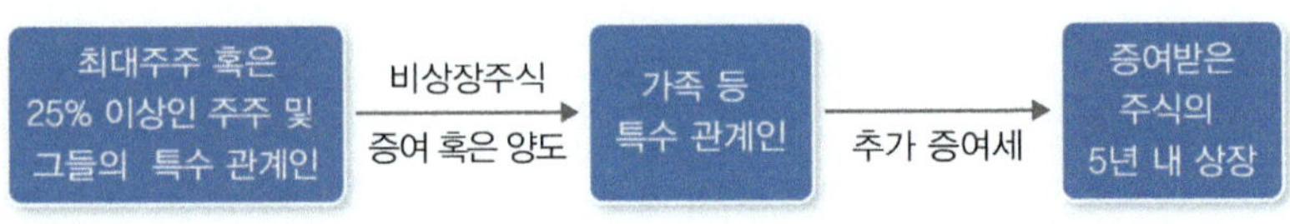

(4) 상장으로 인한 가치증가분 만큼을 증여를 받은 것으로 본다.

상장으로 인한 이익은, 증여를 받을 당시의 가치보다 그 주식이 상장되어 주식을 평가한 가치가 더 커진 경우에 그 차이를 의미한다.

상장된 후의 주식평가액은, 상장일로부터 3개월이 되는 시점을 기준일로 하여, 기준일 전후 2개월간의 매 일자별 종가 평균으로 평가한다.

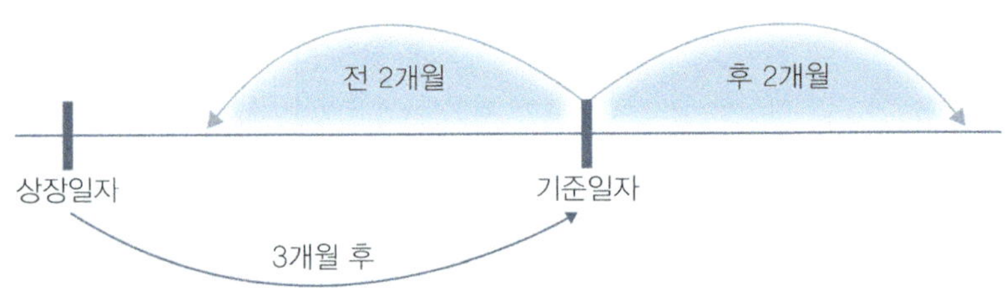

만일 증여를 받은 후 상장하기 전까지 회사의 이익이 발생하여 주식의 가치가 올라간 부분이 있다면, 이 부분은 상장하기 전에 가치가 올라간 것이므로 「상장으로 인한 이익」금액에서 빼줌으로써 증여세를 과세하지 않는다.

> 상장으로 인한 이익(증여받은 금액)
> = (상장 후 평가액 – 증여당시 평가액) – 상장 전 이익발생액

(5) 상장으로 인한 증여이익은 합산대상이 아니다.

10년 동안 같은 사람으로부터 증여를 여러 번 받게 되면, 이전에 증여를 받은 금액을 합하여 증여세를 계산하는 것이 원칙이다.

또한 증여를 한 사람이 10년 이내에 사망하면 사망한 사람의 상속재산에도 합산되는 것이 원칙이다. 그러나 상장으로 인한 증여이익은, 같은 사람으로부터 이전에 증여를 받은 것이 있어도 합하지 않고 별개로 증여세를 계산하며, 또한 증여한 사람이 사망한 경우에도 사망한 사람의 상속재산에도 합산하지 않는다.[116)]

상장으로 인한 증여이익은 합산대상이 아니므로, 증여세를 계산할 때 6억 원의 배우자공제와 같은 공제를 받을 수도 없다. 다만, 증여금액에서 3천만 원을 뺀 금액에 세율을 곱하여 증여세를 계산한다.[117)]

상장으로 인한 증여이익의 과세표준 = 상장으로 인한 이익－3천만 원

116) 상증법 13조, 상속세과세가액 제③항, 상증법 47조 제②항, 증여세 과세가액 제②항
117) 상증법 제55조, 증여세의 과세표준 제①항 3호

5 특별한 사유로 주식가치가 증가하면 추가로 증여세를 낼 수 있다.

(1) 주식을 증여한 사람이 특별한 기여를 한 경우에 대상이 된다.

비상장주식을 증여를 하고 나서 증여했던 사람이 노력하여 주식의 가치가 올라가면, 가치가 올라간 부분을 새로운 증여로 본다.[118)]

위에서 설명한 상장으로 인한 증여이익과 개념이 유사하지만, 증여를 받은 주식이 상장이 되지 않은 경우에도 특별한 사유로 주식의 가치가 올라가면 그 이익에 대하여 증여세를 내야 한다는 것에 차이가 있다.

증여세를 내야 하는 대상은, 주식을 증여를 받은 날로부터 5년 이내에 회사의 이익이 발생되는 경우에만 증여로 본다.

예를 들어 아들이 아버지로부터 회사의 주식을 증여를 받은 후 아버지의 노력으로 회사의 상가를 분양하여 회사의 이익이 증가되면, 아들의 주식가치가 증가된 부분만큼 아버지로부터 추가적으로 증여를 받았다고 본다.

증여이익 = 주식가치증가 후의 주식평가액 − 증여당시 주식평가액

118) 상증법 42조의 3, 재산 취득 후 재산가치 증가에 따른 이익의 증여

(2) 증여이후 가치증가로 인한 증여이익은 합산대상이 아니다.

주식을 증여를 받은 이후 가치증가로 인한 이익은, 같은 사람으로부터 이전에 증여를 받은 것이 있어도 합산하지 않고 별개로 증여세를 계산하며, 증여했던 사람이 사망한 경우에도 사망한 사람의 상속재산에 합산하지 않는다.[119)]

주식 가치증가로 인한 증여이익은 합산대상이 아니므로, 증여세를 계산할 때 6억 원의 배우자공제와 같은 공제를 받을 수도 없다. 다만, 증여받은 금액에서 3천만 원을 뺀 금액에 세율을 곱하여 증여세를 계산하는 것은 상장으로 인한 증여이익과 동일하다.[120)]

6 증여받은 주식을 1년 내에 처분하면 양도소득세가 폭탄이 된다.

제27장. 증여받은 상장주식의 매각, 3에서 설명한 바와 같이 배우자나 부모로부터 증여받은 주식을 1년 이내에 처분하면 배우자나 부모가 취득한 원가를 자녀의 취득원가로 적용하여 양도소득세를 계산한다. 그러므로 과거에 낮은 금액으로 취득했던 주식을 자녀에게 증여한 후 1년 이내에 매각할 때는 양도소득세가 커질 수 있다는 것을 주의해야 한다.[121)]

119) 상증법 13조, 상속세과세가액 제③항, 상증법 47조 제②항, 증여세과세가액 제②항
120) 상증법 제55조, 증여세의 과세표준 제①항 3호
121) 소득세법 제97조의2, 양도소득 필요경비 계산특례

29장

나대지의 증여 후 사후관리

새로운 사업이 인가될 것이 예상되어 토지를 사전에 증여하면?

토지를 증여하고 난 이후에 사업인가나 지목변경으로 토지가치가 올라가면 가치상승분에 대하여 다시 증여세를 내야한다.

가치상승분에 대한 증여세는 증여이후 5년까지 과세된다.

1 증여 후 특별한 사유로 가격이 상승하면 추가로 증여세를 낸다.

가족으로부터 비상장주식을 증여를 받고 난 후 5년 내에 주식이 상장되면, 상장으로 인한 이익에 대하여 증여세를 추가적으로 낸다. 토지도 비상장주식과 마찬가지로 증여를 받은 이후 5년 내에 특별한 사유가 발생하여 가치가 올라가게 되면, 올라간 가치부분을 새로운 증여로 보고 증여세를 내야 한다.

다음과 같은 이유로 토지의 가치가 증가된 것을 토지의 가치가 올라가는 특별한 사유로 본다.[122)]

122) 상증법제 42조의 3, 재산 취득 후 재산가치 증가에 따른 이익의 증여

a. 개발사업이 시행되어 토지의 가치가 올라간 경우
(토지에 상가를 건축한 경우 등)
b. 토지의 형질이 변경되어 토지의 가치가 올라간 경우
(임야가 대지로 변경된 경우 등)
c. 사업의 인가나 허가로 인해 토지의 가치가 올라간 경우
d. 지하수가 개발되어 토지의 가치가 올라간 경우 등

2 특수관계자로부터 증여를 받은 토지가 대상이다.

증여를 받은 토지의 가치가 올라가서 증여세를 추가로 내는 규정은, 토지를 특수관계자로부터 증여를 받은 경우에 한한다. 특수관계자의 범위는 4촌 이내의 직계혈족과 3촌 이내의 인척과 같은 가족관계를 의미하며 28장에 상세하게 설명되어 있다.

3 증여 후 가치가 증가된 금액이 증여이익이다.

증여세를 내는 대상금액은 증여를 받을 당시의 토지가치보다 증여를 받은 이후에 올라간 토지가치를 의미한다. 예를 들어 개발사업 등을 시행한 후의 토지가치에서, 증여를 받을 당시 평가액 및 투자비용을 빼서 계산한다.

증여이익 = 가치증가 후의 시가 − (증여당시 평가액 + 통상적인 가치상승분* + 투자비용**)

* 통상적인 가치 상승분 : 토지 가격에 전국 평균 지가상승율을 곱한 정상적 가치상승분
** 투자비용 : 개발사업, 형질변경 등과 같이 가치상승활동에 들어간 지출

사 례

아버지는 미성년인 자녀에게 시가 3억 원인 임야를 증여하였고, 3년 후 임야의 지목이 대지로 변경되어 토지의 시가가 20억 원으로 올라갔을 때 증여 후 가치 상승분에 대한 증여금액을 계산하면? 3년간 지가 상승율은 20%이고 지목변경에 소요된 비용은 2억 원이다.

지목변경 후의 토지시가	20억 원
증여 당시 토지시가	−3억 원
통상가치 상승분*	−0.6억 원
투자비용	−2억 원
증여금액(가치증가이익)	14.4억 원

* 증여 당시 시가 * 지가 상승율 : 3억 원 * 20% = 0.6억 원

4 최소기준금액을 넘는 경우에만 증여세를 낸다.

증여를 받은 후 가치 증가분에 대한 증여세는 가치 증가로 인한 이익이 3억 원을 넘을 때만 내고, 가치 증가 이익이 3억 원보다 적으면 증여세를 낼 필요가 없다. 다만 증여금액을 계산할 때 빼주는 세 가지 금액 즉, 「증여 당시 시가」, 「통상 가치 상승분」, 「투자비용」의 세 가지를 합한 금액에 30%를 곱한 금액이 3억 원보다 적은 경우에는, 그 적은 금액을 기준으로 증여세를 면제한다.

위의 사례에서 최소기준금액은 다음과 같다.

최소기준금액 : 「3억 원」과 「(3억 원 + 0.6억 원 + 2억 원) × 30%」 중 적은 금액
Min[3억 원, 1.68억 원] = 1.68억 원

* 위의 사례에서 증여금액이 14.4억 원으로서 최소기준금액인 1.68억 원을 넘으므로 증여세를 내야 한다.

5 과거 증여와 합산하지 않는다.

10년 동안 같은 사람으로부터 증여를 여러 번 받게 되면 이전에 받은 증여금액을 합산하여 증여세를 계산하는 것이 원칙이며, 증여를 했던 사람이 10년 이내에 사망하면 사망한 사람의 상속재산에도 합산하는 것이 원칙이다. 그러나 토지를 증여를 받은 이후 가치가 증가된 이익은 같은 사람으로부터 이전에 증여를 받은 것이 있어도 합산하지 않고 별개로 증여세를 계산하며, 또한 증여를 했던 사람이 사망한 경우에도 사망한 사람의 상속재산에도 합산하지 않는다.[123]

증여 이후 가치증가로 인한 이익은 합산대상이 아니므로, 증여세를 계산할 때 6억 원의 배우자공제와 같은 공제를 받을 수도 없다. 다만, 증여이익금액에서 3천만 원을 뺀 금액에 세율을 곱하여 증여세를 계산한다.[124]

증여 후 가치증가로 인한 이익의 과세표준
= 가치증가로 인한 이익 - 3천만 원

123) 상증법 13조, 상속세 과세가액 제③항 및 47조, 증여세 과세가액 제②항
124) 상증법 제55조, 증여세의 과세표준 제①항 3호

30장

보험금에 대한 증여

부모가 보험료를 내고 자녀가 보험금을 받으면 세금이 없을까?

부모가 보험계약자로서 보험료를 낸 경우에 부모가 살아있을 때 자녀가 보험금을 받으면 증여세를 내야하고, 부모가 사망하여 보험금을 받으면 상속세를 내야한다.

1 자녀가 보험금을 받으면 증여에 해당한다.

(1) 생명보험과 손해보험의 두 가지 보험이 증여세 대상이다.

증여세의 대상이 되는 보험은 생명보험과 손해보험 두 가지이다. 생명보험이나 손해보험이 아닌, 상해보험이나 산업재해보험 등은 증여세의 대상이 되지 않는다.

생명보험은 가입대상이 되는 사람, 즉 피보험자가 사망하거나 혹은 일정 나이까지 생존하면 보험금을 지급하는 계약이고, 손해보험은 재산과 관련된 손해가 발생하면 보험금을 지급해 주는 계약이다.

(2) 보험료를 낸 사람과 보험금을 받는 사람이 다른 경우에 증여한 것으로 본다.

생명보험이나 손해보험을 가입한 후, 보험료를 낸 사람은 부모인데 부모가 살아있는 상태에서 자녀가 보험금을 받는 경우에는, 자녀가 부모로부터 보험금을 증여를 받은 것으로 본다.

즉, 보험료를 낸 사람과 보험금을 받는 사람이 다르면, 보험금을 받은 금액을 증여를 받은 것으로 본다.[125)]

보험료를 낸 사람과 보험금을 받는 사람이 다른 경우에 증여로 보는 규정은, 보험계약이 만기가 되어 만기환급금을 받는 경우에도 동일하게 적용된다.

만일 보험금을 받는 사람이 전체 보험료로 낸 금액 중에서 일부를 낸 사실이 있다면, 수령한 보험금 중에서 다른 사람이 대신 내준 보험료 부분은 증여를 받은 것이지만 본인이 냈던 보험료 비율만큼은 증여를 받은 것이 아니다.

> 증여를 받은 것으로 보는 보험금
> = 보험금 수령액 * (다른 사람이 낸 보험료 / 납부한 보험료 총액)

• 사 례

아버지를 피보험자로 하고 아들을 수익자로 한 생명보험을 가입하고 아버지가 70%, 아들이 30%의 보험료를 냈다. 이후 아버지의 생존보험금 5억 원을 아들이 받은 경우 아들이 증여를 받은 금액은?

> 아들이 받은 보험금 중에서 아버지가 낸 보험료부분은 70%이므로 보험금중에서 70%만 아들이 아버지로부터 증여를 받은 것으로 본다.
> 증여로 보는 보험금 = 5억 원 * (70/100) = 3.5억 원

125) 상증법 제34조, 보험금의 증여

(3) 보험사고가 발생한 시점에 증여를 받은 것으로 본다.

자녀를 보험금을 받을 수익자로 지정하고 부모가 보험료를 내면, 보험료를 내는 시점에는 증여한 것이 확인되지 않지만, 이후 보험사고가 발생하여 보험금을 받게 되면 그 시점에 증여를 받은 것으로 본다.

또한 보험금 지급사유가 발생하기 전에 보험을 중도에 인출하거나 해약하는 경우에도, 다른 사람이 낸 보험료로 받은 환급금도 역시 증여를 받은 것으로 본다.

받은 보험금을 증여받은 것으로 보는 규정은 부모가 살아 있는 경우에 적용되며, 부모가 사망하여 사망보험금을 받는 경우에는 보험료를 누가 냈는지에 따라 증여세 혹은 상속세가 과세된다.[126] (34장, 간주상속재산 참조)

예를 들어 아버지의 사망으로 사망보험금을 받는 경우에 보험료를 냈던 사람과 보험금을 받은 사람에 따라 적용되는 세금은 다음과 같다.

보험료 납부자	보험금 수익자	증여세	상속세
어머니	어머니	없음	없음
어머니	자녀	있음	없음
아버지	어머니 혹은 자녀	없음	있음

(4) 현금을 증여받아 보험료를 내면 두 번 증여를 받은 것으로 본다.

자녀 이름으로 보험을 계약하고 자녀가 보험금을 받는 수익자인 경우로서, 자녀가 부모로부터 보험료를 현금으로 받아서 내는 경우에는, 부모가 현금을 자녀에게 증여를 한 것으로 본다. 이후 보험사

126) 재산세과-1000 2009.12.10

고가 발생하여 보험금을 받으면, 자녀가 받은 보험금에서 증여를 받았던 현금을 빼고 나머지 보험금 부분은 증여를 받은 것으로 본다.

이런 경우에는 보험료를 현금으로 받은 시점에 증여가 한번 발생되고, 나중에 보험금을 받는 시점에 다시 한 번 증여가 발생된다는 것을 주의해야 한다.[127)]

2 연금보험도 증여가 될 수 있다.

(1) 연금보험의 계약자를 변경하면 증여를 한 것으로 본다.

목돈을 일시에 가입한 후, 나중에 연금형태로 몇 년에 걸쳐 분할하여 받는 것을 연금보험이라 한다.

연금보험에 최초 가입한 사람이 직접 연금을 받으면, 본인의 예금을 분할하여 받는 것이므로 증여 문제가 생기지 않는다. 그러나 연금보험에 최초로 가입한 사람이 계약자를 다른 사람으로 변경하게 되면, 연금보험을 받을 새로운 수익자는 연금을 받을 권리를 증여받은 것으로 본다.

계약자를 변경한 시점이 증여를 받은 시점이 되며, 변경 전의 계약자가 새로운 계약자에게 증여를 한 것이 된다.

새로운 계약자는 본인 이름으로 변경된 날이 속하는 달의 말일부터 3개월 내에 증여세를 신고해야 한다.

새로운 계약자가 증여를 받은 금액은, 보험약관에 의해 계산되는 해지환급금이다.[128)]

127) 조세심판원 심판례, 조심 2019 서 3342
128) 국세청 질의회신, 서면 2017 상속증여 0217

(2) 연금보험의 수익자를 변경하면 증여를 한 것으로 본다.

위에서 설명한 것과 같이 연금보험의 계약자가 변경되면 새로운 계약자가 증여를 받은 것으로 본다.

계약자가 변경되는 경우 이외에도 나중에 연금을 수령할 때, 변경되었던 계약자와 연금을 수령하는 수익자가 다른 경우에는 연금의 수익자가 연금을 새로 증여를 받은 것으로 본다.[129)]

3 보험료를 낸 사람이 보험금을 받으면 증여가 아니다.

(1) 보험료를 낸 사람이 중도해약하여 환급을 받으면 증여세가 없다

보험료를 낸 사람이 보험계약을 중도에 해약하고 환급금을 직접 받으면 증여가 아니며, 보험료를 낸 사람과 보험금을 받는 사람이 같은 경우에도 증여 문제가 발생하지 않는다.

(2) 장애인을 위해 받은 보험금은 연간 4천만 원까지 세금이 없다.

장애인복지법에 의해 등록한 장애인이나, 국가유공자 지원에 관한 법률에 따른 근로능력이 없는 자 및 항시 치료를 요하는 중증 환자가 받는 보험금은 연간 4천만 원까지 증여세가 면제된다.

---

129) 국세청 질의회신, 서면 2020 상속증여 3039

4 보험금 지급내역과 계약자 변경내역은 국세청에 통보된다.

보험회사는 보험금을 지급하거나 해약환급금을 지급한 내역을 매 분기별로 국세청에 제출한다. 보험금의 지급내역과는 별도로 보험계약의 명의 변경내역도 함께 제출하고 있다.

그러나 보험료를 낸 사람과 보험금을 받은 사람이 같은 경우에는 증여세 문제가 없으므로 제출대상에서 제외된다.

국세청은 제출받은 보험금 지급명세서와 명의 변경내역에서 증여에 해당되는 것이 있는지를 확인할 수 있다.

상속세

제 7 편

상속세에 대한 기본이해

한 눈에 보는 상속절차!

31장

상속개시 이후의 절차

상속개시

사망진단서발급	의료기관	각종 신고할 때의 첨부서류로 사용
사업자등록정정	관할세무서	사업자명의를 상속인으로 변경
사망신고	주민센터	1개월 이내 상속인이 신고
재산확인신청	주민센터	"안심상속원스톱서비스"로 신청, 사망일현재의 동산, 예금잔액, 보험내역, 국민연금내역, 세금미납부액등 확인
보험금청구	보험회사	사망인이 계약자인 보험금을 청구
국민연금청구	연금공단	유족연금 혹은 반환일시금청구

1개월

3개월

상속포기 혹은 한정승인신고	가정법원	재산이 부채를 초과하는 등으로 상속포기를 하고자 하는 경우 3개월 내 신고
재산협의분할	등기소	재산분할협의서로 부동산 등 이전등기
취득세납부	구청	부동산, 차량, 회원권 등 취득세납부
과거 금융거래 내역확인	개별은행	은행별로 과거10년 간 입출금내역을 발급받아 상속세신고자료로 사용
생전에 보유했던 부동산확인	주민센터	지방세과세증명원을 발급받은 후 과거 부동산을 보유, 양도, 증여했던 사실을 확인하는 자료로 사용

6개월

상속세신고	관할세무서	사망일의 말일부터 6개월까지
소득세신고	관할세무서	사망일의 말일부터 6개월까지

32장

상속세의 계산과정

사망한 사람의 모든 재산	고유의 상속재산(33장)	사망 당시에 소유한 모든 재산
	간주상속재산(34장)	상속으로 새로 받게 되는 재산
	추정상속재산(35장)	사망 전 2년 내 처분한 재산
+		
사전증여금액	상속인에게 사전 증여한 금액(36장)	사망 전 10년 내 사전 증여한 재산
	비상속인에게 사전 증여한 금액(36장)	사망 전 5년 내 사전 증여한 재산
−		
재산차감항목	상속재산에서 빼주는 금액(제9편)	재산금액에서 빼주는 부채, 장례비등
−		
상속공제금액	법에서 정한 공제금액(제10편)	배우자공제 등 법에서 정한 공제금액
↓		
상속세 과세표준		
×		
상속세세율	10%~50%의 누진세율	1억 이하 10%부터 30억 이상 50%세율
↓		
상속세 산출세액		
+		
할증세액	손자녀에게 상속한 재산(45장)	해당 재산에 대한 세금의 30%할증
−		
증여세 기납부액	사전증여에 대한 증여세(46장)	상속재산에 가산된 사전증여분 증여세
−		
세액공제	신고세액공제(57장)	신고기간 내 신고에 대한 3% 할인액
	단기상속세액공제(47장)	10년 이내 재상속에 대한 할인액
↓		
납부할 세액	신고기한 내에 납부할 세금(57장)	사망한 월 말일부터 6개월 이내 납부

제 8 편

상속세 과세대상재산

가진 것보다 상속재산은 더 크다?

33장

고유의 상속재산

사망한 사람의 재산을 어떻게 확인할 수 있을까?

사망한 사람이 사망당시에 보유한 부동산, 예금과 같이 본인 명의로 등록된 고유의 재산은 국가기관을 통해 확인할 수 있지만, 금융기관을 통하지 않고 개인 간에 발생된 채권이나 채무는 상속인들이 별도로 확인해야 한다.

1 유형, 무형의 재산은 모두 상속재산에 포함된다.

사망 당시에 소유하던 현금, 예금, 부동산, 주식 등과 같은 실물재산과, 다른 사람에게 돈을 빌려주고 받아야할 채권도 모두 상속재산에 포함된다.

미래에 받아야할 채권을 상속재산에 포함할 때, 아직 받지 않은 이자가 있으면 이자금액도 채권에 포함된다.

또한 부동산등을 임차하면서 지급한 임차보증금, 전세보증금도 미래에 돌려받아야할 채권이므로 상속재산에 해당한다.

상속재산에 포함되는 재산은 사망한 사람이 사망 당시에 가지고 있던 모든 것이 포함되므로, 재산을 상속받을 가족이 몇 명인지 혹은 재산을 가족들에게 어떻게 나누어주는 지와 상관없이 전체 재산에 대하여 상속세가 과세된다.

사망한 사람이 사망 당시에 보유하고 있던 재산은 사망자의 주소지 관할 주민센터나 구청에서 "안심상속 원스톱 서비스"를 신청하면 20일 이내에 처리결과를 통보해 준다. 해당 서비스에서 받을 수 있는 정보는 연금, 예금, 보험, 저축은행, 증권예탁원, 미납세금, 토지 · 자동차 등의 현황정보이며, 금융기관을 통하지 않은 개인 채권, 채무, 전세보증금 등은 제공받을 수 없다.

원스톱서비스에서 제공해주는 금융정보는 금융기관별로 사망한 사람이 보유했던 계좌번호만 확인해 주는 것이므로, 계좌별 잔액과 과거 입출금내역은 해당금융기관에서 별도로 확인하여야 한다.

2 사업과 관련된 자산과 부채도 포함된다.

법인이 아닌 개인사업자가 운영하는 사업체의 자산 · 부채는 본인 개인의 재산과 부채에 해당된다.

그러므로 피상속인(사망한 사람)이 개인사업을 운영하다가 사망한 경우에는, 개인사업에서 발생된 자산과 부채를 상속세신고에 포함하여야한다.

개인사업자가 사망하면 사망일 현재로 사업체의 결산을 확정하여 자산과 부채를 산정한 후, 자산은 상속재산에 포함하고 부채는 상속재산에서 빼야한다.

만일 다른 사람과 공동으로 사업을 하고 있었다면 전체 자산과 부채 중에서 사망한 사람의 출자비율만큼을 반영하여야 한다.130)

개인사업체의 자산과 부채를 예로 들면 다음과 같다.

개인사업체의 자산(상속재산에 포함)	개인사업체의 부채(상속재산에서 차감)
현금과 예금	외상매입금
외상매출금	미지급공과금등
상품 등 재고자산	외부차입금
기계장치, 비품	미지급급여
영업권(권리금)	종업원퇴직금

* 재고자산과 영업권 등은 상증법 규정에 따라 평가한 금액이며, 퇴직금은 사망일까지 계산된 종업원 퇴직금으로 근로자 퇴직급여 보장법에 따라 계산한다.131)

3 주주로서 법인과의 거래에서 발생된 재산과 부채를 확인해야 한다.

(1) 법인과의 자금거래를 한 경우 상속재산과 부채가 발생될 수 있다.

개인사업자의 사업상의 재산은 개인의 재산에 해당되지만, 법인과 주주는 별개이므로 주주가 사망한 경우에 법인이 보유한 재산은 사망한 주주의 상속재산이 될 수 없다.

다만, 법인의 주주가 사망한 경우에는 주주가 가지고 있는 주식을 평가하여 상속재산에 포함해야 한다.

130) 상증법 집행기준 14-9-11, 공동사업장 채무인정 범위
131) 상증법 기본통칙 14-9-10, 사용인의 퇴직금

법인이 보유하고 있는 재산을 주주의 상속재산에 포함하지는 않지만, 주주가 법인에게 개인의 자금을 빌려주거나 법인으로부터 개인적으로 자금을 빌려온 경우에는 법인에 대한 채권과 채무 및 약정된 이자를 주주의 상속재산과 부채에 포함해야 한다.

주주가 법인에게 빌려준 자금은 법인장부에 가수금 혹은 주주차입금으로 기록되어 있으며, 주주가 법인으로부터 빌린 자금은 법인의 장부에 가지급금 혹은 주주대여금으로 기록되어 있다.

법인의 가수금은 주주입장에서는 받아야할 채권으로서 상속재산에 포함되고, 법인의 가지급금은 주주가 법인에게 갚아야할 채무이므로 상속재산에서 공제되어야 한다.

〈법인에 대한 채권과 채무〉

법인의 과목	법인의 입장	주주의 입장	상속재산포함여부
가수금	주주에 대한 부채	법인에 대한 채권	상속재산에 가산
가지급금	주주에 대한 채권	법인에 대한 부채	상속재산에서 차감

* 가수금과 가지급금을 상속재산에 포함할 때는 사망당시까지 발생된 미수이자, 미지급이자도 함께 포함해야 한다.

(2) 법인의 배당금이 결의된 후 사망하면 배당금을 상속재산에 포함한다.

법인의 이사회 혹은 주주총회결의에 의하여 배당금이 확정되었으나 배당금을 받기 전에 주주가 사망하면 향후 받게 될 배당금은 상속재산에 포함되어야 한다.

4 부동산 매매계약만 한 경우에도 상속재산이 발생된다.

(1) 양도계약만 한 경우에는 미래에 받을 중도금과 잔금은 상속재산에 포함된다.

부동산을 양도하는 계약을 체결하고 잔금을 받기 전에 사망하면, 부동산 평가액을 상속재산에 포함하지만 그 부동산의 평가액은 부동산의 양도가액이 된다. 그러므로 이미 수령한 계약금에 향후에 받아야 할 중도금이나 잔금을 부동산가액에 포함하여야 한다.

예를 들어 아파트를 10억 원에 팔기로 계약하고 계약금 1억 원을 받은 상태에서 사망하면 아파트의 평가액은 10억 원이 되므로, 중도금 4억 원과 잔금 5억 원을 상속재산에 가산해야 한다.[132]

〈부동산 양도자가 사망한 경우〉

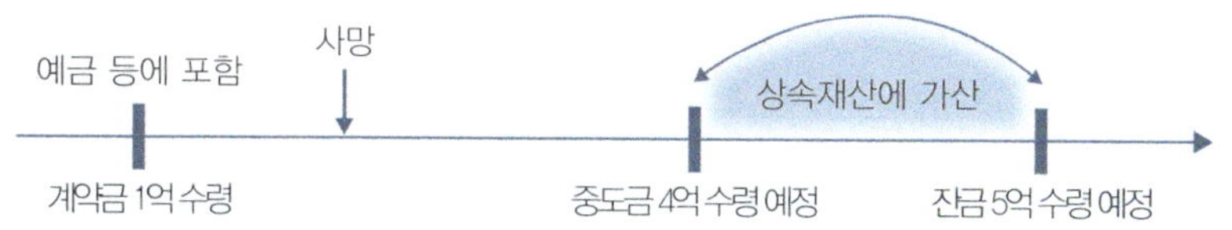

(2) 구입계약만 한 경우에는 이미 지급한 금액이 상속재산에 포함된다.

부동산을 구입하는 계약을 한 후 사망한 경우에는, 부동산 자체는 사망한 사람의 재산이 아니므로 사망하기 전에 이미 지급한 계약금과 중도금은 상속재산에 가산해야 한다.

132) 상증법 집행기준 2-0-4, 상속재산에 포함되는 경우, 대법원 2001두 5040
서면-2015-상속증여-2314(2015.11.27.)

예를 들어 아파트를 10억 원에 구입하기로 계약하고 계약금 1억 원과 중도금 4억 원을 지급한 상태에서 사망하면, 이미 지급한 계약금 1억 원과 중도금 4억 원은 상속재산에 가산한다.

〈부동산 양수자가 사망한 경우〉

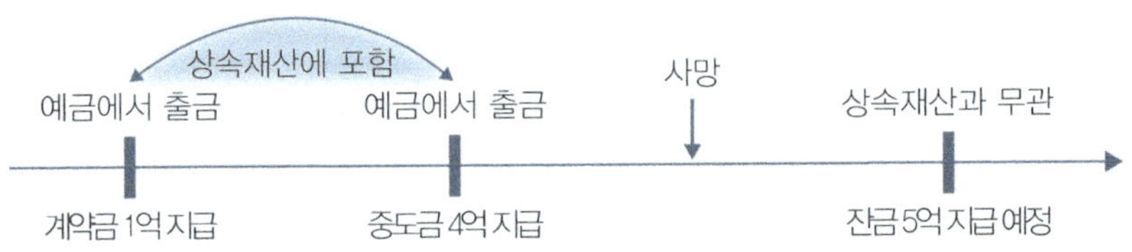

5 받을 수 없는 채권은 상속재산이 아니다.

사망한 사람이 돈을 빌려준 후 받을 채권이라 해도 실질적으로 받을 수 없는 채권은 상속재산에 포함하지 않는다. 다만, 실질적으로 받을 수 없는 채권은 상속인들이 그 사유를 입증해야 한다. 또한 사망한 사람이 다른 사람의 부동산에 저당권을 설정하고 있는 경우에는, 저당권은 주된 채권에 부수되는 권리이므로 재산가치가 있는 채권에 해당하지 않는다.

그러므로 돈을 빌려주고 상대방의 부동산에 저당권을 설정했다면 대여금은 상속재산에 포함되지만 저당권자체는 상속재산에서 제외된다.[133]

133) 상증법 집행기준 2-0-5, 상속재산에 포함되지 않는 경우

34장

간주상속재산

부모가 사망하여 수령한 보험금도 상속세를 내야 할까?

상속인이 사망하기 전에 보유하던 고유의 재산은 아니지만 사망으로 새로이 받게 되는 재산이 있다면, 사망으로 인하여 가족들에게 경제적 이익이 발생하므로 상속재산에 포함한다.

이와 같이 고유의 상속재산은 아닌데도 상속재산에 포함하는 것에는, 보험금 · 퇴직금 · 신탁재산이 있다.

1 가족이 받은 보험금은 상속재산으로 간주된다.[134)]

(1) 보험수익자가 받는 보험금은 수익자의 고유재산이다.

사망보험의 경우 보험료를 내기로 한 사람이 보험계약자가 되고, 보험금을 받기로 지정된 사람이 수익자가 된다. 그리고 보험금이 지급되는 사유를 발생시킬 사람 즉, 그 사람이 사망하면 보험금이 나온다고 지정된 사람을 피보험자라고 한다.

134) 상속세법 제8조, 상속재산으로 보는 보험금

부모가 본인의 사망을 지급사유로 한 사망보험을 계약하고 보험료를 낸 후에 사망하면, 보험계약상으로 수익자로 지정된 사람이 보험금을 받게 된다. 수익자가 받는 보험금은 사망한 사람의 재산이 아니라 수익자 자신의 재산이므로, 사망한 부모가 소유하던 상속재산은 아니다.

그러므로 부모가 사망하여 수익자로 지정된 아들이 보험금을 받았다면, 아들이 받는 보험금은 아들의 재산이므로 다른 자녀들과 협의분할대상이 되지 않는다. 다만, 부모가 사망함으로써 아들에게 보험금이라는 재산이 발생되었으므로 상속세를 계산할 때는 부모의 상속재산에 가산하여 상속세를 내야 한다.[135)]

(2) 다른 가족이 보험료를 낸 경우에는 상속재산이 아니다.

상속재산에 가산되는 보험금은 사망한 사람이 보험계약자이고 그 사람이 보험료를 냈던 경우에만 해당된다. 만일 부모가 아닌 자녀가 보험료를 냈다면, 부모가 사망하여 자녀가 보험금을 받았다 해도 부모의 상속재산에 가산할 필요가 없다. 사망한 부모가 전체보험료 중에서 일부분만 냈다면, 부모가 낸 보험료 비율만큼만 상속재산에 포함한다.

$$\text{상속재산에 가산되는 보험금} = \text{전체보험금} \times \frac{\text{사망한 부모가 낸 보험료}}{\text{총보험료 납부액}}$$

135) 국세청해석 : 법령해석재산-20405

예를 들어 아버지가 사망하여 보험금수익자로 지정된 아들이 2억 원의 보험금을 받았고, 사망하기 전에 총보험료로 낸 8천만 원 중 아버지가 6천만 원을 내고 아들이 2천만 원의 보험료를 냈다면 보험금 2억 원 중 상속재산에 가산되는 보험금은 1.5억 원이 된다.

$$\text{상속재산에 가산되는 보험금} = \text{2억 원} \times \frac{60{,}000{,}000}{80{,}000{,}000} = \text{1.5억 원}$$

(3) 보험금을 다른 사람에게 주는 경우에는 증여한 것으로 본다.

보험금은 원칙적으로 보험계약서상 수익자로 지정된 사람의 재산이다. 만일 수익자로 지정된 사람이 아닌 다른 사람이 보험금을 받으면, 수익자가 자신의 보험금을 다른 사람에게 증여한 것으로 본다.

예를 들어 배우자가 수익자로 지정되어 있었으나 자녀가 보험금을 받은 경우에는, 상속재산을 분할한 것이 아니라 배우자가 자녀에게 보험금을 증여한 것이 되므로 자녀는 증여세를 내야한다.

(4) 보험금의 수익자가 손자녀인 경우 할증대상이다.

사망한 사람이 보험료를 납부했던 경우로서, 사망보험금의 수익자가 배우자나 자녀와 같은 상속인인 경우에는 상속재산에 포함하되 상속세가 할증되지는 않는다.

그러나 보험금의 수익자가 손자녀인 경우에는 손자녀가 유언으로 재산을 상속받는 것과 동일하므로 상속세가 30%만큼 할증된다. (45장, 손자녀 할증 참조)

2 퇴직금도 상속재산에 포함한다.

(1) 퇴직금은 상속재산에 포함된다.

회사에 근무하던 사람이 사망하여 회사로부터 받는 퇴직금은 사망한 사람의 상속재산에 포함된다.[136] 상속재산에 포함되는 퇴직금에는, 퇴직수당 혹은 퇴직위로금 등과 같이 생전에 근무했던 기간에 대한 공로로 받은 보상금도 모두 포함되며, 세금을 제외한 실수령액만 상속재산에 포함된다.

(2) 사고로 지급받은 위로금은 상속재산에서 제외된다.

생전에 근무한 공로로 받은 금액은 상속재산에 포함되지만, 순직 혹은 사고 등으로 받는 위로금은 상속재산에 포함되지 않는다. 이와 같은 위로금은 상속세가 비과세되고 또한 소득세도 과세되지 않는다.[137]

(3) 법률에 따라 지급받는 것도 상속재산에서 제외된다.

회사로 부터 받는 퇴직금은 상속재산에 포함되지만 각종 법률의 규정에 따라 가족이 받는 연금은 상속재산에서 제외된다. 예를 들어 국민연금법에 따라 지급되는 유족연금이나 반환일시금은 상속재산이 아니다. 또한 공무원연금법, 군인연금법, 산업재해보상법, 근로기준법 등에 따라 지급되는 유족연금이나 위로금등도 상속재산에 포함되지 않는다.

136) 상속세법 제10조, 상속재산으로 보는 퇴직금
137) 국세청 질의회신 재산 01254-380, 1987.2.13.

3 신탁재산은 상속재산에 해당한다.[138)]

아버지가 본인소유의 빌딩을 신탁회사에 맡기고 빌딩으로부터 나오는 임대수익을 자녀에게 지급한 경우에는, 빌딩은 비록 신탁회사로 소유권이 이전되었지만 실질적으로는 아버지의 재산에 해당한다. 그러므로 아버지가 사망하면 신탁회사에 이전해 놓은 빌딩은 아버지의 상속재산에 포함된다.

다만, 자녀에게 귀속되는 임대수익은 빌딩을 신탁하는 시점에 자녀에게 증여세를 과세하며 상속세를 과세하지 아니한다.

138) 상속세법 제9조, 상속재산으로 보는 신탁재산

35장

추정상속재산

사망에 임박해서 재산을 처분한 후 처분대금을 현금형태로 보유하면서 상속재산으로 신고하지 않으면 상속세를 줄일 수 있을까?

이와 같이 재산을 현금화하여 상속재산에서 누락하는 것을 방지하기 위하여, 사망일 직전 2년 내에 재산을 처분한 경우에는 재산의 처분대금을 어디에 사용하였는지 입증할 것을 요구한다.

재산의 처분자금을 어디에 사용하였는지 입증하지 못하면 "추정상속재산"으로 상속재산에 가산하여 상속세를 계산한다.[139)]

1 2년 내에 재산을 처분하면 사용처를 소명해야 한다.

사망하기 전에 재산을 처분하였으나 그 처분으로 받은 자금이 사망일현재 상속재산에 포함되어 있지 않은 경우 혹은 상속재산에서 부채를 차감하여 상속재산을 신고하였으나 부채로 조달된 자금이 상속재산으로 남아있지 않다면 상속재산이 줄어들 수 있다.

139) 상증법 제15조, 상속개시일전 처분재산 등의 상속추정

그러므로 법에서 정한 기간 이내에 재산을 처분하였거나 혹은 부채로 빌려온 자금 중에서 법에서 정한 기준금액을 넘는 경우에, 그 조달된 자금을 어디에 사용하였는 지를 소명해야 한다.

사망 전에 재산을 처분하거나 조달한 부채에 대하여 그 사용내역을 소명해야하는 기간과 금액기준은 다음과 같다.

소명할 대상	사망 전 1년 내	사망 전 2년 내
a. 예금 및 유가증권계좌에서 인출한 합계액	2억 원 이상인 경우	5억 원 이상인 경우
b. 부동산을 처분한 금액의 합계액		
c. 부채를 통하여 조달한 금액의 합계액		

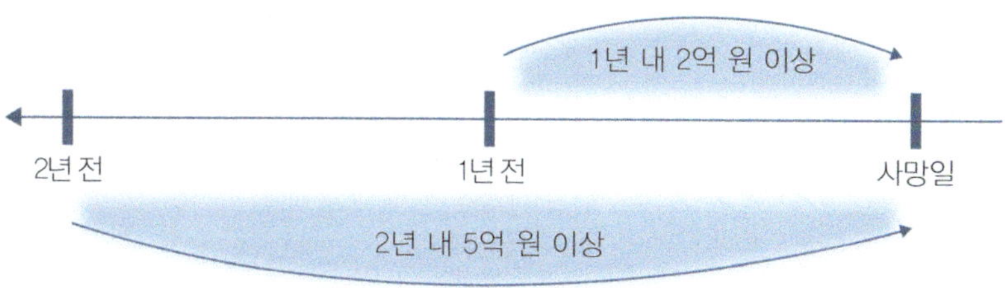

사용처를 소명할 대상은 위에서 분류한 a, b, c 종류별로 1년 이내의 금액을 합하여 판정하며, 1년 이내에는 2억 원에 미달하였으나 2년 이내에 처분한 금액을 전부 합하면 5억 원을 넘는 경우에는 처분대금을 소명할 대상이 된다.

예를 들어 1년 이내에 예금을 인출한 금액 합계가 3억 원이면 바로 소명대상이 된다. 그리고 1년 이내에 예금을 인출한 금액은 1억 원이었으나 이후 1년 동안 추가로 인출한 금액합계가 4.5억 원이었으면 2년 이내에 인출한 금액합계가 5.5억 원이 되므로 5.5억 원의 사용내역을 소명할 대상이 된다.

2 예금은 순인출금합계로 계산한다.

(1) 금융계좌에서 외부로 인출된 금액을 모두 합하여 계산한다.

사망한 사람의 예금계좌에서 1년 이내에 인출한 금액합계가 2억 원(2년 이내에는 5억 원)이상인 경우에는, 인출한 금액의 사용처를 상속인들이 입증해야 한다. 예금계좌가 여러 개인 경우에는 전체예금계좌에서 인출된 금액을 합하여 2억 원(2년 이내는 5억 원)과 비교한다.

금융계좌에서 인출된 금액 중에서 본인의 다른 금융계좌로 입금된 금액은 금융계좌외부로 나간 것이 아니므로, 1년간(혹은 2년간) 인출된 금액합계를 계산할 때는 금융계좌에서 인출되어 본인명의로 된 다른 금융계좌로 이체된 금액은 빼고 계산한다.[140)]

1년(혹은 2년)간 인출된 금액	=	1년(2년)간 출금액합계	−	본인의 다른 계좌로 예입된 금액

만일 사망한 사람이 상장주식 거래를 하였다면 주식계좌에서 출금된 금액도 예금 등 인출금액에 포함해야 한다.

140) 상증법 시행령 제11조, 상속세 과세가액에 산입되는 재산의 범위 ①항 2호

사 례

아래의 금융거래자료를 이용하여 추정상속재산과 본래의 상속재산을 계산하면? (상속개시일은 2025.12.31.이다.)

	거래일자	입금액	출금액	잔액	입출금내역
은행1	2025.1.1			200,000,000	
	2025.2.20		30,000,000	170,000,000	증권계좌로 이체
	2025.6.30	20,000,000		190,000,000	현금입금
	2025.8.20		120,000,000	70,000,000	사용처불분명
	2025.9.25	50,000,000		120,000,000	타인으로부터 송금
	2025.12.31		60,000,000	**60,000,000**	사용처불분명
증권계좌	2025.1.1			80,000,000	
	2025.2.20	30,000,000		110,000,000	은행계좌에서 입금
	2025.12.31			**110,000,000**	
합계		100,000,000	210,000,000		

* 사용처입증대상금액의 계산

상속개시 전 1년간 출금총액		210,000,000	
동기간 출금액 중 제외될 금액		−30,000,000	본인의 계좌로 이체된 금액을 제외
1년간 순인출금액		**180,000,000**	금융계좌외부로 출금된 금액
소명대상 1년 기준금액		**200,000,000**	**상속개시 전 1년간 2억 원 기준**
사용처입증대상액		없음	순출금액 1.8억이 기준금액 2억 원에 미달

* 상속재산총액의 계산

추정상속재산해당액		없음
은행의 상속일 현재 현금		60,000,000
증권계좌의 상속일 현재현금		110,000,000
상속재산 총액		**170,000,000**

(2) 인출액의 20%는 사용처를 소명할 필요가 없다.

인출된 금액이 2억 원(혹은 5억 원)을 초과하여 인출액의 사용처를 소명할 때, 사용처 전액을 소명하는 것이 쉽지 않은 점을 고려하여 인출액의 20%는 소명된 것으로 인정해 준다. 그러므로 사망하기 전 1년 이내의 인출액이 2억 원(2년 이내는 5억 원) 이상이 되어 사용처를 소명한 후, 사용처가 소명되지 않은 미소명금액을 전액 상속재산에 가산하지 않고, "인출액의 20%"를 뺀 금액만 상속재산에 가산한다.

다만, 미소명금액에서 빼주는 "인출액의 20%"는 2억 원까지만 인정한다.

> 추정상속재산금액 = 사용처 미소명금액 − 다음 둘 중 적은 금액 [인출액 * 20%, 2억 원]

사 례

아래의 금융거래자료를 이용하여 상속재산총액을 계산하면? (상속개시일은 2025.12.31이다.)

	거래일자	입금액	출금액	잔액	입출금내역
은행1	2024.1.1			200,000,000	
	2024.2.20		30,000,000	170,000,000	증권계좌로 이체
	2024.6.30	20,000,000		190,000,000	현금입금
	2024.8.20		120,000,000	70,000,000	사용처불분명
	2024.9.25	50,000,000		120,000,000	타인으로부터 송금
	2024.12.31		60,000,000	60,000,000	사용처불분명
	2025.3.2	350,000,000		410,000,000	
	2025.5.10		330,000,000	80,000,000	전세보증금지급
	2025.12.31			**80,000,000**	

증권 계좌	2024.1.1			80,000,000	
	2024.2.20	30,000,000		110,000,000	은행계좌에서 입금
	2025.7.31		20,000,000	90,000,000	입원수술비사용
	2025.12.31			**90,000,000**	현금잔고 9천만 원 이외에 평가액 25백만 원의 주식을 별도로 보유
합계		450,000,000	540,000,000		

* 사용처 입증대상금액 및 추정상속액의 계산

상속개시 전 2년간 출금총액		540,000,000	
동기간출금액 중 차감될 금액		− 30,000,000	다른 금융계좌로 예입된 금액을 제외
2년간 순인출금액		**510,000,000**	금융계좌외부로 출금된 금액
소명대상 2년 기준금액		**500,000,000**	**상속개시 전 2년간 5억 원 기준**
사용처 입증대상액		510,000,000	출금총액이 기준금액인 5억 원을 초과하므로 입증대상
사용처 입증액	330,000,000		전세보증금
	20,000,000	− 350,000,000	입원수술비
사용처 미소명분		160,000,000	510,000,000 − 350,000,000 = 160,000,000
미소명분에서 빼주는 금액		102,000,000	**둘 중 적은 금액** (2억 원, 5.1억 * 20%=1.02억 원)
추정상속재산 가산액		58,000,000	160,000,000 − 102,000,000 = 58,000,000

* 상속재산총액의 계산

추정상속재산해당액		58,000,000
은행계좌 상속일 현금잔액		80,000,000
증권계좌 상속일 현금잔액		90,000,000
전세보증금		330,000,000
증권계좌 상속일 주식평가액		25,000,000
상속재산총액		**583,000,000**

(3) 사용처는 사회통념상 인정되어야 한다.

금융계좌에서 인출된 금액 중 사용처를 소명하는 방법은 그 인출된 금액이 다른 재산을 취득하는데 사용된 사실을 입증하거나, 생활비 혹은 병원비등으로 사용된 사실을 입증해야 한다. 생활비나 병원비 등은 영수증과 같은 지출증빙을 갖추거나, 지출증빙이 없더라도 통상적으로 인정할 수 있는 규모로 생활비 등 사용내역서를 작성하여 구체적인 지출사실을 기재하면 인정받을 수도 있다.[141] 인출된 금액이 다른 사람의 계좌로 이체된 사실만으로는 사용된 것으로 인정되지 않으며, 상대방에게 이체한 사유를 제시하고 상대방의 확인서등을 통해 사용된 사실을 인정받아야 한다. 또한 상속재산에 현금을 포함하였다고 해서 그 현금을 금융계좌에서 인출된 금액의 사용처로 인정받을 수는 없다.[142]

3 부동산을 양도하면 실제 받은 금액으로 계산한다.

사망 전 1년 이내에 부동산을 처분한 금액이 2억 원(2년 이내는 5억 원) 이상인 경우에는, 처분한 대가로 받은 금액을 어디에 사용하였는지 소명해야 한다. 그 기간 동안 여러 개의 부동산을 처분한 경우에는 여러 개의 부동산처분대금의 합계액이 2억 원(혹은 5억 원) 이상이면 사용처소명대상이 된다.

부동산을 처분하기로 하고 대금을 계약금, 중도금, 잔금으로 나누어 받는 경우에는 처분대가 중에서 1년(혹은 2년) 이내에 실제로 받은

141) 조심 2009서 2933, 2010.11.30., 통상적인 생활비 등을 인정받은 사례
142) 상속세 집행기준 15-11-5, 용도가 객관적으로 명백하지 아니한 사례

금액만을 포함시킨다.

예를 들어 아래와 같이 부동산을 10억 원에 처분하고, 계약금과 중도금은 3년 전에 받았고 2년 내에 받은 금액은 잔금 4억 원일 때는, 잔금수령액 4억 원이 기준금액 5억 원에 미달되므로 사용처를 소명할 필요가 없다.

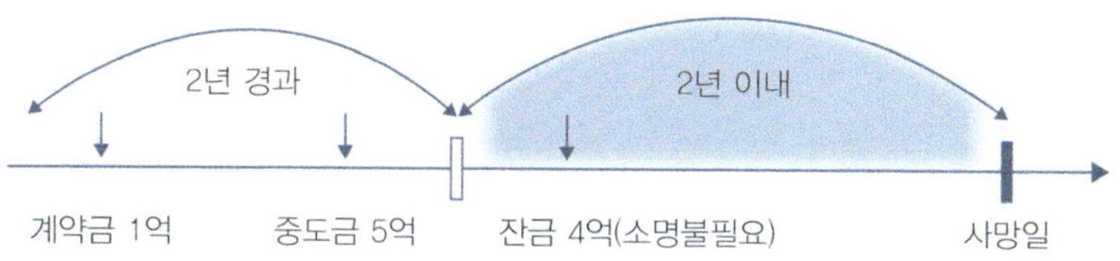

만일 잔금으로 받은 금액이 5억 원 이상이면 그 잔금에 대하여 사용처를 소명해야 한다.

4 부채도 사용처를 입증해야 한다.

(1) 부채가 존재하는 것과 사용처를 모두 입증해야 한다.

사망한 사람이 사망시점에 부담하고 있던 부채는 상속재산금액에서 공제된다.

부채를 공제받기 위해서는 부채가 존재하는 사실이 객관적으로 입증되어야 한다. 또한 부채로 인정되어 상속재산에서 공제되는 경우에도 사망 전 1년 이내에 발생된 부채금액이 2억 원(2년 이내는 5억 원) 이상인 경우에는, 부채로 조달된 자금이 어디에 사용되었는 지를 소명해야한다.

그 기간 중에 발생된 부채가 여러 건인 경우에는 발생된 모든 부채를 합한 금액으로 2억 원 혹은 5억 원 이상인지를 판정한다.

금융기관으로부터 빌린 부채는 금융기관의 확인서로 부채가 존재하는 사실을 입증할 수 있으며, 금융기관이 아닌 경우에는 채무부담계약서, 채권자확인서, 담보설정 및 이자지급에 관한 증빙서류로서 입증해야 한다.

만일 부채가 존재하는 것을 입증하지 못하면 그 부채는 상속재산에서 공제할 수 없다.

또한 부채가 입증되어 상속재산에서 공제되는 경우에도, 1년 이내에 발생된 2억 원 이상의 부채(2년 이내는 5억 원)에 대하여는 그 조달된 자금의 사용처를 입증하지 못하는 부분은 추정상속재산으로 보아 상속재산에 가산한다.

(2) 부채금액의 20% 부분은 사용처를 소명할 필요가 없다.

부채발생액이 1년간 2억 원(혹은 2년간 5억 원) 이상이 되어 발생액의 사용처를 소명할 때 사용처를 모두 소명하는 것이 어려우므로 발생액의 20%는 소명된 것으로 인정해 준다. 그러므로 사망하기 전 1년 이내의 부채발생액이 2억 원(2년 이내는 5억 원) 이상이 되어 사용처를 소명한 후, 사용처가 소명되지 않은 미소명금액을 전액 상속재산에 가산하지 않고, "발생액의 20%"를 뺀 금액만을 상속재산에 가산한다.

다만, 미소명금액에서 빼주는 "발생액의 20%"는 2억 원까지만 인정한다.

추정상속재산금액 = 사용처 미소명금액 − 다음 둘 중 적은 금액 [부채발생액 * 20%, 2억 원]

5 2년이 지난 처분대금은 국세청이 입증해야 과세할 수 있다.

위에서 설명한 것처럼 사망 전 2년 이내에 재산을 처분한 자금의 사용내역은, 상속인들이 국세청에 소명해야 하며 소명이 되지 않으면 상속재산에 합산한다.

그러나 사망 전 2년이 지난 이후에 재산을 처분한 자금은 그 사용처를 입증하지 못한다고 해서 바로 상속재산에 포함할 수는 없다.

국세청이 상속세를 조사할 때 사망한 사람의 과거 10년간 재산변동내역을 조사하지만, 사망일부터 역산하여 2년 이상 경과한 시점에 재산을 처분했던 경우에는 그 처분대금을 특정인에게 증여한 사실이 확인되는 것에 대하여만 증여세를 과세할 수 있으며 상속세를 과세할 수는 없다.

그러므로 상증법의 "추정상속재산"에 대한 규정은 처분자금의 사용처를 누가 입증할 책임이 있는가에 대한 규정으로 볼 수 있다. 사망 전 2년 이내의 처분자금의 용도는 상속인들이 소명할 의무가 있고, 2년이 지난 처분자금은 다른 사람에게 증여한 사실을 과세관청이 입증해야 증여세를 과세할 수 있다.

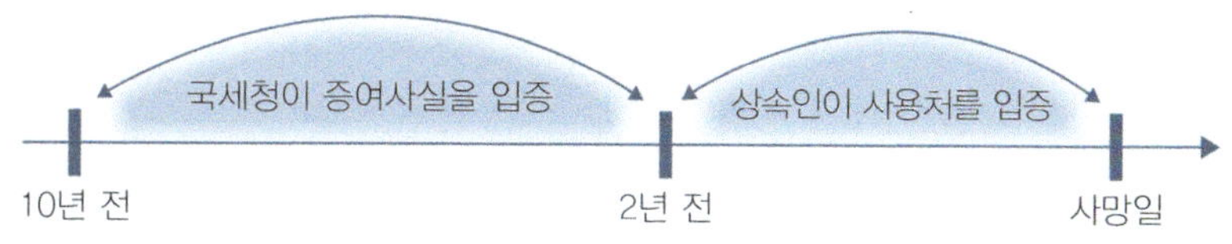

36장

사전증여재산 합산

사망 당시의 재산이 많으면 상속세가 커지게 된다. 사전에 증여를 하여 사망 당시의 재산을 줄이면 상속세도 줄어들 수 있을까?

생전에 재산을 증여함으로써 상속재산을 줄이는 것을 방지하기 위하여 생전에 증여한 것도 상속재산에 합산하여 상속세를 계산한다. 생전에 증여한 모든 재산을 상속재산에 합할 수는 없으므로, 생전에 배우자나 자녀에게 재산을 증여한 후 10년이 되기 전에 사망하면 사망 당시에 가지고 있던 재산과 생전에 증여했던 재산금액을 합산하여 상속세를 계산한다.

사망하기 전 10년 이내에 증여한 재산을 사망 당시의 재산에 합산하는 이유는, 사전에 재산을 증여함으로써 사망시점에 일시적으로 높은 세율이 적용되는 것을 피할 수 있으므로 이를 방지하기 위한 규정이다.

1 상속인은 10년, 상속인이 아닌 자는 5년 이내만 합산된다.

(1) 상속인에게 10년 이내에 증여한 재산은 상속재산에 합산된다.

재산을 가진 사람이 사망한 경우에 최우선순위로 재산을 상속받을 수 있는 사람을 상속인이라 한다. 배우자와 자녀가 있는 경우에는 배우자와 자녀가 최우선 상속인이 된다.

사망한 사람이 사망한 날부터 역산하여 10년 이내에 배우자나 자녀에게 증여를 하고 증여세를 낸 경우에도, 생전에 증여를 한 재산은 사망 당시에 가지고 있던 재산에 합산하여 상속세를 계산한다.

생전에 증여한 재산을 상속당시의 재산에 합산하여 상속세를 계산하면, 생전에 재산을 분산하여 증여하더라도 상속세를 절감하는 효과가 없어진다. 그러나 사망일로부터 역산하여 10년보다 더 오래 전에 증여를 하면, 상속재산에 합산하지 않으므로 상속세가 낮아지는 효과가 있다.[143)]

(2) 상속인이 아닌 자에게 생전에 증여한 것은 5년까지만 합산한다.

사망한 사람의 배우자나 자녀와 같은 최우선 상속인들이 아니라, 손자나 며느리 혹은 제3자와 같이 최우선 상속인이 아닌 사람에게 생전에 증여한 재산은 사망일로부터 역산하여 5년 이내에 증여한 경우에만 상속재산에 합산된다.

---

143) 상증법 제13조, 상속세 과세가액 제①항

〈상속재산에 합산하는 생전증여재산의 범위〉

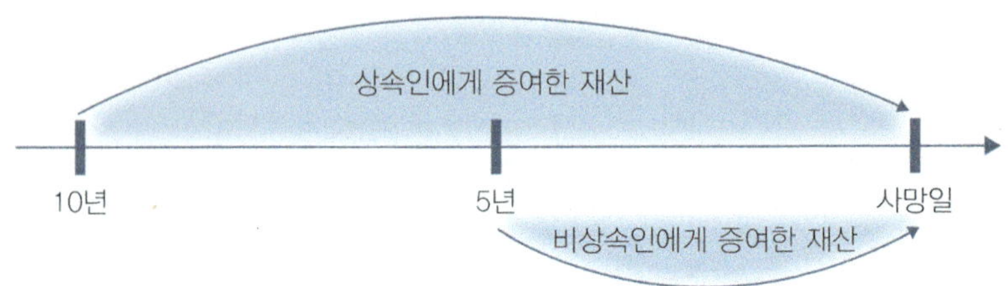

(3) 사망 전 5년 이내에 영리법인에게 증여한 금액도 상속재산에 합산된다.

상속인이 아닌 자에는 손자녀나 사위, 며느리 같은 자연인뿐만 아니라 영리법인도 포함된다.

그러므로 사망 전 5년 이내에 영리법인에게 증여한 재산이 있으면 그 재산도 상속재산에 포함된다.[144)]

예를 들어 생전에 본인이 대주주인 영리법인에게 대여했던 채권 10억 원을 면제하였다면, 법인에 대한 채무면제는 증여한 것과 동일하다. 그러므로 채무를 면제한 후 5년 이내에 본인이 사망하면, 10억 원의 증여금액을 그 사람의 상속재산에 합산해야 한다.[145)]

(4) 생전에 증여를 받은 사람이 상속을 포기해도 합산대상이다.

사망일로부터 10년 이내에 상속인에게 증여한 재산을 상속재산에 합산하는 경우로서, 생전에 증여를 받았던 사람이 상속을 포기하는 경우에도 합산대상이 된다.

144) 서면인터넷방문상담4팀-662, 2005.04.29.
145) 재산상속46014-94, 2001.01.27.

예를 들어 아버지가 어머니에게 8억 원을 증여한 후 9년이 되는 해에 사망하였고, 어머니는 자녀들을 위하여 상속을 포기하여 상속받을 재산이 없는 경우에도, 어머니에게 사전에 증여한 8억 원은 사망한 아버지의 상속재산에 합산되어 상속세를 계산한다.

(5) 생전에 증여를 받은 사람이 증여받았던 재산을 팔았어도 합산대상이다.

생전에 증여를 받았던 재산을 처분한 경우에도, 증여를 받은 날부터 10년 내에 증여를 했던 사람이 사망하면, 증여한 사람의 상속재산에 합산해야 한다.

예를 들어 아버지가 어머니에게 사망 전에 주택을 증여하였고, 이후 어머니가 그 주택을 판 후에 아버지가 사망한 경우에도, 당초 아버지가 어머니에게 증여한 날부터 10년 이내에 아버지가 사망하면, 아버지가 어머니에게 증여한 주택금액은 아버지의 상속재산에 합산된다.

(6) 사망하기 전에 다른 사람의 계좌로 이체한 것도 사전 증여로 보아 합산될 수 있다.

사망하기 전에 사망한 사람의 계좌에서 다른 사람의 계좌로 송금한 것이 상대방에게 증여한 것으로 확인되면, 사전 증여로 보아 증여세와 가산세가 추징되고 또한 상속재산에도 합산된다. 다른 사람의 계좌로 이체된 것이 확인되면 국세청은 다른 사람에게 증여한 것이 아닌지에 대하여 납세자에게 소명할 것을 요청하게 되며, 납세자가 증여가 아닌 것을 입증하지 못하면 증여세를 추징하게 된다.[146)]

146) 대법원 99두 4082, 2001.11.13

2 이미 낸 증여세는 상속세에서 빼준다.

(1) 생전에 증여한 재산이 상속재산에 합산되면 상속세가 커지게 된다.

생전에 증여했던 당시에 증여세를 냈다면, 같은 재산에 대하여 증여세와 상속세를 두 번 낼 수 없으므로 생전에 증여한 재산을 포함하여 계산한 상속세에서 과거에 냈던 증여세를 빼준다.

그러나 생전에 증여한 재산이 상속재산에 합산되면 상속재산가액이 커지므로, 누진세율(재산이 커질수록 세율이 높아지는 세율구조)로 계산된 상속세금액도 커진다.

과거에 납부한 증여세를 빼준다 해도 과거 증여세보다 더 증가된 세금을 상속세로 내야 하는 불이익이 있다.

(2) 사전증여는 증여시점으로 가치를 묶어두는 효과가 있다.

생전에 증여한 재산을 상속재산에 합치게 되면 결국 상속세로 다시 내게 되므로, 생전에 증여를 한다고 해서 세금이 절세되는 것은 아니다.

그러나 생전에 증여한 재산을 상속재산에 합칠 때는, 사망 당시의 평가액이 아니라 과거 증여할 당시의 금액으로 합산한다.[147] 그러므로 사전증여를 통하여 증여시점의 가치로 묶어둠으로써, 증여한 이후에 가치가 증가되는 부분은 상속재산에서 제외되는 효과가 있다.

147) 상증법 집행기준 13-0-7 사전증여재산가액의 평가

〈사전증여의 유리한 점〉

a. 상속 당시가 아니라 증여 당시의 평가액으로 상속재산에 합산되므로 증여이후 가치증가분은 면세혜택이 있다.
b. 배우자나 자녀에게 증여한 이후 10년(손자녀는 5년)이 지나면 상속재산에서 제외되므로 상속세가 줄어든다.

예를 들어 토지를 자녀에게 증여할 당시의 평가액이 3억 원이었으나 사망 당시 평가액이 5억 원으로 증가한 경우에, 증여하지 않고 가지고 있다가 상속으로 물려준 경우에는 5억 원에 대하여 상속세를 내지만, 사전에 증여한 재산을 상속재산에 합치는 경우에는 토지가액을 3억 원으로 합산한다. 그러므로 증여를 한 이후에 가치가 증가한 2억 원에 대하여는 세금 없이 자녀에게 물려준 결과가 된다.

그러므로 향후에 가치가 증가될 것으로 예상되는 재산(부동산, 주식 등)은 사전에 증여하는 것이 유리하다.

3 신고하지 않은 사전증여는 증여세와 상속세가 추징된다.

상속세를 조사하는 과정에서, 신고하지 않았던 사전증여가 확인되는 경우가 있다.

이와 같이 과거 증여세 신고가 누락되면 우선적으로 과거 증여했던 시점의 증여세와 가산세를 추징한다.

증여세를 추징한 후에, 증여한 금액을 상속재산에 합산하여 상속세를 다시 계산하며, 상속세를 재계산하여 늘어난 상속세와 가산세가 추가로 추징된다. 국세청이 상속세조사과정에서 가장 중점적으로 확인하는 것이 바로 사전증여재산이다. (33장. 유의할 중점조사항목 참조)

4 배우자가 사전 증여한 것은 합산되지 않는다.

(1) 사망한 그 사람으로부터 증여받은 것만 합산대상이다.

증여세를 계산할 때는 아버지로부터 10년 이내에 증여받은 것과 어머니로부터 10년 이내에 증여받은 것은, 아버지와 어머니를 같은 사람으로 간주하여 합산하여 증여세를 계산한다. (4장. 동일인 증여 합산규정 참조)

그러나 아버지가 사망하여 상속세를 계산하는 경우에 아버지가 자녀에게 10년 이내에 증여한 것은, 아버지의 상속재산에 합산하여 상속세를 계산하지만, 과거 어머니가 자녀에게 증여한 것이 있었다고 해서 어머니가 증여한 재산까지 아버지의 상속재산에 합산하는 것은 아니다.

(2) 증여를 받은 사람이 사망한 경우에는 합산하지 않는다.

생전에 증여를 했던 재산을, 증여를 한 사람이 사망한 경우에 상속재산에 합산하는 것은, 생전에 증여를 받았던 사람이 살아 있는 경우에만 적용된다.

예를 들어 아버지가 어머니에게 생전에 주택을 증여하였고, 어머니가 먼저 사망한 후에 아버지가 사망하였다면, 아버지의 상속세를 계산할 때 생전에 어머니에게 증여한 재산은 합산하지 않는다.

5 사전증여내역을 국세청에서 확인할 수 있다.

사망한 사람이 생전에 증여한 사실을 상속인들이 알지 못하는 경우가 있다. 또한 생전에 증여한 사실이 있는데도 착오로 생전증여를 상속재산에 합산하지 않으면 국세청의 상속세조사과정에서 가산세를 추징당할 수도 있다.

생전에 증여가 있었는지를 확인하기 위해 국세청에 "사전증여재산 확인신청서"를 제출하면 국세청에 신고 되어 있던 10년 이내의 증여세 신고내역을 상속인들에게 통보해 준다.

다만, 국세청에서 확인해주는 사전증여내역은 국세청에 신고 되었던 증여내역만 확인할 수 있다.

【상속세 및 증여세 사무처리규정 별지 제33호 서식】 (2019. 6. 3. 신설)

관리번호	-

상속세 합산대상 사전증여재산 확인신청서

처리기간
7일

상속세 합산대상 사전증여재산 확인을 위해서는 신청인과 피상속인의 주민등록번호를 포함한 개인정보의 수집·이용 제공에 동의하여야 하며 이를 원하지 않을 경우 정보 제공이 불가능 합니다.

신청인 (상속인)	① 성 명		② 주민등록번호	
	③ 피상속인과의 관계		④ 관계증명서류	【 】제출 【 】미제출
	⑤ 전 화 번 호	(자 택)		(휴대전화)
	⑥ 주 소			⑦ 전 자 우 편

※ 상속세 합산대상 사전증여재산 확인 신청은 민법상 1순위 상속인(사망자의 직계비속·배우자) 중 상속인들의 동의를 받은 상속인에 한해 신청할 수 있으며, 1순위가 없을 경우에는 2순위 상속인(사망자의 직계존속, 배우자), 1·2순위가 없는 경우에는 3순위 상속인(형제·자매), 1·2·3순위가 없는 경우에는 4순위 상속인(4촌 이내의 방계혈족) 순으로 상속인들의 동의를 받은 상속인에 한해 신청 가능

피상속인	⑧ 성 명		⑨ 주민등록번호	
	⑩ 주 소		⑪ 상 속 개 시 일	
제공대상	⑫	【 】신청인	【 】상속인 전부	

· 신청인(세무대리인 포함)은 이 건으로 취득한 상속세 합산대상 사전증여재산 조회 결과를 **상속세 신고 목적 외 용도로 사용해서는 안 됩니다.**

본인은 상기 유의사항에 대해 확인하였으며, 상속세 합산대상 사전증여재산 자료 제공을 신청합니다.

년 월 일

신 청 인 (서명 또는 인)

세무서장 귀하

신청인 제출서류	1. 신청인의 신분증(주민등록증, 운전면허증, 여권) 2. 상속세 합산대상 사전증여재산 확인 신청 상속인 위임장, 상속인의 위임의사를 확인할 수 있는 서류* * 상속인의 신분증(사본) 3. 대리인이 신청하는 경우 위임장, 위임인의 위임의사를 확인할 수 있는 서류*, 위임받은 사람의 신분증 * 위임자의 신분증(사본) 4. 가족관계증명서 등 피상속인과의 관계증명서류	수수료 없음

개인정보 수집·이용에 대한 동의 (개인정보보호법 제24조)

(수집·이용목적) 상속세 합산대상 사전증여재산 정보제공, 피상속인과의 관계 확인 등 (보유·이용기간) 30년

(수집대상 고유식별정보) 주민등록번호, 외국인등록번호, 여권번호 등

□ 본인은 개인정보 제공에 동의합니다. □ 본인은 개인정보 제공에 동의하지 않습니다.

※ 동의를 거부할 권리가 있으며, 동의를 거부할 경우 상속세 합산대상 사전증여재산 확인 신청을 할 수 없음을 양지하여 주시기 바랍니다.

신청인 (서명 또는 인)

처 리 절 차

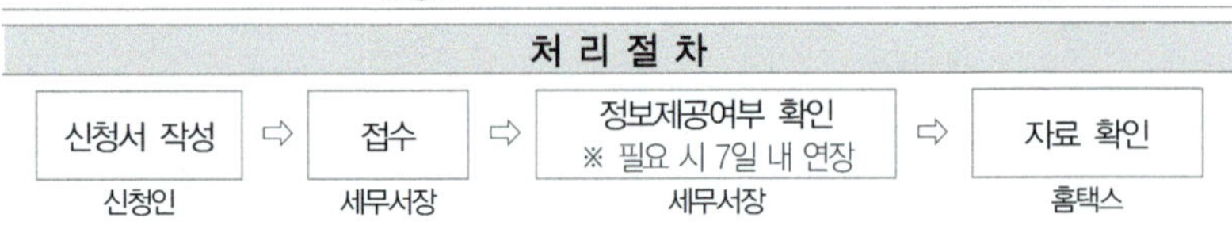

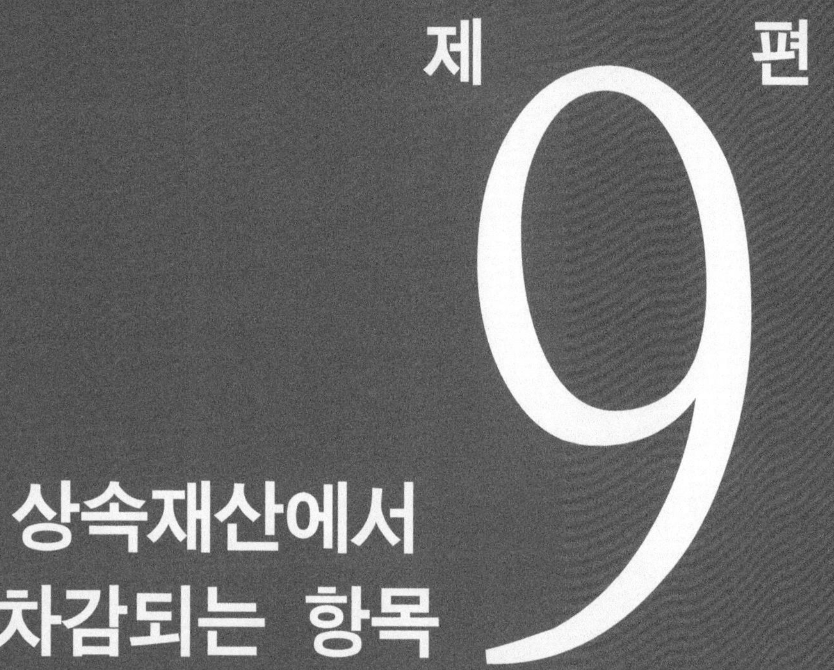

제 9 편

상속재산에서 차감되는 항목

물려받지 못할 재산은 빼고 계산한다!

37장

부채, 공과금 및 장례비

사망한 사람이 갚아야 할 빚은 재산에서 뺄 수 있을까?

사망한 사람이 갚아야 할 부채나 공과금은 그 사람의 재산에서 지급해야 하므로 상속재산에서 차감해준다.

1 채무는 상속재산에서 공제된다.

사망한 사람(피상속인)이 사망 당시에 가지고 있던 금융기관부채나 개인적 채무, 사업자로서 갚을 의무가 있는 부채 등은 상속재산에서 차감한다. 다만, 부채로 인정받기 위해서는 다음과 같은 입증자료가 필요하다.148)

148) 상증법 제14조, 상속재산에서 빼는 공과금 등

부채의 종류	입증자료
금융기관부채	차입약정서, 부채증명원
개인에 대한 부채	차입약정서, 채권자확인서, 담보제공내역, 이자를 지급한 금융자료
보유주택 전세보증금	임대차계약서, 임차인 주민등록표(임차인 거주사실 확인용)
보유상가 임대보증금	임대차계약서, 임차인 사업자등록증(임차사실 확인용)
개인사업상 부채	사업장부에 의해 확인되는 사업상 차입금 및 채무(공동사업인 경우 출자지분율만큼만 인정), 사업에서 고용하고 있는 종업원퇴직금등
미지급이자	부채에 대하여 사망일까지 계산된 이자
법인가지급금	법인의 주주나 임원인 경우 회사로 부터 빌린 차입금으로서 법인의 장부에서 확인되는 금액
보증채무	타인을 위해 지급보증을 하였으나 주채무자가 지급불능이고 회수할 수 없다고 확인되는 경우149)

위의 입증자료에 의해 부채가 확인되면 부채로서 공제받을 수 있다. 그러나 사망일로부터 1년 내에 발생된 2억 원(2년 내는 5억 원)이상인 부채에 대하여는 그 부채로부터 조달된 자금의 사용처를 입증해야 한다. 부채로 조달된 자금의 사용처가 입증되지 않으면 부채로 공제받을 수 없다.

149) 인터넷상담4팀-2210

2 공과금도 상속재산에서 공제된다.

사망한 사람이 사망하기 전에 확정된 공공요금, 소득세(개인사업자인 경우), 부동산에 대한 양도소득세 등은 상속재산에서 공제된다.

공과금	사망한 사람에게 고지된 각종요금, 신용카드청구액, 병원치료비 등
소득세	사망하기 전까지의 소득에 대한 소득세
양도소득세	사망 전에 부동산을 양도하고 잔금을 받았으나 아직 납부하지 않은 양도소득세
종합부동산세와 재산세	과세기준일인 6월1일 이후에 사망하였으나 피상속인이 납부하지 않은 재산세와 종합부동산세

사망한 사람이 내야할 공과금은 상속재산에서 공제가 되지만, 상속인들이 부담해야 할 공과금은 상속재산에서 공제받을 수 없다.

예를 들어 상속인들이 사망한 사람의 재산을 상속받으면서 내는 취득세는 재산을 상속받는 상속인들이 내야할 세금이므로 공과금으로 인정되지 않는다. 또한, 부동산을 양도한 후 잔금을 받기 전에 사망하였다면 사망 당시에는 양도가 종결된 것이 아니므로 양도소득세를 공제받을 수 없다.

3 장례비용은 상속재산에서 공제된다.

장례비용은 봉안시설사용비용(납골시설사용료)과 기타의 장례비(묘지나 비석 구입비 및 장례식장 사용료 등)로 구분하여 2가지를 공제받을 수 있다.

봉안시설이나 자연장지사용비용	최대 5백만 원 이내의 실제지출금액
사망일부터 장례일까지 직접 소요된 장례비용	5백만 원 이하는 5백만 원을 공제하고, 5백만 원 초과 시는 세금계산서나 영수증으로 입증되는 지출 중에서 1천만 원을 한도로 공제함

봉안시설사용료는 최대 5백만 원까지 인정되고 기타장례비는 최대 1천만 원까지 인정되므로 장례비 전체는 최대 1,500만 원까지 공제받을 수 있다.

4 감정평가 수수료도 공제받을 수 있다.

상속세를 신고하는 과정에서 부동산을 감정평가하거나 서화 등을 감정하는데 소요된 수수료는 상속재산금액에서 공제받을 수 있다.

부동산 감정평가 수수료	지급한 수수료로서 5백만 원까지 공제
서화 · 골동품 감정료	지급한 감정료로서 5백만 원까지 공제

38장

공익법인에 기부한 재산

상속재산을 자선단체에 기부하면 상속세를 줄일 수 있을까?

사망한 사람의 유언 혹은 상속인들 간의 합의로 공익법인에 기부한 재산은 상속재산에서 제외되므로 상속세가 줄어든다.

그러나 공익법인에 재산을 출연한 후에 본래의 공익목적에 사용하지 않거나 임의로 처분하는 경우에는 면제받은 상속세를 추징할 수 있다.

1 종교, 교육, 자선단체에 기부해야 한다.

국가기관, 학교, 의료법인, 종교단체, 복지단체, 장학 및 자선단체 등에 기부한 재산은 상속재산에서 제외한다. 복지, 장학 및 자선단체란 주무관청의 설립허가를 받아 설립되고, 관할세무서장의 추천을 받아 기획재정부장관이 지정한 비영리법인을 의미한다.

기부하는 방법은 사망한 사람이 유언으로 기부할 수도 있고, 유언 없이 상속인들이 협의하여 기부할 수도 있다.

2 법에서 정한 조건을 갖추어야 한다.

(1) 상속세신고기한까지 기부해야 한다.

공익법인 등에 기부하는 재산은 상속세신고기한인 6개월까지 공익법인에 기부하는 경우에 한하여 상속재산에서 제외 받을 수 있다. 다만, 상속인들이 협의하여 새로운 공익법인을 설립하여 재산을 기부하는 경우에는, 공익법인의 설립절차에 시간이 소요되어 6개월 이내에 재산을 기부할 수 없는 경우가 있다. 이 경우에는 설립이 된 날의 말일부터 6개월 이내에 기부하는 것도 인정된다.

(2) 상속인의 경영참여에 제한이 있다.

상속인들은 공익법인의 이사 중 1/5명을 초과할 수 없으며, 공익법인의 중요한 의사결정에 참여할 수 없어야 한다. 이사의 수가 5명보다 적은 경우에 상속인은 1명을 초과하여 이사로 선임될 수 없다.

3 주식은 법에서 정한 비율까지만 기부할 수 있다.

(1) 원칙적으로 발행주식의 10%까지만 기부할 수 있다.

사망한 사람이 보유하고 있던 주식을 공익법인에 기부하면 상속세를 면제받을 수 있다. 그러나 주식을 기부한 공익법인을 활용하여 주식을 발행한 법인을 지배할 수 있으므로, 기부할 수 있는 주식비율을 발행주식의 10%로 제한하고 있다. 만일 10%를 초과하여 기부하면 그 초과분은 상속세과세대상에 포함된다.[150]

기부하는 주식의 비율을 계산할 때는, 상속재산에서 출연하는 주식에 다음의 a~c 주식을 합하여 계산한다.

a. 출연당시에 해당공익법인이 이미 보유하고 있는 동일한 주식
b. 사망한 사람과 그 가족(특수관계인)이 다른 공익법인에 출연한 동일한 주식
c. 상속인과 그 가족(특수관계인)이 재산을 출연한 다른 공익법인이 보유하고 있는 동일한 주식

〈기부한 주식〉　　〈기부한 비율에 포함되는 주식〉

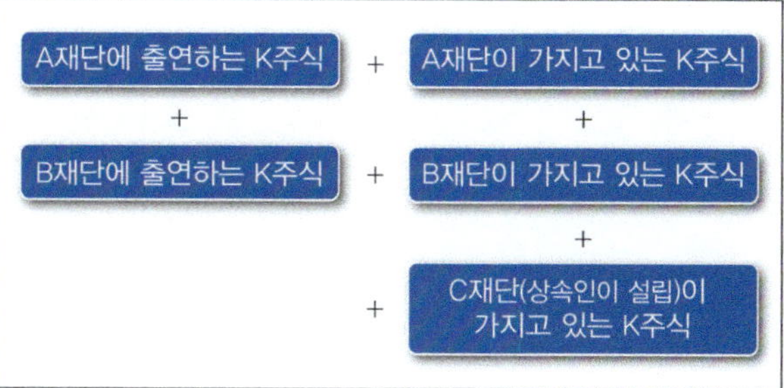

150) 상증법 제16조, 공익법인 등에 출연한 재산에 대한 과세가액 불산입 제②항

(2) 10%의 출연한도는 확대되거나 축소될 수 있다.

일반적인 주식출연비율은 발행주식의 10%까지이지만, 예외적으로 20%이상으로 확대하여 인정하는 경우와, 5%로 제한되는 경우가 있다.

20%로 확대되는 경우	자선, 장학, 사회복지를 목적으로 하는 공익법인으로서 주식에 대한 의결권을 행사하지 않을 경우
5%로 제한되는 경우	독점규제 및 공정거래에 관한 법률에 따른 상호출자제한 집단과 특수관계에 있는 공익법인
한도가 없는 경우	상증법의 조건을 갖춘 공익법인으로서 주무관청이 공익 사업목적에 필요하다고 인정하는 경우

제 10 편

상속재산 총액에서 공제하는 금액

상속공제는 절세의 핵심이다!

39장

기본공제

조건 없이 최소한으로 인정되는 공제금액은 얼마인가?

다른 공제와 상관없이 2억 원은 기초공제로 인정해 준다.

기초공제 2억 원과 아래에서 설명하는 인적공제를 합한 금액이 5억 원을 넘으면 그 합한 금액을 공제받고, 5억 원에 미달되면 5억 원을 공제받을 수 있다.

5억 원(일괄공제)은 배우자공제와 같은 다른 공제액에 추가하여 받을 수 있는 금액이다.

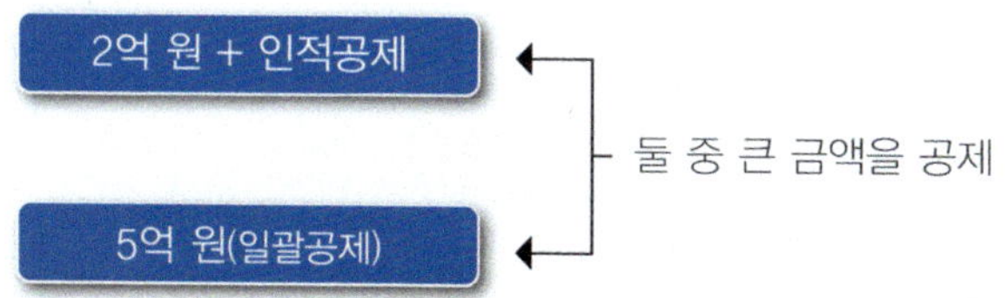

1 인적공제는 상속인과 동거가족에게 적용된다.151)

인적공제는 기초공제 2억 원에 추가하여, 상속인(배우자와 자녀)과 피상속인이 부양하고 있던 동거가족(부모, 형제나 손자녀)의 나이나 장애인여부 따라 공제액을 계산하는 것으로서 계산방법은 다음과 같다.

구분	대상자	공제금액
자녀공제	자녀	자녀 1인당 5천만 원
미성년자공제	상속인, 동거가족	(현재나이부터 19세까지의 연수) * 1천만 원
연로자공제	상속인, 동거가족	65세 이상인 사람당 5천만 원(배우자는 제외)
장애인공제	상속인, 동거가족	장애인의 현재나이별 기대여명 * 1천만 원

a. 자녀가 미성년자이거나 장애인이면 자녀공제와 미성년자공제, 장애인공제를 중복 적용한다.
b. 장애인이 다른 공제에도 해당되면 모든 다른 공제와 중복하여 적용한다.
c. 기대여명은 1세부터 100세까지 각 연령별로 잔여수명을 산정한 것으로서 통계청에서 발표한 기대여명표를 사용한다.
d. 장애인은 항시 치료를 요하는 중증환자나 장애인복지법에 의한 장애인으로서 의료기관 등에서 "장애인증명서"를 발급받아야 한다.

151) 상증법 제20조, 그 밖의 인적공제

2 신고가 없으면 무조건 일괄공제를 적용한다.

상속세를 신고하는 경우에는 "2억 원의 기초공제와 인적공제"를 합한 금액과 "5억 원의 일괄공제" 두 가지를 비교하여 더 큰 금액을 공제받을 수 있다. 그러나 상속세를 신고하지 않아서 관할세무서가 상속세를 결정하는 경우에는, 기초공제와 인적공제를 인정하지 않고 무조건 5억 원의 일괄공제만 적용한다.

3 상속인이 배우자 단독인 경우에는 일괄공제를 적용하지 않는다.

자녀가 없어 배우자만 단독으로 상속을 받는 경우에는 일괄공제 5억 원을 선택할 수 없다.

배우자가 단독으로 상속받는 경우에는, 기초공제 2억 원과 장애인공제(배우자가 장애인인 경우)의 합계액이 기본공제금액이 된다.[152)]

배우자가 단독으로 상속받는 경우라 함은 자녀가 없어 배우자만 단독으로 상속받는 경우를 의미한다.[153)]

그러나 자녀가 있는 데도 불구하고 모든 재산을 배우자가 상속받는 경우에는 배우자가 단독상속인인 경우에 해당되지 않으므로 일괄공제와 배우자공제를 모두 적용받을 수 있다.

152) 상증법 제21조, 일괄공제 제②항
153) 상증법 기본통칙 21-0---1, 일괄공제의 적용배제

4 장애인이나 미성년자가 있으면 일괄공제보다 유리할 수 있다.

상속인과 동거가족 중 미성년자나 장애인이 없으면, 인적공제금액이 크지 않으므로 기초공제 2억 원에 인적공제를 합한 금액이 5억 원에 미달되는 것이 일반적이다. 이런 경우에는 일괄공제 5억 원을 선택해야 한다.

그러나 상속인이나 동거가족 중에서 미성년자나 장애인이 있으면, 성년이 될 때까지의 남은 연수 혹은 장애인의 현재나이부터 기대여명에 해당하는 연수에 1천만 원을 곱한 금액이 큰 금액이 될 수도 있다.

예를 들어 장애인인 자녀의 나이가 30세이고 기대여명이 56세라면 그 자녀에 대한 인적공제는 다음과 같다.

인적공제	자녀공제	50,000,000	자녀 1인당 5천만 원
	장애인공제	560,000,000	56세* 연간 1천만 원
기초공제		200,000,000	
합계		**810,000,000**	일괄공제 5억 원보다 크므로 8.1억 원을 공제

5 외국거주자가 사망하면 기초공제만 인정한다.

우리나라에 살고 있지 않은 사람이 사망하는 경우에도 한국 내에 있는 재산에 대하여는 상속세를 내야한다.

상증법상으로 일괄공제는 「거주자의 사망으로 상속이 개시되는 경우」에 적용하는 것으로 규정되어 있으므로」, 비거주자의 상속세를 계산할 때는 기초공제 2억 원만을 인정하며, 일괄공제를 받을 수 없다.[154)]

일괄공제 이외에도 배우자공제 · 금융재산공제 등과 같은 다른 공제도 거주자에 대하여만 인정되므로, 사망한 사람이 외국에 살고 있어서 우리나라의 거주자가 아닌 비거주자이면 공제받을 수 없다.

6 기본공제 이외의 상속공제로서 배우자공제 등이 있다.

상속재산에서 공제되는 상속공제를 요약하면 다음과 같다.

〈상속공제요약〉

공제항목	공제금액	공제조건
일괄공제	5억 원	(기본공제 2억 원 + 인적공제)합계와 5억 원 중 더 큰 금액을 공제
배우자공제	30억 원 한도	배우자가 법정지분율 범위 내에서 실제로 상속받은 금액(최소 5억 원을 공제)
금융재산공제	2억 원 한도	금융자산에서 금융부채를 뺀 순금융재산의 20%를 공제
동거주택공제	6억 원 한도	직전 10년간 동거한 자녀가 상속받은 주택
가업상속공제	300~600억 원 한도	가업에 해당하는 주식으로서 피상속인이 사업한 기간별로 공제액을 적용

* 각각의 공제는 다른 공제와 중복하여 적용된다. 예를 들어 배우자가 금융재산을 상속받거나 가업을 상속받는 경우에는 배우자공제에 더하여 금융재산공제 혹은 가업상속공제를 추가로 적용한다.

154) 상증법 제18조, 기초공제 제①항, 제21조 일괄공제 제①항

40장

배우자 상속공제

배우자에게 물려준 재산은 전액 공제받을 수 있을까?

배우자가 있는 경우에는 배우자가 재산을 상속받지 않은 경우에도 5억 원을 공제해 준다. 그러나 배우자가 5억 원을 넘는 재산을 상속받는 경우에는 배우자가 실제로 상속받는 금액을 공제받을 수 있으며, 공제금액은 30억 원을 한도로 한다.

다만, 배우자가 실제로 상속받은 금액이 배우자의 민법상의 법정지분비율을 넘으면 법정지분율까지만 인정한다.

이 경우 배우자란 법률상 혼인관계에 있는 배우자를 의미한다.[155)]

〈배우자상속공제의 조건〉

a. 배우자가 실제 상속받아야 한다.
b. 법정지분율에 해당되는 금액을 넘을 수 없다.
c. 30억 원을 한도로 한다.
d. 배우자가 사전증여를 받은 금액은 공제액에서 제외한다.
e. 상속받은 것이 없어도 최소 5억 원을 공제한다.

155) 서면-2019-상속증여-4225, 2020.05.29.

1 배우자공제의 최소금액은 5억 원이다.

배우자가 실제 상속받는 금액이 5억 원보다 적거나 상속받는 재산이 없는 경우에도 5억 원은 공제를 인정해준다. 만일 상속세를 신고하지 않아서 국세청이 나중에 상속세를 조사할 경우에도 배우자가 있으면 배우자가 실제 재산을 상속받지 않은 경우에도 5억 원을 공제해 준다.

또한, 배우자가 상속포기를 한 경우에도 배우자공제 5억 원을 인정받을 수 있다.156)

배우자가 있으면 최소 5억 원을 공제받고, 자녀가 있으면 5억 원의 일괄공제를 받을 수 있으므로 배우자와 자녀가 있으면 최소 10억 원의 상속공제를 받을 수 있다.

2 실제 상속분은 법정지분율 범위 내에서 공제한다.

배우자공제금액은 "배우자가 실제 상속받는 금액"을 공제하되, 배우자의 법정상속분까지만 인정한다. 배우자의 법정상속분은 전체상속재산금액에 배우자의 민법상 상속지분율을 곱한 금액을 의미한다.

배우자공제한도액 = 상속재산금액 * 배우자법정지분율

156) 재산세과-179, 2011.04.07.

〈민법상의 법정분배율〉

자녀는 각 1의 지분, 배우자는 1.5의 지분을 가진다. 예를 들어 배우자와 자녀 2명이 있는 경우의 각자의 지분율은 다음과 같다. 전체지분합계 : 1+1+1.5=3.5 배우자의 지분율 : 1.5/3.5 (3.5중에서 1.5이므로 42.85%에 해당) 각 자녀의 지분율 : 1/3.5 (3.5중에서 1 이므로 28.57%에 해당)

위의 사례에서 상속재산이 20억 원이라면 배우자의 법정상속분은 8.57억 원이 되며(20억 원 * 42.85% = 8.57억 원), 20억 원 중에서 배우자가 10억 원의 재산을 상속받는 경우에도 법정상속분인 8.57억 원을 배우자공제로 인정한다.

(1) 상속재산금액은 사전증여재산과 추정상속재산이 포함된 금액이다.

배우자상속공제의 한도액을 계산하는 경우의 「상속재산금액」은 사망 당시의 모든 재산을 의미하며, 사망일로부터 10년 전에 상속인들에게 증여한 재산금액을 포함한 금액이다.

만일 상속재산에서 차감될 채무나 공과금이 있으면 그 금액을 빼서 계산한다.

예를 들어 사망 당시의 재산이 20억 원이고 사망 전 10년 내에 배우자와 자녀에게 증여한 금액이 5억 원이 있으며 은행차입금이 3억 원인 경우 한도액계산에 사용되는 상속재산금액은 22억 원(20억 원 + 5억 원 - 3억 원)이 되며, 배우자공제한도액은 22억 원에 배우자 법정지분율을 곱한 금액이 된다.

상속세를 계산할 때의 상속재산금액에는 상속개시 전 5년 이내에 상속인이외의 사람에게 증여한 금액도 포함되지만, 배우자상속공제한도액을 계산할 때의 상속재산금액에는 상속개시 전 5년 이내에 상속인이외의 사람에게 증여한 금액은 제외된다.

또한 배우자상속공제한도를 계산할 때의 상속재산금액에는, 상속세를 계산할 때 포함되는 추정상속재산금액(상속 전 2년 내에 처분한 재산중 사용처가 불분명한 금액)이 포함된 금액이다.[157]

〈배우자공제한도 계산시의 상속재산금액〉

a. 사망 당시에 가지고 있던 재산 b. 10년 내에 상속인들에게 증여한 재산 c. 추정상속재산

(2) 배우자의 법정지분율은 상속을 포기하기 전으로 계산한다.

배우자 공제액 한도액계산시의 배우자의 법정지분율은 민법에서 정한 상속인들의 법정지분율을 의미한다.

만일 상속인들 중에 상속을 포기한 사람이 있어도 상속을 포기하지 않은 상태에서 계산한 배우자의 법정지분율을 적용해야 한다.[158]

예를 들어 배우자와 자녀 2명이 상속인인데, 자녀 중 한명이 상속을 포기한 경우에도 배우자의 법정지분율은 자녀가 상속을 포기하기 전으로 계산한 1.5/(1.5+1+1) = 42.8%가 된다.

(3) 배우자가 사전증여를 받았다면 한도액이 줄어든다.

생존하는 배우자가 사망한 배우자로부터 10년 이내에 증여를 받은 경우에는 배우자공제한도가 줄어든다.

157) 상증세 집행기준19-17-2 배우자상속공제 계산시 상속재산금액
158) 재삼46014-1612, 1998.08.24

배우자가 사전에 증여를 받은 부분에 대하여는 배우자공제를 해줄 필요가 없으므로 이 금액만큼 공제한도액을 줄인다.[159)]

다만, 공제한도를 줄이는 금액은 증여받은 금액에서 증여공제액 6억 원을 뺀 증여세 과세표준을 의미한다.

예를 들어 10년 이내에 배우자가 증여를 받은 금액이 8억 원이 있었다면, 배우자증여공제액인 6억 원을 뺀 2억 원(증여세과세표준)을 배우자공제한도액에서 차감해야 한다.

배우자에게 사전증여를 한 경우에 배우자공제한도액은 다음과 같다.

배우자공제 한도액	=	상속재산금액 * 배우자법정지분율	−	배우자에게 사전 증여한 과세표준

• 사 례

다음의 자료를 이용하여 배우자상속공제액을 계산하면?

- 사망한 아버지의 사망 당시 재산 : 부동산 10억 원(대출금 4억 원), 예금 2억 원
- 사망 전 10년 내에 증여한 재산 : 배우자에게 8억 원, 자녀 2명에게 각각 3억 원(배우자에게 8억 원 증여 시 6억 원의 증여공제를 받았음)
- 배우자에게 부동산 10억 원을 상속함

상속재산금액 : (10 + 2 + 8 + 3 + 3) − 4억 원 = 22억 원
법정지분금액 : 22억 원 * 1.5/(1.5 + 1 + 1) = 942,857,000원
한도액 : 942,857,000 − (8억 원 − 6억 원) = 742,857,000원
배우자공제액 : 상속받은 10억 원 중 한도액인 742,857,000원을 공제함

159) 상증법 제19조, 배우자상속공제 제①항

3 배우자가 실제로 상속을 받아야 한다.

(1) 재산을 배우자명의로 이전해야 한다.

배우자가 실제로 상속을 받은 재산금액만큼을 상속재산에서 공제해 주므로, 배우자공제를 받기 위해서는 위의 한도액 범위 내에서 배우자가 실제로 재산을 상속받아야 한다.

실제로 상속받는다는 것은 상속인들 간의 협의를 통하여 부동산을 배우자이름으로 등기를 이전하고, 예금이나 주식은 배우자이름으로 명의를 바꾸어야 한다는 것이다.

배우자가 실제로 상속받았다는 것을 입증하기 위해서는 상속인들 전원이 동의한 「상속재산분할협의서」에 배우자가 상속받은 사실이 나타나야 한다.[160]

(2) 협의분할에 의한 상속으로 등기해야 한다.

부동산을 등기 이전할 때 등기원인을 "상속"으로 하거나 "협의분할에 대한 상속" 중에서 선택할 수 있다.

대법원과 조세심판원은 부동산의 소유권을 배우자이름으로 등기할 때 "협의분할에 의한 상속"을 원인으로 등기해야 배우자상속공제를 받을 수 있다고 판결하고 있다.

만일 가족 간에 협의하여 법정지분대로 나누기로 한 경우에도 분할협의서를 작성하지 않고 단순히 "상속"을 원인으로 등기를 하면 협의분할에 의한 상속인지 아니면 협의 없이 법정비율대로 상속등기를 하는 것인지 구분되지 않으므로 배우자공제를 받을 수 없다. 그러므로

160) 재산-374, 2011.8.3.

배우자상속공제를 받기위해서는 분할협의서를 작성하여 첨부하고 "협의분할상속"을 원인으로 하는 소유권이전등기를 신청해야 한다.[161)]

이와 반대로 기획재정부 및 국세청에서는 대법원판결 및 조세심판원결정과 달리, 상속인간에 협의하여 분할한 경우로서 등기원인이 "협의분할에 의한 상속"으로 한정되지 않고 단순히 "상속"을 원인으로 등기한 경우에도 배우자가 실제 상속받은 재산으로 인정한다고 해석하고 있다.[162)]

그러나 배우자상속공제를 받기 위해서는 최근의 대법원과 조세심판원결정과 같이 "협의분할에 의한 상속"으로 등기해야 할 것으로 판단된다.

(3) 배우자에게 사전 증여한 재산과 추정상속재산은 공제받을 수 없다.

배우자공제를 받을 수 있는 "배우자가 실제 상속받은 금액"이란 사망하는 시점에 보유하던 재산 중에서 배우자가 실제로 물려받은 금액을 의미한다.

그러므로 배우자공제를 받을 수 있는 금액인 "배우자가 실제 상속받은 금액"에는, 사망하기 10년 이내에 배우자에게 증여한 금액과 상속일전 2년 이내의 추정상속재산금액은 제외해야 한다.

배우자상속공제의 한도액을 계산할 때는 배우자에 대한 사전증여재산과 추정상속재산을 포함하여 계산하지만, 배우자가 실제 상속받은 금액을 계산할 때는 배우자에게 사전에 증여한 재산과 추정상속재산은 제외된다.[163)]

161) 대법원2018다219451, 2018.5.15. / 조심2022인0088, 2022.07.12.
162) 서면-2019-법령해석재산-4492, 2020.09.08
163) 상속세 집행기준 19-17-1, 배우자가 실제 상속받은 금액

〈배우자가 실제 상속받은 금액에서 제외되는 것〉

a. 피상속인이 사망하기 전에 배우자가 사전 증여받은 재산
b. 추정상속재산(사망일전 2년 이내의 처분재산 중 용도가 불분명한 재산)

(4) 배우자가 받은 재산에서 부채를 뺀 후 공제한다.

배우자가 실제로 상속받은 재산을 계산할 때 배우자가 인수한 부채가 있으면, 실제 상속받은 재산에서 인수한 부채를 뺀 금액이 배우자가 실제 상속받은 금액이 된다.

(5) 실제 상속받는 금액은 30억 원을 한도로 한다.

배우자가 민법상 법정지분율에 해당하는 재산을 상속받는 경우에도 그 금액은 30억 원을 넘지 못한다.

배우자공제를 30억 원까지 최대한 받기 위해서는, 총상속재산금액에 민법상 배우자의 법정지분율을 곱한 금액이 30억 원이 되어야 하므로 총상속재산금액은 30억 원보다 커야한다.

예를 들어 배우자와 자녀2명이 상속인이면 배우자의 법정지분율이 1.5/3.5 = 42.86%이므로, 배우자공제를 30억 원까지 받기 위해서는 상속재산금액이 최소 70억 원(70억 원 * 42.86% = 30억 원)을 넘어야 한다.

(6) 상속인이 배우자 혼자이면 30억 원까지 배우자공제를 받는다.

자녀가 없어 배우자가 혼자 상속을 받는 경우에는 모든 재산이 배우자에게 상속될 것이므로 상속받은 재산 중 30억 원까지는 공제를

받게 된다. 배우자가 단독으로 상속받는 경우에는 금융재산상속공제(2억 원까지), 기초공제(2억 원) 및 장애인공제(배우자가 장애인인 경우)는 추가로 받을 수 있으나, 일괄공제(5억 원)는 받을 수 없다.

4 재산분할기한까지 배우자에게 이전하는 것도 인정된다.

배우자공제를 5억 원만 신청하는 경우에는 배우자가 재산을 상속받지 않아도 5억 원의 공제를 인정받을 수 있다. 그러나 5억 원을 넘는 배우자공제를 신청하는 경우에는 배우자가 실제 상속받은 재산을 배우자에게 분할해야 한다.

재산을 분할한다는 것은 배우자이름으로 등기(부동산), 등록(차량), 명의개서(주식 등)를 한다는 것이며, 분할한 내용을 「협의분할서」로 작성하여 상속세신고시 첨부해야 한다.

상속세신고시점까지 배우자에게 재산을 분할하지 못한 경우에는, 상속세신고기한부터 9월까지(배우자상속재산분할기한) 상속재산을 분할해야 한다.

이 기간까지도 상속인들 간의 소송이나 상속인이 확정되지 않는 등의 사유로 재산을 배우자에게 분할하지 못하는 경우에는, 관할세무서장에게 「상속재산미분할신고서」를 제출하면 배우자상속재산분할기한으로부터 6개월까지 분할하는 것이 인정된다.

만일 상속인간의 소송이 제기된 경우에는 소송이 종료된 날부터 6개월 이내에 분할할 수 있다.

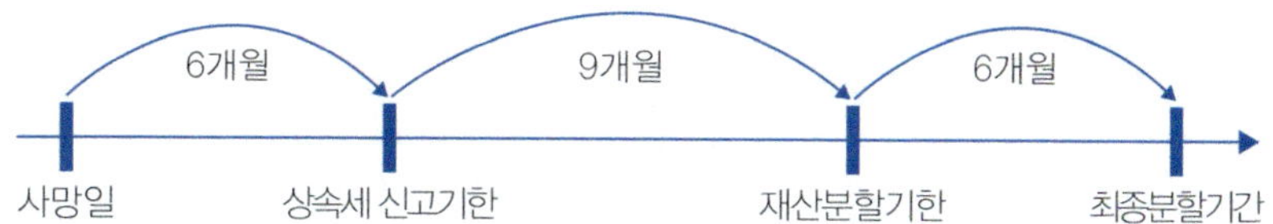

5 배우자 상속공제명세서를 제출해야 한다.

배우자가 실제로 상속받은 금액으로 배우자공제를 받는 경우로서 배우자공제금액이 5억 원보다 큰 경우에는 「배우자 상속공제명세서」를 제출해야 한다.

배우자 상속공제명세서는 배우자가 실제로 상속받은 금액과 법정상속지분금액을 기록하여 공제금액이 계산된 내역을 기록하고, 상속인간의 「협의분할서」와 배우자에게 실제 재산이 분할된 사실을 표시하는 서류를 함께 제출해야 한다.

41장

금융재산 상속공제

예금과 주식이 있으면 얼마를 공제받을 수 있을까?

금융기관의 예금이나 주식이 상속재산에 포함되어 있으면 그 금액의 20%를 공제받을 수 있다.[164]

다만, 공제받는 금액은 2억 원까지만 인정한다.

〈금융재산공제의 조건〉

a. 금융재산의 20%를 공제한다.
b. 금융부채는 금융재산에서 차감한다.
c. 공제금액은 2억 원을 한도로 한다.
d. 2천만 원이하의 금융재산은 전액공제 한다.

1 금융부채를 뺀 금액을 공제한다.

(1) 상속개시 당시의 금융재산이 공제대상이다.

상속개시 당시에 소유하고 있던 예금, 적금, 금전신탁, 보험금, 주식(상장 및 비상장주식 포함), 채권(국공채, 회사채), 수익증권 등과 같은

164) 상속세법 제22조, 금융재산 상속공제

금융재산에 대하여 공제받을 수 있다. 예금, 적금, 보험금, 금전신탁은 금융기관이 취급하는 것만 인정되므로 금융기관이 아닌 군인공제회 등의 예치금은 공제받을 수 없다.[165]

만일 금융기관에서 빌린 차입금이 있는 경우에는 차입금을 뺀 순 금융재산만 공제대상이 된다.

금융재산상속공제 = (금융재산 − 금융부채) * 20%

(2) 사전증여재산은 공제대상이 아니다.

상속개시 전 10년 이내에 상속인들에게 증여한 금융재산은 상속재산에는 합산되지만 금융재산 상속공제는 받을 수 없다. 또한 상속개시일 전 2년 이내에 처분한 재산 중 사용처를 입증할 수 없어 상속재산에 포함된 추정상속재산도 금융재산에 포함되지 않는다.[166]

2 금융부채는 금융기관대출금을 의미한다.

금융재산에서 빼는 금융부채는 은행과 같은 금융기관에서 빌린 대출금을 의미하며, 은행이 아닌 개인이나 회사로부터 빌린 대출금은 제외된다.

예를 들어 회사를 경영하는 사람이 회사로부터 돈을 빌려 상장주식을 구입한 후에 사망하였다면, 차입금을 상속재산에서 공제받고 또한 상장주식의 20%를 금융재산공제로 받을 수 있다.

165) 상속증여세과-477, 2014.12.10.

166) 상속세 집행기준 22-19-9, 금융재산 상속공제가 적용되지 않는 경우

3 공제액은 상한과 하한을 적용받는다.

(1) 공제액은 2억 원을 넘을 수 없다.

금융재산의 20%를 곱한 금액은 최대 2억 원을 넘을 수 없다. 즉 금융재산이 10억 원에 미달되면 금융재산의 20%를 공제하지만, 금융재산이 10억을 넘으면 공제금액은 2억 원만 인정된다.

(2) 최소공제액은 2천만 원이다.

금융재산의 20%를 곱한 금액이 2천만 원에 미달되면 2천만 원을 최소금액으로 한다. 다만, 금융재산금액이 2천만 원보다 적으면 금융재산 전액을 공제한다.

〈금융재산공제액〉

금융재산금액	금융재산공제액
2천만 원 이하	전액
2천만 원~1억 원	2천만 원
1억 원~10억 원	금융재산의 20%
10억 원 초과	2억 원

4 최대주주의 주식은 공제받을 수 없다.

사망한 사람이 가지고 있던 주식은 금융재산으로서 공제대상이 되지만, 최대주주인 경우에는 금융재산공제를 받을 수 없다. 최대주주란 해당법인의 주주 중에서 가장 많은 주식을 가진 주주를 의미하며, 본인과 본인의 특수관계인이 가진 주식을 모두 합하여 최대주주인지를 판정한다. (28장 증여받은 비상장주식의 사후관리 참조)

• 사 례

아버지가 사망하면서 다음과 같은 재산을 확인하였다. 금융재산 공제액은?

재산내역	금액
예금	6억 원
수익증권	2억 원
주식(최대주주)	4억 원
대여금	5천만 원

부채내역	금액
은행대출금	1억 원
회사대출금	3억 원

순금융재산 : (6억 원 + 2억 원) - 1억 원
= 7억 원(최대주주주식과 대여금은 제외)
금융재산공제 : 7억 원 * 20% = 1.4억 원

5 다른 공제와 중복하여 받을 수 있다.

금융재산공제를 받은 경우에도 일괄공제, 배우자공제를 받을 수 있다. 다만, 가업상속공제는 최대주주가 공제를 받는 것이므로 가업자산에 대하여 금융재산공제를 받을 수 없다.

42장

동거주택 상속공제

함께 살던 주택은 얼마까지 공제받을 수 있을까?

부모가 사망하면서 10년 이상 동거한 자녀에게 주택을 물려주면 6억 원까지 주택상속공제를 받을 수 있다. 주택상속공제를 받기 위해서는 사망일로부터 소급하여 10년 이상 계속하여 하나의 주택에서 동거한 자녀가 주택을 상속받아야 한다.[167)]

〈동거주택 상속공제 조건〉

a. 10년 이상 계속하여 동거한 자녀가 상속받을 것
b. 10년간 계속하여 1세대 1주택이었을 것
c. 10년간 자녀가 무주택이었을 것
d. 주택가액에서 대출금은 제외할 것
e. 6억 원을 한도로 한다.

1 동거하던 주택을 자녀가 상속받아야 한다.

주택상속공제를 받기위하여 주택을 상속받는 사람은, 상속인 중에서 사망한 사람의 직계비속만 해당된다. 만일 자녀와 같은 직계비속이 아닌 배우자가 주택을 상속받으면 공제를 받을 수 없다.

167) 상증법 제23조의2, 동거주택 상속공제

공제대상이 되는 주택은 부모의 사망시점에 자녀가 함께 동거하고 있던 주택을 의미하므로, 사망 당시에 그 상속주택에 살고 있지 않았다면 동거주택 상속공제를 받을 수 없다.[168)]

2 10년 전부터 계속하여 동거해야 한다.

주택을 상속받는 자녀는 사망일로부터 소급하여 10년 이상 계속하여 하나의 주택에서 부모와 동거하여야 한다. 10년 이상 계속하여 동거하여야 하므로 10년 중 일시적으로 별거한 경우에는 공제받을 수 없다. 10년을 계산할 때 다음사항을 주의해야 한다.

a. 자녀가 미성년자인 기간은 10년에서 제외한다. 즉 성년이 되고나서 10년간 계속하여 부모와 동거해야 한다.

b. 자녀가 학업이나 직장, 징집, 요양목적으로 별거한 경우에는 계속 동거한 것으로 인정하지만 별거한 기간은 10년에 포함하지 않는다. 즉 성년이 된 후 2년간 동거하다가 대학교에 4년을 다니면서 별거하였다면 대학졸업 후 8년간 부모와 동거해야 한다.

3 1세대 1주택 조건을 갖추어야 한다.

10년 이상 동거하는 기간 중에 부모와 자녀가 1세대를 구성하면서 1주택만을 소유해야 한다.

---

168) 상증법 집행기준 23의 2-0-1

상속받는 주택을 합쳐서 1주택이어야 하므로, 자녀가 다른 주택을 소유하고 있었으면 1세대 2주택이 되어 공제를 받을 수 없다.

또한 1세대별로 1주택자가 상속을 받는 경우에만 공제대상이 되므로, 상속받은 자녀의 배우자가 다른 주택을 소유하고 있었다면 1세대 2주택자가 되므로 동거주택 상속공제를 받을 수 없다.

만일 10년 중에 일부기간이라도 1세대 2주택에 해당되었으면 공제를 받을 수 없으나, 다른 주택으로 이사하기 위하여 일시적으로 2주택이 된 경우에는 공제받을 수 있다. 일시적인 2주택으로서 공제를 받기 위해서는, 새로운 주택을 산 후 3년(2023년 이전에는 2년이었으나 2023년부터는 3년으로 연장됨)내에 종전 주택을 팔고 새로운 주택으로 이사해야 한다.

10년의 기간 중에 무주택이었던 기간은 1세대 1주택기간으로 인정한다.

4 같은 주택에서 10년을 동거할 필요는 없다.

주택공제를 받기위해서는 10년 이상 1세대1주택조건을 유지하면서 부모와 동거를 하여야 하지만, 반드시 같은 주택에서 10년 이상 동거할 필요는 없다. 그러므로 1주택만을 소유한 상태에서 동거하고 있었다면, 여러 번 이사를 하다가 사망 당시의 주택에서 10년을 살지 못한 경우에도 10년 이상 하나의 주택에서 동거한 것으로 본다.[169)]

169) 기획재정부 재산세제과-669 2011.8.19.

5 주택을 상속받는 자녀의 지분만큼만 공제받을 수 있다.

주택을 상속받는 자녀가 여러 명이면 10년 이상 동거한 자녀가 상속받은 지분에 해당하는 주택가액을 공제받을 수 있다. 만일 부모가 사망하기 전에 해당 주택의 일부를 자녀에게 증여하여 부모와 공동으로 1주택을 소유한 경우에도 자녀가 상속받는 주택부분은 공제받을 수 있다.

6 대출금은 제외하고 6억 원을 한도로 공제한다.

동거하던 주택에 사망한 부모의 이름으로 된 대출금이 있는 경우에는 해당대출금을 제외한 주택가액을 공제대상으로 하며, 주택가격이 6억 원이 넘으면 6억 원까지만 공제한다.

7 재산을 분할할 때 동거주택공제를 고려해야 한다.

사망한 부모의 재산이 주택과 다른 재산으로 구성되어 있고, 자녀들도 10년간 계속하여 동거한 자녀와 결혼 등의 사유로 10년간 동거하지 못한 자녀로 구성되어 있는 경우에는, 재산을 분할할 때 계속하여 동거했던 무주택 자녀에게 주택을 상속하는 것이 상속세를 절세할 수 있는 방법이다.

43장

가업승계에 대한 상속공제

부모가 운영하던 사업체를 승계하면 얼마까지 공제를 받을 수 있을까?

사망한 사람이 10년 이상 경영하던 중소 혹은 중견기업으로서 법에서 요구하는 조건(다음 페이지의 1~4까지)을 모두 갖춘 가업재산을 승계 받은 경우에는, 가업을 영위한 기간에 따라 300억 원에서 600억 원까지 공제를 받을 수 있다.[170)]

사망한 사람의 사업영위기간	공제금액
10년 미만	없음
10년 이상~20년 미만	300억 원
20년 이상~30년 미만	400억 원
30년 이상	600억 원

* 사망한 사람이 개인사업자에서 법인으로 전환한 경우에는 개인사업기간도 사업영위기간에 포함한다.[171)]

** 사업영위기간은 같은 업종을 계속하여 운영한 기간으로 계산하며, 업종이 변경된 경우에는 표준산업분류표상 동일한 대분류 내에서는 같은 업종으로 인정한다.[172)] (제조업, 건설업, 도소매업 등의 분류)

*** 법인의 가업영위기간은 사망한 사람과 가족이 합하여 50%를 초과하는 최대주주상태에서 경영한 기간을 의미함[173)]

170) 상증법 제18의2, 가업상속공제 제①항
171) 상증법 기본통칙 18-15-1, 가업상속판정기준
172) 서면-2022-상속증여-0746, 2022.7.29.

〈가업상속공제의 조건〉

a. 중소기업 혹은 중견기업에 해당해야 한다. b. 40% 이상의 주식을 10년 이상 계속하여 보유해야 한다. c. 피상속인은 일정기간 대표이사로 등기되었어야 한다. d. 상속인은 2년 이상 가업에 종사했어야 한다.

1 중소기업 혹은 중견기업을 대상으로 한다.

공제대상이 되는 가업의 첫째조건은 중소기업 혹은 중견기업을 대상으로 한다.[174)]

(1) 사망일 직전 사업연도말 현재로 중소기업을 판정한다.

가업공제의 대상이 되는 중소기업이란 다음의 조건을 모두 갖춘 기업을 의미한다.

a. 업종조건	상증법시행령별표에 규정된 업종을 주된 사업으로 할 것(중소기업해당업종은 제조업, 건설업, 도소매업, 정보통신업 등이 포함되며 부동산임대업, 소비성서비스업, 기타의 서비스업 등은 제외된다.)*
b. 매출액조건	직전연도의 매출액이 중소기업기본법시행령 별표1의 기준에 해당될 것(업종별로 매출액 최대 1,800억 원 이하부터 최소 400억 원 이하일 것으로 규정되어 있다.)
c. 상호출자제한 그룹조건	독점규제 및 공정거래에 관한 법률에 따른 상호출자제한집단에 속하지 않아야 한다.
d. 대기업의 지배를 받지 않을 조건	자산총액이 5천억 원 이상인 다른 기업이 최대주주로서 30%이상을 투자하고 있지 않아야 한다.
e. 자산총액조건	법인의 자산총액이 5천억 원 미만이어야 한다.

173) 법규재산 2013-432, 2014.1.22.

174) 상증법 시행령 제15조, 가업상속

*

적용되는 업종	적용제외 업종
제조업	부동산 임대업
건설업	미용실·주점
도매업	노래방·PC방
음식점·제과점	커피전문점·세차장
유치원·병원·여행사	복권판매업

(2) 사망일 직전 사업연도말 현재로 중견기업을 판정한다.

중소기업이 매출액이 커져서 중소기업에서 벗어나게 되면 중견기업에 해당될 수 있으며, 가업상속공제의 대상이 되는 중견기업이란 다음의 조건을 모두 갖춘 기업을 의미한다.

a. 업종조건	상증법시행령별표에 규정된 업종을 주된 사업으로 할 것 (중소기업과 동일)
b. 상호출자제한 그룹조건	독점규제 및 공정거래에 관한 법률에 따른 상호출자제한집단에 속하지 않아야 한다.
c. 대기업의 지배를 받지 않을 조건	자산총액이 5조원 이상인 다른 기업이 최대주주로서 30%이상을 투자하고 있지 않아야 한다.
b. 매출액조건	직전연도이전 3년간의 평균매출액이 5천억 원 미만이어야 한다.

(3) 상속세를 낼 수 있는 능력이 충분한 중견기업은 공제를 받을 수 없다.

중견기업의 주식을 상속받은 상속인이, 본인이 상속받은 재산 중에서 주식을 제외한 다른 재산이 본인이 내야 할 상속세의 2배를 넘으면 가업상속공제를 받을 수 없다(납부능력이 있는 중견기업배제조건). 즉, 중견기업을 상속받는 상속인이 주식이외의 다른 재산을 많이 상속받아, 가업상속공제를 받지 않아도 상속세를 충분히 낼 수 있는 경우에는 가업상속공제혜택을 주지 않는다는 것이다.[175)]

이 경우 상속인 본인이 내야할 상속세는, 가업을 상속받은 자녀가 받은 재산이 전체 상속재산에서 차지하는 비율에 해당하는 상속세(가업상속공제를 받지 않은 경우의 상속세)를 의미한다.[176)]

중견기업을 상속받는 경우에는, 중견기업을 상속받을 상속인의 세금부담능력이 크면 공제를 받을 수 없으므로 다음과 같은 순서에 따라 공제여부를 확인해야 한다.

a. 공제 전 상속세계산 : 가업상속공제를 받지 않는다는 가정 하에 총상속세를 계산한다.
b. 상속인의 납부비율계산 : 가업을 상속받는 상속인이 상속받을 재산금액을, 전체 상속재산으로 나누어 그 상속인이 내야하는 상속세 부담비율을 계산한다.
c. 상속인이 부담할 상속세계산 : 위의 a금액에 b의 비율을 곱하여 해당 상속인이 내야할 상속세금액을 계산한다.
d. 상속인의 부담능력을 계산 : 해당 상속인이 가업을 제외하고 상속받은 재산금액이, 위의 c금액에 2를 곱한 기준금액보다 크면 가업상속공제를 받을 수 없다.

납부능력이 있는 상속인에게 가업상속을 인정하지 않는 제도는 중소기업에는 적용되지 않고 중견기업에만 적용된다.

175) 상증법 제18조의 2, 가업상속공제 제②항
176) 상증법 시행령 제15조, 가업상속공제 제⑦항

2 법인주식의 40% 이상을 10년 이상 계속하여 보유해야 한다.

가업의 두 번째 조건은 사망한 사람이 법인이 발행한 주식의 40%(상장법인은 20%) 이상을 10년 이상 계속하여 보유하여야 한다는 것이다. 40%의 주식의 보유비율은 본인과 가족 즉, 특수관계인이 소유한 주식을 합하여 계산하며, 10년간 계속하여 40%이상을 보유하여야 하므로 주식의 보유비율이 40%미만으로 떨어지면 다시 40%이상을 소유하고 나서 10년간 계속하여 보유해야 한다.

2022.12.31.까지는 발행주식의 50%(상장법인은 30%)를 보유해야 했으나 세법이 개정되어 2023.1.1.이후 상속분부터는 40%(상장법인은 20%)로 완화되었다.

3 사망한 사람은 일정기간이상 대표이사로 재직했어야 한다.

(1) 피상속인은 일정기간동안 대표이사로 재직했어야 한다.

가업의 세 번째 조건은 사망한 사람의 사업종사기간과 대표이사 재직조건이다.

즉, 사망한 사람은 10년 이상 사업에 종사해야 하고 대표이사로서 재직해야 한다.

대표이사로 재직해야하는 기간은 다음 3가지 중 어느 하나의 기간에 해당하면 된다.

a. 사업의 영위기간 중 100분의 50이상의 기간 : 사업을 영위한 기간이 30년이면 15년 이상을 대표이사로 재직하면 된다는 것이다.

b. 10년 이상의 기간 : 사망한 사람이 10년 이상 대표이사로 재직하는 경우를 의미하며 이 경우에는 상속인이 사망한 사람의 대표이사직을 승계하여 사망 당시까지 계속 재직한 경우에만 인정받을 수 있다.

c. 사망일로부터 소급하여 10년 중 5년 이상의 기간

(2) 피상속인이 사망당시에 대표이사일 필요는 없다.

피상속인이 위에서 요구하는 기간 동안 법인의 대표이사로 재직하면 가업상속공제의 조건을 갖춘 것이 되며, 피상속인이 사망하는 당시에 대표이사로 재직할 필요는 없다. 과거의 해석(법령해석재산-4808,2021.8.25.)에 따르면 피상속인은 사망당시에 대표이사일 것을 필요로 하였으나, 대표이사의 고령화로 사망당시의 대표이사요건은 현실적으로 충족하기 어려운 점을 감안하여 피상속인이 사망일 현재 경영하고 있지 않더라도 가업상속공제를 받을 수 있는 것으로 해석을 변경하였다.[177)]

4 상속인은 2년 이상 가업에 종사했어야 한다.

가업의 네 번째 조건은 상속인이 사업에 종사했어야 한다는 것이다. 가업을 상속받는 상속인은 18세 이상으로서 상속개시일 전에 2년 이상 가업에 종사하였어야 한다.

다만, 사망한 사람이 60세 이전에 사망하거나 천재지변 등 부득

177) 기획재정부 조세법령운용과-571, 2022.5.30.

이한 사유로 갑자기 사망한 경우에는 상속개시일 전에 가업에 종사할 의무는 없다.

가업에 종사할 의무란 회사에 실제 근무를 하는 것을 의미하며 반드시 임원이나 대표이사일 필요는 없다. 그러나 상속이 개시된 이후 상속세신고기한인 6개월 이내에는 임원으로 취임해야 하고, 신고기한이후 2년 이내에는 대표이사(개인사업자는 대표자)로 취임해야 한다.

만일 상속인의 배우자(사위)가 상속인조건을 갖춘 경우에도 상속인(자녀)이 그 조건을 갖춘 것으로 인정하여 가업상속공제를 적용받을 수 있다.

상속인이 가업에 종사하다가 중도에 퇴사한 후 다시 입사한 경우에는, 퇴사 전에 근무한 기간을 포함하여 2년을 근무하였는지 판정한다.[178)]

5 가업상속공제를 두 번 받을 수는 없다.

1차로 가업상속공제를 받은 후에 그 당시의 최대주주 중 다른 주주가 사망하는 경우에는 다시 가업상속공제를 받을 수 없다.

예를 들어 형과 동생이 합하여 최대주주인 상태에서 형이 사망하여 형의 자녀가 가업상속공제를 받은 이후 동생이 사망하면, 동생의 자녀는 가업상속공제를 받을 수 없다는 것이다. 그러나 아버지의 사망으로 아들이 가업상속공제를 받은 후, 아들이 사망하여 손자가 가업을 상속받는 것은 문제가 없다.[179)]

178) 상증법 기본통칙 18-15---1, 가업상속판정기준
179) 상증법 시행령 제15조 ③항 단서규정

6 두 개 이상의 가업 중에서 가장 긴 가업을 기준으로 공제한다.

사망한 사람에 2개 이상의 가업을 영위한 경우에도 공제한도액 범위 내에서 가업상속공제를 받을 수 있다. 공제한도는 가업별로 각각 적용하는 것이 아니라 피상속인이 운영하던 여러 개의 가업을 하나의 단위로 보고 하나의 공제한도액 내에서 공제를 받는다.[180]

공제한도는 여러 개의 사업 중에서 계속하여 경영한 기간이 가장 긴 사업의 영위기간에 해당하는 공제한도를 적용하며, 그 한도액 범위 내에서 경영한 기간이 긴 사업의 순서대로 공제를 적용한다.

예를 들어 사망한 사람이 15년 경영한 사업과 25년 경영한 두개의 사업이 있는 경우 25년 경영에 적용되는 400억 원이 공제한도가 되며, 25년 경영한 사업의 주식금액이 한도액 400억 원에 미달되면 400억 원에 미달된 금액의 범위 내에서 15년 경영한 사업의 주식금액을 공제받는다.

7 2인 이상이 상속받는 경우에도 공제받을 수 있다.

하나의 가업을 두 명 이상의 상속인이 공동으로 상속받는 경우에도 가업상속공제를 받을 수 있다.

다만, 공제받을 수 있는 금액은 가업상속공제조건(예를 들어 사망 전 2년간 근무조건 등)을 갖춘 상속인이 상속받은 지분금액에 한하여 가업상속공제를 받을 수 있다.

---

180) 상증법 시행규칙 제5조, 가업상속의 공제한도 및 순서

8 비업무용자산이 있으면 공제금액이 줄어든다.

가업에 해당하는 주식의 평가액은 상증법의 평가규정에 따라 평가한 금액으로 한다.

법인의 경우 법인이 보유한 자산 중에서 사업과 관련이 없는 자산이 있으면 그 자산의 비율만큼을 공제금액에서 제외한다.[181)]

(1) 공제금액은 사업무관자산의 비율만큼을 빼서 계산한다.

공제금액 = 주식평가액 * (1 − 법인의 총자산중 사업무관자산의 비율)

* 자산금액은 사망 당시의 평가액으로 한다.

〈가업에 해당되는 주식〉

업무용 비율 해당분	⇒ 가업상속재산에 해당	→ 가업상속공제 대상
비업무용 비율 해당분	⇒ 일반주식에 해당	→ 가업상속공제 제외

181) 상증법 시행령 제15조 ⑤항 2호

(2) 비업무용 부동산, 대여금, 과다예금, 주식은 사업무관자산이다.

공제액에서 제외되는 비율을 계산할 때 사업무관자산에 해당되는 것은 다음과 같다.

〈사업무관자산의 범위〉

a. 비업무용 부동산 : 법인의 업무에 사용되지 않는 토지와 건물(법인세법 제55조의 2)
b. 비업무용 동산 : 비업무용 서화, 자동차등(법인세법 시행령 제49조)
c. 대여금 : 다른 법인이나 개인에게 금전을 빌려준 금액
d. 임대용부동산 : 타인에게 빌려주고 있는 부동산
e. 과다보유현금 : 직전5개사업연도말 현재 평균한 현금보유액의 2배를 초과하는 현금(2025년부터 1.5배를 2배로 개정). 현금에는 요구불예금과 만기가 3월 이내인 예적금 및 금융상품을 포함한다.
f. 주식이나 채권 : 법인의 업무와 관련 없이 보유하고 있는 다른 법인의 주식 및 채권, 업무와 관련이 없는 금융상품을 포함한다.

사업무관자산이 크면 가업상속공제금액이 줄어들 수 있으므로, 상속개시 전에 사업무관자산을 처분하거나 대여금을 회수한 후, 부채상환에 사용함으로써 총자산 중 업무무관자산의 비율을 낮추는 것이 유리하다.

(3) 개인사업의 경우에는 사업용 자산금액만 공제한다.

개인사업자인 경우에는 사업에 직접 사용되는 토지, 건물, 기계장치의 금액을 공제대상으로 하며, 토지나 건물을 담보로 한 채무금액은 빼서 계산한다.

9 가업상속공제 후 5년간 사후관리요건을 지켜야 한다.

가업을 상속받아 공제를 받은 연도 말부터 5년간 근로자수, 총급여액수준을 유지해야하고 사업용 자산을 처분하거나 상속받은 지분이 감소되는 행위 등을 할 수 없다.

2022.12.31.까지는 사후관리기간이 7년이었으나 2023년부터는 5년으로 변경되었다.

상증법에서 요구하고 있는 사후관리요건은 다음과 같다.[182)]

(1) 가업용 자산의 40% 이상을 처분할 수 없다.

가업을 상속받은 후 5년 이내에 상속개시당시에 가지고 있던 가업용 자산의 40% 이상을 처분할 수 없다.

가업용 자산은 사업에 직접 사용하는 토지, 건물, 기계장치를 의미하며, 내용연수가 경과된 자산을 처분하는 것은 제외한다.

사업용 자산을 업무에 사용하지 않고 임대하는 것도 처분한 것으로 본다.

(2) 상속인이 5년간 계속하여 가업에 종사해야 한다.

가업상속공제를 받은 해당 상속인은 5년간 계속하여 가업에 종사하여야 한다.

가업에 종사해야한다는 것은 다음과 같은 조건을 모두 갖추어야 한다는 것이다.

---

182) 상증법 제18조의 2, 가업상속공제 제⑤항

a. 상속인이 대표이사로 계속하여 사업에 종사할 것
b. 가업의 주된 업종을 변경하지 않을 것, 다만 표준상업분류표상 대분류 내에서 업종을 변경하는 것은 인정된다. (예를 들어, 제조업에서 도소매업으로는 변경할 수 없지만 제조업 내에서의 업종 변경은 허용됨)
c. 해당 가업을 1년 이상 휴업(실적이 없는 것도 휴업으로 간주)하거나 폐업하지 않을 것

(3) 상속받은 상속인의 지분을 유지하여야 한다.

가업상속공제를 받은 해당 상속인이 5년간 계속하여 상속받은 지분비율을 유지해야하고, 상속받은 주식수가 줄어들지 않아야 한다. 법인이 유상증자를 할 때 상속인이 유상증자에 참여하지 않고 실권을 함으로써 지분율이 줄어드는 것도 지분이 감소되는 것에 해당한다.

보유하던 주식을 팔아서 지분이 줄어드는 경우뿐만 아니라 자본을 감소시켜 주식수가 줄어드는 것도 모두 지분이 감소된 것으로 간주한다.[183)]

자본을 감소시켜 주식수가 줄어드는 것도 사후관리를 위반한 것이 되므로, 법인이 기존주주의 지분율을 유지한 채 균등한 비율로 유상감자를 하여 주식수가 줄어드는 것도 지분을 처분한 것으로 간주한다는 것을 주의해야 한다.[184)]

〈사후관리를 위반한 경우〉

a. 보유지분을 매각하여 지분이 줄어드는 경우
b. 유상증자에 참여하지 않아 지분율이 줄어드는 경우
c. 유상감자를 함으로서 주식수가 줄어드는 경우

183) 국세청해석, 재산세과-16, 2011.1.7
184) 기획재정부 재산세제과-1575, 2022.12.23.

(4) 매년 평균정규직 근로자수 혹은 평균급여액이, 기준의 90% 이상을 유지해야 한다.

상속 이후 5년 전체를 평균한 정규직근로자수(매월 말 근로자수를 합하여 12로 나눈 연평균 근로자수)가, 상속이 개시된 연도의 직전 2년간의 정규직 평균근로자수의 90%보다 커야 한다. 정규직 근로자는 1년 미만 근로한 자와 1개월간 60시간 미만인 단기근로자를 제외한 근로자를 의미한다.

만일 5년 전체를 평균한 정규직 근로자수를 유지하지 못하는 경우에는, 상속이후 5년간 정규직 근로자에게 지급한 총급여액의 평균이, 상속이 개시된 연도의 직전 2년간 지급한 총급여액의 90%이상을 지급하면 사후관리를 충족한 것으로 본다.

이 사후관리 조건은 2022년까지는 매 연도에 충족해야 했으나 2023년부터는 법이 개정되어 상속 이후 5년 전체를 평균하여 90%를 충족하면 된다.

10 사후관리조건을 위반하면 상속세를 추가로 내야 한다.

상속인이 사후관리를 위반하면 위반한 월의 말일부터 6개월 이내에, 당초에 공제받았던 상속세를 내야하고 내야할 세금에 대한 이자를 추가로 내야 한다.

44장

상속공제의 한도

상속세를 계산할 때 사망 당시의 재산전체에 대하여 상속세를 계산하면 남아있는 가족들의 세금부담이 커지게 되므로, 상속인들의 나이 등 상황에 따라 일정금액을 빼줌으로써 남아있는 상속인들의 세금부담을 덜어주는 것이 상속공제의 목적이다.

그러므로 상속공제는 사망 당시의 재산에서만 공제되며, 사전에 증여한 재산에 대하여는 공제할 수 없다. 또한 상속당시에 보유하고 있던 재산금액 중에서 상속인이외의 사람(며느리, 손자 등)에게 상속한 금액도 공제대상에서 제외한다.

결국 상속공제액은 상속당시에 보유한 재산 중에서 상속인들에게 상속한 금액까지만 인정한다.[185)]

상속공제액의 한도	=	상속세 과세가액	−	사전에 증여한 금액*	−	상속인외의 자에게 유증한 금액

* 사전에 증여한 금액은 증여 당시의 과세표준(증여금액−증여재산공제액)을 의미한다.

185) 상증법 제24조, 공제적용의 한도

상속세 과세대상재산(과세가액)	상속공제한도 포함여부
사망당시재산 중 상속인 상속분(배우자, 자녀)	포함
간주상속재산(보험금 등)	포함
추정상속재산(2년 내 처분재산)	포함
사망당시재산 중 비상속인 상속분(손자 등)	제외
상속인에게 10년 이내 사전 증여한 재산	제외
비상속인에게 5년 이내 사전 증여한 재산	제외

1 상속공제는 상속 당시의 재산에 대하여만 인정한다.

(1) 사전증여재산은 상속공제를 받을 수 없다.

상속세의 과세대상이 되는 재산에는 사망 당시의 재산뿐만 아니라 사망하기 전 10년 내에 배우자나 자녀와 같은 상속인들에게 사전 증여한 재산을 포함하며, 5년 내에 손주와 같은 상속인 이외의 사람에게 증여한 재산도 포함된다.

만일 상속공제금액을 전부 합한 것이 사망 당시에 보유하고 있던 재산보다 큰 경우에는, 사망하기 전에 사전 증여한 재산까지 공제받을 수 있으므로 이를 방지하기 위하여 상속공제총액은 사망 당시에 소유했던 재산금액까지만 인정한다.

다만, 사전 증여한 금액을 상속공제한도에서 빼는 경우에는 증여재산금액을 빼는 것이 아니라, 증여 당시의 과세표준(증여재산금액－증여재산공제) 즉, 증여재산공제를 초과하는 증여재산부분을 빼준다. 예를 들어 배우자에게 사전증여한 금액이 8억 원이었다면 상속공제한도에서 빼는 금액은 사전증여한 금액 8억 원이 아니라 배우자공제 6억 원을 초과하는 2억 원이 된다. 그러므로 과거 증여 당시에 받았던 증여재산공제액은 상속공제한도를 줄이지 않는 결과가 된다.

사 례

다음 자료에 의하여 사전증여로 인해 부담할 총세금을 계산하면?

- 사망 당시 소유한 재산금액 : 8억 원
- 자녀 2명에게 각각 3.5억 원씩 사전증여(각자 증여재산공제 후 증여세 과세표준합계는 6억 원이며, 각자 5천만 원의 증여세를 납부)
- 증여세 산출세액 : 50,000,000 × 2명 = 100,000,000
- 상속공제는 일괄공제와 배우자공제만 해당되는 것으로 가정한다.

상속금액총액 : 8억 원 + 3.5억 원×2 = 15억 원
상속공제총액 : 일괄공제 5억 원 + 배우자공제 5억 원 = 10억 원
상속공제한도 : 상속재산총액 15억 원
사전증여금액 (6억 원)(사전증여 할 당시의 증여세과세표준 6억 원을 차감)
상속공제금액 9억 원
상속세과세표준 : 15억 원 − 9억 원 = 6억 원(상속공제금액이 9억 원으로 감소)
상속세산출세액 : 120,000,000 (1억 원 × 10% + 4억 원 × 20% + 1억 원 × 30%)
증여세공제 : (100,000,000) (이미 납부한 증여세)
상속세 납부액 20,000,000

* 상속세와 증여세 합계 : 20,000,000 + 100,000,000 = 120,000,000

* 만일 사전증여하지 않고 전부 상속하였다면 부담할 세금은 다음과 같다.
상속세과세표준 : 15억 원 − 10억 원 = 500,000,000(상속공제금액으로 10억 원을 인정)상속세산출세액 : 90,000,000

* 결국 사전증여로 상속공제액이 줄어서 세금부담이 30,000,000 만큼 더 커지게 된다.

(2) 상속재산이 5억 원에 미달되면 상속공제한도가 없다.

원칙적으로 사전에 증여한 재산은, 상속재산금액에 합산은 되지만 상속공제액에서는 제외된다. 그러나 사전에 증여한 재산을 사망당시의 재산에 합친 후의 상속재산가액이 5억 원에 미달될 때는, 사전에 증여한 재산액에 대하여도 상속공제를 인정해 준다.

예를 들어 4.5억 원의 재산을 가진 아버지가 생전에 자녀2명에게 1.5억 원씩 총 3억 원을 증여한 후 10년 이내에 사망하였고, 사망당시 예금이 1.5억 원이 남아있었다면, 상속재산가액은 1.5억 원과 3억 원을 합친 4.5억 원이 된다.

그러나 생전에 증여한 재산을 합친 총상속재산 4.5억 원은 5억 원에 미달되므로, 생전에 증여한 재산 3억 원도 상속공제를 받을 수 있다.

그러므로 배우자공제가 없다고 가정해도 일괄공제 5억 원 범위 내에서 상속재산전부를 공제받을 수 있으므로, 증여세 이외에 추가로 내는 상속세는 0이 된다.

2 손자녀에게 물려준 재산은 공제받을 수 없다.

사망 당시의 재산을 배우자나 자녀와 같은 상속인들이 상속받으면 공제를 모두 인정받는다. 그러나 사망한 사람이 유언으로 손자녀나 사위 혹은 며느리와 같은 상속인이 아닌 사람에게 상속을 한 재산에 대하여는 상속공제를 받을 수 없다.

만일 상속재산전부를 배우자나 자녀에게 상속하지 않고 유언에 따라 손자에게 전부상속을 한 경우에는 상속공제한도액이 0이 되어 상속공제를 전혀 받을 수 없다.[186]

• 사 례

다음 각각의 경우별로 상속세를 계산하면?

- 상속재산금액 : 10억 원
  - a. 10억 원을 배우자와 자녀에게 상속한 경우
  - b. 10억 원을 유언으로 손자에게 전부 상속한 경우
- 상속공제는 배우자공제 5억, 일괄공제 5억으로 한다.

	a	b
상속재산	10억 원	10억 원
상속공제	10억 원	없음
과세표준	0	10억 원
산출세액	0	2.4억 원

* 손자에게 상속함으로서 상속세가 2.4억 원이 되며 추가적으로 30% 할증이 적용된다.

3 선순위상속인이 상속을 포기하면 상속공제를 받을 수 없다.

아버지가 사망하였으나 선순위상속인인 배우자와 자녀가 상속을 포기하면 손자녀가 상속을 받게 된다. 이런 경우는 유언으로 손자녀에게 재산을 상속한 것과 같으므로 손자녀에게 상속한 금액만큼은 상속공제를 받을 수 없다.

186) 재삼01254-2318

4 가업상속공제는 공제한도를 적용받지 않는다.

공제한도를 적용받는 대상에는 기초공제, 인적공제, 배우자공제, 일괄공제, 금융재산공제, 동거주택공제의 합계액이다. 그러나 가업상속공제는 공제한도를 적용받지 않고 전액을 공제한다.

5 상속공제금액을 남겨놓고 사전증여를 해야 한다.

생전에 재산을 자녀들에게 물려주거나 손자녀에게 상속하려고 할 때는 상속공제가 축소되는 불이익이 있다.

사전에 재산을 증여할지 혹은 손자녀에게 유언으로 상속할지를 결정할 때는 재산규모를 고려하여 판단해야 한다. 만일 상속공제금액이 10억 원(일괄공제 5억 원과 배우자공제 5억 원)으로 예상된다면, 재산 중에서 10억 원을 상속인들에게 상속할 몫으로 남겨놓고 10억 원을 넘는 재산을 사전증여하거나 손자녀에게 상속해야 한다. 이렇게 함으로써 상속공제 10억 원을 전부 활용할 수 있다.

예를 들어 사망 전 재산이 15억 원인 경우에는, 5억 원까지만 사전에 증여하거나 혹은 유언으로 손자녀에게 물려주는 것이 유리하다.

사전증여, 손자상속에 사용할 금액 = 재산총액 − 상속공제액(10억 원)

제 11 편

상속세할증 및 세액공제

세액공제는 현금과 같다!

45장

세대생략상속에 대한 할증

자녀를 건너 띄어 손자녀에게 바로 상속하면 세금이 줄어들 수 있나?

할아버지가 손자녀에게 재산을 상속하면 자녀세대를 건너 재산이 이전되므로 자녀세대를 통해 재산을 이전하는 경우와 형평을 위하여 세금을 할증한다.

1 손자녀에게 상속한 경우에만 할증한다.

(1) 유언 혹은 상속포기를 통해 손자녀에게 상속할 수 있다.

할아버지의 재산을 손자녀에게 직접 상속해주는 방법은 다음의 두 가지가 있다.

a. 할아버지의 유언으로 손자녀에게 상속하는 방법 b. 선순위상속인 모두가 상속포기를 하여 후순위인 손자녀가 상속을 받는 방법

할아버지의 유언이 없는 경우에 아버지가 자신의 자녀에게 재산을 상속하기 위해 상속을 포기하는 경우가 있다. 아버지가 포기한 부분을 손자녀가 상속받으면 상속세가 과세되고 동시에 할증대상이

된다. 다만 아버지가 재산을 상속받고 나서 자녀에게 이전하면 자녀가 아버지로부터 증여를 받은 것이 되지만, 아버지가 상속을 포기하여 자녀가 재산을 직접 상속받으면 상속세는 할증되지만 증여세가 추가로 과세되지는 않는다.[187)]

(2) 손자녀와 같은 직계비속에게 상속한 경우에만 할증한다.

상속세를 할증하는 것은 사망한 사람의 자녀가 아닌 직계비속(손자녀, 증손자녀)에게 상속한 경우에만 적용된다. 그러므로 사망한 사람이 유언으로 사위, 며느리, 조카와 같은 직계비속이 아닌 자에게 상속하는 경우에는 세대를 건너뛴 것이 아니므로 할증대상이 아니다.

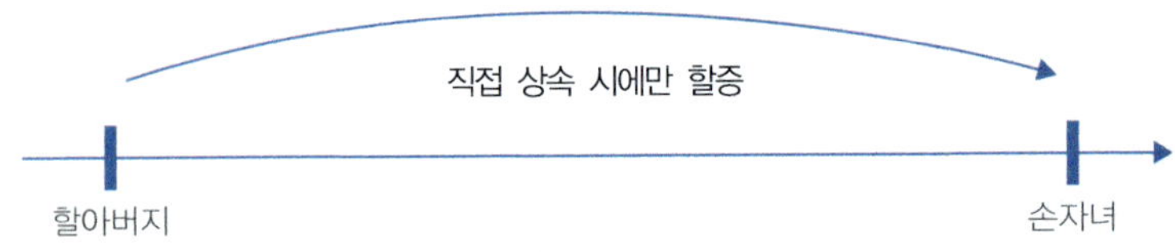

(3) 대습상속에는 할증하지 않는다.

상속세를 할증하는 것은 할아버지의 자녀가 있는데도 자녀를 건너뛴 상속에 대하여 적용된다.

그러나 자녀가 먼저 사망하면, 사망한 부모를 대신하여 손자녀가 상속인이 된다. 이와 같이 부모가 사망하여 손자녀가 상속받는 경우(대습상속)에는 불가피하게 세대를 건너뛴 것이므로 상속세를 할증하지 않는다.

---

187) 상증법 기본통칙 3의2-0---1

(4) 사전증여만 받은 손자녀는 상속세를 할증하지 않는다.

손자녀가 할아버지로부터 사망 전 5년 이내에 증여를 받았다면, 그 증여받은 재산은 상속재산에 포함하여 상속세를 계산한다.

그러나 할아버지가 사망한 후 손자녀가 상속받은 재산이 없으면 할증대상이 아니므로, 손자녀가 생전에 할아버지로부터 증여를 받은 사실은 있으나 할아버지의 사망이후 추가로 상속받은 재산이 없는 경우에는 상속세를 할증하지 않는다.[188)]

2 상속세의 30%를 할증한다.

(1) 할증할 상속세는 손자녀가 받은 재산의 비율로 계산한다.

상속세는 손자녀가 받은 상속재산 이외에도 다른 상속인들이 상속받은 재산을 모두 포함하여 계산된 것이다. 그러므로 할증세액을 계산할 때는, 전체상속재산 중에서 손자녀가 상속받은 재산의 비율을 전체 상속세에 곱한 후 30%를 할증한다.

> 할증세액 = (상속세 * 손자녀가 상속받은 비율) * 30%*

* 손자녀가 미성년자이고 상속받은 재산금액이 20억 원을 초과하면 40%를 할증

> 손자녀가 상속받은 비율 = 손자녀가 상속받은 재산금액 / 총상속재산금액

188) 재산세과-149, 2010.3.10.

(2) 분자의 "손자녀가 상속받은 재산금액"에는 사전증여재산은 제외된다.

손자녀가 상속받은 비율을 계산할 때 분자의 "손자녀가 상속받은 재산금액"에는 손자녀가 사전에 증여받은 재산은 포함하지 않고 할아버지가 사망 당시에 물려준 재산만 포함한다.[189]

(3) 상속인이외의 자에게 사전 증여한 재산은 분모의 "총상속재산금액"에서 제외된다.

손자녀가 상속받은 비율을 계산할 때 분모에 해당하는 "총상속재산금액"에는 추정상속재산(2년 이내 재산을 처분하였으나 사용처 미입증금액)이 포함되고, 사전증여재산으로 상속재산에 합산된 금액도 포함한다.

다만, 사전증여재산에는 상속인이 증여받은 재산, 수유자(유언으로 재산을 상속받은 사람)가 사전에 증여받은 재산은 포함하지만, 상속인이나 수유자 이외의 사람이 사전에 증여받은 금액은 제외한다.[190]

· 사 례

다음의 자료에서 손자상속에 대한 할증세액을 계산하면?

1. 상속재산분배내역 :	자녀 7억 원(상속인)	
	손자 5억 원(수유자)	
2. 사전증여내역 :	자녀 3억 원(상속인)	
	손자 5억 원(수유자)	
	사위 2억 원(상속인 및 수유자 이외의 자)	
3. 상속세 대상재산총액	22억 원	
4. 상속공제	7억 원	
5. 상속세과세표준	15억 원	
6. 상속세총액	4.4억 원(사전증여 당시 증여세공제 후)	

189) 서면2016상속증여-4779, 2016.9.20

190) 서면인터넷상담4팀-1447, 2008.6.17.

할증세액을 계산하기 위한 분자, 분모금액 계산
분자 : 손자녀가 상속받은 재산금액　5억 원(사전증여제외)
분모 : 총상속재산금액　20억 원(22억 원 - 2억 원)

할증액 = (4.4억 원 * 5 / 20) * 30% = 3천3백만 원

3 할증이 적용되면 상속공제도 받을 수 없다.

배우자공제와 같은 상속공제는 사망 당시에 소유하던 재산 중에서 상속인들에게 상속한 재산에 대하여만 적용된다. 손자녀는 상속인이 아니므로 손자녀에게 상속한 재산에 대하여는 상속공제를 받을 수 없다.

자녀를 통하지 않고 손자녀에게 직접 상속하면 상속세가 두 번 과세되는 것을 피하는 유리한 점이 있지만, 상속세가 할증되고 상속공제금액이 축소되는 불리한 점도 고려해야 한다.

〈세대생략상속의 효과〉

유리한 점	두 번 내야 할 상속세를 한 번만 내는 결과
불리한 점	• 상속세가 30% 할증 • 상속공제금액이 축소

46장

기납부 증여세공제

사전증여재산을 상속재산에 합치면 세금을 두 번 내게 되나?

증여세와 상속세는 동일한 세율이 적용되지만 재산규모가 커질수록 세율이 높아지는 누진세율(10%~50%)을 사용하고 있으므로, 두 번 나누어서 줄때보다 한 번에 주면 세금이 더 커지게 된다.

사전에 증여한 재산을 상속재산에 합산하면 상속재산이 커지므로 증여할 당시에 적용되는 세율보다 상속당시에 적용되는 세율이 더 높아지게 된다. 그러나 증여세와 상속세를 이중으로 낼 수는 없으므로 과거 증여당시에 냈던 증여세는 상속세에서 공제해준다.

1 상속재산에 합산된 증여재산부분만 공제한다.

(1) 10년 이내(상속인 이외의자는 5년 이내)에 사전 증여한 것만 공제된다.

상속재산에 합산하는 사전증여재산에는 상속인은 10년 이내의 증여재산이 해당되며, 상속인 이외의 자는 5년 이내에 증여했던 재산이 해당된다.

상속재산에 합산되는 증여재산에 대하여 과거 증여받을 당시에 냈던 증여세를 상속세에서 공제받는다.[191)]

상속세에서 공제할 증여세는 증여세산출세액으로써 증여세신고세액공제(증여세의 3%)를 하기전의 금액을 의미한다. 만일 증여세 신고세액공제 후의 최종 증여세 납부세액을 공제하면 증여세 신고세액공제 부분을 다시 납부하게 되기 때문이다.

(2) 사망한 사람이 증여했던 부분만 공제받는다.

자녀가 아버지와 어머니로부터 증여를 받으면 두 사람으로부터 증여받은 금액을 합쳐서 증여세를 계산한다. (4장. 동일인증여 합산 참조)

그러나 아버지가 사망하여 아버지의 상속세를 신고하는 경우에는, 아버지와 어머니로부터 증여받을 때 합산된 증여금액 중에서 아버지가 자녀에게 증여한 금액만을 상속재산에 합산한다. 그리고 아버지와 어머니의 증여를 합친 전체 증여세 중에서 아버지가 증여한 금액에 해당하는 증여세만 상속세에서 공제한다.

$$\text{공제할 증여세} = \frac{\text{부모로부터 증여를 받아}}{\text{합산된 증여세산출세액}} * \left(\frac{\text{아버지가 증여한 금액}}{\text{부모의 전체증여금액}}\right)$$

191) 상증법 제28조, 증여세액공제

사 례

다음 자료로 상속재산에 합산되는 증여재산 및 공제할 증여세를 각각 계산하면?

- 아버지의 사망으로 상속이 개시됨
- 아들이 10년 내 증여받은 내역 및 증여세

아버지로부터 증여(1차)	100,000,000	(증여세산출세액 5백만 원)
어머니로부터 증여(2차)	150,000,000	
합산된 증여금액	250,000,000	
증여공제액	- 50,000,000	
합산된 과세표준	200,000,000	
증여세산출세액	30,000,000	(1억 원 * 10% + 1억 원 * 20%)
기납부증여세	5,000,000	
신고세액공제	750,000	(30,000,000 − 5,000,000) * 3%
증여세납부세액	24,250,000	

- 아버지의 상속재산에 합산되는 증여재산 : 100,000,000
- 상속세에서 공제될 증여세 : 30,000,000 * (1억 원 / 2.5억 원) = 12,000,000

(3) 수차례 증여가 합산된 경우 상속재산에 포함된 증여부분만 공제된다.

같은 사람으로부터 여러 번 증여를 받은 경우에는 10년 이내에 받은 증여금액만 상속재산에 합산하며, 상속세에서 공제되는 증여세도 상속재산에 합산되는 증여금액부분만 공제한다.

예를 들어 아버지로부터 받은 1차증여는 10년이 경과하였고 2차증여는 10년 이내인 경우, 아버지의 상속재산에는 2차증여 금액만 포함되고 상속세에서 공제되는 증여세도 2차증여분에 대한 증여세만 공제된다.

(4) 가업승계로 납부한 증여세는 기간 제한 없이 공제된다.

가업승계에 대한 증여세특례(22장, 가업승계에 대한 증여세 혜택 참조)를 적용받아 가업재산을 증여받은 경우에는 사망일로부터 10년이 경과한 경우에도 상속재산에 포함된다. 가업재산이 상속재산에 포함되므로 가업을 증여받을 당시에 납부한 증여세도 상속세에서 공제된다.

(5) 영리법인에 사전 증여한 것도 공제대상이 된다.

영리법인에게 재산을 증여하면 그 법인이 법인세를 내게 되므로 증여세를 면제해준다.

영리법인이 증여세를 내지 않았다고 해서 증여세를 상속세에서 공제하지 않으면, 면제받은 증여세를 상속인들이 부담하는 결과가 된다.

그러므로 생전에 증여한 금액을 상속재산에 합산하고 증여당시에 낸 증여세를 상속세에서 공제하는 규정은 영리법인에게 증여한 경우에도 동일하게 적용된다.[192)]

영리법인은 상속인이 아니므로 사망하기 전 5년 이내에 영리법인에 재산을 증여한 후 사망하면, 증여한 금액을 상속재산에 합산하고 증여한 금액에 대한 증여세를 계산하여 상속세에서 공제해 준다.

예를 들어 영리법인이 피상속인으로부터 채무를 면제받은 후 5년 내에 사망한 경우, 채무면제액은 증여에 해당하므로 피상속인의 상속재산에 합산하고 증여세상당액을 계산하여 상속세에서 공제받는다.

---

192) 재산상속 46014-94, 2001.1.27.

2 할증된 증여세액은 공제받을 수 없다.

조부모가 세대를 건너뛰어 손자녀에게 직접 증여한 경우에는 증여세의 30%를 할증한다.

또한 손자녀는 상속인이 아니므로 조부모가 사망하면 사망일로부터 5년 이내에 증여한 금액을 조부모의 상속재산에 합산한다.

사전에 증여한 재산을 상속재산에 합산하여 상속세를 계산한 후 증여세를 상속세에서 공제할 때는, 할증하기 전의 증여세산출세액을 공제하며 할증된 30%부분은 공제하지 않는다.[193)]

그러나 손자녀가 할아버지로부터 증여를 받을 당시에는 할증과세되었으나, 아버지가 사망하여 손자녀가 상속인이 된 경우(대습상속)에는 증여세할증세액을 상속세에서 공제받을 수 있다.[194)]

3 상속세가 없으면 증여세를 공제받을 수 없다.

사전증여 당시에 증여세를 납부하였지만 상속공제금액이 크면 상속세가 없을 수도 있다.

증여세로 공제되는 금액은 상속세를 한도로 하므로 상속세가 증여세보다 적거나 상속세가 없으면 과거에 더 많이 냈던 증여세를 환급받을 수는 없다.

193) 재산세과-149, 2010.3.10.
194) 대법원판례 2016두54275, 2018.12.13

4 증여받은 상속인의 상속세에서 공제한다.

상속인들은 전체 상속세를 계산한 후 각자가 받은 재산비율에 해당하는 상속세를 낼 의무가 있다.

상속인 중에서 사전에 증여를 받아 증여세를 낸 상속인의 경우에는, 본인이 내야 할 상속세에서 사전증여 당시에 본인이 낸 증여세를 뺀 금액만을 상속세로 납부할 의무가 있다.

상속인 각자의 상속세납부의무	= (상속세 * 본인이 받은 재산비율) −	사전증여 받을 당시 증여세로 낸 금액

47장

단기재상속 세액공제

이미 상속세를 낸 재산이 다시 상속되어도 상속세를 내야 하나?

아버지가 사망하여 1차로 상속이 개시된 이후 10년 내에 어머니가 사망하여 2차로 상속이 개시되면, 1차 상속 때 납부한 상속세를 2차분 상속세에서 공제해 준다. 상속받았던 사람이 10년 내에 사망한 경우에 상속세부담을 줄여주기 위한 규정이다.

단기상속공제는 이전에 상속받았던 재산이 재상속시점에 다시 상속되는 경우에 적용된다.

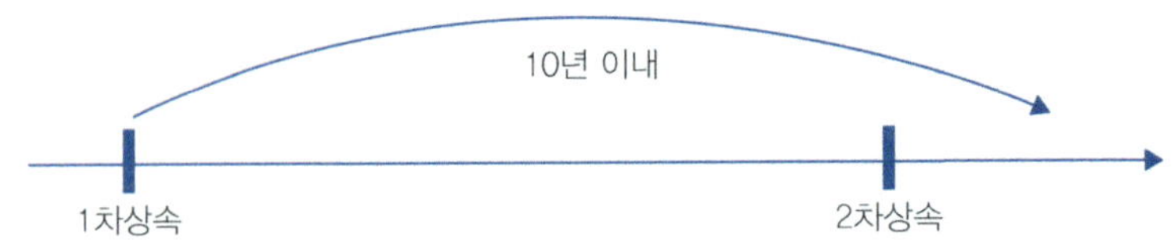

1 이전에 상속받은 재산의 비율만큼을 공제한다.

단기상속공제금액은 1차분의 상속세액 중에서, 2차로 상속되는 재산이 1차분의 총상속재산에서 차지하는 비율만큼을 공제한다.

$$단기상속공제액 = \left\{이전의\ 상속세 * \left(\frac{재상속된\ 재산}{이전\ 상속재산총액}\right)\right\} * 공제율$$

과거에 상속받아 보유하고 있는 재산은, 그 재산에서 당시의 상속세를 낸 후에 남아 있는 것으로 본다. 그러므로 위 산식에서 분자의 "재상속된 재산"은, 남아있는 재산금액에서 그 당시 상속세상당액을 뺀 금액을 의미한다.[195)]

사 례

- 아버지의 사망 3년 후 어머니가 사망하였음
- 아버지의 사망 당시 주택 6억 원을 어머니에게 상속하였고 현재까지 보유 중
- 아버지의 총상속재산은 20억 원이었음
- 아버지의 상속세산출세액은 2억 원임
- 상속세 2억 원 중 주택에 대한 상속세는 6천만 원으로 산정

재상속된 재산금액 = 5.4억 원 (6억 원 - 6천만 원)
단기상속공제액 = 2억 원 * (5.4/20) * 공제율

2 재산형태가 달라져도 공제받을 수 있다.

(1) 상속받았던 재산을 처분한 경우에도 공제받을 수 있다.

최초 상속당시에 부동산을 상속받은 후 부동산을 처분하여 재산의 형태가 변경된 경우에도 처분대가를 별도로 보유하고 있으면 재

195) 조심2015부 0091, 2015.6.5

상속공제의 대상이 된다.[196)]

이와 같이 상속받았던 재산을 처분하여 형태가 바뀐 경우에도 계속하여 보유하고 있으면 재상속공제의 대상이 되지만, 상속받은 재산이 소멸된 경우에는 공제될 수 없다.

예를 들어 예금을 상속받아 예금으로 보유하고 있으면 공제받을 수 있지만, 부채를 상환하는데 사용한 경우에는 재상속공제를 받을 수 없다.[197)]

(2) 상속받았던 재산을 증여한 경우에도 공제받을 수 있다.

재산을 상속받은 사람이 그 재산을 자녀에게 증여한 후에 사망하였다면, 사망한 사람의 상속재산에 자녀에게 증여한 재산이 포함된다. 이와 같이 상속받은 후 바로 재상속되는 것이 아니라, 상속받은 재산을 다른 사람에게 증여한 이후에 다시 상속이 되면, 그 증여한 재산에 대하여도 재상속공제를 인정해준다.[198)]

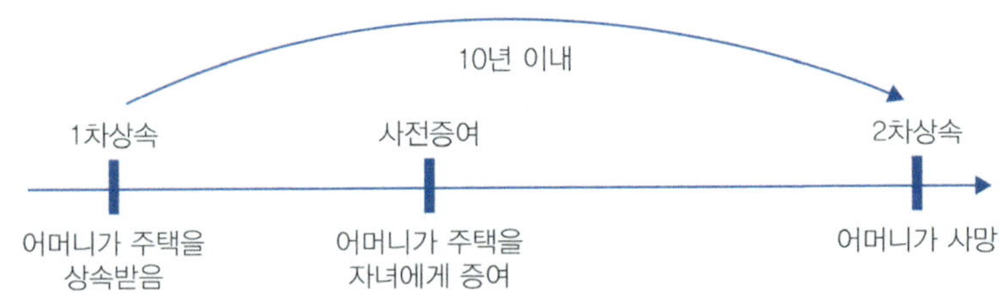

196) 서면인터넷상담4팀-975, 2006.4.14.
197) 적부2021-0081, 2022.6.29.
198) 기획재정부 재산세제과-85, 2019.1.23.

3 재상속시기에 따라 10%~100%를 공제한다.

단기상속공제금액은 재상속시기별로 10%~100%를 곱한 금액으로 한다.

재상속기간	공제율	재상속기간	공제율
1년 이내	100%	6년 이내	50%
2년 이내	90%	7년 이내	40%
3년 이내	80%	8년 이내	30%
4년 이내	70%	9년 이내	20%
5년 이내	60%	10년 이내	10%

위의 사례에서와 같이 3년 이내에 재상속이 개시되면 80%의 공제율을 적용하므로, 2차 상속세에서 공제받을 금액은 43,200,000(2억 원 * 5.4/20 * 80%)이 된다.

제 12 편

재산분할 형태별 상속세

상속세 계획은 재산분할에서부터!

48장

유언분할시 유의사항

재산을 나누는 방법에 따라 상속세가 달라지는가?

재산을 누구에게, 얼마를 나누는지에 따라 상속공제금액과 상속세가 달라진다.

재산을 가지고 있던 사람이 사망하면, 민법에 따라 정해진 상속인들이 사망한 사람의 재산을 나누어 가진다. 사망한 사람의 재산을 분할하는 방법으로는 「유언에 의한 분할」(유증), 상속인들 간에 협의하여 분할하는 「협의분할」(유언이 없는 경우), 그리고 민법상의 법정지분대로 분할하는 「법정분할」이 있다.

1 본인의 의사대로 재산을 이전할 수 있다.

유언은 사망하기 전에 재산을 누구한테 배분할지를 법적 형식을 갖추어 정하는 방법으로서, 본인의 의사대로 재산을 이전할 수 있는 방법이다.

유언에 의한 상속은 재산을 물려줄 사람과 금액에 제한이 없으므로 본인의 의사가 가장 잘 반영되는 재산분배방식이지만, 법에서 규정한 형식을 갖추어야하고 상속인들이 유언에 동의하지 않고 문제를 제기할 경우 소송이 제기될 수 있어 이에 대한 법률적 예방장치가 요구된다.

2 유언장의 조건을 갖추어야 한다.

(1) 유언장은 법에서 정한 형식을 갖추어야 한다.

유언장이 효력을 인정받기 위해서는 민법에서 정한 조건을 모두 갖추어야 한다. 만일 법에서 정한 요건 중 어느 하나라도 갖추지 못하면 유언장의 효력이 없으므로, 상속인간에 협의에 의해 재산을 분배해야 한다.

서면에 의한 유언장이 갖추어야할 조건은 다음과 같다.

유언장의 조건	유의할 사항
기록방법	유언장의 모든 내용은 본인이 직접 수기로 쓸 것
주소	본인이 거주하고 있는 주소지를 지번, 호수까지 상세히 기록
날짜	작성한 날을 년, 월, 일까지 기록
이름	본인의 이름을 기록
날인	인감도장, 막도장, 지문 등으로 날인(서명은 제외)

(2) 유언장은 법원의 검증 혹은 공증인의 공증을 받아야 한다.

유언장이 작성된 대로 재산이 분할되기 위해서는, 작성자가 사망한 후에 주소지관할 가정법원에서 유언장의 형식과 위변조 여부에 대한 검인을 받아야 한다. 검인을 받을 때는 상속인전원이 법원에 출석하여 동의여부를 표시해야하고, 상속인이 전원 동의하면 유언서대로 재산을 분할할 수 있다. 그러나 어느 한명이라도 이의를 제기하면 유언장대로 재산을 분배할 수 없다.

그러므로 본인이 사망한 후에 아무런 문제없이 유언의 내용대로 재산을 분할하기 위해서는, 사망하기 전에 유언서를 공증사무소에서 공증을 받는 것이 유리하다. 공증 받은 유언공증서를 첨부하면 사전에 지정된 유언집행자가 법원의 검증 없이 재산을 등기이전하거나 분할할 수 있다.

3 유언장은 소송의 대상이 될 수 있다.

유언으로 재산을 분배하는 것은 분배받을 대상자에 제한이 없고 각자에게 분배할 금액에도 제한이 없다는 장점이 있다. 그러나 민법에서는 사망한 사람의 상속인(배우자 및 자녀와 같은 선순위 상속인)들이 유언으로 재산을 상속받지 못하는 경우에도 최소한의 상속분(유류분)을 보장하고 있다. 유류분비율은 민법상으로 정해진 법정상속비율의 50%를 인정한다.

민법에서 유류분을 인정하는 것은 사망한 사람의 유언과 상관없이 상속인들의 생계에 필요한 최소한의 재산을 법적으로 보장해주는데 그 목적이 있다. 그러므로 유류분은 자녀와 같은 상속인들만 청구할 수 있고 손자녀와 같은 상속인이 아닌 자는 청구할 수 없다.

예를 들어 상속인으로 배우자와 2명의 자녀가 있는 경우에 각자의 유류분은 다음과 같다.

상속인	법정지분	법정지분비율	유류분비율
배우자	1.5	1.5/3.5=42.86%	42.86%/2=21.44%
아들	1	1/3.5=28.57%	28.57%/2=14.28%
딸	1	1/3.5=28.57%	28.57%/2=14.28%
합계	3.5	100%	50%

만일 상속인들 중 어느 한명에게만 상속할 것을 유언하거나 혹은 공익법인, 며느리, 손자녀 등과 같이 상속인이 아닌 자에게 큰 규모의 재산을 상속하라고 유언하면, 다른 상속인들이 상속받을 금액이 각자의 유류분보다 적어질 수 있다.

이런 경우 큰 금액의 재산을 분배받은 사람을 상대로 상속인들이 유류분만큼을 반환해달라는 소송을 제기할 수 있다.

이와 같은 소송을 피하기 위해서는 각자의 상속인들에게 유류분에 해당하는 금액을 최소한으로 분배할 필요가 있다.

상속인들이 유류분을 청구할 수 있는 소송은, 사망 당시의 재산뿐만 아니라 사망한 사람이 생전에 증여했던 재산에 대하여도 제기할 수 있다.

4 유언의 내용은 상속세에 영향을 미친다.

(1) 상속인 이외의 자에게 분배된 금액은 상속공제금액을 줄인다.

상속세를 계산할 때 상속재산금액에서 공제해주는 금액 중 대표적인 것으로 일괄공제 5억 원과 배우자공제 5억 원이 있다. 상속재산금액에서 상속공제를 빼주는 목적은, 사망한 시점의 재산 중에서 남아있는 상속인들의 생계에 사용될 금액을 빼주는 것이므로, 상속인이 아닌 자에게 분배된 재산은 상속공제를 받을 수 없다.

예를 들어 상속 당시의 재산이 10억 원이 있었고 그 재산을 전부 손자녀에게 유언으로 상속한 경우에는, 원래 10억 원이었던 상속공제금액이 0이 되므로 10억 원에 대한 상속세를 납부해야 한다.

(2) 손자에게 분배된 금액은 할증대상이다.

유언으로 재산을 분배하는 과정에서 상속인이나 제3자에게 분배하는 것에 대하여는 상속세를 할증하지 않지만, 손자녀와 같이 세대를 건너뛰어 상속하는 금액에 대하여는 해당재산에 대한 상속세가 30%할증된다.

다만, 상속인이었던 자녀가 먼저 사망하여 손자녀에게 분배한 재산은 할증하지 않는다.

(3) 배우자에게 분배되는 금액이 클수록 배우자공제가 커진다.

배우자상속공제금액은 배우자에게 분배되는 재산 중 30억 원을 한도로 계산한다. 그러므로 배우자에게 분배되는 재산금액에 따라 배우자상속공제금액이 달라진다.

49장

협의분할시 유의사항

재산분할 협의과정에서 상속세를 고려해야 하나?

유언이 없는 경우에는 상속인들이 각자의 배분금액과 배분재산의 종류를 협의하여 결정한다. 재산분할 방법에 따라 배우자상속공제, 동거주택상속공제, 가업상속공제금액이 달라지므로 상속세와 증여세를 고려하여 분할해야 한다.

1 상속세신고기한이내에 협의분할해야 한다.

(1) 본인의 법정상속지분을 넘어도 상관이 없다.

상속인간에 협의하여 받은 재산금액이 본인의 법정상속지분을 초과하여도 증여한 것으로 보지 않는다.[199)]

예를 들어 전체상속재산중에서 배우자의 법정상속지분금액이 5억 원이지만 상속인간의 협의로 배우자에게 8억 원의 재산을 분배해도 배우자는 초과분 3억 원을 증여받은 것으로 보지 않는다.

199) 서면-2020-상속증여-5327, 2021.05.26.

(2) 상속세신고기한이내에 재분할하는 것은 증여가 아니다.

상속세신고기한인 6개월 이내에 상속인들 간에 협의분할하거나 재분할하는 것은 모두 인정된다.[200)]

상속세신고기한 이내에 재분할하는 것은 문제가 없으므로, 법원의 판결이 있는 경우에도 상속인들 간에 협의하여 법원의 판결과 다르게 재분할하여도 증여세를 과세하지 아니한다.[201)]

또한 최초에 상속으로 인한 소유권이전등기를 한 후 상속세신고기한인 6개월 내에 재협의하여 등기를 변경할 수 있으며, 이 경우에는 취득세를 다시 부과하지 않는다.

피상속인 명의로 된 예금의 경우에는 상속이 개시되면 상속과 관련되는 각종비용을 충당할 때 사용할 수 있다. 그러므로 상속재산을 분할하기 전에 예금을 특정상속인이 임의로 본인명의로 변경한 후, 공동상속인 사이에 분할을 확정하여 그 내용에 따라 예금의 명의를 다시 변경하는 경우에도 증여세를 부과하지 않는다.[202)]

(3) 상속세신고기한 이후 재분할하면 증여세가 부과된다.

상속세를 신고할 때 배우자에게 배우자공제액만큼 재산을 분할하여 상속공제를 전부 받은 후, 상속세신고 이후 재분할을 통하여 배우자가 자녀에게 추가로 분할함으로써 상속세를 줄일 수 있을까?

이와 같은 세금회피를 막기 위해, 상속세신고기한 이후에 재산을 재분할 하는 것은 재산을 증여한 것으로 보아 증여세를 부과한다.

---

200) 상증법 제4조, 증여세과세대상 제③항
201) 서면-2017-상속증여-2092, 2017.10.19.
202) 서면-2016-상속증여-5627, 2016.11.21.

예를 들어 어머니와 자녀가 주택을 60:40으로 분할하기로 하고 상속세를 신고한 후, 상속세신고기한이 지나고 나서 50:50으로 다시 협의하여 분할하면 변동된 10에 해당하는 주택을 어머니가 자녀에게 증여한 것으로 본다.

〈재분할시기별 증여여부〉

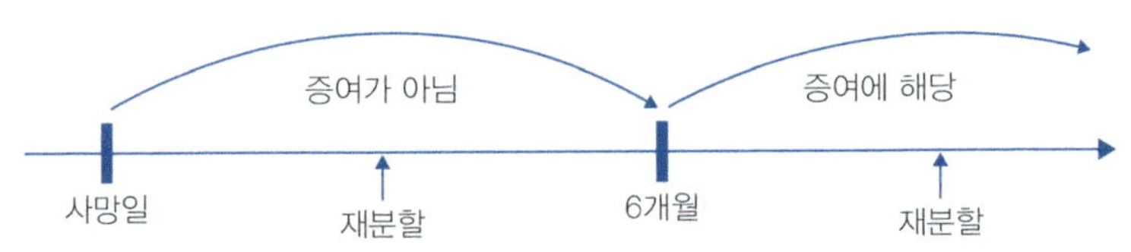

(4) 상속을 포기한 자에게 재산을 분배하면 증여한 것으로 본다.

상속을 포기한 상속인에게 재산을 재분배하는 경우에는 상속재산을 분배하는 것이 아니므로 증여세가 과세된다.[203)]

(5) 소송의 결과로 재분할하는 것은 기한이 없다.

상속인들 간의 협의를 통해 상속세 신고기한을 지나서 재분할하면 증여에 해당된다. 그러나 상속회복청구의 소송에 대한 법원의 확정판결에 따라 상속인 및 상속재산에 변동이 있는 경우에는, 상속세 신고기한이 지나고 나서 재분할하여도 재분할에 정당한 사유가 있는 경우에 해당하므로 증여로 보지 않는다.[204)]

---

203) 재삼46014-1195, 1995.05.17.
204) 서면-2019-상속증여-0255, 2019.02.19

2 부동산 대신 현금으로 받으면 세금이 부과된다.

(1) 1인 명의로 등기이전 후 매각대금을 분배하면 증여로 본다.

부동산을 한사람 명의로 상속등기를 한 후 부동산을 매각하여 매각대금의 일부를 다른 상속인에게 지급하면, 그 대금을 증여한 것으로 보아 증여세가 부과되는 것을 주의해야 한다.[205)]

(2) 협의과정에서 부동산 대신 현금을 받으면 양도로 본다.

부동산과 같이 등기를 해야 하는 재산을 상속인들이 각자의 지분대로 등기하면 추후 그 부동산을 관리·처분할 때 모두의 동의를 받아야하는 불편함이 있다. 관리나 매각과정에서의 불편함을 피하기 위해 상속인 한 명이 부동산을 전부 상속받기로 하고 부동산을 상속받은 사람이 다른 상속인에게 그 사람들의 지분에 해당하는 부분을 현금으로 주는 경우가 있다. 이를 대상분할(가사소송규칙 제115조 2항)이라 한다. 이와 같이 재산분할을 협의하는 과정에서 부동산대신 현금을 받으면, 현금을 받은 상속인이 부동산을 상속받은 후 부동산을 양도한 것으로 본다.[206)]

즉, 이 경우는 현금을 받은 금액은 부동산의 지분을 넘기고 받은 대가이므로 증여세를 과세하지는 않고 부동산을 양도한 것으로 본다는 것이다. 이와 같이 현금으로 정산하는 경우에는 재산분할협의서에 지분을 기록하되 그 지분을 현금정산하는 것으로 약정하여야 하고 부동산 등기는 협의분할에 의한 상속으로 등기하여야 한다.

---

205) 상속증여세과-38, 2015.01.26., 서면-2015-상속증여-1798, 2015.10.2.

206) 서면-2020-상속증여-2043, 2020.07.29., 법규재산 2012-237, 2012.7.28

예를 들어 두 명의 형제가 기준시가 10억짜리 주택을 1/2씩 상속받기로 협의한 후 주택의 명의는 형이 등기하는 대신 형이 동생에게 현금을 주기로 약정한 경우에는, 동생이 주택의 1/2만큼의 지분을 형에게 양도한 것으로 본다.

부동산은 시가가 있으면 시가를 상속재산에 포함해야하므로 동생이 현금으로 받은 금액을 기준으로 부동산금액을 상속재산으로 신고해야 한다. 만일 동생이 주택 1/2에 대한 대가로 6억 원을 받았다면, 기준시가 10억 원이 아닌 12억 원으로 주택을 평가하여 상속재산에 포함해야 한다.

이와 같이 현금으로 받은 금액을 기준으로 부동산을 평가하여 상속재산으로 신고하면 부동산의 양도가액과 취득가액이 동일하여 양도소득세는 없으나, 상속재산평가액이 커지는 불이익이 있다.

3 사망보험금을 분할하는 것은 증여에 해당한다.

(1) 피상속인의 재산이 아니면 분할할 수 없다.

상속인들이 협의하여 분할할 수 있는 재산은 사망한 사람이 소유하고 있던 재산만 해당된다. 만일 분할대상이 아닌 재산을 상속인들이 협의하여 분할하면 상속재산분할이 아니라 증여를 한 것으로 본다.

사망보험금과 같이 사망 당시에 이미 소유하고 있던 재산이 아니라 사망으로 인해 새로 발생된 재산은, 상속세의 과세대상에는 포함되지만 사망한 사람의 고유재산이 아니므로 분할대상이 될 수 없다.

이와 같이 보험계약자인 피상속인의 사망으로 인하여 수익자로 지정된 상속인이 지급받는 생명보험금은 수익자의 고유재산에 해당하여 협의분할 대상이 아니므로, 공동상속인간의 자의적인 협의에 의하여 수익자 이외의 자가 수익자로부터 보험금을 분배받은 경우에는 분배받은 자에게 증여세가 과세된다.[207)]

(2) 법률에 의한 연금도 분할대상이 아니다.

국민연금법, 공무원연금법 및 사립학교교직원연금법에 따른 유족연금일시금도 협의분할 대상이 아니다.

이와 같이 각종 법률에 의하여 지급되는 연금이나 위로금은 상속세의 과세세대상이 아니며, 유족연금일시금을 수령한 유족이 다른 상속인에게 분배하는 경우에는 증여세의 과세대상이 된다.[208)]

4 부담하는 부채가 재산보다 더 크면 증여한 것으로 본다.

사망한 사람의 재산을 분배받으려면, 사망한 사람이 가지고 있던 부채도 함께 분배받아야 한다.

만일 상속받을 전체재산금액보다 부채가 더 크다면 상속을 포기하거나 혹은 상속받은 재산의 범위 내에서만 부채를 부담하는 방식인 한정승인방식으로 상속받아야 한다.

그러나 전체 상속재산금액이 부채보다 크면 상속을 포기할 필요는 없지만, 상속인들 간의 협의과정에서 어느 한 상속인이 상속받은 재산보다 부담하는 부채가 더 클 수 있다.

207) 사전-2014-법령해석재산-20405, 2015.7.13.
208) 서면-2016-상속증여-4058, 2016.06.23

어느 한 상속인이 부담하는 부채가 분배받은 재산보다 더 큰 경우에는, 그 초과하는 부채부분을 다른 상속인에게 증여한 것으로 본다.[209]

예를 들어 사망한 아버지의 주택 10억 원을 어머니와 자녀가 각각 5억 원씩 분배하면서 주택에 설정된 부채 8억 원을 은행의 동의를 받아 어머니가 전부 부담하기로 하였다면, 어머니는 본인이 받을 재산 5억 원을 초과하여 8억 원의 부채를 부담함으로써 자녀는 3억 원의 이익을 본 것으로 보아 3억 원만큼을 자녀에게 증여한 것으로 본다.

이런 경우 어머니는 본인이 받은 재산 5억 원까지만 부채를 인수하고, 나머지 부채 3억 원은 자녀가 부담해야 증여세가 과세되지 않는다.[210]

209) 국세청질의회신 서면4팀-1542
210) 서면인터넷상담4팀-1542, 2006.6.1.

5 분할형태별로 상속세에 미치는 영향을 고려해야 한다.

각각의 분할형태별로 상속세에 미치는 영향을 요약하면 다음과 같다.

<table>
<tr><th>분할의 형태</th><th>분할방법</th><th>손자녀상속분</th><th>상속공제한도</th><th>상속공제금액</th></tr>
<tr><td>유언에 의한 상속(유증)</td><td>상속받을 자와 금액에 제한이 없음</td><td>손자녀에게 상속한 부분은 할증대상</td><td>며느리, 손자 등과 같은 상속인 외의 자에게 상속한 부분은 상속공제를 받을 수 없음</td><td rowspan="3">• 배우자상속공제액 : 배우자가 상속받은 금액으로 30억 원까지
• 동거주택상속공제 : 10년 이상 동거한 자녀로서 6억 원까지
• 가업상속공제 : 2년 이상 가업에 종사한 상속인으로 600억 원까지</td></tr>
<tr><td>협의에 의한 상속</td><td>상속인들 간의 협의에 의한 재산분할</td><td>선순위 상속인들이 상속을 포기하고 손자녀에게 상속하면 할증대상</td><td>선순위 상속인이 상속을 포기한 부분은 상속공제를 받을 수 없음</td></tr>
<tr><td>법정상속</td><td>상속인들 간에 민법상 지분율대로 상속</td><td>손자녀상속은 없음</td><td>상속공제를 받을 수 있음</td></tr>
</table>

상속재산분할 협의서

2024년 *월 *일 서울시 **구 **로 *** 김**의 사망으로 인하여 개시된 상속으로 인하여 공동상속인 ***, ***, *** 는 다음과 같이 상속재산을 분할하기로 협의한다.

1.상속재산 중 ****은 ***의 소유로 한다.
2.상속재산 중 ***은 ***의 소유로 한다.
3.상속재산 중 ***은 ***의 소유로 한다.

위 협의내용을 증영하기 위하여 협의서 3통을 작성하고 각자가 기명날인하여 1부씩 보관한다.

20** 년 **월 **일

공동상속인 *** 인
주민등록번호:******_*******
주소 : 서울시 ****************

공동상속인 *** 인
주민등록번호:******_*******
주소 : 서울시 ****************

공동상속인 *** 인
주민등록번호:******_*******
주소 : 서울시 ****************

* 상속재산은 소재지와 면적등과 같은 구체적 내용으로 기재한다.
* 상속인 각자는 인감도장을 날인하고 인감증명서를 첨부한다.

50장

유류분 반환시 세금문제

유류분을 반환받으면 상속세를 내야 하나?

상속인들은 본인의 유류분을 청구하여 다른 상속인으로부터 이미 상속된 재산을 반환받거나 사전 증여한 재산을 반환받을 수 있다. 유류분을 반환받으면 당초 다른 사람들에게 증여하거나 상속한 것은 소급하여 없어지고, 반환을 받은 자가 처음부터 상속받은 것으로 본다.

1 상속인들은 유류분을 보장받는다.

민법에서는 사망한 사람의 상속인(배우자와 자녀와 같은 선순위 상속인)들은, 유언으로 재산을 상속받지 못하는 경우에도 최소한의 재산을 분배받을 권리(유류분)를 보장하고 있다.

유류분비율은 민법상으로 정해진 법정상속비율의 50%를 인정한다.

예를 들어 10억 원의 상속재산에 대한 배우자와 2명의 자녀에게 보장된 유류분은 다음과 같다.

상속인	법정지분	법정지분비율	유류분비율	재산 10억에 대한 유류분
배우자	1.5	1.5/3.5=42.86%	42.86%/2=**21.44%**	**214,400,000**
자녀 1	1	1/3.5=28.57%	28.57%/2=**14.28%**	**142,800,000**
자녀 2	1	1/3.5=28.57%	28.57%/2=**14.28%**	**142,800,000**
합계	3.5	100%	50%	500,000,000

상속인들이 유류분을 청구할 수 있는 대상은 사망 당시의 재산뿐만 아니라 사망한 사람이 생전에 증여했던 재산에 대하여도 제기할 수 있다.

〈유류분 청구의 대상〉

a. 생전에 증여를 한 재산(상속재산을 먼저 준 것에 해당하는 경우)
b. 상속당시의 재산으로서 유언으로 남긴 재산

생전에 증여한 재산에 대한 유류분청구는 원칙적으로 사망일로부터 1년 이내에 증여한 것만 대상이 된다.

그러나 다른 상속인들에게 손해가 될 것을 알고 상속인 이외의 자에게 증여한 경우에는 증여한 시기에 상관없이 유류분청구의 대상이 되며, 상속인에게 사전 증여한 경우에도 증여한 시기와 상관없이 유류분청구의 대상이 될 수 있다.[211]

상속세를 계산할 때는 사망 전 10년 이내에 상속인들에게 증여한 재산을 상속재산에 포함하지만, 유류분은 상증법과 상관없이 10년이 지난 것도 청구의 대상이 될 수 있다.

211) 민법 제1114조, 산입될 증여 / 대법원 판결 93다 11715

2 유류분을 반환하면 상속세가 변동된다.

(1) 유류분은 상속받은 것으로 본다.

사전에 증여한 재산에 대하여 유류분을 청구하여 반환을 받으면, 당초의 증여는 없었던 것이 되고 유류분을 반환받은 상속인은 증여했던 원래의 재산을 상속받은 것으로 본다.212)

유류분을 반환하는 것이 확정되면, 사전에 증여를 받았던 사람은 유류분만큼 증여를 받지 않았던 것이 되므로, 유류분을 돌려주는 대신 과거에 납부했던 증여세는 환급받아야 한다.

유류분을 반환받은 상속인은, 반환받은 재산을 증여당시의 가액이 아닌 상속개시 당시의 평가액으로 상속재산에 포함해야 한다. 그러므로 당초에 신고한 상속재산금액에 유류분을 포함하여 상속세 수정신고를 해야 한다.

유류분을 반환받으면 그 반환된 재산에 대하여 다음과 같은 세금 변동이 있다.

변동되는 세금	변동되는 내용	당사자
a. 증여세 환급 혹은 추징	증여를 받았던 자가 기납부한 증여세 중에서 반환된 부분에 대한 증여세를 환급청구(증여세신고가 없었으면 증여세와 가산세를 추징)	반환하는 자
b. 상속재산금액 변동	반환받은 재산을 상속시점의 가액으로 평가하여 상속재산에 포함	반환받는 자
c. 상속공제한도 변동	반환한 재산만큼 사전증여재산이 감소하여 상속공제한도가 증가	반환받는 자
d. 배우자공제액 변동	유류분청구 당사자가 배우자인 경우 배우자가 상속받은 금액이 변동	반환받는 자
e. 상속인별 상속세 변동	유류분을 반환받은 상속인은 증가되는 상속세를 부담할 의무가 있음	반환받는 자

212) 서면2019상속증여-2591, 2021.7.30

(2) 현금으로 반환받으면 재산을 상속받은 후 양도한 것으로 본다.

유류분을 반환할 때는 증여할 당시의 재산형태로 반환하는 것이 원칙이다. 증여를 받은 자가 원래의 재산을 그대로 보유하고 있었다면 원래의 재산 중 유류분을 분할하여 반환할 수 있다.

그러나 증여를 받을 당시에는 부동산이었으나 이후에 매각이 된 경우에는 부동산을 반환할 수 없으므로 유류분에 해당하는 현금으로 반환하여야 한다. 또한 해당 부동산이 매각되지 않은 경우에도 당사자 간에 합의에 따라 부동산대신 현금으로 반환받을 수 있다.

현물재산인 유류분을 현금으로 반환하는 경우에는, 현물재산을 반환하는 현재시점의 가치로 현물을 평가한 후 유류분에 해당하는 현금을 반환해야 한다. 그러므로 해당 현물의 과거 상속당시 평가액과 유류분을 반환하는 현재시점의 평가액이 달라지면, 상속당시의 평가액과 반환받는 현금에 차이가 날수 있다.

이와 같이 사전 증여한 현물재산을 현물이 아닌 현금으로 반환받는 경우에는, 다음의 두 가지 거래가 일어난 것으로 본다.[213)]

a. 유류분을 받는 자가 유류분에 해당하는 현물재산을 상속받은 거래 b. 유류분을 받는 자가 현물재산을 상속받은 후 현금을 받고 양도한 거래

〈현금으로 반환받은 상속인의 처리〉

유류분 상속에 대한 처리	해당 현물재산을 상속개시일당시의 가액으로 평가하여 그중 유류분만큼을 상속재산에 포함하여 상속세를 납부해야 한다.
해당재산의 양도에 대한 처리	유류분대상이 된 현물재산의 상속개시당시의 평가액과 현금수령액의 차이를 양도차익으로 하여 양도소득세를 납부해야 한다.

213) 재산세과-35, 2012.2.2.

〈유류분을 돌려받는 경우의 세금〉

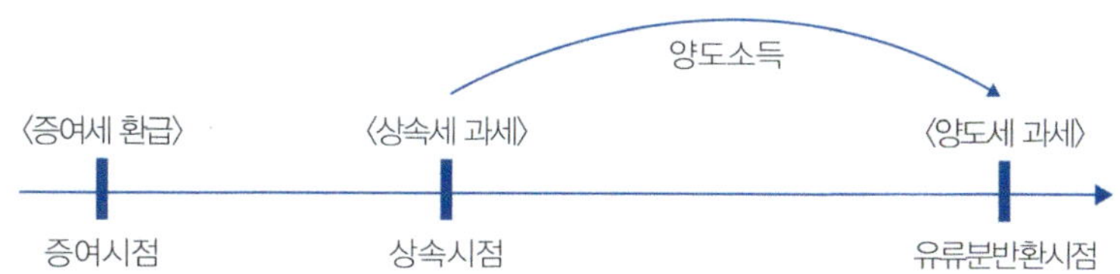

사 례

- 아버지가 12년 전에 공시지가 8억 원의 토지를 아들에게 증여하였다.
- 아버지가 사망한지 1년 내에 딸이 아들을 상대로 유류분 1/4을 청구하여 승소
- 아들은 소송종결시점에 토지를 40억 원으로 평가한 후 현금으로 10억 원을 반환
- 아버지 사망 당시 해당토지의 공시지가는 30억 원

위의 자료로 딸이 상속재산으로 신고할 토지가액과 양도소득을 계산하면?

- 상속재산에 포함될 금액 : 30억 원 * 1/4 = 7.5억 원(사망 당시의 가액으로 신고)
- 양도차익 : 10억 원 − 7.5억 원 = 2.5억 원(현금수령액과 상속가액의 차이)

3 유류분이 청구되면 증여세가 추징될 수 있다.

(1) 유류분이 확정되면 증여세와 상속세가 변동된다.

사전에 증여한 재산에 대하여 다른 가족이 유류분을 청구하는 경우로서 이미 증여세가 신고 된 경우에는, 유류분청구로 인해 증여세

가 추징될 수는 없다. 그러나 사전에 증여한 재산에 대한 증여세를 신고하지 않은 상태에서, 과거에 증여한 사실을 확인하여 다른 가족이 유류분을 청구하는 경우에는 증여세가 추징될 수 있다는 것을 주의할 필요가 있다.

과거에 증여세를 신고하지 않은 경우에는, 과거에 증여한 금액 중 유류분으로 반환된 부분은 상속재산에 해당되므로 상속세를 내야하고, 반환되지 않은 부분은 신고하지 않았던 증여세와 가산세를 내야 한다. 유류분으로 반환된 부분은 당초의 증여가 없었던 것으로 보므로, 과거 증여할 당시의 증여세를 납부할 필요는 없다.

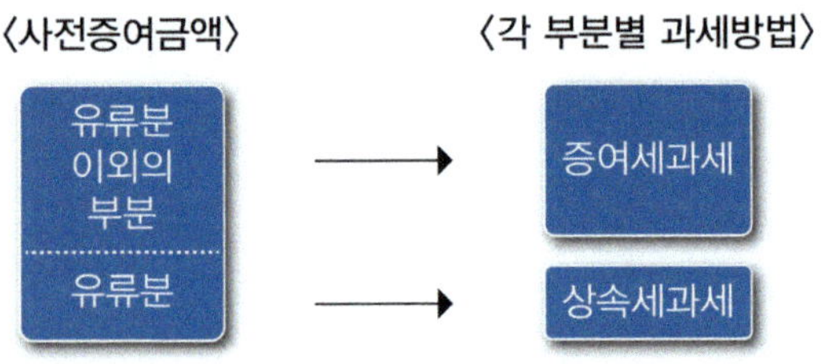

(2) 유류분청구결과로 증여세가 추징된 사례가 있다.

가족 간에 유류분 청구를 하려면 우선적으로 과거에 증여한 사실이 있었다는 것이 입증되어야 하며 증여한 사실을 기초로 유류분을 청구하게 된다. 이 과정에서 증여세를 신고하지 않았던 자금거래가 증여한 것으로 판정되는 경우가 있다.

과거에 형제 중 한명에게 증여한 사실에 대하여 형제간에 유류분 청구소송이 제기되었고 유류분반환이 확정된 경우에, 국세청에서는 유류분소송자료를 기초로 과거에 신고하지 않은 증여세를 추징한 사례가 있다.[214)]

4 유류분반환 후 수정신고 해야 한다.

(1) 유류분반환 후 6개월 이내에 수정신고 해야 한다.

상속인들이 법원의 확정판결에 따라 유류분을 반환받은 경우에는, 확정판결일로부터 6개월 이내에 당초에 제출했던 상속세신고를 수정하여 신고하고 추가되는 상속세를 납부해야 한다.[215]

(2) 소송의 결과로 수정신고하면 가산세가 면제된다.

상속인들이 법원의 확정판결에 따라 유류분에 대한 상속세를 6개월 이내에 수정 신고하는 경우에는, 과소신고가산세와 지연납부가산세가 적용되지 않는다.[216]

214) 서울행정법원 2019합4846, 2020.1.14.
215) 상증법 제79조, 경정 등의 청구 특례 제①항
216) 징세과-219, 2012.2.16.

제 13 편

상속받은 주택과 양도소득세

주택의 양도소득세 비과세를 위한 전략!

51장

무주택자가 상속받은 주택

1 별도세대원은 사망일부터 보유기간을 계산한다.

부모와 별도세대인 사람이 부모로 부터 주택 1채를 상속받으면 본인이 1채의 주택을 산 것과 동일하다. 그러므로 일반주택의 양도소득세 비과세조건과 같이, 주택을 상속받은 날부터 2년간 보유하고, 보유하던 기간 중 2년간 거주하면(취득 당시에 조정대상지역인 경우에는 2년의 거주요건필요) 1세대 1주택자로서 양도소득세 비과세를 적용받을 수 있다.

보유기간의 출발점인 "상속받은 날"은 주택의 명의를 이전받은 날이 아니라, 주택을 보유했던 부모가 사망한 날을 의미한다.

그리고 거주기간은 주민등록표상에 있는 전입일부터 전출일까지로 계산한다.

〈상속으로 취득한 주택의 비과세기간조건-별도세대〉

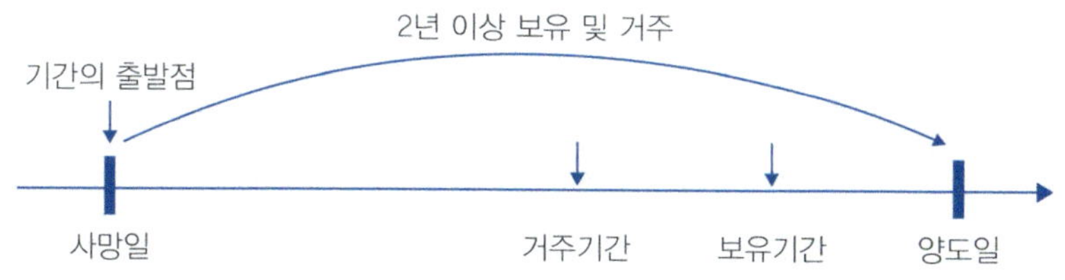

2 동일세대원은 동거일부터 보유기간을 계산한다.

(1) 비과세에 필요한 보유 및 거주기간은 동거일부터 계산한다.

무주택자녀가 부모와 같은 세대원으로 함께 살다가 부모가 사망하여 주택을 상속받은 후, 1세대 1주택의 조건을 갖추면 양도소득세를 비과세 받을 수 있다.

상속받은 주택의 양도소득세 비과세조건은 일반주택과 같이 2년 보유하고 2년 거주(조정대상지역인 경우)해야 한다는 것이다.

2년의 보유기간 및 2년의 거주기간을 계산할 때는, 자녀가 부모와 함께 거주한 날부터 계산한다. 그러므로 부모와 함께 거주한 기간이 1년 6개월이었다면 주택을 상속받은 후 추가로 6개월을 더 거주하면 2년을 채울 수 있다는 것이다.[217)]

〈상속으로 취득한 주택의 비과세기간조건–동일세대〉

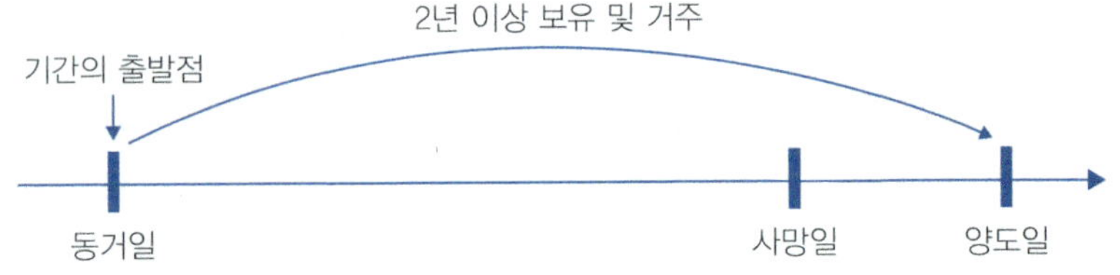

(2) 장기보유특별공제는 상속개시일부터 계산한다.

동일한 세대원이었던 자녀가 부모로부터 주택을 상속받은 경우에, 자녀는 1세대 1주택 조건을 갖추면 양도소득세 비과세를 받을 수 있다. 자녀가 1세대 1주택에 해당하는 상속주택을 팔 때 양도소

217) 소득세법 시행령 제154조, 1세대 1주택의 범위 제⑧항 3호

득세 비과세의 기준금액인 양도가액 12억 원에 미달되면 양도소득세가 없지만, 12억 원을 초과하는 금액으로 팔게 되면 12억 원을 넘는 부분에 대하여 양도소득세를 내야 한다. 이와 같은 12억 원이 넘는 고가주택인 경우에도 3년 이상을 보유하고 거주하였다면, 양도이익을 계산할 때 양도차익의 최대 80%(보유 및 거주가 10년 이상인 경우)까지의 장기보유특별공제를 적용해준다.

장기보유특별공제를 계산하기 위한 기간을 계산할 때는, 동일세대원이 된 시점부터 계산하지 않고 상속개시일(부모가 사망한 날)부터 계산한다.[218]

〈상속으로 취득한 주택의 장기보유 특별공제기간-동일세대〉

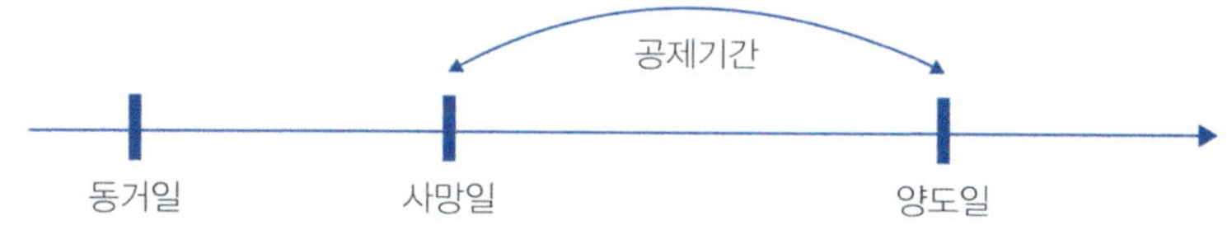

3 무주택자가 상속받으면 취득세가 줄어든다.

주택을 상속받은 사람은 상속세 이외에도 관할구청에 취득세를 내야 할 의무가 있다.

주택이 없는 무주택자가 상속받는 경우에는 0.8%의 취득세율이 적용된다. 그러나 주택을 가지고 있는 상속인이 주택을 상속받으면 2.8%의 취득세율이 적용된다.[219]

218) 소득세법 제95조, 양도소득금액 제④항
219) 지방세법 제15조, 세율의 특례①항 2호

52장

기존주택을 처분하는 경우

기존주택과 상속받은 주택 중 어느 것을 먼저 팔아야 하나?

기존에 보유하던 주택을 팔 때, 상속받은 주택은 없는 것으로 보므로 기존 주택은 비과세를 받을 수 있다. 기존주택의 양도소득세 비과세를 받기 위해서는 별거하고 있는 1주택 소유자가 주택을 상속받아야 한다.

1 상속 당시의 기존주택은 비과세를 받을 수 있다.

본인이 주택1채를 소유하고 있는 상태에서 부모로부터 하나의 주택을 상속받은 후 그중 어느 하나의 주택을 팔게 되면 양도소득세를 비과세 받는 방법에 차이가 있다.

하나의 주택을 가지고 있는 상태에서 2년 보유 및 2년 거주하면 1세대 1주택 비과세를 적용받을 수 있는 상태가 된다. 만일 이 상태에서 부모로 부터 주택을 한 채 상속받으면 원래 가지고 있던 주택을 팔 때 1세대 2주택이 되는 문제가 생긴다. 그러나 상속은 자녀가 선택한 것이 아니므로 주택 한 채를 상속받는 경우에는 1세대 2주택으로 보지 않는 특례규정을 두고 있다.

즉, 상속받을 당시에 가지고 있던 기존 주택을 팔게 되면, 상속받은 주택은 없는 것으로 보아 1세대 1주택에 대한 양도소득세 비과세를 적용받을 수 있다. 그러나 상속받은 주택을 먼저 팔면 기존주택을 포함한 2주택자로 간주되어 양도소득세를 내야 한다. 상속받은 주택을 양도하는 경우의 세금문제는 다음 장에서 설명한다.[220)]

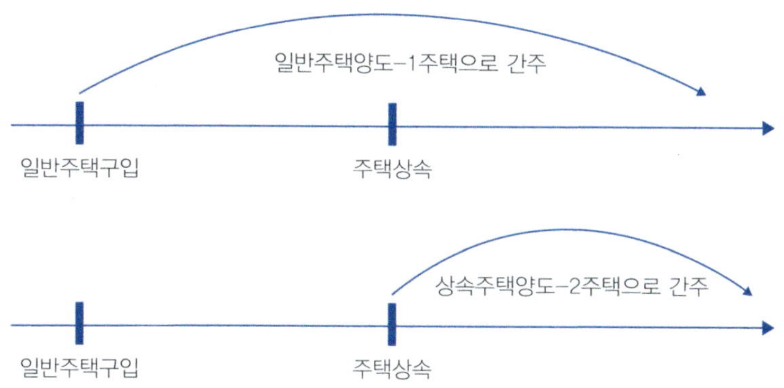

기존주택을 팔 때의 양도소득세 비과세조건은 일반적인 1세대 1주택 비과세조건과 동일하므로, 기존주택을 2년 이상 보유하고 2년 이상 거주해야 한다. 기존주택이 비과세조건을 갖추었다면 주택을 상속받은 후 기존주택을 언제 팔더라도 기간제한 없이 비과세를 받을 수 있다.

220) 소득세법 시행령 제155조, 1세대 1주택의 특례 제②항

2 손자녀와 동거자녀는 기존주택의 비과세를 받을 수 없다.

(1) 상속인인 자녀가 주택을 상속받아야 한다.

기존주택을 팔 때 비과세를 적용받기 위해서는, 주택을 상속받은 사람이 배우자나 자녀와 같은 상속인일 때만 적용한다는 것이다. 만일 주택을 상속받은 사람이 자녀가 아니고 손자녀이면, 손자녀는 민법상의 상속인이 아니므로 손자녀가 상속 전에 가지고 있던 기존주택에 대하여 비과세를 적용하지 않는다.

그러나 부모의 자녀가 사망하여 없는 상태에서 그 손자녀가 상속받은 경우(대습상속)에는 자녀가 상속받은 것으로 보아 기존 주택을 양도할 때 비과세를 받을 수 있다.

(2) 부모와 별도세대인 상태에서 상속을 받아야 한다.

이미 주택을 가지고 있던 자녀가 부모의 주택을 상속받는 시점에 부모와 함께 살고 있었다면 부모와 자녀가 합하여 1세대 2주택인 상태였으므로, 자녀가 가지고 있던 주택을 팔 때 상속받은 주택을 주택에서 제외해주는 특혜를 주지 않는다. 기존주택에 대한 비과세를 적용받기 위해서는 부모와 별도로 살고 있는 상태에서 부모의 주택을 상속받아야 한다. 그러므로 만일 부모와 함께 살고 있는 자녀가 본인이 가지고 있던 기존주택에 대한 비과세혜택을 받고자 한다면, 부모가 사망하기 전에 별도세대로 분리해야 한다.

일반적으로는 1주택을 가진 자녀가 부모와 같이 살고 있는 상태에서 부모의 주택을 상속받으면 2주택자로 보지만, 예외적으로 부모를 봉양하기 위하여 부모와 함께 사는 경우에는 부모로부터 상속받은 주택에 대하여 주택에서 제외해주는 혜택을 받을 수 있다.[221)]

부모를 봉양하기 위한 동거로 인정받기 위해서는, 세대를 합친 날 현재 부모 중 어느 한 사람이 60세 이상이어야 하고 세대를 합치기 이전부터 부모가 1주택만을 가지고 있어야 한다.

(3) 상속 전 2년 내에 증여를 받은 주택은 비과세를 받을 수 없다.

부모가 사망하기 전 2년 이내에 부모로 부터 다른 주택을 증여를 받았다면 그 증여를 받은 주택은 기존주택에 대한 비과세특례를 적용받을 수 없다. 즉 2년 이내에 부모로 부터 주택을 증여받고 부모가 사망하여 또 다른 주택을 상속받았다면, 상속 전에 증여를 받은 주택을 팔 때 양도소득세 비과세를 적용받을 수 없다는 것이다.

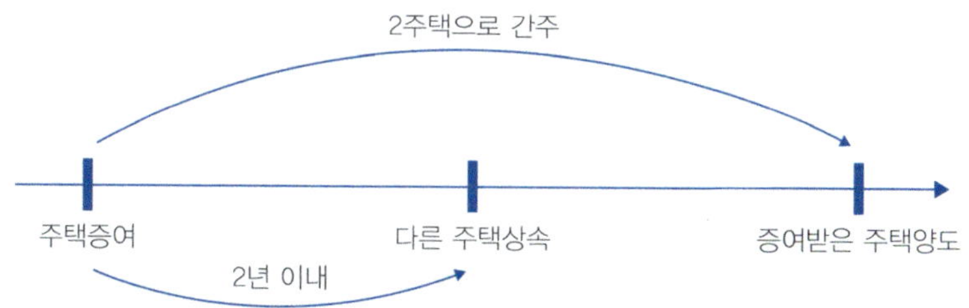

상속 전 2년 이내에 부모로부터 증여를 받은 주택에 대하여 양도소득세 비과세를 인정하지 않는 이유는, 2채의 주택을 가진 부모가 자녀의 기존주택에 대한 비과세혜택을 적용받게 해줄 목적으로, 사망에 임박하여 1채를 먼저 증여한 후 사망 시에 또다시 1채를 상속

221) 소득세법 시행령 제155조, 1세대 1주택의 특례 제②항 단서

으로 물려줌으로써 먼저 증여한 주택에 대하여 비과세를 적용받는 것을 방지하기 위한 규정이다.

3 상속 후 구입한 주택은 비과세를 받을 수 없다.

(1) 주택을 상속받은 후에 구입한 일반주택은 비과세를 받을 수 없다.

상속받은 주택을 주택에서 제외함으로써 기존 주택을 처분할 때 양도소득세 비과세를 적용해주는 것은, 부모가 사망할 당시에 자녀가 가지고 있던 기존 주택에 대하여만 인정해 준다. 만일 부모가 사망한 이후에 자녀가 새로이 구입한 주택을 처분하는 경우에는, 상속받은 주택도 주택수에 포함하여 2주택자가 되므로 1세대 1주택 비과세를 적용받을 수 없다.[222)]

다만, 상속받은 이후에 구입한 주택에 비과세를 적용하지 않는 규정은 2013.2.14.부터 시행되었으므로, 2013.2.13. 이전에 구입한 주택은 상속일 이후에 구입했던 경우에도 비과세를 받을 수 있다.

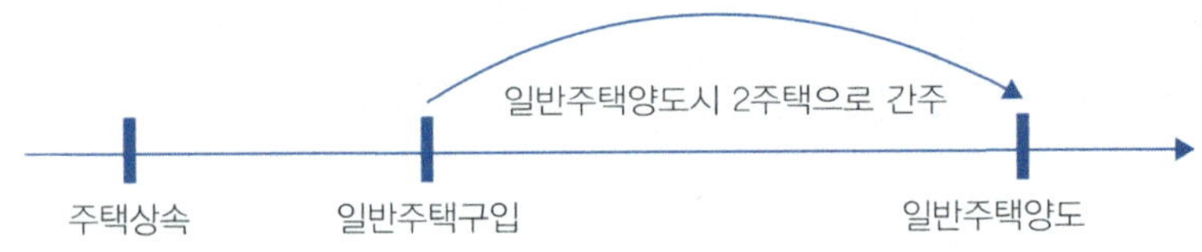

222) 소득세법 시행령 제167조의10, 양도소득세가 중과되는 2주택의 범위 제①항 13호

(2) 농어촌주택을 상속받으면 상속이후 구입한 주택도 비과세를 받을 수 있다.

주택을 상속받은 이후에 새로 구입한 일반주택을 팔 때 양도소득세 비과세를 적용받을 수 없는 규정은, 상속받은 주택이 수도권이나 시 지역에 소재하는 주택일 때 적용되는 규정이다. 그러나 상속받은 주택이 농어촌지역(수도권과 시를 제외한 읍·면지역)에 있는 주택이고 부모가 그 주택에서 5년 이상 거주했던 경우에는, 농어촌지역 상속주택에 대한 예외를 인정해 준다. 즉, 농어촌 지역주택을 상속받은 후에 자녀가 새로이 일반주택을 구입한 후 일반주택을 팔 때 농어촌지역에 있는 상속주택은 없는 것으로 보아 비과세를 받을 수 있다.[223)]

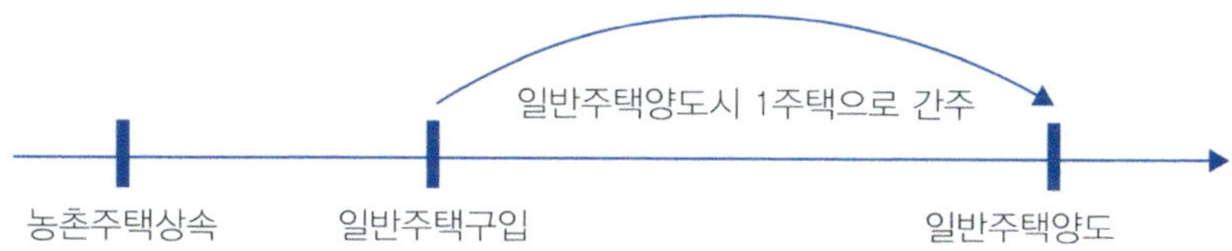

223) 소득세법 시행령 제155조, 1세대 1주택의 특례 제⑦항

53장

상속주택을 처분하는 경우

상속받은 주택을 팔면 양도소득세를 내야 하나?

일반주택과 상속주택을 가진 사람이 일반주택을 먼저 처분하면 1주택자로 본다. 그러나 일반주택과 상속주택을 가진 사람이 상속받은 주택을 먼저 처분하면 2주택자로 보아 양도소득세를 내야 한다.

1 상속받은 주택을 처분하면 양도소득세를 낸다.

(1) 상속주택을 5년 이내에 처분하면 일반세율을 적용한다.

상속주택과 일반주택을 가지고 있는 상태에서 상속주택을 먼저 처분하면 2주택자에 해당되어 양도소득세를 내야 한다. 그러나 상속받은 주택을 상속일로부터 5년 내에 처분하면 2주택자에게 적용되는 양도소득세 중과세율(기본세율에 20%를 더한 세율)을 적용하지 않고 6%~45%의 기본세율을 적용한다.

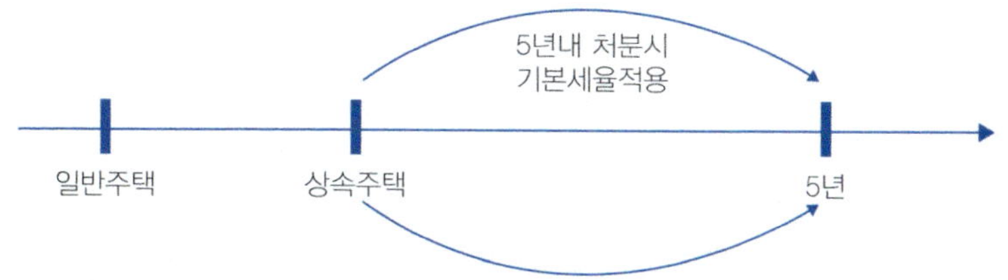

(2) 상속주택을 5년이 지나서 처분하면 중과세율을 적용한다.

상속주택과 일반주택을 가지고 있는 상태에서 상속주택을 먼저 처분하면 2주택자에 해당되어 양도소득세를 내야 한다. 만일 상속받은 주택을 상속일로부터 5년이 지나서 처분하면 2주택자에게 적용되는 양도소득세 중과세율(기본세율에 20%를 더한 세율)을 적용한다.[224)]

다만, 중과세율은 처분한 주택이 조정대상지역에 있는 경우에만 적용된다.

그러므로 조정대상지역내에서 상속받은 주택을 처분하는 경우에는 상속일로부터 5년 이내에 처분하는 것이 세금을 줄일 수 있다. 다만, 세법이 개정되어 2026.5.9.까지 양도하는 주택은 다주택자인 경우에도 중과세율을 적용하지 않고 기본세율을 적용하지만 2026.5.9. 이후에는 세법의 개정내용을 다시 확인하여야 한다.

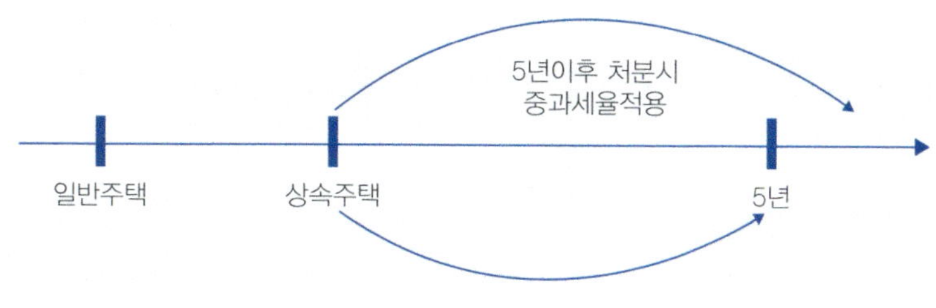

224) 상증법 제104조 양도소득세의 세율 ⑦항

2 상속주택을 2년 내에 처분하면 높은 세율을 적용한다.

주택을 처분하는 경우에 보유기간이 2년 미만이면 투기적 목적으로 매매하는 것으로 보아 60%(1년 미만은 70%)의 높은 세율을 적용한다. 상속받은 주택을 처분하는 경우에도 마찬가지로 보유기간이 2년 이내이면 높은 세율을 적용한다. 다만, 2년 이내의 단기양도에 해당되는지를 판정할 때 상속받은 주택의 보유기간은 상속받은 날부터 계산하지 않고, 사망한 부모가 구입했던 날부터 계산한다.[225)]

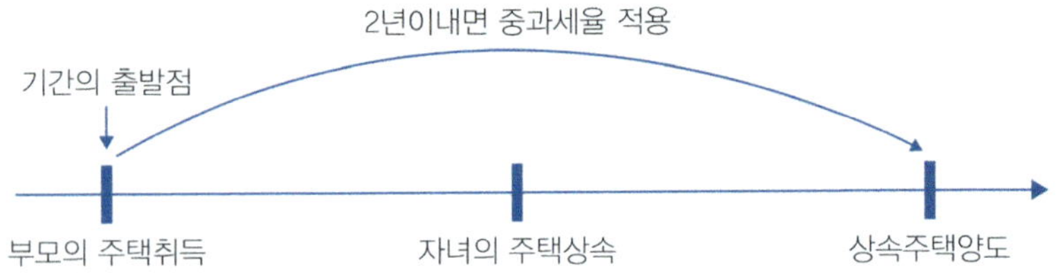

그러므로 부모가 주택을 취득한 날부터 자녀가 상속받은 주택을 처분할 때까지의 기간이 2년을 넘으면, 단기양도에 해당되지 않으므로 높은 세율을 적용하지 않는다.

3 상속주택은 상속세 신고금액을 취득원가로 한다.

상속받은 주택을 팔 때의 양도소득금액은 양도금액에서 취득원가를 빼서 계산한다. 이때의 취득원가는 상속세를 신고할 때 주택을

225) 소득세법 104조, 양도소득세 세율 제②항 1호

평가한 금액이 취득원가가 된다. 상속세 신고 당시의 평가금액은 상속인이 상속재산을 신고한 후 관할세무서가 최종 결정한 평가금액을 의미한다. 만일 상속세를 줄이기 위해 상속재산을 낮게 평가해서 신고하면 상속세는 줄일 수 있지만 이후에 그 주택을 팔 때 양도소득세가 커진다는 것을 주의해야 한다.

4 종합부동산세를 계산할 때 상속주택은 주택수에서 제외해준다.

종합부동산세를 계산할 때 보유한 주택이 3주택 이상이면 높은 세율이 적용된다.

상속받은 주택은 상속개시일부터 5년간은 주택수에서 제외해주지만 그 기간이 지나면 다른 일반주택과 같이 주택수에 포함하여 세율을 적용한다.[226]

종합부동산세법에서는 하나의 주택을 여러 사람이 공동으로 소유하고 있는 경우에는 각자가 하나의 주택을 가진 것으로 보므로, 공동으로 주택을 상속받은 사람들은 5년이 지나면 각자가 그 주택을 가진 것으로 보고 주택수를 계산한다. 다만, 지분율이 40% 이하이거나 지분율에 해당하는 공시가격이 6억 원 이하인 주택은 주택수에서 제외한다.

226) 종합부동산세법 시행령 제4조의3, 제③항 3호

54장

공동으로 상속받은 주택

주택 전체가 아니라 일부 지분만 상속받아도 하나의 주택으로 보는가?

여러 사람이 공동으로 상속받아 각자가 일부 지분만 보유하고 있는 경우에는 최대지분권자를 제외하면 주택으로 보지 않는다.

1 최대지분을 가진 사람의 상속주택으로 본다.

(1) 최대지분권자는 한 채를 상속받은 것으로 본다.

하나의 주택을 여러 사람이 공동으로 상속받으면 공동으로 상속받은 사람들의 지분율대로 등기하게 된다. 공동으로 상속받은 사람들 중에서 지분비율이 가장 큰 사람은 그 주택을 상속주택으로 보고 상속주택에 대한 특례를 적용받는다.

상속주택에 대한 특례는 전편에서 설명한 바와 같이 기존주택을 팔 때 상속주택은 없는 것으로 보아 비과세를 적용받을 수 있다는 것이다.

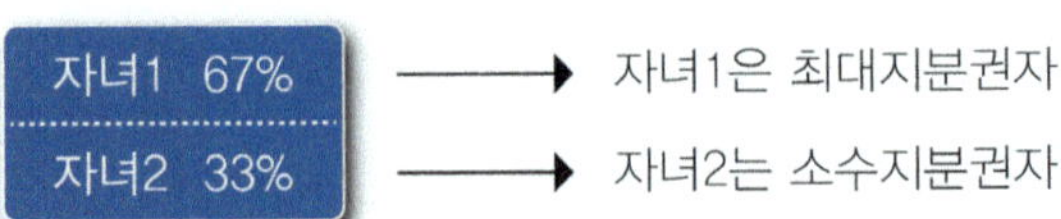

(2) 지분이 같을 경우에는 주택에 살거나 혹은 연장자의 상속주택으로 본다.

상속지분이 같은 경우에는 그 주택에 거주하는 사람을 최대지분권자로 간주하며, 만일 어느 누구도 그 주택에 살고 있지 않는다면 최연장자를 최대지분권자로 간주한다.

주택에 대한 지분비율은 상속개시 당시(부모의 사망시점)의 지분율로 판정한다.[227)]

상속받은 이후에 다른 사람에게 증여를 하거나 매매를 함으로써 지분비율이 변경된 경우에도, 증여하거나 매매시점이 아닌 상속시점의 지분율로 최대지분권자를 판정한다. 만일 지분비율이 동일하여 주택에 거주하는 사람을 최대지분권자로 판정하는 경우에도, 상속개시 당시에 거주하였던 사람을 최대지분권자로 본다.

2 소수지분권자는 주택수에서 제외해 준다.

(1) 소수지분권자도 상속주택에 대한 특례를 동일하게 적용받는다.

하나의 주택을 여러 사람이 공동으로 상속받은 경우로서 위에서 설명한 최대지분권자를 제외한 다른 사람 즉, 소수지분권자는 다른 주택을 팔 때 상속주택을 소유하지 않는 것으로 본다. 기존 주택을 팔 때 상속주택을 없는 것으로 보는 특례를 적용받는 것은 최대지분권자와 동일하다.

---

227) 서면-2018-부동산-3902

(2) 소수지분권자는 상속받은 후에 구입한 주택에 대하여도 비과세를 받을 수 있다.

상속받은 주택과 일반주택이 있을 경우 일반주택은 상속개시 전부터 가지고 있을 경우에만 양도소득세 비과세를 적용받는다. 그러나 소수지분 상속주택은 소수지분을 상속받은 후에 일반주택을 구입한 후 처분해도 비과세를 받을 수 있다. 상속받은 주택이 아닌, 증여를 받거나 구입한 일반주택을 소수지분으로 가지고 있으면, 그 소수지분주택을 1주택으로 보고 다른 주택의 비과세를 적용하지 않는다.

결국 소수지분으로 상속받은 주택은 본인의 선택으로 취득한 것이 아니므로 그 소수지분상속주택을 주택수에서 제외해주는 혜택을 준다.[228)]

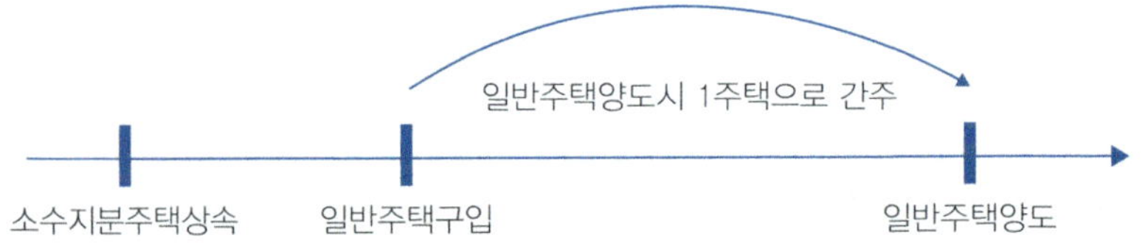

(3) 동일세대원이었던 경우에도 일반주택에 대한 비과세를 인정해 준다.

한 개의 주택을 가진 자녀가 부모와 같이 살고 있는 상태에서 주택을 상속받으면 1세대 2주택자가 되어 기존주택을 팔 때 비과세를 적용받을 수 없다. 그러나 소수지분을 상속받은 자녀는 부모와 같이 살고 있는 상태에서 상속을 받아도 기존주택에 대하여 비과세를 적용받을 수 있다.

228) 소득세법 시행령 제155조, 1세대 1주택의 특례 제③항

국세청의 해석에 따르면 동일세대원인 소수지분권자의 경우에도 상속당시에 가지고 있던 기존주택만 비과세를 적용한다고 되어있다.[229)]

그러나 국세청의 상위기관인 조세심판원에서는 동일세대원인 소수지분권자인 경우에는 공동상속주택은 주택으로 보지 않는다는 세법규정에 근거하여, 소수지분주택을 상속받은 이후에 구입한 일반주택도 비과세를 적용받을 수 있다고 판정하였다.[230)]

(4) 소수지분상속주택이 여러 개인 경우에도 모두 주택에서 제외해준다.

소수지분으로 상속받은 주택은 하나의 소수지분주택인 경우뿐 아니라 여러 개의 주택을 소수지분으로 상속받아 보유하고 있어도 일반주택에 대한 비과세를 인정받을 수 있다.

국세청에서는 소수지분으로 상속받은 주택이 여러 개인 경우에는 일반주택의 비과세를 받을 수 없다고 해석하고 있다.[231)]

이에 반해 조세심판원에서는 소수지분상속주택이 여러 개인 경우에도 일반주택의 비과세를 받을 수 있다고 판정하고 있다.[232)]

---

229) 사전-2021-법령해석재산-0199 2021.5.31
230) 조심2018중0424 2018.4.19
231) 서면4팀-813 2008.3.27
232) 조심2019서2002 2019.8.22

3 누가 소수지분을 상속받는 지가 중요하다.

주택을 상속하는 경우에 자녀 중 어느 한명이 단독으로 상속받지 않고 여러 자녀가 공동으로 상속받는 경우에는, 각 자녀의 상황에 따라 지분비율을 조정할 필요가 있다.

예를 들어 아들과 딸의 지분비율을 50:50으로 하지 않고 아들 51 : 딸 49로 차이를 두어 분할하는 것을 의미한다.

이런 경우 아들은 최대지분권자로서 한 채의 주택을 상속받은 것으로 간주되지만, 딸은 소수지분권자로서 주택을 상속받은 것으로 보지 않는다.

만일 지분비율을 50:50으로 동일하게 하면 상속 당시에 그 주택에 살지 않았거나 나이가 어린 자녀가 소수지분권자가 된다.

소수지분권자는 최대지분권자보다 유리한 혜택이 있으므로 다음과 같은 상황에 있는 자녀가 소수지분권자가 되는 것이 유리하다.

〈소수지분이 유리한 상속인〉

a. 상속시점에는 주택이 없으나 상속이후 주택을 구입하고자하는 자녀 : 소수지분권자는 상속이후에 구입한 주택에 대하여도 비과세를 적용받을 수 있다.
b. 상속당시에 1주택소유자로서 부모와 동거중인 자녀 : 부모와 동거중인 1주택자인 경우에도 소수지분을 상속받으면 기존주택에 대하여 비과세를 적용받을 수 있다.

55장

여러 주택을 상속받는 경우

한 사람이 2채 이상을 상속받으면 전부 상속주택으로 보는가?

기존주택을 팔 때 상속받은 주택을 주택수에서 제외해주는 혜택은 여러 채 중에서 한 채의 상속주택만 인정해 준다.

1 상속주택에 대한 특례는 하나의 주택만 적용된다.

사망한 부모가 주택 한 채를 상속하는 경우에는 기존주택을 팔 때 상속주택은 주택수에 포함하지 않는 혜택을 준다. 그러나 부모가 상속해준 주택이 여러 개인 경우에는 그 중 하나의 주택에 대하여만 혜택을 주고 다른 주택은 비록 상속으로 받았다고 해도 일반주택으로 보아 주택수에 포함한다.

주택이 여러 개인 경우에 상속주택으로 인정되는 주택은 다음의 순서에 따라 결정한다.[233]

233) 소득세법 시행령 제155조 1세대 1주택의 특례 제②항

a. 부모가 소유한 기간이 가장 긴 1주택
b. 부모가 거주한 기간이 가장 긴 1주택(소유기간이 같은 경우)
c. 부모가 사망 당시 거주하던 주택(소유기간, 거주기간이 같은 경우)
d. 기준시가가 높은 주택(소유기간이 같고 거주하지 않은 경우)

자녀들이 여러 개의 주택을 나누어 각각 상속받는 경우에는 위에서 정해진 순서에 따라 상속주택 하나가 결정되고, 상속주택으로 결정된 주택을 상속받는 자녀는 상속주택의 특례를 인정받는다. 그러나 상속주택이 아닌 나머지 주택을 상속받는 자녀는 일반주택이 하나 더 늘어나는 결과가 되어 기존주택이 있는 경우 1세대 2주택자가 된다. 그러므로 기존주택이 있는 상태에서 상속주택이 아닌 나머지 주택을 상속받은 자녀가 먼저 양도하는 주택은 양도소득세를 면제받을 수 없다.

2 두 채를 상속받은 경우에는 처분하는 순서가 중요하다.

한 사람의 상속인이 상속 전에 보유하던 1개의 주택이 있는 상태에서 2개의 주택을 상속받으면 어떤 주택을 먼저 처분하는가에 따라 세율적용이 달라진다.

기존주택 1개와 상속주택 1개만 있는 경우에는 기존주택을 팔 때 양도소득세 비과세를 적용받을 수 있고, 상속주택을 5년 내에 팔면 1주택자로 보아 기본세율을 적용받는다.

기존주택 1개와 상속주택 1개를 가진 상태를 만들기 위해, 상속받은 2개의 주택 중에서 상속주택으로 인정되지 않는 일반주택을 먼저 처분하는 것이 유리하다. 이후 기존주택과 상속주택만 가진 상태에서 기존주택을 팔아서 비과세를 적용받고, 이후 상속주택도 2년 보유 및 2년 거주의 비과세조건을 갖춘 후에 처분하여 비과세를 적용받는 것이 가장 유리한 순서이다.

〈가장 유리한 처분순서〉

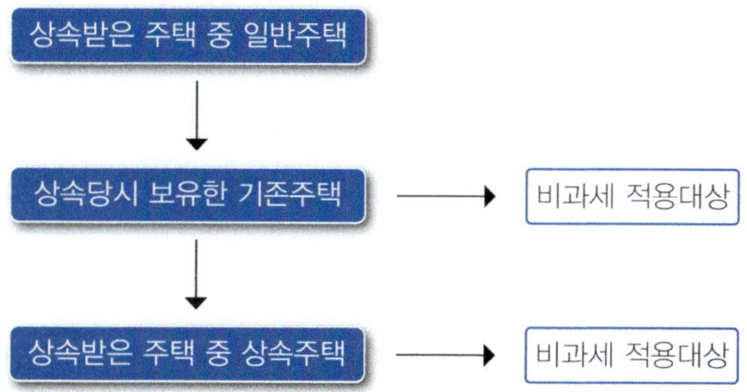

제 14 편

상속세의 신고와 납부

상속세를 현금으로 일시에 낼 필요는 없다!

56장

상속세가 없어도 신고해야 한다.

상속재산이 얼마까지이면 세금이 면제될까? 이에 대한 해답은 상속공제에 있다. 상속받은 재산합계가 상속공제보다 적으면 상속세가 없다.

1 상속세의 면세점은 10억 원이다.

누구나 받을 수 있는 상속공제는 배우자공제 5억 원과 일괄공제 5억 원이 있다. 그러므로 상속인으로 배우자와 자녀가 있으면 최소 10억 원을 공제 받을 수 있다.

만일 배우자가 없으면 일괄공제 5억 원이 최소 공제액이 된다.

〈상속세의 면세점〉

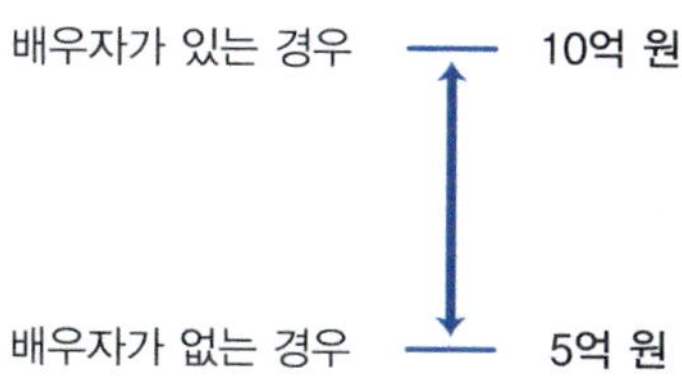

2 상속세가 없어도 신고하는 것이 유리하다.

(1) 누락된 상속재산이 발견되어 추징될 경우를 대비해야 한다.

상속재산이 10억 원에 미달되는 경우에도 신고서를 제출해야 할까? 물론 낼 세금이 없다면 신고서를 제출하지 않아도 불이익은 없다.

그러나 상속인들이 알지 못한 재산이 있었거나 사전증여가 있었다면, 추후 세무조사에서 상속재산이 늘어나 상속세가 추징될 수도 있다. 상속세를 신고하지 않았다가 세금을 추징당하면 「무신고가산세」로 세금의 20%를 내야 하지만, 신고서를 제출한 상태에서 누락된 재산에 대한 세금을 추징당하면 세금의 10%인 「과소신고가산세」를 내게 된다.

그러므로 상속재산이 공제액에 미달되는 경우에도 납부세액을 0으로 해서 신고서를 제출하는 것이 안전하다.

(2) 상속세를 신고하면 양도소득세를 줄일 수 있다.

부동산은 해당 재산을 매각할 때 양도소득세가 과세되는 재산이며, 양도소득은 양도가액에서 취득원가를 뺀 금액이 된다.

취득원가가 올라가면 양도소득이 줄어 드므로, 상속으로 취득하는 부동산은 상속 당시의 평가액에 따라 향후 양도소득금액에 영향을 준다. 재산을 상속받은 사람은 상속세신고서에 평가된 금액으로 재산을 취득하게 된다. 상속 당시의 평가액을 임의로 산정할 수는 없지만 상속인들의 선택에 따라 평가액이 달라질 수 있다.

부동산의 경우 기준시가로 평가하는 것이 원칙이지만, 감정평가를 받아 신고하는 것도 인정해 준다.

그러므로 부동산을 상속받은 경우에는, 기준시가보다 높은 감정가액으로 신고하여 향후 양도소득세를 줄이는 것을 검토할 필요가 있다.

사 례

- 상속재산으로 주택 기준시가 6억 원이 있음
- 상속공제액은 10억 원
- 상속당시 주택의 감정가액은 10억 원으로 예상
- 1년 후 주택을 10억 원에 매각한다고 가정함

상속세를 신고하지 않은 경우와 상속세를 신고하되 감정가액으로 신고한 경우 각각의 상속세와 향후 매각시의 양도소득을 계산하면?

	상속세 무신고시	감정가액 신고시*
상속재산	6억 원	10억 원
상속공제	6억 원	10억 원
상속세	없음	없음
양도가액	10억 원	10억 원
취득원가	6억 원	10억 원
양도소득	4억 원	없음

* 상속재산을 감정가액으로 신고하면 감정가액을 취득원가로 인정받아 이후에 양도할 때 양도소득이 줄어든다.

(3) 상속재산으로 신고된 금액은 자금출처로 인정된다.

상속재산을 상속받은 사람은 상속세를 신고한 평가액대로 재산을 취득하는 것이므로 향후 다른 재산을 취득할 때의 자금출처로 인정받을 수 있다.

3 상속세는 누진세율에 따라 계산한다.

(1) 단계별 세율은 최저 10%에서 최대 50%를 적용한다.

상속이 일어나면 최저 10%에서 최대 50%까지 점점 높아지는 세율을 상속세 과세표준 구간별로 각각 곱한 후, 구간별로 계산된 각각의 세금을 합하여 계산한다. 금액 구간별로 정해진 세율은 다음과 같다.

〈상속 · 증여세 세율표〉

과세표준 구간	세율
1억 원까지	10%
1억 원부터 5억 원까지	20%
5억 원부터 10억 원까지	30%
10억 원부터 30억 원까지	40%
30억 원 초과	50%

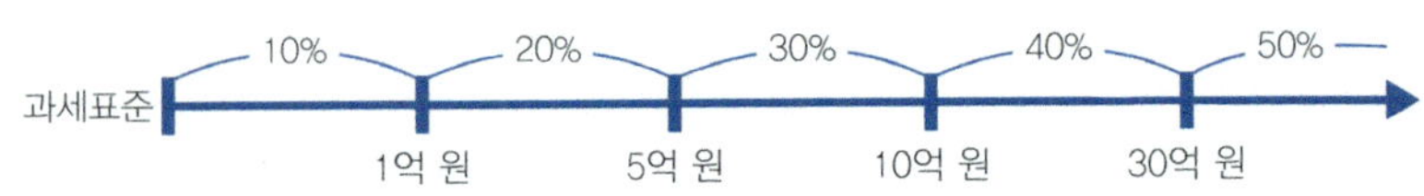

예를 들어 상속세 과세표준이 32억 원일 경우, 상속세는 다음과 같이 계산한다.

구간	구간별 세금	직전구간까지 세금합계*
1억 원까지(1억 원)	1억 원 * 10% = 1천만 원	1천만 원
1억 원에서 5억 원까지 (4억 원)	4억 원 * 20% = 8천만 원	9천만 원
5억 원에서 10억 원까지 (5억 원)	5억 원 * 30% = 1.5억 원	2억4천만 원
10억 원에서 30억 원까지 (20억 원)	20억 원 * 40% = 8억 원	10억4천만 원
30억 원을 넘는 금액 (2억 원)	2억 원 * 50% = 1억 원	
32억 원에 대한 증여세 합계	**11억4천만 원**	

* 과세표준이 5억 원이면 상속세는 9천만 원, 과세표준이 10억 원이면 상속세는 2.4억 원이 된다.

(2) 간편하게 계산하는 산식을 사용할 수도 있다.

위의 표처럼 매 구간별로 세금을 계산하여 합하지 않고, 하나의 산식으로 계산할 수 있는 간편 계산식이 있다.

간편 계산식에서는, 과세표준이 속해 있는 구간이 정해지면 하나의 산식으로 계산할 수 있다.

과세표준의 위치	직전 구간 세금 합계 + 구간 초과분 세금
1억 원까지	과세표준 * 10%
1억 원부터 5억 원까지	1천만 원 + 1억 원 초과액의 20%
5억 원부터 10억 원까지	9천만 원 + 5억 원 초과액의 30%
10억 원부터 30억 원까지	2억4천만 원 + 10억 원 초과액의 40%
30억 원 초과	10억4천만 원 + 30억 원 초과액의 50%

위의 표에 따라 과세표준 32억 원의 상속세를 한 번에 계산하면, 30억 원 초과 구간을 적용하여 10억4천만 원 + (32억 원 – 30억 원) * 50% = 11억4천만 원이 된다.

위와 같은 표 이외에도 다른 방법으로 간편하게 계산할 수도 있다. 어느 방법을 사용해도 그 결과는 동일하다.

과세표준의 위치	과세표준 * 구간 세율 – 공제액
1억 원까지	과세표준 * 10%
1억 원부터 5억 원까지	과세표준 * 20% –1천만 원
5억 원부터 10억 원까지	과세표준 * 30% – 6천만 원
10억 원부터 30억 원까지	과세표준 * 40% – 1억6천만 원
30억 원 초과	과세표준 * 50% – 4억6천만 원

이 표에 따라 과세표준 32억 원에 대한 상속세를 한 번에 계산하면, 30억 원 초과 구간을 적용하여 32억 원 * 50% – 4.6억 원 = 11억4천만 원이 된다.

57장

상속세의 신고방법

재산을 상속받은 상속인들은 어떤 의무가 있나?

상속을 받게 되면 상속을 받은 사람은 두 가지의 의무가 있다. 상속세신고기한 이내에 상속세신고서를 관할세무서에 제출해야 하고, 계산된 상속세를 금융기관을 통해 세무서에 내야 한다.

1 상속세는 6개월 내에 신고한다.

(1) 상속세신고는 사망한 달의 말일부터 6개월까지 이다.

상속세를 신고해야하는 기한은, 상속이 개시된 날이 속하는 달의 말일부터 6개월이 되는 날까지이다.

상속세를 내는 날짜도 상속세 신고기한과 동일하다.

예를 들어 2월10일에 사망하였다면, 2월말 일부터 6개월이 되는 8월 31일까지 상속세신고서를 제출하고 세금을 내야 한다.

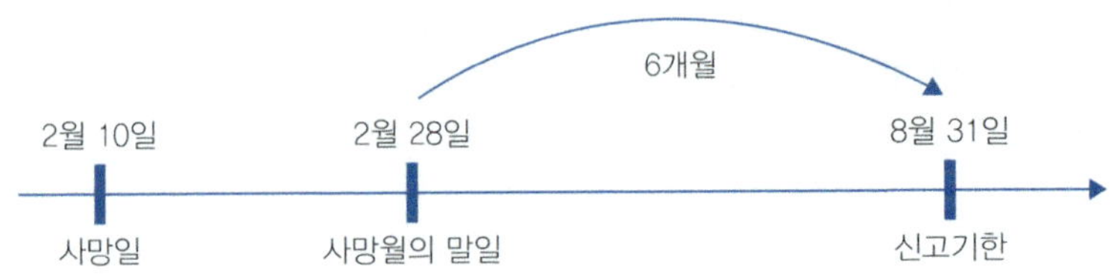

사망한 사람(피상속인) 혹은 상속인이 해외에 거주하고 있는 경우(소득세법상 비거주자에 해당하는 경우)에는 9개월까지 신고해야 한다. 상속인이 해외에 거주하고 있는 경우라 함은 배우자와 자녀와 같은 상속인 전원이 해외에 거주하여야 하며 만일 한사람의 상속인이라도 국내에 거주하고 있으면 6개월 이내에 신고해야 한다.

(2) 상속세신고서는 사망한 사람이 살았던 관할세무서에 제출한다.

상속세신고서를 제출해야 하는 세무서는 사망한 사람의 주소지를 관할하는 세무서이며, 사망한 사람이 해외에 살고 있는 경우에는 재산이 소재한 지역을 관할하는 세무서에 제출한다.

(3) 국세청은 신고기한이 종료된 후 9개월까지 신고내용을 검증한다.

상속을 받은 사람이 상속세신고서를 제출하면 관할세무서는 신고서를 기초로 신고된 내용을 검토한다.

신고된 내용에 누락이 있거나 잘못된 것이 있으면, 관할세무서는 잘못 계산된 세금을 다시 계산한 후 그 차이를 통지한다.

상속세는 관할세무서가 최종적으로 결정하는 것이며, 상속인들이 신고서를 제출하는 것은 자료제출의무에 불과하다.

(4) 상속세를 10년에 걸쳐 나누어 낼 수 있다.

내야 할 상속세가 2천만 원을 넘는 경우에는 10년간 나누어 세금을 낼 수도 있다. 다만 이 경우에는 세금에 상당하는 담보를 제공해야 하며, 세법에서 정한 이자를 함께 내야 한다. (60장, 할부로 내는 상속세 참조)

(5) 상속을 받은 현물재산으로 상속세를 낼 수도 있다.

부모가 사망하여 부동산과 같은 재산을 상속을 받은 경우에는, 상속받은 부동산으로 상속세를 낼 수 있다. 이와 같이 세금을 현금이 아닌 다른 재산으로 세금을 내는 것을 물납이라 한다. (61장, 실물재산으로 내는 상속세 참조)

(6) 상속인이 확정되지 않은 경우에도 신고서를 제출해야 한다.

자녀가 없이 사망하였거나 상속인인 자녀가 상속포기를 한 후 후순위상속인인 형제들의 상속여부가 확정되지 않은 경우에는 상속인이 누구인지 확정되지 않을 수가 있다.

이와 같이 상속인이 확정되지 않은 경우에도 6개월 이내에 상속세를 신고해야 하며, 상속인이 확정되지 않은 상태로 신고한 이후 상속인이 확정되면 30일 이내에 상속인의 관계를 세무서에 제출해야 한다.[234)]

234) 서면-2020-상속증여-2550, 2020.09.09

2 기한 내에 신고하면 3%를 할인해 준다.

(1) 기한 내에 신고서를 제출하면 상속세의 3%를 할인해 준다.

상속을 받은 사람은 상속세 신고기한이내에 신고서를 세무서에 제출하고, 신고서상에 표시된 세금을 금융기관을 통해 세무서에 내야 한다.

신고기한 이내에 상속세신고서를 세무서에 제출하면 납부할 세금의 3%를 할인해 준다.[235)]

신고세액공제는 신고서를 기한 내에 제출한 데 대한 혜택이므로, 상속세신고서를 제출한 후 관할세무서에서 상속세를 추징한 경우에 추가로 내는 세금에 대하여는 3%의 신고세액공제를 받을 수 없다.

(2) 신고서만 제출하고 세금을 안내도 신고세액공제는 받을 수 있다.

신고기한 내에 신고서는 제출하였으나 세금을 내지 않은 경우에도 신고세액공제는 받을 수 있다.[236)]

다만, 신고기한이 경과한 이후에 세금을 내면 늦게 낸 날짜 수만큼 가산세를 추가로 내야 한다.

기한 내에 신고서만 제출해도 3%의 할인을 받을 수 있으므로, 만일 기한 내에 세금을 낼 수 없는 경우에도 신고서는 기한 내에 제출하여 3%의 할인혜택을 받는 것이 유리하다.

또한 신고서를 기한 내에 제출하면 신고서를 제출하지 않은 데 대한 무신고가산세도 피할 수 있다.

---

235) 상증법 제69조, 신고세액공제
236) 상증법 기본통칙 69-0---1

사 례

아버지가 12억 원의 재산을 남긴 채 사망하였고 사망하기 전 10년 이내에 자녀에게 증여한 금액이 4억 원이 있었던 경우에 상속세를 계산해 보면 다음과 같다.

상속당시 재산금액		1,200,000,000
생전에 증여한 금액		400,000,000
상속세 대상금액합계		1,600,000,000
상속공제액 10억 원	일괄공제, 배우자공제 각 5억 원	− 1,000,000,000
상속세 과세표준	세율을 곱하는 대상금액	600,000,000
상속세 산출세액	6억 원 * 30% − 6천만 원	120,000,000
신고세액공제 (기한 내 신고시 혜택)	산출세액의 1.2억 원의 3%	− 3,600,000
납부할 세금		116,400,000

3 착오로 세금을 많이 낸 경우에는 환급을 청구할 수 있다.

상속세신고기한 내에 신고하고 세금을 냈으나, 신고당시에 착오가 있어 세금을 너무 많이 낸 것을 알게 되면 많이 낸 세금을 돌려달라고 하는 청구를 한다.[237)]

경정청구를 하기 위해서는, 당초에 신고한 내용을 수정하여 제출하고 그 사유를 기록하여 환급을 청구한다. 환급청구를 받은 세무서는 청구를 받은 날부터 2개월 이내에 그 결과를 통지해 준다.

환급이 결정되면 신고서에 기록된 환급계좌로 입금이 되며, 환급신청은 신고기한으로부터 5년 이내에만 할 수 있다.

---

237) 국세기본법 제54조의2, 경정 등의 청구

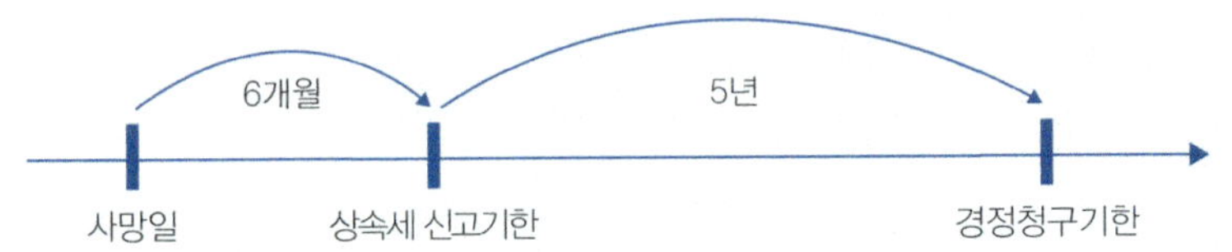

잘못된 세금을 돌려받는 경우에는 연간금리 3.1%(2026.2월 현재)로 계산된 환급이자를 더하여 받는다.

예를 들어 2천만 원의 세금을 1년 후에 돌려받는 경우에 받을 금액은 다음과 같다.

많이 낸 세금	20,000,000
환급가산금(연리 3.1%)	620,000
돌려받을 총 세금	20,620,000

4 소멸시효가 지나면 추징할 수 없다.

(1) 신고를 한 경우에는 10년이 지나면 소멸된다.

상속세를 신고하였으나 신고내용에 잘못이 있는 경우에는, 국세청은 신고기한이 끝나는 날부터 10년 이내에, 적게 낸 세금을 추징 할 수 있다. 만일 신고기한으로부터 10년이 지나면, 신고한 내용에 잘못이 있어 세금을 적게 낸 경우에도 국세청은 세금을 추징할 수 없다.[238)]

238) 국세기본법 제26조의 2, 국세부과제척기간 제④항

(2) 신고를 하지 않은 경우에는 15년이 지나야 소멸된다.

상속세를 신고한 경우에는 10년이 지나면 국세청은 추징할 수 없으나, 신고를 하지 않은 경우에는 15년까지 국세청이 세금을 추징할 수 있다. 그러므로 신고기한으로부터 15년이 지나면, 신고가 누락된 사실을 발견해도 국세청은 상속세를 추징할 수 없다.

(3) 부정하게 상속한 금액이 50억 원이 넘는 경우에는 시효가 없다.

예를 들어 사망한 사람이 실질적으로 가지고 있던 부동산이나 예금인데도, 사망자명의가 아닌 다른 사람 명의로 되어있었던 경우로서, 이러한 타인 명의로 된 재산을 신고하지 않은 경우는 부정행위의 대표적인 사례에 해당한다.[239)]

이와 같은 부정행위로 신고를 하지 않은 경우에는, 상속세 신고기한으로부터 15년이 지난 후에도 국세청이 안 날부터 1년 내에는 상속세를 추징 할 수 있다.

이와 같은 부정행위인 경우에는 국세청이 안 날로부터 1년 이내에 추징할 수 있으므로, 소멸시효가 없는 것과 마찬가지다.

다만, 국세청이 안 날로부터 1년 이내에 추징할 수 있는 규정은, 부정행위로 신고를 하지 않은 금액이 50억 원이 넘는 경우에만 적용한다.

239) 국세기본법 시행령 제12조의 2, 부정행위의 유형

58장

신고시 필수서류

상속세신고서에 첨부해야 할 서류와 내용은 다음과 같다.

첨부서류	내용	서식명
피상속인의 제적등본 및 상속인의 가족관계기록사항에 관한 증명서	가족관계증명서등	
상속세과세가액계산명세서	사망당시재산금액, 사전증여금액, 추정상속금액, 상속재산차감금액 등 내역	[별지 제9호 서식부표1]
상속인별 상속재산명세 및 그 평가명세서	상속인별로 상속받은 재산 및 평가내역	[별지 제9호 서식부표 2]
채무, 공과금, 장례비 및 상속공제명세서	채무 등을 입증할 수 있는 서류를 첨부하고 상속공제금액을 기록	[별지 제9호 서식부표 3]
상속개시 전 2년 이내 재산처분 및 채무부담내역과 사용처명세서	사망 전 2년 이내에 처분한 재산과 부담한 채무내역 및 처분자금 사용처내역	[별지 제9호 서식부표 4(갑)]
배우자상속공제명세서	배우자가 상속받은 재산 및 배우자상속공제계산내역(협의분할서 첨부)	[별지 제9호 서식부표 3의2]
배우자상속재산 미분할사유서	배우자에게 상속된 재산 중 분할되지 않은 재산이 있는 경우 그 사유를 기록	[별지 제3호 서식]
가업상속공제신고서	피상속인의 가업을 상속받고 가업상속공제를 신청한 경우 공제내역	[별지 제1호 서식]
금융재산상속공제신고서	예금 등 금융재산에 대한 공제내역	[별지 제5호 서식]

59장

상속세의 납부방법

재산을 상속받은 가족은 각자 얼마씩의 상속세를 내야 하나?

사망한 사람의 재산 전체에 대하여 상속세를 계산한 후, 각자가 받은 재산의 비율대로 상속세를 낼 의무가 있다.

1 상속세는 사망한 사람이 가진 재산에 대하여 과세한다.

사람이 사망하면 그 사람이 소유하고 있던 모든 재산을 합친 금액에 대하여 상속세를 부과한다.

사망한 사람의 전체 재산을 하나의 단위로 보고 상속세를 계산하므로, 재산을 상속받은 상속인들이 각자 얼마의 재산을 상속받았는지는 상속세와 상관이 없다.

상속세는 사망한 사람의 재산전체에 대하여 과세하지만, 재산을 상속받은 상속인들은 본인이 받은 재산금액비율만큼의 상속세를 납부할 의무가 있다.

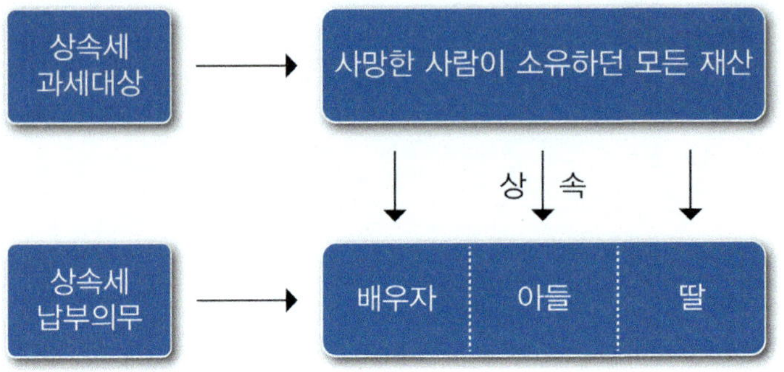

현재의 상속세법은 사망한 사람의 재산 전체에 대하여 상속세를 과세하는 유산세형 과세방식을 채택하고 있지만, 재산을 상속받은 상속인별로 상속세를 과세하는 유산취득세형으로 개정의 필요성이 제기되고 있으나 2026년 현재까지는 개정되지 않은 상태이다.

2 모든 상속인은 연대하여 납부할 의무를 진다.

(1) 재산을 상속받은 자는 공동으로 납세의무가 있다.

사망한 사람으로부터 재산을 상속받은 사람들 즉, 상속인(배우자와 자녀) 및 재산을 상속받은 상속인 이외의 자(손자녀, 며느리, 사위 등)는 상속세를 공동으로 낼 의무가 있다.

상속세를 납부할 의무는 재산을 상속받은 사람들이 모두 공동으로 부담하는 것이므로, 상속세 전부에 대하여 모든 상속인이 연대하여 납부할 의무가 있다.[240]

240) 상증법 제3조의 2, 상속세 납세의무 제③항

모든 상속인들이 연대하여 상속세를 낼 의무가 있으므로 어느 한 상속인이 전체 상속세를 낸다면 나머지 상속인들은 세금을 낼 의무가 없어지지만, 만일 상속인들이 상속세를 납부하지 않을 경우 국세청은 상속인 각자가 받은 재산금액까지는 어느 누구에게도 상속세를 추징할 수 있다.

(2) 10년 이내에 증여를 받은 배우자와 자녀도 상속세를 낼 의무가 있다.

배우자나 자녀들은 상속인이므로 사망 당시에 재산을 상속받으면 당연히 상속세를 낼 의무가 있다. 그러나 이들 상속인이 사망 당시에 재산을 상속받지 않은 경우에도 사망 이전 10년 내에 증여를 받았다면, 사전 상속을 받은 것으로 보아 상속세를 낼 의무가 있다.

(3) 사전증여를 받은 자녀가 상속을 포기해도 납세의무가 있다.

상속인 중에서 상속을 포기하면 상속받은 재산이 없으므로 상속세를 낼 의무가 없다. 그러나 상속인 중에서 상속을 포기한 자도 사전에 증여를 받은 사실이 있다면, 본인이 증여를 받았던 재산의 비율에 따라 상속세를 낼 의무가 있고 그 증여를 받은 재산을 한도로 상속세를 연대하여 납부할 의무가 있다.[241)]

241) 서면-2019-상속증여-1346, 2019.06.12

(4) 자녀가 비거주자인 경우에도 납세의무가 있다.

사망한 사람의 배우자나 자녀가 해외에 살고 있는 경우(비거주자)에도 재산을 상속받은 경우에는 상속세를 납부할 의무가 있다. 다만 모든 상속인이 해외에 거주하면 원래 6개월인 신고기한이 9개월로 연장되는 혜택만 주어진다.

(5) 상속받은 재산이 없는 자녀들은 납부의무가 없다.

상속세는 사망한 사람으로부터 재산을 사전에 증여를 받거나(사망 전 10년 이내의 증여), 사망당시에 상속을 받은 배우자나 자녀들이 납부할 의무가 있다. 그러므로 사전에 증여를 받은 사실도 없고 사망 당시에 상속받은 사실도 없는 상속인은 상속세를 낼 의무가 없다.

(6) 사전증여만 받은 손자녀는 상속세를 낼 의무가 없다.

배우자나 자녀들은 상속인이므로 생전에 증여를 받은 사실만 있어도 상속세를 낼 의무가 있다.

그러나 사망일로부터 5년 이내에 증여를 받은 손자녀 · 사위 · 며느리 등과 같은 상속인이 아닌 사람들은, 사망한 사람의 유언으로 추가적으로 상속받은 재산이 없다면 상속세를 낼 의무가 없다.

손자녀와 같이 상속인이 아닌 자에게 사전증여한 재산은 상속재산에 합산되지만, 상속세의 납부의무자는 재산을 상속받은 상속인들로 규정되어 있으므로, 상속인 이외의 자에게 사전증여한 재산이 상속재산에 포함되어 상속세가 커지는 부분이 있다고 해도 상속인들이 늘어나는 세금을 부담해야 하는 불합리한 상황이 발생하게 된다.

3 본인이 받은 재산금액을 한도로 한다.

(1) 각자가 받은 재산비율만큼의 상속세를 낼 의무가 있다.

상속세는 상속인들이 연대하여 납부할 의무가 있으므로 어느 한 명의 상속인이 상속세전부를 납부해도 상관이 없다. 그러나 상증법에서는 전체 상속재산 중에서 각자의 상속인들이 받은 재산의 비율대로 상속세를 낼 의무가 있다고 규정하고 있다.

그러나 상속세는 상속인들이 각자 본인의 세금을 내는 것이 아니라 전체 세금을 한 번에 내는 것이므로, 상증법에서 정하고 있는 각자의 상속세납부의무는 상속인들 간의 납부기준을 정한 것에 불과하다.

상증법상의 상속세 납부의무는 연대납세의무라고 규정하고 있으므로, 각자 상속인들이 본인이 받은 재산의 비율에 해당하는 상속세만 낸다고 해서 상속세납부의무가 소멸되는 것은 아니며, 다른 상속인이 상속세를 내지 않는 경우에는 다른 상속인의 상속세에 대하여도 납부의무는 존속한다.

(2) 상속공제액은 납부의무와 상관이 없다.

상속인별로 상속세를 내는 비율을 계산할 때는, 배우자공제나 기타의 인적공제와 같은 상속재산에서 빼주는 공제금액과 상관없이, 본인들이 상속받은 재산금액의 비율로 계산한다.

예를 들어 사망한 사람의 배우자가 재산을 5억 원을 상속받은 경우, 상속세를 계산할 때 배우자공제로 5억 원을 공제받으므로 이론적으로 배우자가 내야 할 상속세는 없다. 그러나 각자의 상속인들이 내야 할 상속세는 공제금액과 상관없이 본인이 받은 재산의 비율만큼 내야 한다. 그러므로 5억 원의 재산상속을 받은 배우자는 전체 상속재산 중에서 5억 원에 해당하는 비율만큼 상속세를 내야 할 의무가 있다.

사 례

아버지가 사망하여 아버지소유 주식 15억 원을 어머니와 아들에게 상속하였으며, 어머니에게 5천만 원과 아들에게 14.5억 원의 주식을 분배하기로 하였다. 어머니와 아들이 각자 내야 할 상속세는?

상속재산금액	1,500,000,000	
상속공제액	1,000,000,000	(배우자공제 5억, 일괄공제 5억)
상속세과세표준	500,000,000	
상속세산출세액	90,000,000	(1억까지 10%, 1억 초과분 20%)
신고세액공제	2,700,000	(산출세액의 3%)
상속세납부세액	87,300,000	
개인별상속세 :		
어머니*	2,910,000	
아들**	84,390,000	

* 87,300,000 * (5천만 원/15억 원) = 2,910,000

** 87,300,000 * (14.5억 원/15억 원) = 84,390,000

(3) 추정상속재산은 법정비율대로 상속받은 것으로 본다.

상속개시 전 2년 이내에 처분한 재산의 사용처가 불분명하여 상속세 과세가액에 산입된 추정상속금액은, 상속인 각자가 법정상속지분으로 상속받는 것으로 보아 납부할 세액을 계산해야 한다.[242)]

242) 서면4팀-658, 2005.4.29

예를 들어 추정상속재산이 없는 것으로 상속세를 신고납부한 후 국세청이 상속세를 조사한 결과로 상속개시 전 2년 이내에 처분한 재산의 용도가 불분명하여 상속세가 추징이 되면, 상속인들이 추정상속금액을 법정지분비율대로 상속받은 것으로 보아 각자의 상속세 납부액을 다시 계산해야 한다.

또한 상속인 중 어느 한 명이 상속포기를 하였다 하더라도, 사용처가 미입증된 추정상속금액은 상속인 모두가 상속받은 재산으로 보아 각자의 법정상속비율대로 상속세를 추징하므로 상속을 포기한 상속인도 추정상속재산에 대한 상속세를 낼 의무가 있다.[243)]

(4) 본인이 상속받은 재산금액을 한도로 상속세를 낼 의무가 있다.

상속세의 연대납세의무규정에 따라 개인별로 납부의무가 있는 최대한의 상속세는 본인이 받은 재산금액까지이며, 개인별로 내야 할 최소한의 상속세는 전체상속세금액에 본인이 받은 재산비율을 곱한 금액이 된다.

〈상속인별 납부의무의 범위〉

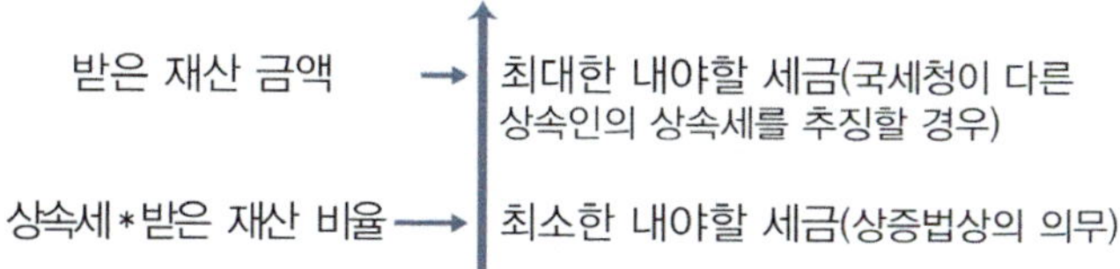

243) 국심2003중0302, 2003.05.21

예를 들어 상속재산금액이 50억 원이고 총상속세가 10억 원인 상태에서, 배우자가 상속받은 재산을 5억 원(상속재산의 10%)으로 가정할 경우, 배우자가 낼 최대한의 상속세는 5억 원이고 최소한의 상속세는 1억 원(상속세 10억 원 * 상속받은 재산의 비율 10% = 1억 원)이 된다.

본인이 받은 재산금액에는 피상속인의 사망으로 받은 보험금도 포함하여 계산한다.[244]

상속재산을 분배할 때는, 부동산과 같이 현금화가 어려운 재산보다는 예금과 같이 현금화가 쉬운 재산을 상속세를 많이 내기로 한 사람에게 분배해야 한다.

(5) 본인이 받은 재산을 넘어서 상속세를 내면 증여한 것으로 본다.

본인이 받은 재산 금액보다 더 많은 상속세를 내게 되면, 더 많이 낸 부분은 본인이 상속받지 않은 개인의 재산으로 다른 사람의 세금을 내준 것이 되므로 그 부분은 증여한 것으로 본다.

그러므로 다른 사람에 대한 증여문제가 발생하지 않고 한사람이 낼 수 있는 최대한의 금액은, 본인이 받은 재산금액을 한도로 한다.[245]

증여세 없이 낼 수 있는 상속세한도 = 본인이 상속받은 재산금액

앞에서 본 사례에서 어머니가 상속세 87,300,000원을 전부 냈다면 어머니가 받은 재산인 50,000,000원을 초과하는 37,300,000원은 아들에게 증여한 것으로 간주되어 증여세를 내야 한다.

244) 상속증여세과-393, 2013.07.22
245) 상증법 시행령 제3조, 상속세 납부의무 제③항

4 선순위상속인이 상속포기를 하면 후순위상속인이 세금을 낸다.

상속인 중 상속순위가 선순위인 단독상속인 또는 동순위의 공동상속인 전원이 상속을 포기함으로써 그 다음 순위에 있는 상속인(후순위상속인인 손자녀 등)이 재산을 상속받게 되는 경우에는, 후순위상속인이 받을 상속재산의 점유비율에 따라 상속세를 납부할 의무를 지며, 증여세는 과세하지 아니한다. 이 경우 후순위상속인이 피상속인의 손자녀인 경우에는 세대를 건너뛴 상속으로 보아 일반상속세액에 30%를 할증하여 과세한다.[246)]

246) 기본통칙 3의2-0…1 제①항

60장

할부로 내는 상속세

상속세가 큰 경우 일시에 내지 않고 나누어 낼 수 있을까?

상속세가 2천만 원이 넘으면 일시에 납부하지 않고 10년 간 나누어서 낼 수 있다.[247)]

다만, 담보를 제공하고 법에서 정한 이자를 함께 내야 한다.

1 상속인 전원이 신청해야 한다.

상속세를 일시불로 내지 않고 몇 년간 나누어서 내는 연부연납은 상속세 전체에 대하여 신청하는 것이므로 연부연납은 상속인 전원이 함께 신청하는 것이 원칙이다.[248)]

그러나 공동상속인에게 연부연납을 요청하였으나 특정 상속인이 연부연납을 거부하거나 주소를 확인할 수 없는 등의 사유로 전원이 신청할 수 없는 경우에는, 본인이 받은 재산의 비율에 해당하는 상속세에 대하여만 연부연납을 신청할 수 있다. (첨부된 연부연납신청서 작성방법 6 참조)

247) 상증법 제71조, 연부연납
248) 재산세과-392, 2011.08.23

2 납세담보를 제공해야 한다.

(1) 법에서 인정하는 담보를 제공해야 한다.

상속세를 연부연납 할 경우에는 법에서 인정되는 담보를 제공해야 한다. 담보로 인정되는 것은 다음과 같다.[249)]

a. 금전
b. 유가증권*
c. 납세보증보험증권
d. 납세보증서(은행 혹은 신용보증기금 발행분)
e. 토지
f. 건물(보험에 가입된 것)

* 유가증권에는 국채, 지방채, 수익증권, 상장법인의 보증사채 및 전환사채, 상장주식, 양도성 예금증서가 포함되며, 비상장주식은 담보로 인정되지 않는다.

담보물의 가액은 연부연납세액의 120%이상이어야 한다. 다만 금전, 납세보증보험증권, 납세보증서의 경우에는 연부연납세액의 110%만 제공할 수 있다. 연부연납세액은 연부연납 할 세금과 가산금을 합한 금액을 의미한다.

연부연납가산금은 연 3.1%(2026.2월 현재)를 적용한다.

(2) 담보가액 범위 내에서만 연부연납을 인정한다.

연부연납을 신청할 때 제공한 담보재산의 가액이 신청한 세액에 미달하면, 담보로 제공된 가액의 범위 내에서만 연부연납을 허가한다.[250)]

249) 국세징수법 제18조, 담보의 종류

(3) 타인의 부동산도 담보로 제공할 수 있다.

보험증권을 납세담보로 제공하려면 금융기관에 보증료를 지급해야하므로 부동산을 담보로 제공하는 것이 비용을 줄일 수 있다.

토지나 건물을 담보로 제공할 때는 상속받은 토지나 건물을 제공할 수 있다. 또한 담보로 제공할 부동산은 반드시 상속인 소유일 필요는 없으며 다른 사람이 소유하고 있는 부동산 혹은 상속인이 주주인 법인이 소유하고 있는 부동산도 인정된다.[251]

납세담보로 다른 사람의 부동산을 제공받는 것은 증여(담보제공으로 인한 증여이익)로 보지 않는다.[252]

부동산을 담보로 제공할 때는 상증법상의 재산평가기준에 따라 평가해야 한다. 상증법의 부동산 평가기준은 감정가액 혹은 기준시가를 의미한다. (Part3, 상속증여재산의 평가방법 참조)

3 신청서를 기한 내에 제출해야 한다.

상속세를 연부연납하기 위해서는 법에서 정한 기한 내에 관할세무서장에게 연부연납신청서를 제출해야 한다.

상속세를 신고하는 경우와 국세청이 상속세를 조사한 후에 상속세를 결정하여 통지한 경우 각각의 신청기한은 다음과 같다.

상속세를 자진 신고하는 경우	상속세 신고기한까지
세무서장이 상속세를 결정한 경우	납부고지서의 납부기한까지

250) 상증법 기본통칙 71-67-2
251) 제도 46014-11698, 2001.6.26.
252) 기획재정부 재산세제과-158, 2018.2.27.

상속세의 연부연납기간은 10년 이내에서 상속인들이 정한 기간으로 신청할 수 있다.

4 국세청의 허가를 받아야 한다.

(1) 세무서장은 기한 내에 허가통지를 해야 한다.

상속세를 연부연납신청하면 관할세무서장의 허가를 받아야 한다. 신청을 받은 세무서장은 다음의 기한 내에 허가여부를 통지하여야 한다.

상속세를 자진 신고하면서 허가를 신청한 경우	신고기한으로부터 9개월 이내
세무서장의 납세고지서에 따라 신청한 경우	납부기한으로부터 14일 이내

위에서 정한 기한 내에 세무서장이 허가여부를 통지하지 않으면 허가한 것으로 간주한다.

(2) 납세보증서를 제출하면 허가받은 것으로 본다.

상속인이 납세담보를 제공할 때 금전, 유가증권, 납세보증보험증권, 납세보증서와 같은 담보능력이 확실한 담보를 제공하고 연부연납을 신청하면 세무서장은 거부할 수 없다.

그러므로 이 경우에는 세무서장의 허가가 없어도 연부연납을 신청한 날에 허가를 받은 것으로 본다.

5 가업재산은 특례를 인정한다.

(1) 가업상속재산에 대한 상속세는 20년으로 연장된다.

상증법에서 인정하는 가업상속재산에 대하여는 그 재산에 대한 상속세를 계산한 후 연부연납특례를 인정해준다. 가업상속재산에 대한 상속세는 20년까지 나누어서 납부하거나, 10년간은 세금을 내지 않고 이후 10년간에 걸쳐 세금을 납부할 수도 있다. 가업상속재산에 대한 상속세는, 가업에 해당하는 재산 중에서 상증법상의 가업상속공제한도액까지 공제를 받은 부분을 초과하는 상속세를 의미한다.

(2) 연부연납특례가 인정되는 가업재산은 별도 요건을 갖추어야 한다.

20년간의 연부연납특례가 인정되는 가업재산은 다음 중 어느 하나를 의미한다.

a. 상증법 제18조에 따른 가업상속공제대상 재산(13장 참조)
b. 연부연납규정에서 추가로 인정한 기업재산

(3) 기업재산은 별도로 정한 조건을 갖추어야 한다.

상증법에서 규정한 가업상속공제를 적용받지 못하는 경우에도, 다음과 같은 조건을 모두 갖춘 재산을 기업재산이라 하며, 기업재산에 대하여도 연부연납특례를 인정해 준다.

〈가업재산의 조건〉

대상 기업	중소기업 혹은 중견기업일 것
피상속인 요건	최대주주로서 40%이상의 주식을 5년 이상 보유할 것
	5년 이상 경영하고 그중 30% 이상 대표이사일 것
상속인 요건	상속개시일 현재 18세 이상일 것
	상속세신고기한까지 임원으로 취임할 것
	상속세신고기한부터 2년 내에 대표이사로 취임할 것

(4) 가업상속에 대한 세금은 납부를 유예 받을 수도 있다.

가업을 상속받은 상속인이 승계 받은 가업을 영위하는 동안 상속세를 납부할 부담을 가지지 않고 가업을 경영할 수 있도록 하기 위하여 상속세를 유예 받을 수 있다.

중소기업을 상속받은 상속인은 가업상속재산을 양도, 상속, 증여하는 시점까지 상속세납부를 유예해 준다. 가업상속에 대한 납부유예제도는 중소기업에 한하여 2023년부터 적용된다.[253)]

가업을 상속받은 경우에는 가업상속공제를 받거나, 가업상속공제를 포기하고 납부유예를 받는 것 중에서 선택할 수 있다.

〈가업상속에 대한 납부유예조건〉

a. 중소기업만 인정한다.
b. 가업상속공제를 받지 않아야 한다.
c. 납세담보를 제공해야 한다.

253) 상증법 제72조의 2, 가업상속에 대한 상속세 납부유예

6 상속세 연부연납세액 계산사례

납부할 상속세 총액이 11억 원이고 가산금율을 연 3.1%를 적용하여 10년간 연부연납 할 경우, 매년의 상환금액을 계산하면 다음과 같다.

	원금*	가산금	납부할 세액 합계	가산금계산내역
신고시점	100,000,000		100,000,000	
1차	100,000,000	31,000,000	131,000,000	(11억-1억)*3.1%
2	100,000,000	27,900,000	127,900,000	(11억-2억)*3.1%
3	100,000,000	24,800,000	124,800,000	(11억-3억)*3.1%
4	100,000,000	21,700,000	121,700,000	(11억-4억)*3.1%
5	100,000,000	18,600,000	118,600,000	(11억-5억)*3.1%
6	100,000,000	15,500,000	115,500,000	(11억-6억)*3.1%
7	100,000,000	12,400,000	112,400,000	(11억-7억)*3.1%
8	100,000,000	9,300,000	109,300,000	(11억-8억)*3.1%
9	100,000,000	6,200,000	106,200,000	(11억-9억)*3.1%
10	100,000,000	3,100,000	103,100,000	(11억-10억)*3.1%
합계	**1,100,000,000**	**170,500,000**	**1,270,500,000**	

* 매회차 원금은 1천만 원보다 적을 수 없다.

* 10년간 분할납부할 경우 총원금을 11로 나누고, 상속세신고기한에 1/11을 납부하고 나머지 10회분을 10년간 납부한다.

[별지 제11호 서식] (2022. 3. 18. 개정)

상속세(증여세) 연부연납허가신청서

(앞쪽)

관리번호	–									
신청인	① 성 명						② 주 민 등 록 번 호			
	③ 주 소 (☎:)						전자우편주소			
④신고(고지납부) 기한		⑤ 총 납부세액		⑥ 최초 납부세액		⑦ 연부연납 대상금액 (⑤–⑥)				
구 분	1 회	2 회	3 회	4 회	5 회	6 회	7 회	8 회	9 회	10회
납부예정일										
납부예정세액										
구 분	11회	12회	13회	14회	15회	16회	17회	18회	19회	20회
납부예정일										
납부예정세액										

「상속세 및 증여세법」 제71조 및 같은 법 시행령 제67조 · 제68조에 따라 위와 같이 연부연납 허가를 신청합니다.

년 월 일

신청인(서명 또는 인)

신청인(서명 또는 인)

신청인(서명 또는 인)

신청인(서명 또는 인)

등 기 승 낙 서

년 월 일 납세담보제공서에 표시된 부동산에 대하여 납세담보의 목적으로 저당권을 설정할 것을 승낙합니다.

년 월 일

신청인(서명 또는 인)

세무서장 귀하

신청인 제출서류	1. 유가증권인 경우 공탁영수증 1부 2. 은행의 지급보증서 1부 3. 납세담보제공서 1부	수수료 없음
담당공무원 확인사항	1. 토지 등기사항증명서 2. 건물 등기사항증명서	

작성방법

1. ⑥란에는 상속세(증여세) 신고납부기한(기한 후 신고 포함) 또는 납세고지서에 따른 납부기한까지 납부하였거나 납부할 상속세(증여세)액을 적습니다.

2. 연부연납기간은 다음 각 목의 구분에 따른 기간의 범위로 합니다.

 가. 상속세의 경우

  1) 「상속세 및 증여세법」 제71조 제2항 제1호가목 본문에 따른 가업상속공제를 받았거나 중소기업 또는 중견기업을 상속받은 경우 : 연부연납 허가일부터 20년 또는 연부연납 허가 후 10년이 되는 날부터 10년.

  2) 그 외의 경우 : 연부연납 허가일부터 10년

 나. 증여세의 경우 : 연부연납 허가일부터 5년

3. 가업상속재산이 아닌 경우로서 신고납부(납세고지서의 납부)기한과 신고납부(납세고지서의 납부)기한 경과 후 연부연납기간에 매년 납부할 금액은 [연부연납 대상금액 / (연부연납기간 + 1)]으로 하며, 이 경우 각 회분의 납부예정 세액은 1천만 원을 초과하도록 적어야 합니다.

4. 가업상속재산에 해당하는 경우로서 연부연납 허가 후 3년 또는 5년[상속재산(상속인이 아닌 자에게 유증한 재산은 제외합니다) 중 가업상속재산이 차지하는 비율이 50퍼센트 이상인 경우]이 되는 날부터 연부연납기간에 매년 납부할 금액은 [연부연납 대상금액 / (연부연납기간 + 1)]로 합니다. 이 경우 각 회분의 납부예정 세액은 1천만 원을 초과하도록 적어야 합니다.

5. 납부예정세액은 연부연납신청세액에 연부연납 각 회분의 분할납부세액의 납부일 현재 「국세기본법 시행령」 제43조의3제2항 본문에 따른 이자율을 적용하여 계산한 연부연납 가산금을 더한 가액을 적습니다.

6. 상속인 전부가 연부연납을 신청하되, 연부연납을 신청하려는 상속인이 다른 공동상속인에게 공동신청을 요청했으나 그 공동상속인의 거부 또는 주소불명 등의 사유로 공동신청이 곤란하다고 인정되는 경우에는 상속인이 상속재산 중 본인이 받았거나 받을 재산에 대한 상속세를 한도로 연부연납을 신청할 수 있습니다.

7. 신청인들을 대리하여 세무대리인이 이 신청서를 제출하는 경우에는 세무대리인의 명칭(성명) 및 관리번호를 신청인란의 신청인 다음에 적고, 해당 세무대리인이 서명 또는 날인하여 제출합니다.

8. 상속세 또는 증여세 납부세액이 2천만 원 이하인 경우에는 연부연납을 신청할 수 없습니다.

61장

실물재산으로 내는 상속세

현금 없이 부동산만 상속받으면 상속받은 부동산으로 상속세를 낼 수 있을까?

상속세를 내기에 현금이 부족하고 부동산을 바로 처분할 수 없을 경우에는 부동산과 같은 현물재산으로 상속세를 낼 수 있다.

다만, 상속받은 재산 중 부동산과 유가증권이 50%를 넘는 경우에 한하여 부동산이나 유가증권으로 상속세를 낼 수 있다.[254)]

1 물납은 허가를 받아야 한다.

(1) 물납조건을 갖추어야 한다.

상속세를 현물재산으로 납부하기 위해서는 관할세무서장으로부터 허가를 받아야 한다.

관할세무서장은 물납을 신청한 재산이 현금화하기에 적합하지 않다고 판단되면 물납을 허가하지 않을 수 있다.

254) 상증법 제73조, 물납

예금 등의 금융재산금액이 상속세를 내기에 충분하면 물납을 신청할 수 없으며, 부동산과 유가증권이 상속재산의 1/2을 초과해야 물납을 신청할 수 있다.

〈물납신청조건〉

a. 상속세금액이 금융재산금액을 초과할 것(금융재산이 상속세납부에 모자라는 경우)
b. 부동산과 유가증권이 전체 상속재산의 50%를 초과할 것
c. 상속세가 2천만 원을 초과할 것

(2) 상속세 중 부동산과 유가증권의 비율만큼만 물납할 수 있다.

부동산 혹은 유가증권으로 물납할 때는, 전체 상속재산 중에서 부동산과 유가증권이 차지하는 비율만큼의 상속세만 물납할 수 있다.

다만, 상속재산 중 금융재산이 있는 경우에는 금융재산을 초과하는 상속세까지만 물납을 허용한다.[255)]

상속세금액이 금융재산을 초과해야만 물납을 인정하므로, 상속받은 금융재산금액이 상속세를 내기에 충분한 경우에는 물납을 신청할 수 없다.

금융재산이란 현금, 예금, 적금, 특정금전신탁, 보험금 및 상장된 유가증권을 의미한다.

---

255) 상증법 시행령 제73조, 물납신청의 범위 제①항

사 례

		사례1	사례2
• 상속세		6억 원	10억 원
• 상속재산	예금	4억 원	4억 원
	부동산(물납대상)	20억 원	20억 원
	사전증여재산	26억 원	26억 원
	상속재산총액	**50억 원**	**50억 원**

	사례1	사례2
a. 부동산에 대한 상속세	6억 원＊(20/50) = 2.4억 원	10억 원＊(20/50) = 4억 원
b. 금융재산을 초과하는 상속세	6억 원 − 4억 원 = 2억 원	10억 원 − 4억 원 = 6억 원
물납할 수 있는 상속세 (a, b 중 적은 금액)	**2억 원**	**4억 원**

* 부동산에 대한 상속세 중에서, 금융재산으로 충당되지 않는 상속세까지만 물납을 인정한다.

(3) 물납신청기한을 지켜야 한다.

상속세를 물납하기 위해서는 법에서 정한 기한 내에 관할세무서장에게 물납신청서를 제출해야 한다.

상속세를 신고하는 경우 그리고 국세청이 상속세를 조사한 후에 상속세를 결정하여 통지한 경우 각각의 신청기한은 다음과 같다.

상속세를 자진 신고하는 경우	상속세 신고기한까지
세무서장이 상속세를 결정한 경우	납부고지서의 납부기한까지

(4) 세무서장은 기일 내에 허가통지를 해야 한다.

상속세물납을 신청하면 관할세무서장의 허가를 받아야 한다. 물납신청을 받은 세무서장은 다음의 기한 내에 허가여부를 통지하여야 한다. 부동산 등을 물납으로 제공받은 경우에는 물납세액에 해당하는 부동산을 분할할 수 있어야 하며, 부동산을 분할함으로써 재산평가액이 하락하는 경우에는 물납을 받을 수 없다.[256)]

상속세를 자진 신고하면서 허가를 신청한 경우	신고기한으로부터 9개월 이내
세무서장의 납세고지서에 따라 신청한 경우	납부기한으로부터 14일 이내

위에서 정한 기한 내에 세무서장이 허가여부를 통지하지 않으면 허가한 것으로 간주한다.

(5) 처분이 부적당한 재산은 물납할 수 없다.

물납을 신청한 재산이 관리 및 처분하기에 적당하지 않은 경우에는 물납을 허가할 수 없다. 관리 및 처분이 부적당한 재산은 다음과 같다.[257)]

a. 지상권, 전세권, 저당권이 설정된 경우
b. 토지와 건물의 소유자가 다른 경우
c. 소유권이 공유로 되어 있는 경우
d. 건축허가를 받지 않은 건축물과 부수토지
e. 토지에 묘지가 있는 경우

256) 상증법 시행령 제70조, 물납의 신청 및 허가 제⑦항
257) 상증법 집행기준 73-71-1, 관리·처분이 부적당한 재산의 물납

2 물납할 재산은 법정 순서에 따라야 한다.

(1) 물납할 재산은 법정 우선순위를 따라야 한다.

금융자산이 부족하여 실물자산으로 상속세를 납부하고자 할 경우에는 법에서 정한 다음의 순서에 따라 물납해야 한다.

〈물납순서〉

1. 국채, 공채
2. 보호예수 등으로 처분이 제한된 상장주식(일반상장주식은 매각하여 납부할 수 있으므로 물납할 수 없다.)
3. 국내소재 부동산
4. 내국법인이 발행한 채권 및 신탁업자가 발행한 수익증권
5. 비상장주식
6. 상속개시일 현재 상속인이 거주하는 주택

물납할 재산에는 상속 당시의 재산뿐만 아니라 상속인에게 사전 증여한 재산도 포함된다. 그러나 상속재산이 아니라 상속인들이 개인적으로 소유하고 있던 재산은 물납대상재산에 포함되지 않는다.[258]

(2) 물납재산가액은 상속당시가액으로 평가한다.

물납순서에 따라 물납으로 충당할 경우 물납재산가액은, 상속세를 신고할 때 적용했던 상속개시일 현재의 상속재산가액으로 평가한다.[259]

예를 들어 사전에 증여받은 부동산을 물납하는 경우에, 사전증여 당시의 가액으로 평가하지 않고 상속개시일 현재의 가액으로 물납가

258) 재산세과-661(2010.9.2.)
259) 상증법 시행령 제75조 제②항

액을 평가한다.260)

3 비상장주식은 물납에 제한이 있다.

(1) 다른 상속재산을 우선적으로 납부한다.

주권이 상장되지 않은 비상장법인의 주식은 국가 입장에서 현금화가 용이하지 않으므로 원칙적으로 물납을 인정하지 않는다.

그러나 다른 상속재산이 없거나, 다른 재산으로도 상속세에 미달되는 경우에만 예외적으로 비상장주식의 물납을 인정해 준다.261)

〈비상장주식을 물납할 수 있는 예외상황〉

1. 비상장주식이외의 다른 상속재산이 없는 경우 혹은 2. 다른 상속재산으로도 상속세전부를 낼 수 없을 경우

위의 제한규정에 따라 비상장주식을 제외한 다른 상속재산으로 상속세를 납부하고도 부족한 경우에 한하여 비상장주식의 물납을 허가해 준다. 비상장주식을 제외한 다른 상속재산이라 함은 상속 당시의 재산뿐만 아니라 추정상속재산 및 사전증여재산이 모두 포함된다.

그러므로 사전에 증여를 받은 금융재산금액이 상속세보다 큰 경우에는, 현금으로 사전에 증여를 받은 금액만큼을 상속세로 내야하므로 비상장주식을 물납할 수 없다.

260) 서면-2018-상속증여-3927, 2019.01.17
261) 상증법 시행령 제73조 물납신청의 범위, 제④항

사 례

다음 각각에 대하여 물납할 수 있는 비상장주식금액을 계산하면?

- 상속세 a. 8억 원인 경우 b. 14억 원인 경우
- 상속세 과세대상재산

상속당시 비상장주식	: 40억 원(물납대상재산)
상속인에게 사전 증여한 현금	: 10억 원
상속재산합계	: 50억 원

	a	b
상속세	8억 원	14억 원
비상장주식을 제외한 상속재산	10억 원	10억 원
비상장주식으로 물납할 수 있는 세금	없음	4억 원

* a의 경우에는 사전증여현금이 상속세보다 크므로 비상장주식을 물납할 수 없다.

(2) 결손법인의 주식은 물납할 수 없다.

비상장주식을 물납하는 경우에도 직전 2년 이내에 결손금이 발생한 법인의 주식은 물납대상에서 제외된다. 이 경우 결손금이란 법인세 신고서상의 소득금액이 결손인 경우를 의미한다.[262]

(3) 비상장주식이 많은 경우 주식금액을 축소해야 한다.

비상장주식은 물납순서상으로 최후순위에 있으므로 비상장주식을 많이 보유한 상태에서 사망하면, 사망당시의 금융재산은 모두 상속세를 내는데 사용되어야 한다. 이런 경우 상속인들은 금융재산을 상속받지 못하게 되므로 상속이 개시되기 전에 비상장주식규모를 축소할 필요가 있다.

262) 상증법 시행령 제71조, 관리·처분이 부적당한 재산의 물납 제①항 2호

제 15 편

상속세신고 후 주의사항

신고 이후 5년간 사후관리 한다!

62장

상속세의 조사기간

상속세를 신고하면 모두 국세청의 조사대상인가?

모든 상속세는 국세청이 조사한 후 결정하는 것이 원칙이다. 국세청은 상속세신고내용을 기초로 신고 기한 경과 후 9개월간 조사할 수 있다.

1 신고 후 9개월 이내에 결정한다.

상속세를 6개월 이내에 신고하면 관할세무서는 신고서를 기초로 신고내용을 확인하고 필요할 경우 조사를 실시한다.

관할세무서는 신고기한 종료 후 9개월 이내에 과세표준과 세액의 산출근거를 서면으로 통지해 준다. 당초 신고한 세금보다 추가되는 세금이 있을 경우에는 납세고지서를 첨부한다.

상속세는 상속인들이 신고서를 제출하는 것으로서 종결되는 것이 아니라 관할세무서장이 결정함으로서 확정된다.

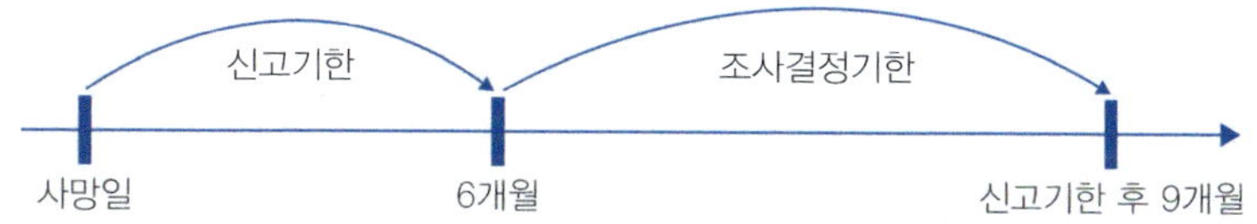

2 상속재산은 국세청이 별도로 확인한다.

(1) 국세청은 NTIS에서 부동산보유자료 등을 확인한다.

국세청은 납세자 개인별로 재산과 소득에 대한 정보를 통합정보시스템(NTIS)으로 관리하고 있으며, 개인별 과세자료를 수집하여 NTIS로 활용하고 있다.[263)]

상속세를 조사할 때는 NTIS에 있는 상속재산 및 증여재산을 확인한다.[264)]

〈개인별 과세자료의 수집대상〉

a. 부동산 과다보유자로서 재산세를 일정금액이상 납부한 자와 배우자
b. 부동산임대소득세를 일정금액이상 납부한 자와 배우자
c. 종합소득세를 일정금액이상 납부한 자와 배우자
d. 자산규모가 일정금액이상인 법인의 최대주주 및 배우자
e. 고액의 배우자상속공제를 받거나 일정액이상의 증여를 받은 자
f. 일정금액이상의 재산을 받은 상속인
g. 일정금액이상의 재산을 처분하거나 재산이 수용된 자

국세청은 NTIS의 정보를 이용하여 사망한 사람의 부동산 및 주식 등의 보유와 처분내역을 확인할 수 있다.

(2) 금융자료는 금융기관에 요청한다.

국세청은 상속세를 조사하는 과정에서 사망한 사람의 금융거래자료를 금융기관에 요청할 수 있다.

263) 상증법 시행령 제87조, 인별과세자료의 수집대상
264) 상증세 사무처리규정 제36조, 상속재산의 조회

국세청은 사망한 사람뿐만 아니라 상속인들의 금융자료도 요청할 수 있으며, 개별 지점별이 아닌 해당 금융기관 전체의 금융자료를 일괄하여 요청할 수도 있다.[265)]

국세청은 사망한 사람뿐만 아니라 상속인의 금융자료까지 별도로 확인할 수 있으므로, 상속세를 신고하는 단계에서부터 향후 조사과정에서 문제될 금융거래를 확인하는 것이 필요하다.

3 상속재산규모에 따라 조사기관이 결정된다.

(1) 기준금액미만의 상속재산은 관할세무서장이 결정한다.

상속재산금액이 50억 원 미만이면 관할세무서에서 조사하고 결정한다. 관할세무서에서는 상속재산가액이 상속공제에 미달하거나 실지 조사 없이 처리할 수 있는 경우에는 신고담당자가 처리하여 종결하지만, 제출된 자료만으로 처리할 수 없는 경우에는 조사담당자에게 이관되어 실지조사 후 처리한다.

(2) 기준금액이상이면 지방국세청장이 결정한다.

상속재산금액이 50억 원 이상이면 관할세무서에서 결정하지 않고 관할지방국세청으로 이관되어 조사한 후 결정한다.

관할지방국세청은 세무조사가 주된 업무이므로 보다 전문화된 조사를 거쳐 상속세를 결정한다고 볼 수 있다.

---

265) 상증법 제83조, 금융재산 일괄조회

63장

유의할 중점조사항목

상속세조사에서 가장 문제되는 것이 무엇일까?

상속세조사에서 필수적으로 검토하는 것은 과거 10년간의 금융자료이며, 금융자료를 분석하여 10년간의 인출액 중에서 사전 증여한 것이 없는지 그리고 사망일 전 2년 동안의 인출액을 어디에 사용하였는지를 중점적으로 확인한다.

1 재산별 평가액을 확인한다.

상속세조사의 기초단계로서 상속세신고서상에 누락된 재산이 없는지를 확인한 후 각 재산별로 평가액이 적정한지를 확인한다.

누락된 재산이 있는지는 국세청의 NTIS 정보와 금융기관 조회자료 등으로 확인할 수 있다.

재산별 평가방법은 상증법에서 정해져 있으며 그 정해진 평가방법대로 평가하였는지를 검토한다. (Part3, 상속증여재산의 평가방법 참조)

2 상속개시 이후 변동사항을 확인한다.

(1) 상속받은 재산을 처분하였는 지를 확인한다.

상속재산은 원칙적으로 상속개시일 현재의 시가대로 평가한다.

시가가 없는 재산은 상증법에서 정해진 평가방법으로 평가한다.

상증법에서 말하는 시가란 해당재산에 대한 실제 매매가격을 의미한다.

실제매매가격이란 상속개시일 이전 6개월부터 상속개시일 이후 6개월까지에 실제 매매가 이루어진 가격을 의미한다.

예를 들어 사망하기 전 6개월 이내에 부동산을 구입한 경우에는 그 실제 구입한 가격을 부동산의 시가로 보며, 사망 후 6개월 이내에 부동산을 처분한 경우에도 그 처분가격을 부동산의 시가로 본다는 것이다. 그러므로 상속재산 중에 이러한 시가가 있으면 그 시가를 상속재산으로 평가하여 상속세를 계산해야 하며, 시가대로 평가되지 않은 재산이 있으면 상속세를 수정하여 결정한다.

사망일전후 6개월 사이의 거래를 판정할 때는 잔금수령일자가 아니라 매매계약일자가 해당 기간 내에 속해있으면 시가로 보는 거래에 해당한다.

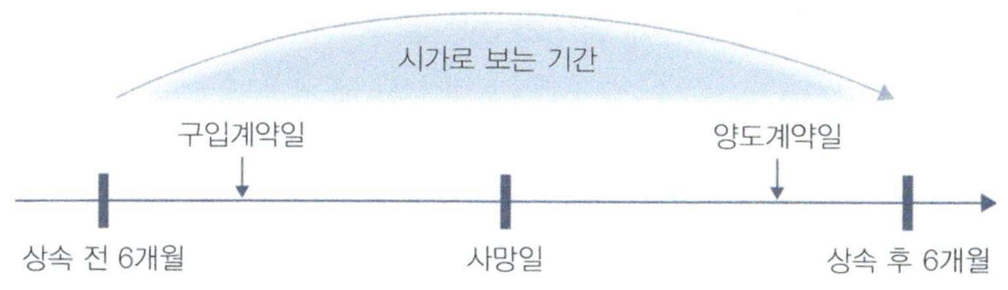

(2) 상속재산을 재분할하면 증여로 본다.

상속인들이 상속재산을 협의하여 분할한 이후에 다시 분할하여 재산을 이전하면 이전되는 재산을 증여한 것으로 본다. 다만 상속세 신고기한인 6개월 이내에 재분할하는 것은 증여한 것으로 보지 않으므로 재분할이 필요하면 반드시 6개월 이내에 해야 한다.

3 추정상속재산을 확인한다.

사망하기 전 2년 이내에 재산을 처분한 금액이 5억 원(1년 이내는 2억 원)이상인 경우 그 처분대금의 사용처를 확인하고 사용처가 입증되지 않으면 상속재산에 포함된다.

국세청은 상속인들이 신고서에 포함한 추정상속재산내역을 검토한 후, 추가적인 추정상속대상이 없는지를 조사한다. 상속인들이 추정상속재산을 신고하지 않은 경우에도 최근 2년간의 금융거래를 검토하여 추정상속재산이 있는 지를 조사하는 것은 필수적인 절차에 해당한다. (35장, 추정상속재산 참조)

4 사전증여 누락분을 확인한다.

(1) 상속세조사는 생전에 증여한 재산을 확인하는 것이 핵심이다.

국세청에서 상속세를 조사할 때 가장 핵심이 되는 내용은, 사망하기 전에 재산을 증여한 것이 없는 지를 확인하는 것이다.

국세청은 생전에 증여한 것이 있는 지를 확인하기 위해서, 사망하기 전 10년 이내에 재산을 판 것이 있으면 그 돈을 어디에 사용했는지를 확인하고, 금융계좌에서 출금된 내역을 소명하도록 하여 가족이나 다른 사람에게 증여한 것이 없는 지 확인한다.

생전에 국세청에 신고하지 않은 증여가 있었다 해도 평소에는 국세청이 일일이 확인할 수는 없으나, 사망으로 상속세를 검토하는 과정에서 생전에 증여한 사실이 발견되는 것이 대부분이다.

사전증여를 확인하는 과정에서 가장 많이 문제가 되는 것은 예금계좌에서 출금된 내역이며, 예금계좌를 통해 상속인들의 계좌로 이체된 것은 그 사유를 입증하지 못하면 증여한 것으로 간주한다.

(2) 생전에 증여한 것이 확인되면 증여세를 먼저 추징한다.

만일 생전에 증여한 재산이 있음에도 불구하고 증여세를 내지 않은 사실이 상속세조사과정에서 확인되면, 증여할 당시의 재산가액을 기준으로 증여세를 계산한 후 증여세와 가산세를 먼저 추징한다.

그리고 상속세를 계산할 때는, 생전에 증여한 것으로 파악된 재산을 포함하여 상속세총액을 계산한 후, 이미 추징한 증여세를 공제하여 상속세를 계산한다.[266)]

생전에 증여를 하였음에도 신고하지 않은 증여세에 대한 가산세는 두 가지가 붙는다.

첫째는 과거에 증여세를 신고하지 아니한 데 대하여, 증여세의 20%(재산의 은닉 등과 같은 부정행위는 40%)만큼의 무신고가산세가 붙고,

두 번째는 과거의 증여세신고기한 이후부터 증여세를 실제 내는 날까지의 날짜 수만큼 납부지연가산세가 붙는다. 납부지연가산세는 연리 8.03%로 계산되는 이자성격의 세금이다.

266) 상증법 집행기준 13-0-8, 상속세과세가액에 합산하는 증여재산에 대한 과세방법

사 례

사전에 증여한 금액이 5억 원인데 신고를 누락하였고 10년 뒤에 추징당할 경우에 내는 총세금은? 부정행위에 해당되지 않는 것으로 가정한다.

증여세	90,000,000	1억 원 * 10% + 4억 원 * 20%
무신고 가산세	18,000,000	9천만 원 * 20%
납부지연가산세	72,270,000	9천만 원 * 8.03% * 10년
증여세 추징액합계	**180,270,000**	

* 증여세를 신고하지 않고 10년 후에 확인되면 세금의 2배정도가 추징된다.

** 납부지연 가산세 이자율이 변경되면 변경된 기간별로 각각 계산해야 한다.

(3) 누락된 증여에 대한 상속세증가분을 추가로 내야 한다.

생전에 증여한 것이 누락되어 증여세를 추징한 후, 해당 증여금액을 상속재산에 합산하여 상속세를 다시 계산한다. 다시 계산된 상속세가 증가되면 그 차이 만큼에 대하여 상속세와 가산세를 추징하게 된다.

위의 사례에서 처음 신고한 상속세 과세표준이 10억 원을 초과하여, 추가로 증가되는 재산에 대하여 40%의 세율이 적용된다고 가정하면 추가로 내야할 상속세는 다음과 같다.

상속재산증가액	500,000,000	추가로 가산한 사전증여재산
상속세증가액	200,000,000	5억 원 * 10억 초과분 세율 40%
기납부증여세	− 90,000,000	증여세로 이미 추징된 금액
상속세추가분	110,000,000	
과소신고가산세	11,000,000	추가납부상속세의 10%
납부지연가산세	6,624,750	추가납부상속세의 연 8.03% 이자율로서, 신고 후 9개월 이후 납부를 가정
추가로 낼 상속세 합계	**127,624,750**	

(4) 누락된 사전증여가 추징되면 가산세가 급증한다.

위의 사례에서 과거 10년 전의 5억 원의 증여세 신고를 누락하여 상속세조사에서 확인이 될 경우, 총 부담할 세금은 증여세와 상속세를 합친 다음의 금액이 된다.

증여당시의 증여세 및 가산세	180,270,000
추가되는 상속세 및 가산세	127,624,750
추징세액합계	**307,894,750**

10년 전에 5억 원을 증여한 것을 그 당시 증여세를 신고했다면 9천만 원만 내지만, 10년 후 상속세 신고과정에서 국세청으로부터 추징되면 3억 원이 넘는 세금을 내야 되는 불이익이 있다.

〈사전증여에 대한 추징 혹은 제외사례〉

a. 수표로 출금되어 상속인의 배우자가 운영하는 법인에게 입금된 것이 확인되어 상속인의 배우자(사위)에게 사전 증여한 것으로 보아 증여세와 상속세가 추징된 사례(국심2007중5286)

b. 상속개시일 이전 3년 전에 피상속인이 부동산을 양도하였고 전세보증금, 세금 등을 제외한 나머지 자금이 자녀와 그 가족에게 이체된 사실이 확인되어 증여세와 상속세가 추징된 사례(국심2007서5033)

c. 자녀계좌로 이체된 금액 중 생활비 등으로 사용한 구체적인 증빙이 없었으나, 피상속인의 건강식품을 구입해야 할 필요성, 증빙을 갖추지 못한 사유, 상대방의 확인서를 제시하고 상세히 설명함으로서 사전증여에서 제외된 사례(국심2009서 2933)

64장

상속세조사 이후 사후관리

상속세가 결정되면 상속세조사가 종료된 것인가?

상속세를 신고한 후 9개월 이내에 상속세가 결정되지만, 고액상속에 대하여는 5년간 사후관리를 한다. 상속 이후 상속인들의 재산이 증가하거나 상속부채를 갚은 경우에는, 상속세를 신고할 당시에 신고에서 누락된 재산이 없었는지를 확인한다.

1 상속재산이 크면 사후관리 대상이다.

(1) 고액상속재산은 사후관리 대상이다.

상증법에 따르면 상속재산금액이 30억 원 이상인 경우에는 관할세무서가 상속세를 결정한 이후에도 5년간 사후관리 한다고 규정하고 있다.[267)]

사후관리의 대상은 상속인들이 보유한 부동산 · 주식 · 금융재산 · 서화 · 골동품이며, 사후관리대상재산이 상속개시당시에 비하여 크게 증가한 경우를 대상으로 한다.

267) 상증법 제76조, 결정 제⑤항

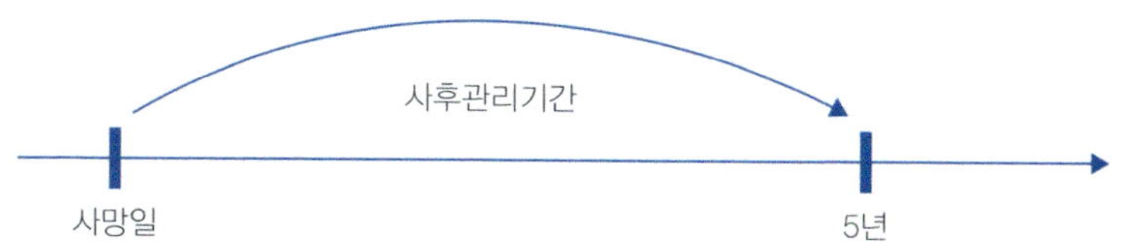

(2) 상속세 결정 후 재조사 할 수 있다.

관할세무서에서는 상속인들의 재산이 상속세 신고이후에 크게 증가한 경우에는, 과거에 신고했던 상속재산에 누락된 것이 없었는지를 다시 조사할 수 있다.

상속인들은 상속 이후에 새로 부동산, 주식, 금융재산이 크게 증가할 경우에는 증가한 재산의 출처를 소명할 수 있어야 한다.

2 부채의 상환내역을 추적한다.

(1) 상속재산에서 공제된 부채를 사후관리 한다.

상속세를 신고할 때 피상속인의 부채는 상속재산에서 공제되어 상속세가 줄어든다.

상속재산에서 공제된 부채는 국세청의 통합정보시스템인 NTIS에 입력되고, 이후 상환여부에 대한 자료도 NTIS를 통하여 관리 된다.

상환기간이 경과된 부채에 대하여 정상적으로 상환되었는지를 확인하며, 상환기간이 경과하기 전이라도 변제사실을 확인할 수도 있다.

관할세무서장은 부채의 상환내역을 확인하기 위해 "부채상환에 대한 해명요구서"를 발송하여, 상환일자, 상환자금의 출처에 대한 해명을 요청한다.

(2) 다른 사람이 대신 상환해 준 부채는 증여에 해당한다.

관할세무서는 부채가 상환되었는지를 확인함으로서 일차적으로는 상속재산에서 공제되었던 채무가 실제 존재하였던 부채인지를 확인하지만, 추가적으로 부채를 상환한 자금의 출처까지 소명할 것을 요청한다.

만일 부채를 상환한 자금이 다른 사람으로부터 지원받은 것이라면 다른 사람으로부터 증여를 받은 것이 된다.

예를 들어 자녀가 주택을 상속받는 과정에서 그 주택의 전세금 혹은 담보대출이 함께 상속된 경우에는 상속받은 자녀가 전세금이나 대출금을 상환해야 하지만, 어머니가 전세금이나 대출금을 자녀 대신 상환해 주었다면 그 상환액만큼 증여한 것이 된다.

그러므로 자녀가 주택을 상속받으면서 대출금을 상환할 수 없는 상황이라면, 대출금을 상환할 수 있는 금융재산도 자녀에게 함께 상속해야 한다.

3 상속인간 소송의 결과를 확인한다.

상속인들 간의 분쟁으로 상속재산을 반환하는 소송이 제기되거나, 유류분을 청구하는 소송이 제기되면 상속재산의 분배가 달라질 수 있고, 상속세신고 당시에 밝혀지지 않았던 사전증여사실이 확인될 수도 있다.

소송의 결과로 상속재산의 분배만 변동되면 증여문제는 발생하지 않지만 상속공제금액 등이 달라질 수 있으며, 신고에서 누락된 사전

증여재산이 확인되면 증여세와 상속세가 동시에 추징될 수도 있다.

그러므로 상속인들 간의 소송은 상속세를 추징할 수 있는 정보가 된다는 것을 주의해야 한다.

4 상속공제항목을 사후에도 확인한다.

(1) 고액의 배우자공제는 사후관리 대상이다.

상속재산에서 공제되는 항목 중에서 배우자공제는 최대 30억 원까지 인정된다.

최대 30억 원을 공제받기 위해서는 배우자에게 실제 30억 원의 재산이 상속되어야 한다.

배우자가 실제 고액의 재산을 상속받아 공제를 받은 후, 실제로는 자녀들에게 재산이 이전되는 것을 방지하기 위하여 배우자의 재산변동을 사후적으로 추적한다.

(2) 가업상속재산 등도 사후관리 한다.

상속세신고과정에서 가업상속공제를 받았으면 상속 후 5년간 사후관리요건을 갖추고 있는지 확인한다.

또한 상속재산 중에서 공익법인에 출연한 재산이 있는 경우에는, 해당 공익법인이 출연 받은 재산을 공익목적에 사용하였는지를 사후적으로 확인한다.

■ **상속세 및 증여세 사무처리규정** [별지 제17호 서식]

기 관 명

부채 상환에 대한 해명자료 제출 안내

문서번호 : 재산세과-

○ 수신자 ○○○ 귀하

안녕하십니까? 항상 국세행정에 협조하여 주신데 대하여 감사드립니다.

20 . . .귀하의 상속세(증여세)결정(또는 자금출처조사) 당시 인정(확인)된 부채에 대하여 상환여부를 확인하고자하니 20 . . .까지 아래의 해명자료를 제출하여 주시기 바랍니다.(제출요청근거: 「상속세 및 증여세법」 제84조)

해명 요청 사항	해명 사항에 대한 증거 서류
-상환일자 : -상환금액 : -상환수단: -상환자금 출처 :	

년 월 일

기 관 장

위 내용과 관련한 문의사항은 담당자에게 연락하시면 친절하게 상담해 드리겠습니다.
◆ 담당자 : ○○세무서 ○○○과 ○○○ 조사관(전화 : , 전송 :)

65장

환급 청구할 수 있는 특례

상속세를 신고한 이후 부동산이 더 낮은 금액으로 수용되면 상속세를 돌려받을 수 있을까?

상속재산을 상속개시 당시의 가액으로 평가한 이후에 수용과 같이 불가피한 사유로 평가액이 하락하면 상속세를 돌려받을 수 있다.

다만, 환급 청구할 수 있는 기간은 1년으로 한정한다.[268)]

1 경정청구 특례사유에 해당되어야 한다.

상속재산은 상속개시일 현재의 시가로 평가하는 것이 원칙이다. 만일 재산을 평가할 때 착오로 잘못 평가한 경우에는 잘못된 내용을 수정하여 다시 신고할 수 있다.

이와 같이 상속세 신고과정에서 착오가 있었던 경우에는 상속세 신고기한 이후 5년까지 수정신고할 수 있다.

268) 상증법 제79조, 경정 등의 청구특례

그러나 상속세 신고 당시에는 적절하게 평가하였으나 상속 이후에 불가피한 사유로 재산가치가 하락한 경우에는, 예외적으로 하락된 금액으로 재산을 다시 평가하여 상속세를 환급받을 수 있다.

경정청구의 특례를 인정해주는 사유는 다음과 같다.

a. 상속인의 상속회복청구소송이나 유류분 반환청구소송의 확정판결이 있는 경우
b. 상속이후 상속재산이 수용, 경매되어 상속당시의 가액보다 하락한 경우 (상속당시평가액과 수용가액과의 차이만큼 감액하여 세금을 재계산)
c. 주식을 할증평가 하였으나 1년 내에 전부 매각하여 최대주주에서 제외된 경우(할증 전 가액과 할증 후 가액의 차이만큼을 감액하여 세금을 재계산)
d. 보호예수기간이 만료된 주식을 2개월 이내에 매각한 가액이 더 낮아진 경우(상속당시평가액과 매각액과의 차이만큼 감액하여 세금을 재계산)

2 상속개시일로부터 1년 이내의 사유만 인정한다.

경정청구를 인정하는 특례는 상속개시일로부터 1년 이내에 발생된 것만 인정하므로 1년이 지난 시점에 가액이 하락한 경우에는 경정청구를 할 수 없다.

다만, 소송의 결과로 경정청구 하는 경우에는 1년으로 제한하지 않고 1년이 지난 후에 판결이 확정되는 경우에도 경정청구를 인정해 준다.

3 6개월 이내에 경정청구해야 한다.

특별한 사유로 인한 환급청구는 그 사유가 확정된 날부터 6개월 내에 해야 한다.

소송에 의한 환급청구는 판결이 확정된 시점부터 6개월이 청구기한이지만, 소송이 아닌 다른 사유로 인한 환급청구는 상속개시 후 1년 이내에 그 사유가 발생되어야 하고 사유가 확정된 날부터 6개월 이내에 환급청구를 해야 한다.

예를 들어 상속세신고이후 토지가 상속 당시보다 낮은 가격으로 수용되어 당초의 상속세보다 줄어드는 경우에는, 상속개시 후 1년 이내에 토지가 수용되어야 하고 수용된 날부터 6개월 이내에 환급청구를 해야 한다.

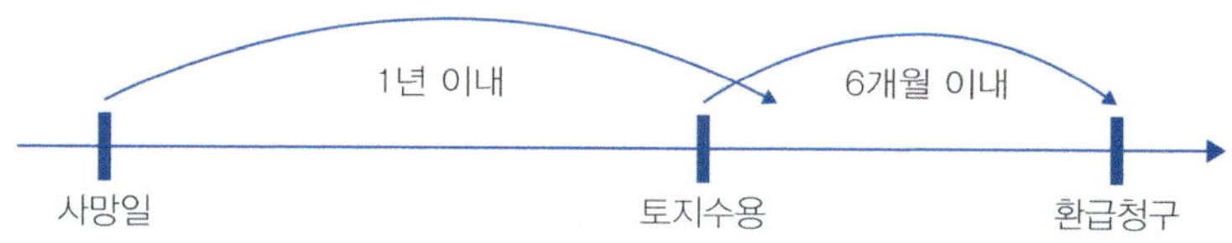

상속증여재산의 평가방법

66장

시가평가가 원칙이다.

상속 · 증여세를 매기기 위해 상속 · 증여를 받은 재산의 가치를 평가해야 한다. 재산을 평가하는 첫 번째 원칙은 상속 · 증여를 받을 당시의 시장가치이다. 상속 · 증여를 받을 당시라 함은 상속의 경우 사망한 날이며, 증여의 경우 증여를 받는 날을 의미한다. 예를 들어 상속 · 증여를 받을 때의 가치가 3억 원이었으나 신고를 하지 않았다가 2년 후 세무조사를 하는 시점에는 가치가 5억 원이 되었다고 해도 상속 · 증여세는 3억 원을 기준으로 계산한다는 것이다. 시장가치는 해당 재산을 실제 사고판 매매가격을 의미한다. 상속 · 증여를 받은 자산이 최근에 실제 사고판 사실이 없다면, 재산 종류별로 상속세 및 증여세법에서 규정하고 있는 재산별 평가방법에 따라 평가해야 한다.

1 실제매매가액이 최우선이다.

평가액의 최우선이 되는 실제매매가격이라는 것은, 예를 들어 아버지가 아파트를 6억 원에 사고 나서 몇 달 후에 자녀에게 상속 혹은 증여를 하였다면, 그 자산의 매매가격인 6억 원을 아파트의 평가액으로 본다는 것이다. 이와는 반대로 아버지가 가지고 있던 아파트를 자녀에게 상속 혹은 증여를 하고 나서, 자녀가 몇 달 내에 그 아파트를 6억 원에 팔았다면 실제매매가격인 6억 원을 아파트의 평가액으로 하여 상속세나 증여세를 계산한다는 의미이다.

이와 같이 실제매매가격을 시가로 보는 기간은, 증여를 받은 경우에는 증여를 받은 날을 기준으로 과거 6개월 이전부터 증여를 받은 날 이후 3개월까지의 매매가격만을 시가로 보며, 그 기간이 넘어선 매매가격은 시가로 보지 않는다.

그 기간 내에 들어오는 실제 매매가격을 판정할 때, 계약한 날짜가 그 기간 중에 있으면 매매가격으로 인정한다.

〈매매가격을 시가로 보는 기간 – 증여〉

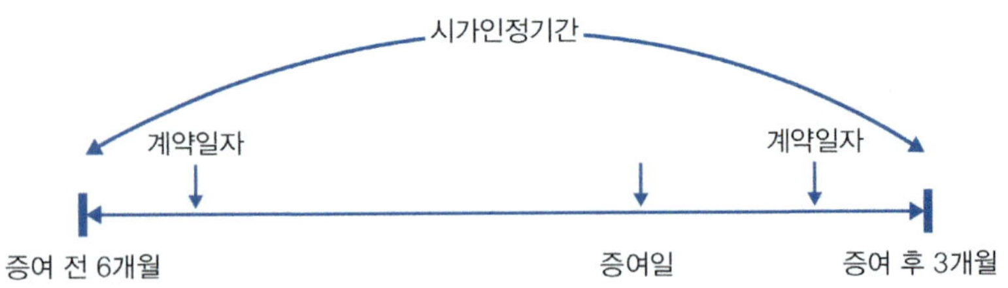

상속을 받은 경우에는 사망한 날을 기준으로 전후 6개월의 매매가격을 시가로 본다.

〈매매가격을 시가로 보는 기간 – 상속〉

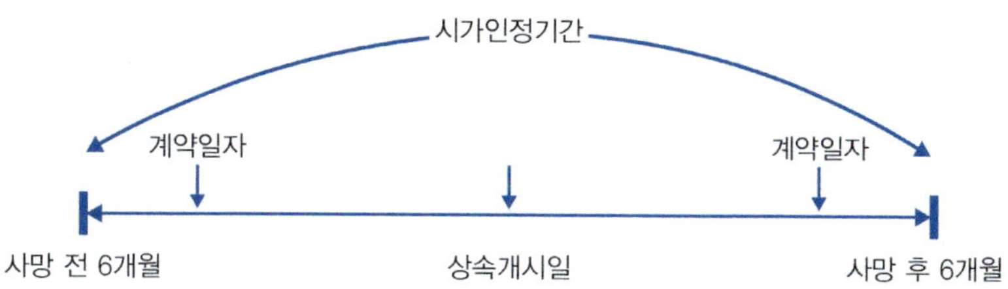

위의 기간 중에 실제 매매를 하지 않은 경우에도, 그 기간 중에 국가에 수용된 가격이나 경매로 처분된 가격도 시가로 인정되며, 감정평가기관이 감정평가한 금액이 있으면 감정평가액도 시가로 보는 금액에 해당된다.

2 실제 매매가액이 없으면 유사사례가액으로 평가한다.

앞에서 설명한 실제매매가액은 해당 재산이 실제 매매된 가격을 의미한다.

그러나 시가인정기간에 실제 매매되지 않은 재산은, 해당 재산과 유사한 재산이 실제 매매된 사례가 있는 경우에는 그 금액을 해당 재산의 시가로 볼 수 있다.

유사사례가액을 적용할 수 있는 대표적인 재산으로 아파트가 있다.

(1) 상속 · 증여세를 「신고한 날」까지 거래된 것만 적용한다.

아파트를 상속 혹은 증여를 받은 경우에는 그 아파트의 실제매매가격이 있으면 그 실제매매가격을 우선하여 적용하지만, 실제 매매가액이 없으면 같은 단지 내에 있는 비슷한 평형의 아파트가 거래된 사례가 있으면 그 사례가액을 시가로 본다.

유사사례가액을 사용할 수 있는 기간은, 상속 혹은 증여를 받은 날 이전 6개월부터 상속 · 증여세 신고기한 내에 실제 「신고한 날」까지 거래된 가격이며, 신고한 날 이후의 유사사례가액은 시가에서 제외된다.

유사사례가액을 상속 · 증여를 받은 날 이후 3개월(상속은 6개월)까지로 하지 않고 실제 「신고한 날」까지로 하는 것은, 상속 · 증여세를 신고하고 나면 그 이후에 거래되는 다른 아파트거래까지 확인할 수 없기 때문이다.[269)]

그러므로 상속 · 증여를 받은 후 가능하면 빠른 날짜에 신고서를 제출하면 유사사례가액이 적용되는 기간을 단축할 수 있다.

유사사례가액을 적용하는 대상에는 아파트뿐만 아니라 오피스텔도 포함된다.

아파트나 오피스텔을 상속 혹은 증여를 받으면 반드시 유사사례가액을 확인할 필요가 있다.

---

269) 상증법 시행령 제 49조, 평가의 원칙 제④항(유사사례가액)

〈유사사례가액을 시가로 보는 기간〉

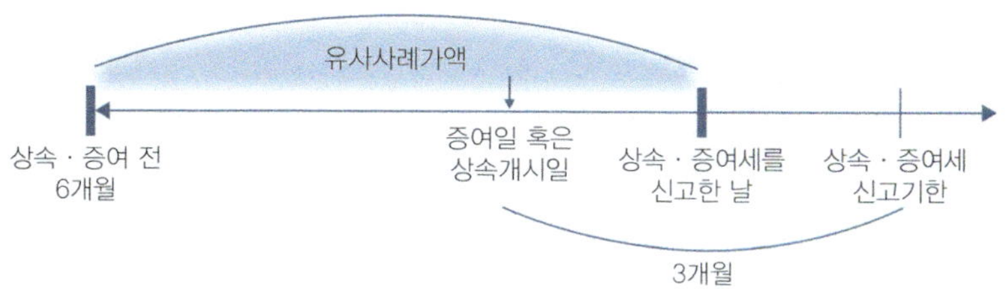

(2) 상속 · 증여를 받은 아파트와 면적 및 기준시가가 비슷한 것만 해당된다.

유사사례가액을 시가로 사용하기 위해서는, 상속 · 증여를 받은 아파트와 아래의 3가지 조건에 모두 맞아야 한다.[270]

a. 상속 · 증여를 받은 아파트와 같은 단지 내에 있을 것
b. 상속 · 증여를 받은 아파트와 전용면적이 5% 이상 차이가 나지 않을 것
c. 상속 · 증여를 받은 아파트와 국세청 기준시가가 5% 이상 차이나지 않을 것

위의 세 가지 조건을 모두 갖춘 거래가 두 개 이상이면, 상속 · 증여를 받은 아파트와 기준시가 차이가 가장 적은 것이 유사사례가액이 된다.

270) 상증법 시행규칙 제15조, 평가의 원칙 등 제③항

사 례

증여를 받은 아파트는 전용면적 84제곱미터, 기준시가 11억 원짜리 이며 증여 일자는 2026.7.28일이다. 같은 단지에서 거래된 매매사례 중에서 유사사례가액을 결정하면?

증여세 신고는 10.28일에 한 것으로 가정한다.

계약체결일	전용면적	기준시가	실거래가
2026.1.15	84	11.3억 원	13억 원
2026.3.20	86	12억 원	14.5억 원
2026.4.17	80	10.5억 원	12.5억 원
2026.8.20	82	10.6억 원	12.6억 원
2026.9.15	90	12.5억 원	14억 원

유사사례가액 적용범위

거래시기 : 2026.7.28이전 6개월부터 증여세를 신고한 날까지
(2026.1.29－10.28까지)

전용면적 : 84제곱미터의 5%범위 내
(79.8제곱미터－88.2제곱미터까지)

기준시가 : 11억 원의 5%범위 내
(10.45억 원－11.55억 원까지)

계약체결일	전용면적	기준시가	실거래가	유사사례가액해당여부
2026.1.15	84	11.3억 원	13억 원	기간초과로 제외
2026.3.20	**86**	12억 원	14.5억 원	기준시가초과로 제외
2026.4.17	**80**	**10.5억 원**	**12.5억 원**	**기준시가차이로 제외**
2026.8.20	**82**	**10.6억 원**	**12.6억 원**	**조건에 부합***
2026.9.15	90	12.5억 원	14억 원	전용면적초과로 제외

* 위 거래 중에서 조건에 맞는 것은 4.17자 거래와, 8.20자 거래 두 개이며, 이 중에서 증여대상 아파트 기준시가인 11억 원과 기준시가가 차이가 가장 적은 8.20자 거래(기준시가 10.6억 원)가 유사사례가액이며 평가액은 실거래가인 12.6억 원이 된다.

(3) 국세청이 유사사례가액으로 상속 · 증여세를 통보하면 환경적 차이를 주장할 수도 있다.

유사사례가액을 사용하는 경우에는, 면적과 기준시가 이외에도 가격에 영향을 주는 환경요인도 고려해야 한다.

만일 아파트를 상속 혹은 증여를 받고 기준시가로 신고하였으나, 국세청으로부터 평가액이 더 큰 유사사례가액을 사용하여 상속 혹은 증여세를 잘못된 것으로 통보받을 수 있다. 이런 경우에는 국세청에서 사례로 선정한 유사아파트와 상속 · 증여를 받은 아파트의 가격에 영향을 미칠 수 있는 다른 조건들을 찾아서, 유사사례가액이 부당하다는 것을 입증하면 국세청이 통보한 상속 · 증여세를 취소 받을 수도 있다.

예를 들어 계약일자, 전용면적, 기준시가의 3가지 조건을 모두 갖춘 경우에도, 층수 차이로 조망권이 큰 차이가 나거나, 동별로 위치가 달라 같은 평형이라 해도 가격차이가 클 수 있는 경우에는 유사사례가격을 사용할 수 없다고 판정받은 사례가 있다.[271]

(4) 유사사례가액은 국토교통부의 실거래가 시스템에서 확인한다.

상속 혹은 증여를 받은 아파트와 유사한 매매실례가액을 확인하는 방법은, 국토교통부의 실거래가 공개시스템 혹은 국세청 홈택스에서 확인할 수 있다. 그러나 공공기관에서 공개되는 매매사례는 2~3개월 전에 계약된 거래들이므로, 신고서를 제출하는 현재까지의 모든 거래가 실시간으로 공시되는 것은 아니다.

---

271) 조세심판원 판례, 조심 2020 소 0743(2020.12.30.)

이와 같이 실제거래가 발생하는 시점보다 공식 사이트에 공시되는 시점이 더 늦으므로, 만일 공식 사이트에서 유사사례가액이 없는 것을 확인하고 기준시가로 신고한 경우에도, 신고한 후 2~3개월 뒤에 공시된 유사사례가액을 다시 확인하여, 상속 혹은 증여세를 신고한 날짜 이전에 다른 금액으로 계약이 체결된 거래가 있으면 그 가격으로 수정하여 신고해야 한다.

3 감정가액으로 신고할 수도 있다.

(1) 감정가액이 최우선 가액이다.

아파트와 같은 부동산을 상속 혹은 증여를 받고 유사사례가액을 확인해보니 실거래가액이 지나치게 높아서 불합리하다고 생각되면, 직접 감정평가기관에게 감정을 의뢰하여 감정가액으로 신고하면 된다.

감정평가는 시가로 인정되는 기간 내에 받아야 하며, 기준시가가 10억 원 이하인 아파트는 1개 기관의 감정평가액으로 신고할 수 있다. 그러나 기준시가가 10억 원을 초과하면 2개 기관의 감정가액을 평균하여 신고하여야 한다. 상속인들이 직접 감정평가액으로 신고하면 유사재산 매매가액보다 우선하여 평가액으로 인정된다.

〈상속 · 증여재산 평가의 우선순위〉

① 해당재산의 매매가액, 감정가액
② 유사재산 매매가액
③ 국세청 기준시가(재산종류별 상증법에 따른 평가액)

(2) 감정평가서는 시가인정기간 내에 작성되어야 한다.

감정평가액을 재산의 평가액으로 인정받기 위해서는 감정평가서 작성일자가 아래의 시가인정기간 내에 있어야 한다. 이때 상속세 혹은 증여세 신고기한과 시가인정기간이 다르다는 것을 주의할 필요가 있다.

〈시가인정기간과 상속·증여세 신고기한의 비교〉

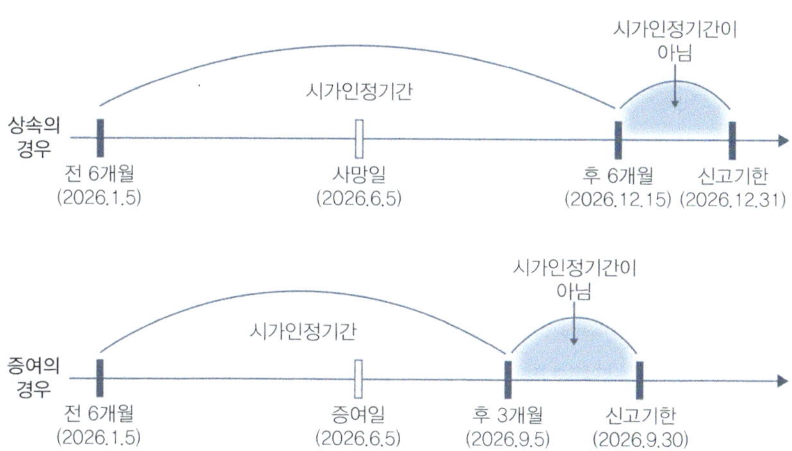

67장

상증법상의 재산종류별 평가방법

시가로 인정되는 기간 내에 실제 매매가 일어난 재산은 그 매매가액으로 재산을 평가하지만, 시가가 없는 재산은 상증법상에 별도로 규정된 평가방법을 사용한다.[272]

1 주택은 기준시가로 평가한다.

아파트, 연립주택, 단독주택 등은 매년 국토부에서 평가하여 고시한 기준시가로 평가한다.

국토부에서 고시하는 기준시가는, 토지와 건물 가격을 합하여 고시된 것이므로 토지 가격을 추가로 평가할 필요는 없다.

국토부에서 주택 가격을 평가하는 기준일자는 매년 1월 1일이지만, 실제 고시되는 날짜는 4월 말 경이다.

상속 혹은 증여를 받은 재산을 평가할 때는, 상속 혹은 증여를 받은 날 현재 고시되어 있는 가격을 사용하므로, 새로운 가격이 고시

272) 상증법 제60조~제64조, 재산의 평가

되기 전인 4월 말 이전에 상속 혹은 증여를 받으면 전년도에 고시된 가격으로 평가하고, 4월 말이 지나고 새로운 가격이 고시된 후에 상속 혹은 증여를 받으면 새로 고시된 이번 연도의 가격으로 평가한다.

고시된 가격은 국토부 홈페이지의 「부동산 공시가격 알림이」에서 확인할 수 있다.

2 토지는 공시지가로 평가한다.

토지의 가격은 주택과 마찬가지로 매년 국토부에서 평가하여 고시한 공시지가로 평가한다.

국토부에서 토지를 평가하는 기준일자는 매년 1월 1일이지만, 실제 고시되는 날짜는 5월 말 경이다.

주택의 기준시가와 같이, 상속 혹은 증여를 받은 날 현재 고시되어 있는 가격을 사용하므로, 새로운 가격이 고시되기 전인 5월 말 이전에 상속 혹은 증여를 받으면 이전에 고시되어 있는 가격으로 평가하고, 5월 말이 지나고 새로운 가격이 고시된 후에 상속 혹은 증여를 받으면 새로 고시된 가격으로 평가한다.

3 상장주식은 4개월 치의 평균가격으로 평가한다.

상장주식은 상속 혹은 증여를 받은 날을 기준으로 이전 2개월과 이후 2개월 동안 거래된 날의 매 일자별 종가를 모두 합한 후, 종가 합계액을 4개월간의 거래일자 수로 나누어 평가한다. 즉, 4개월간의 종가를 평균한 금액으로 1주당 가치를 평가한다.

$$\text{상장주식의 1주당 평가액} = \frac{\text{전후 2개월간 종가합계}}{\text{전후 2개월간 거래된 일수}}$$

4 상가와 오피스텔은 국세청이 고시한 기준시가로 평가한다.

국세청에서는 수도권과 광역시에 소재한 모든 오피스텔, 그리고 상업용 건물 중에서는 연면적이 3,000제곱미터 이상이거나 호수가 100호 이상인 상가에 대하여 매년 1.1일 기준으로 각호별로 기준시가를 고시한다. 국세청에서 고시하는 금액은 토지와 건물을 합친 가격이다.

기준시가 자료는 국세청 홈택스에서 상담 · 불복 – 기타 – 기준시가 조회 – 오피스텔 및 상업용 건물 메뉴에서 찾을 수 있다.

5 비상장주식은 순이익가치와 순자산가치의 평균으로 평가한다.

주식이 상장되어 있지 않은 비상장주식은, 과거 3년간의 순이익으로 계산한 「순이익 가치」와 상속 혹은 증여를 받은 날 현재의 순자산으로 계산한 「순자산가치」를 평균하여 평가한다.

(1) 순이익 가치는 과거 3년을 평균한다.

직전 3년간 매 연도별로 1주당 순이익을 계산한 후, 직전 1차 연도부터 직전 3차 연도까지 3:2:1의 가중치로 평균하여 1주당 순이익을 계산한다. 이렇게 계산된 1주당 순이익을 10%로 나누어, 순이익을 기초로 한 1주당 주식가치를 계산한다.

1주당 순이익을 10%로 나눈다는 것은 1주당 순이익의 10배만큼을 1주당 가치로 본다는 의미이다.

매연도별 1주당 순이익(3년간 각각 계산) = 매연도 순이익* ÷ 발행 주식총수

* 매연도 순이익은 결산서상 순이익이 아니라 법인세신고서상에 있는 순이익을 의미한다.

1주당 평균 순이익(3:2:1로 가중평균)
= (전 1차년도 순이익 * 3 + 전 2차년도 순이익 * 2 + 전 3차년도 순이익 * 1) ÷ 6

1주당 기업의 가치 * 적정 이익률(10%)* = 1주당 평균 순이익

* 현재의 상증법은 기업의 가치에서 10%의 순이익이 발생된다고 가정한다.

▼

1주당 기업의 가치(순이익 가치) = **1주당 평균 순이익** ÷ 10%

(2) 순자산가치는 상속 · 증여일 현재로 평가한다.

상속 · 증여를 받은 날 현재 회사의 순자산을 발행주식 총수로 나누어 1주당 순자산가치를 계산한다. 순자산은 회사의 자산을 상증법에 따라 평가한 후 부채를 빼고 남는 금액을 의미한다.

1주당 순자산 가치 = 상속 · 증여일 현재의 순자산가액 ÷ 발행주식 총수

(3) 1주당 최종평가액

1주당 순이익 가치와 1주당 순자산 가치를 60%:40%로 가중치를 두어 1주당 최종가치를 평가한다.

1주당 평가액 = 1주당 순이익 가치 * 60% + 1주당 순자산가치 * 40%

* 부동산이 전체자산의 50%가 넘는 법인은 순이익 가치에 40%, 순자산가치에 60%의 가중치를 곱한다.

** 순이익이(-)이거나 크지 않은 법인은 순이익 가치와 순자산가치를 평균한 1주당 평가액이 지나치게 낮아질 수 있으므로, 1주당 평가액이 순자산가치의 80% 보다 작은 경우에는 순자산가치의 80%(평가액의 하한선)를 1주당 평가액으로 한다.

(4) 상속 · 증여를 받은 주식의 평가액

위에서 계산한 1주당 최종평가액을 상속 혹은 증여를 받은 주식 수에 곱하여, 전체주식의 평가액을 계산한다.

상속 · 증여를 받은 주식의 평가액 = 주식수량 * 1주당 평가액

(5) 최대주주는 할증하여 평가한다.

법인의 주식을 50% 초과하여 보유하고 있는 주주의 주식은 위의 평가액에 20%를 할증하여 평가한다. 20%를 할증하는 것은 경영권의 가치를 20%로 본다는 것을 의미한다.

50%의 보유비율을 계산할 때 본인과 가족(특수관계자)의 주식을 합하여 계산해야 하며, 중소기업과 중견기업(과거 3년간의 연평균매출액이 5천억 원 미만인 중견기업)은 할증에서 제외된다.

사 례

다음 자료로 중소기업인 비상장법인의 상증법상 평가액을 계산하면?

- 평가기준일 : 2026.3.31.
- 과거 3년간 손익자료

	2025	2024	2023
순이익	10억 원	20억 원	14억 원
발행주식 총수	10,000주	10,000주	10,000주
1주당 순이익	100,000	200,000	140,000

- 2026.3.31. 현재의 재무상태표 자료(평가기준일 현재로 가결산)

자산총액	200억 원(상증법으로 평가)
부채총액	40억 원

- 1주당 평균 순이익 : (100,000 * 3 + 200,000 * 2 + 140,000 * 1)/6 = 140,000
- 1주당 순이익 가치 : 140,000/10% = 1,400,000
- 1주당 순자산가치 : (200억 원 − 40억 원)/10,000 = 1,600,000
- 최종평가액 : (1,400,000 * 3 + 1,600,000 * 2)/5 = 1,480,000
- 법인 전체의 가치 : 1,480,000 * 10,000주 = **148억 원**

6 꼬마빌딩과 나대지는 국세청이 직접 감정평가한다.

(1) 기준시가로 신고한 꼬마빌딩과 나대지는 국세청이 다시 감정한다.

기준시가가 고시되는 상업용 건물은 연면적이 3천 제곱미터 이상이거나 100개 이상의 호실이 있는 것만 대상으로 한다. 그러나 그보다 작은 꼬마빌딩은 빌딩의 기준시가가 고시되지 않으므로 국세청에서 고시한 기준시가 산정지침에 따라 평가액을 계산한다. 그러나 국세청이 고시한 기준시가 산정지침에 따라 계산된 가격은 실제 시세에 미치지 못하므로, 국세청에서는 2020.1.31.부터 기준시가로 신고한 꼬마빌딩과 나대지의 실제 시세가 크게 차이가 나는 경우에는 국세청이 직접 감정한 가액으로 평가한다고 발표하였다.[273)]

국세청 보도자료에 따르면, 모든 꼬마빌딩에 대하여 감정평가하는 것은 아니지만, 상속 혹은 증여세를 기준시가로 신고한 꼬마빌딩 중에서 실제 시세와 현저히 차이가 나는 것만 감정대상으로 한다고 발표하였다.

꼬마빌딩 이외에도 국세청이 직접 감정평가하는 대상에는, 건축물이 없는 나대지도 포함된다.

나대지나 꼬마빌딩을 증여받고 기준시가로 증여세를 신고하였으나 국세청이 직접 감정평가하여 증여세를 추징한 사례가 다수 있다.[274)]

---

273) 국세청 보도 참고 자료 2020.1.31

274) 조심2023서 0454, 감정가액으로 나대지를 추징한 사례 2024.6.13.
조심2024서 0689, 감정가액으로 빌딩을 평가한 사례, 2024.6.11

(2) 국세청이 감정하는 기간은 신고기한종료 후 6개월까지이다.

국세청은 꼬마빌딩 혹은 나대지에 대한 상속·증여세 신고서를 접수하면 신고기한이 종료된 후 6개월(상속은 9개월)까지 상속·증여세를 결정하여 통보하며, 그 기간 이내에 직접 국세청의 예산으로 감정평가하여 재산을 평가한다.

예를 들어 1월 20일에 꼬마빌딩을 증여를 한 경우 신고기한은 4월 30일이고, 그로부터 6개월인 10월 31일까지 국세청이 최종 증여세를 결정한다.

(3) 국세청의 감정가액으로 결정되는 경우 가산세는 면제된다.

꼬마빌딩을 상속 혹은 증여를 받은 사람이 국세청이 고시한 기준시가 산정지침에 따라 신고하고 세금을 냈으나, 국세청이 감정한 가액으로 평가액을 수정하여 결정한 경우에는 정당한 사유가 있는 것으로 간주하여, 신고불성실가산세가 면제된다.[275)]

(4) 꼬마빌딩 혹은 나대지를 상속·증여할 때는 감정가액으로 신고하는 것이 유리하다.

꼬마빌딩 혹은 나대지를 상속 혹은 증여를 하고 기준시가로 신고하면 신고 이후 6개월(상속은 9개월) 이내에 국세청이 직접 감정한 가액으로 상속 혹은 증여세를 통보할 수 있으므로, 자진하여 감정평가를 받아 신고하면 납세자가 신고한 감정가액을 그대로 인정받을 수 있다.

---

275) 국세기본법 제48조 제①항 2호(신고불성실가산세의 면제)
기획재정부 조세법령운용과-154(2020.1.30.)

7 국세청이 직접 감정평가 할 수 있는 대상이 확대되었다.

(1) 모든 부동산에 대하여 감정평가 할 수 있다.

국세청이 2020년도부터 꼬마빌딩에 대한 감정평가를 적용한 이후, 2025.1.1. 이후부터는 고가의 아파트 혹은 고가의 단독주택도 감정평가 대상에 추가하였고, 2025.6.11.부터는 모든 부동산으로 감정평가 대상이 확대되었다. 또한 비상장주식을 평가할 때 법인이 보유한 부동산도 국세청이 감정평가한 금액으로 평가하여 비상장주식의 평가액을 수정할 수도 있게 되었다.[276)]

(2) 감정평가 범위가 확대된다.

2024년까지는 신고된 가액이 국세청이 추정한 시가보다 10억 원 이상 낮거나, 시가와 신고가액의 차이가 시가의 10% 이상일 때 국세청이 직접 감정평가하였다. 그러나 2025.1.1.부터는 신고된 가액이 국세청이 추정한 시가보다 5억 원 이상 낮거나, 시가와의 차이가 10% 이상일 때 감정평가하는 것으로 감정평가대상을 확대하였다. 국세청이 추정하는 시가는 국세청이 5개 감정평가법인의 감정가액을 평균하여 산정한 금액이다.

276) 상속세 및 증여세 사무처리규정(국세청훈령 제2681호, 2025.6.11.) 제72조 ①항

8 임대용 부동산은 임대료 환산가액을 비교한다.

(1) 임대용 건물은 기준시가와 임대료 환산가액 중 큰 금액으로 평가한다.

임대용으로 사용되고 있는 상가나 빌딩을 평가할 때는, 임대료 수준을 평가액에 반영해야 한다.

임대료가 비싼 건물은 시장가치가 클 수도 있으므로, 임대료를 사용하여 빌딩의 가치를 평가한 후 국세청이 고시한 기준시가와 비교하여 큰 금액으로 평가한다.

(2) 연간임대료를 12%로 환산하여 빌딩의 가치를 계산한다.

연간 임대료로 받는 금액은 빌딩의 가치를 반영한다. 즉, 임대료가 높은 빌딩은 매매가격도 높아지게 되므로, 빌딩으로부터 발생되는 연간 임대료를 이용하여 빌딩의 가치를 계산할 수 있다.

현행 상증법에서는 빌딩의 가치에서 연간 12%에 해당하는 임대수익이 생긴다고 보고 있다.

임대료로 환산한 빌딩의 가치는 토지와 건물이 포함된 가치이다.[277)]

빌딩의 가치 * 12% = 연간 임대수익

▼

빌딩의 가치 = 연간임대수익 ÷ 12%

277) 상증법 시행령 제50조, 부동산의 평가 제⑦항

만일 임대보증금으로 받은 금액이 있으면 빌딩의 가치에 더해야 한다. 또한 임대료가 변동될 때는 상속 혹은 증여를 받은 날 현재의 월 임대료에 12개월을 곱한 것을 연간 임대수익으로 한다.

빌딩의 가치 = 연간임대수익 ≒ 12% + 임대보증금

사 례

국세청 기준시가가 4억 원인 상가를 증여를 받았으며, 증여를 받은 날 현재 월세합계액이 6백만 원이고(부가가치세 50만 원과 전기료 등의 관리비 50만 원이 포함), 임대보증금으로 받은 금액이 2억 원일 때 상가의 평가액은?

빌딩의 가치 = {(6백만 원 – 1백만 원) * 12개월} / 12% + 2억 원
= 7억 원

* 임대료에는 부가가치세는 제외하고, 임차인이 내는 실발생 전기료 등의 관리비는 제외되지만 고정액으로 내는 임대료성격의 관리비는 포함한다.

* 기준시가 4억 원과 임대료환산가치 7억 원 중 큰 금액인 7억 원이 평가액이 된다.

9 담보로 제공된 재산은 대출금 잔액과 비교한다.

부동산을 기준시가나 임대료 환산가액으로 평가한 후에도 마지막으로 검토할 사항이 있다.

만일 상속 혹은 증여를 받은 부동산이 대출금에 대한 담보로 제공되어 있으면 대출금 잔액이 얼마인 지를 확인한 후, 대출금 잔액이 빌딩의 평가액보다 더 크면 대출금 잔액을 빌딩의 가치로 한다.

빌딩을 담보로 돈을 빌려준 은행의 입장에서는, 빌딩의 가치가 충분하다고 판단하여 그 범위 내에서 돈을 빌려줄 것이므로, 남아있는 대출금만큼 빌딩의 가치가 있다고 보는 것이다.[278]

사 례

위의 사례에서 본 빌딩의 등기부상에 은행 대출금에 대한 저당권이 설정되어 있고, 등기부상 채권최고액은 9억 원이지만 대출금으로 남아있는 금액은 8억 원이라고 할 때 빌딩 평가액은?

a. 임대료 환산가액에 의한 빌딩의 가치 = 7억 원
b. 담보채권으로 평가한 빌딩의 가치 = 8억 원* + 2억 원**
= 10억 원

* 담보로 제공한 재산을 평가할 때는 채권 최고액이 아닌 채권 잔액으로 평가한다.
** 임대보증금도 부채이므로 채권 잔액에 포함된다.[279]
*** 빌딩의 평가액은 a. 와 b. 중 큰 금액인 10억 원이 된다.

〈임대용 빌딩의 평가액〉

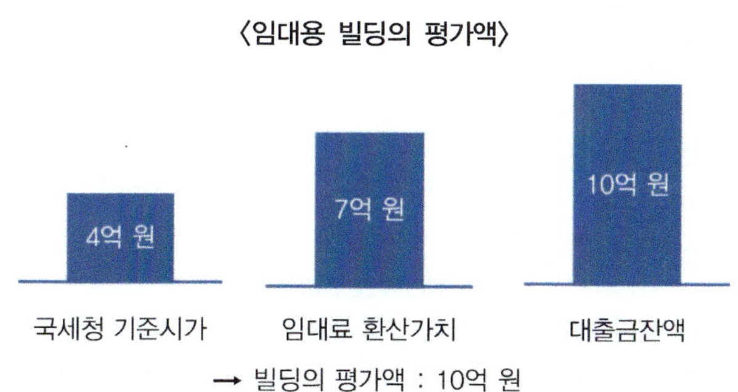

→ 빌딩의 평가액 : 10억 원

278) 상증법 제66조, 저당권 등이 설정된 재산의 평가특례
279) 상증법 집행기준 66-63-5

해외가족에 대한 증여와 상속

68장

세법상의 거주자 판정 기준

1 거주자는 국내외의 모든 소득을 신고해야 한다.

우리나라의 국민이라면 국내에서 발생된 소득뿐만 아니라 해외에서 발생된 소득도 모두 우리나라에서 신고해야 한다.

한 나라의 국민이 본인이 거주하고 있는 나라에서 전 세계의 소득을 신고해야 하는 규정은 전 세계 모든 나라가 동일하다.

세법에서는 사람의 국적이 어디인가에 따라 그 나라 국민인지를 판정하지 않고, 실제 살고 있는 국가가 어디인지에 따라 판정한다.

세법상의 내국인을 판정하는 기준은, 거주자와 비거주자로 구분하는 것이다. 세법상으로 우리나라의 거주자에 해당되면 그 사람은 우리나라의 소득뿐만 아니라 다른 나라에서 벌어들인 소득도 함께 우리나라의 국세청에 신고해야 한다.

소득에 대한 신고뿐만 아니라 증여를 받거나 상속을 받는 경우에도, 그 사람이 거주자인지에 따라 신고의무가 달라진다.

우리나라의 거주자가 아니라 해외의 거주자로 판명되면 우리나라의 세법상 비거주자가 된다. 비거주자인 경우에는 한국에서 발생되는 소득과 한국 내에 있는 재산을 상속 · 증여를 받을 경우에만 신고 의무가 있고, 해외의 소득이나 재산은 한국에서 신고할 의무가 없다.

2 주소나 거주일자로 거주자를 판정한다.

우리나라 세법상 거주자는 우리나라에 주소를 두거나, 혹은 1.1부터 12.31까지의 기간에 183일 이상 거주한 자를 의미한다.

우리나라에 주소를 둔 사람이란, 생계를 같이하는 가족이 함께 있거나, 가족이 없는 경우에도 직업 및 중요한 재산을 국내에 가지고 국내에 살고 있는 사람은 국내에 주소를 둔 것으로 본다.[280)]

국내에서 183일 이상 거주한 사람은 183일이 되는 날에 거주자로 보며, 관광이나 치료 목적 등으로 출국하는 경우에도 계속하여 국내에 거주한 것으로 본다.

해외동포의 경우 국내에 183일 이상 머물게 되면 거주자에 해당하지만, 단기 관광, 질병치료, 병역의무, 개인적 경조사 목적 등으로 방문한 기간은 국내에 머문 기간에서 제외하여 판정한다.[281)]

3 사실관계로 거주자를 판정하는 경우

우리나라의 국민인 경우에도 우리나라에 가족이나 주소가 없고 주로 해외에 거주하는 사람은 비거주자로 판정한다. 그러나 우리나라 회사의 해외사업장에 근무하거나 우리나라 회사의 해외 현지법인에 근무하는 임직원은, 국내에 거주한 기간이 없어도 우리나라의 거주자로 본다.[282)]

280) 소득세법 시행령 제2조, 주소와 거소의 판정
281) 소득세법 시행령 제4조, 거주기간의 계산
282) 소득세법 시행령 제3조, 해외법인 임직원에 대한 거주자 판정

해외에 장기간 근무하고 있는 우리나라의 공무원도 모두 우리나라의 거주자로 본다.

4 거주자판정 체크리스트

우리나라 세법에서 거주자인지를 판정하기 위해서 아래의 체크리스트를 이용할 수 있다.

다음 항목 중에서 어느 하나라도 해당되면 우리나라의 거주자에 해당하며, 전부 해당되지 않을 때에만 비거주자로 본다.

〈비거주자 판정기준〉

항 목	예	아니오
㉮ 국내에 주소를 두고 있습니까?		
㉯ 국내에 계속하여 183일 이상 거주하고 있습니까?		
㉰ 최근 1년 동안 국내에 체재한 날이 183일 이상입니까?		
㉱ 생계를 같이하는 가족(배우자와 자녀 등)이 국내에 계속하여 183일 이상 거주하고 있습니까?		
㉲ 국내에 계속하여 183일 이상 거주할 것을 필요로 하는 직업이 있습니까?		
㉳ 대한민국의 공무원입니까?		
㉴ 대한민국 국민으로서 국내법인의 해외지점, 영업소 또는 해외현지법인에 파견된 직원입니까?		

5 두 나라에서 동시에 거주자에 해당하는 경우

우리나라의 거주자 판정기준과 달리, 미국의 경우에는 미국 시민권이나 영주권이 있으면 미국에 거주하는 기간에 불문하고 무조건 미국의 거주자로 본다.

미국 시민권이나 영주권을 가진 우리나라의 교포가 한국에서 생활하고 있을 경우, 한국 세법과 미국 세법 모두 거주자에 해당하므로 동시에 두 나라의 거주자가 될 수 있다.

동시에 두 나라의 거주자가 되면 두 나라에서 전 세계의 소득을 모두 신고해야 한다.

이와 같이 우리나라와 미국의 이중 거주자가 되는 경우에는, 현재 생활하고 있는 우리나라에는 거주자로서 신고하고 미국에서는 비거주자로 인정받을 수 있다.

미국에서 비거주자로 인정받으면 한국에서 발생한 소득을 미국에서 신고할 필요가 없다.

미국에서 비거주자로 인정받기 위해서는, 미국의 신고서 Form8833(외국 거주자 인정 신청서)을 작성하여 제출해야 한다.[283) Form8833은 비거주자의 개인소득세 신고서 즉, 미국의 비거주자가 미국에서 발생된 소득이 있을 경우에 미국 국세청에 제출하는 소득세 신고서 Form1040NR을 매년 4월 15일까지 제출할 때 함께 제출해야 한다.

Form8833에는 한국과 미국이 체결한 한미 조세협약 제3조(Tie-breaker Rule)에 따라, 항구적 주거지가 한국에 있거나, 가족과 직업 등 중요한 이해관계가 한국에 있다는 사실들 중에서 본인에 해당되는 조항을 기록하여 제출한다.

283) www.irs.gov / Forms & Instructions / Forms, Instructions & Publications Search

6 외국 영주권자가 한국의 거주자로 인정받을 때의 주의사항

위에서와 같이 한국에서 생활하고 있는 미국 영주권자는, 한미 조세조약의 판정기준에 따라 한국의 거주자가 될 수 있다.

세법에서 판정하는 미국의 비거주자는 미국의 이민법과는 무관한 것이지만 미국에서의 세무신고상 미국의 비거주자로 인정받겠다고 신청하게 되면, 미국의 영주권자가 다시 미국에 입국할 경우에 제출하는 「재입국신고서」상에 세무신고상 비거주자로 신청한 사유를 소명해야 한다. 그러므로 한국인으로서 미국의 영주권을 계속 유지하고자 하는 경우에는, 세법상 미국의 비거주자로 인정받으면 한국에서 발생된 소득을 미국에 신고하지 않아도 되는 편리함이 있지만, 대신 미국의 이민법상의 불이익이 없는지 함께 고려해야 한다.

Form **8833**
(Rev. November 2020)
Department of the Treasury
Internal Revenue Service

Treaty-Based Return Position Disclosure Under Section 6114 or 7701(b)

▶ Attach to your tax return.
▶ Go to *www.irs.gov/Form8833* for the latest information.

OMB No. 1545-1354

Attach a separate Form 8833 for each treaty-based return position taken. Failure to disclose a treaty-based return position may result in a penalty of $1,000 ($10,000 in the case of a C corporation) (see section 6712).

Name	**U.S. taxpayer identifying number**	**Reference ID number, if any (see instructions)**
Address in country of residence	Address in the United States	

Check one or both of the following boxes as applicable.
- The taxpayer is disclosing a treaty-based return position as required by section 6114 . . . . ▶ ☐
- The taxpayer is a dual-resident taxpayer and is disclosing a treaty-based return position as required by Regulations section 301.7701(b)-7 . . . . ▶ ☐

Note: If the taxpayer is a dual-resident taxpayer and a long-term resident, by electing to be treated as a resident of a foreign country for purposes of claiming benefits under an applicable income tax treaty, the taxpayer will be deemed to have expatriated pursuant to section 877A. For more information, see the instructions.

Check this box if the taxpayer is a U.S. citizen or resident or is incorporated in the United States . . . . ▶ ☐

1 Enter the specific treaty position relied on:
a Treaty country
b Article(s)

2 List the Internal Revenue Code provision(s) overruled or modified by the treaty-based return position

3 Name, identifying number (if available to the taxpayer), and address in the United States of the payor of the income (if fixed or determinable annual or periodical). See instructions.

4 List the provision(s) of the limitation on benefits article (if any) in the treaty that the taxpayer relies on to prevent application of that article ▶

5 Is the taxpayer disclosing a treaty-based return position for which reporting is specifically required pursuant to Regulations section 301.6114-1(b)? . . . . ☐ Yes ☐ No
If "Yes," enter the specific subsection(s) of Regulations section 301.6114-1(b) requiring reporting . . . . ▶
Also include the information requested in line 6.

6 Explain the treaty-based return position taken. Include a brief summary of the facts on which it is based. Also, list the nature and amount (or a reasonable estimate) of gross receipts, each separate gross payment, each separate gross income item, or other item (as applicable) for which the treaty benefit is claimed

For Paperwork Reduction Act Notice, see the instructions. Cat. No. 14895L Form **8833** (Rev. 11-2020)

69장

해외자녀의 상속 · 증여신고

국내에 있는 부모가 해외에 살고 있는 자녀에게 재산을 증여하거나 상속하는 경우에는, 국내에서 해야 할 일과 해외에서 해야 할 일로 구분하여 처리해야 한다. 이번 장에서는 해외에 있는 가족에게 증여 혹은 상속을 하는 경우에 국내와 해외에서 해야 할 기본사항을 설명한다.

1 국내에 있는 재산을 해외 자녀에게 증여하는 경우 – 증여한 부모가 국내에서 증여세 신고를 한다.

(1) 자녀의 증여세를 부모가 내도 증여세 문제가 없다.

국내에 있는 부모가 국내에 있는 재산을 해외에 있는 자녀에게 증여를 하면 원칙적으로는 증여를 받은 해외의 자녀가 증여세를 내야 하지만, 국세청이 직접 세금을 거둘 수 없으므로 증여를 한 부모도 세금을 신고하고 내야 할 의무가 있다.[284)]

부모가 세금을 낼 의무가 없는 상태에서 자녀의 증여세를 대신 내

284) 상증법 제4조의 2, 증여세납세의무 제⑥항 3호(연대납세의무)

주면, 대신 내준 세금 자체도 증여를 한 것이 된다. 그러나 부모가 세금을 낼 의무가 있는 상태에서 자녀의 세금을 내는 경우에는, 자녀에게 세금을 증여한 것으로 보지 않는다. (8장. 대신 내주는 증여세 참조)

예를 들어 국내의 부모가 10억 원을 증여를 한 경우 자녀가 증여세 2.4억 원을 내면, 증여세를 낸 후에 7.6억 원만 자녀가 가지게 되지만, 국내의 부모가 해외에 있는 자녀를 대신해서 증여세 2.4억 원을 내면 자녀는 10억 원 전부를 가질 수 있게 된다.

(2) 해외에 있는 자녀가 증여를 받으면 증여공제를 받을 수 없다.

해외에 있는 자녀에게 증여를 한 후 증여세를 계산할 때, 자녀가 비거주자이므로 5천만 원의 공제를 받을 수 없다. 그러므로 증여를 한 재산 전체가 증여세 과세표준이 되어, 5천만 원에 대한 증여세가 늘어나는 것을 감수해야 한다.

예를 들어 한국에 있는 자녀에게 1억 원을 증여하면 5천만 원을 공제한 후 나머지 5천만 원의 10%인 5백만 원이 증여세이지만, 해외에 있는 자녀에게 1억 원을 증여하면 공제액이 없으므로 1억 원의 10%인 1천만 원이 증여세가 된다.

(3) 해외에 송금한 것도 증여에 해당될 수 있다.

한국에 있는 부모가 해외에 있는 자녀에게 유학자금이나 생활비 등을 송금하는 경우가 있다.

해외에 송금하는 경우에는 외국환거래법상 유학생계좌와 일반계좌로 나누어 연간 송금한도가 정해져 있다. 외국환거래법의 송금한도와 상관없이, 해외에 송금한 금액의 성격에 따라 한국에서 증여세 문제는 별도로 검토해야 한다.

예를 들어 경제력이 없는 자녀에게 송금한 학비, 생활비 및 치료비 등은 증여세가 없지만, 부모로서의 부양의무를 넘어 증여의 성격에 해당되는 해외송금은 국내에서 증여에 해당될 수 있다.

예를 들어 부모의 경제력이 충분한데도 불구하고 할아버지가 손주의 학비를 송금한 것은 증여에 해당되고, 해외에서 직업이 있어 경제력을 가진 자녀인데도 불구하고 한국의 부모가 자녀의 생활비 명목으로 송금하는 것도 모두 증여에 해당한다.

(4) 증여세 신고는 부모의 관할세무서에 해야 한다.

재산을 증여를 받은 자녀는 국내 주소지가 없기 때문에, 증여를 한 부모의 주소지 관할세무서에 증여세를 신고해야 한다.

2 국내에 있는 재산을 해외 자녀에게 상속하는 경우 – 상속인인 자녀들이 국내에서 상속세신고를 한다.

(1) 신고기한은 9개월이다.

상속인인 자녀들이 해외에 거주하고 있는 경우(소득세법상 비거주자에 해당하는 경우)에는 사망한 월의 말일부터 9개월까지 상속세를 신고해야 한다. 상속인들이 해외에 거주하고 있는 경우라 함은 배우자와 자녀와 같은 상속인전원이 해외에 거주하여야 하며, 만일 한사람의 상속인이라도 국내에 거주하고 있으면 6개월 이내에 신고해야 한다. (57장 상속세의 신고방법 참조)

비거주자인 상속인들이 상속세를 신고할 때는 사망한 사람의 주소지의 관할세무서에 신고한다.

(2) 사망한 사람이 거주자이면 각종 상속공제를 받을 수 있다.

상속세는 사망한 사람의 재산에 대하여 과세하는 것이므로, 상속인들이 비거주자인 경우에도 사망한 사람이 국내의 거주자이면 내국인과 같은 방법으로 상속세를 신고한다. 그러므로 배우자공제와 같은 모든 상속공제를 받을 수 있다.

(3) 사망한 사람이 비거주자이면 상속공제에 제한이 있다.

사망한 사람 즉, 피상속인이 비거주자이면 상속세의 신고기한은 9개월로 연장된다.

다만, 상속세를 계산할 때 배우자공제와 같은 각종 상속공제는 사망한 사람이 국내의 거주자일 때만 적용해주므로, 기초공제 2억 원을 제외한 다른 상속공제를 받을 수 없다.

비거주자인 경우 국내에 주소지가 없으므로 상속세는 재산소재지 관할세무서에 신고한다.

3 상속 · 증여를 받은 재산에서 소득이 발생하면 소득세를 신고한다.

국내에 있는 재산에서 소득이 발생하면 국내에서 소득세를 내야 한다.

미국에 있는 자녀가 예금이나 주식을 상속·증여를 받고 이자나 배당금을 받으면, 한국과 미국의 조세협약에 따라 약정된 제한세율(10%~16%의 낮은 세율)로 원천징수 되어, 은행 혹은 배당금을 지급하는 법인을 통해 세금을 낸다.

조세조약에 규정된 제한세율을 적용받기 위해서는, 소득을 지급하는 상대기관에게 제한세율 적용신청서를 제출해야 한다.

미국에 지급하는 경우에 이자소득은 13.2%, 배당소득은 16.5%의 제한세율이 적용되며, 제한세율 적용신청서를 제출하지 않으면 국내세법에 규정된 원천징수세율인 22%를 적용하여 더 높은 세금을 원천징수한다.

물론 한국에서 원천징수당한 세금은 미국 현지에서 소득세를 낼 때 미국 세금에서 빼주지만, 미국에서 적용되는 소득세율이 22%보다 낮다면 한국에서 낸 세금을 모두 공제받지 못할 수도 있다.

이자나 배당금은 국가 간 조세조약에 따라 제한세율로 원천징수되어 신고가 종료되지만, 부동산임대소득은 원천징수대상이 아니다. 그러므로 부동산을 상속 혹은 증여를 받고 월세를 주어 임대소득이 발생하면 임대소득을 한국의 국세청에 신고해야 한다.

임대소득을 신고하는 시기는 다음 연도 5월 31일까지이다.

해외에 살고 있는 사람이 해외 현지에서 소득세를 신고할 경우, 한국의 임대소득을 포함하여 신고해야 하며 한국에서 낸 소득세는 해외 현지에서 세액공제를 받을 수 있다.

4 국내에 있는 재산을 해외 자녀에게 상속 · 증여하는 경우 – 해외에서 상속 · 증여를 받은 사실을 신고한다.

(1) 현지에서 상속 · 증여를 받은 사실을 신고해야 한다.

자녀가 미국에 거주하고 있다면 미국은 증여를 한 사람이 증여세를 신고하므로, 증여를 받은 사람은 증여세를 신고할 의무가 없다. 또한 한국재산을 상속받을 경우에도 미국현지에서 상속세를 신고할 의무도 없다.

자녀가 미국에서 상속 · 증여세를 낼 필요는 없지만, 미국의 자녀가 다른 나라에서 상속 · 증여를 받은 경우에는 그 내용을 미국 국세청에 신고할 의무가 있다.

신고서식 Form3520(해외증여 · 상속재산 신고서)은 해외에서 $100,000 이상의 증여나 상속을 받은 내용을 국세청에 신고하는 양식이며, 다음 연도 4월 15일까지 개인소득세 신고서 Form1040과 함께 국세청에 제출해야 한다.

그러나 해외에서 받은 금액 중에서 학비로 지원받거나 병원비로 지원받은 것은 증여에 해당되지 않으므로 Form3520 신고대상에서 제외된다.

〈Form3520 신고방법〉

대상기간 :	매년 1.1부터 12.31까지 해외에서 증여를 받거나 상속을 받은 재산
제출의무자 :	건별로 5천 불 이상인 증여나 상속 건을 모두 합하여 연간 합계 $100,000 이상이 되면 신고대상이다.
작성방법 :	Part IV에 5천 불 이상인 증여나 상속을 건별로 받은 날짜, 재산의 종류, 상속 · 증여 당시 시장가치를 기록한다.

(2) 미국 현지에 금융자산을 신고해야 한다.

상속 · 증여를 받은 재산이 예금 · 주식과 같은 금융자산인 경우에는 미국 재무부(FBAR)와 미국 국세청(FACTA)에 매년 해외계좌를 4.15일까지 신고해야 한다.

본인의 해외 금융재산 합계액이 연도 중 하루라도 $10,000 이상이면 FinCen114 서식으로 FBAR 신고대상이다. 또한 미국 재무부에 신고하는 것과는 별도로, 부부합산신고자가 아닌 경우 연중 합계가 $75,000 혹은 연도 말 잔액이 $50,000 이상이면, Form8938 서식(해외금융재산신고서)을 작성하여 미국 국세청에 제출하는 FACTA 신고 대상이 된다.

부부합산신고자인 경우에는 위 금액의 두 배인 연중 합계 $150,000 혹은 연도 말 잔액이 $100,000 이상이면 국세청에 신고할 의무가 있다. 미국의 경우에는 부부가 각자 소득세를 신고하거나(Separate return) 혹은 부부의 소득을 합하여 하나로 신고할 수 있다(Joint return).

a. FBAR

매년 보유한 해외의 금융자산합계가 연중 하루라도 $10,000 이상인 미국인은, 다음 연도 4월 15일까지 미국 재무부에 그 사실을 보고하는 규정이다. 보고서식은 FinCen114이며 국세청에 보고하는 것과는 별개로 보고할 의무가 있다.

b. FACTA

해외에 예금 · 주식 · 채권과 같은 금융자산을 가진 경우, 다음 연도 4월 15까지 소득세 신고서에 첨부하여 금융자산내역을 미국 국세청에 보고해야 하는 규정이다. 보고서식은 Form8938을 사용한다.

FBAR과 FACTA의 차이는, 미국에서 발생된 소득이 없어서 소득세를 신고할 의무가 없는 사람은, 미국 재무부에 FBAR에 따른 신고의무는 있지만 미국 국세청에 FACTA를 신고할 필요는 없다는 것이다.

(3) 국내의 재산에서 발생된 소득은 해외 현지에도 신고해야 한다.

해외에 살고 있는 사람은 국내에서 상속 · 증여를 받은 부동산에서 임대수익이 발생하거나 국내의 금융재산에서 이자 혹은 배당금을 받는 경우에는, 현지에서 발생된 개인소득에 합산하여 신고해야 한다.

우리나라에서는 이자나 배당금이 연 2천만 원에 미달되면 원천징수만으로 세금신고가 끝나는 분리과세제도가 있지만, 미국은 우리나라와 달리 분리과세제도가 없다. 그러므로 미국에 있는 사람은 한국에서 발생된 임대소득이나 이자 · 배당금의 금액과 상관없이, 모든 한국 소득을 미국에서 개인소득세 신고서 Form1040에 미국 소득과 합산하여 미국 국세청에 신고해야 한다.

미국 시민권자나 영주권자는 세법상 미국 거주자이므로, 미국 내에서 발생된 소득과 해외에서 발생된 소득을 합하여 미국 국세청에 신고해야 한다. 이럴 경우 한국에서 발생된 소득에 대하여는 한국에서 소득세를 냈으므로, 한국과 미국에서 이중으로 세금을 내게 된다.

두 개의 국가에서 이중으로 세금을 내는 것을 방지하기 위하여, 양국 간 조세협약에 따라 미국 세금을 계산할 때 한국에서 낸 세금을 공제받을 수 있다.

5 해외에 있는 재산을 해외에 있는 자녀에게 증여하면 국내의 부모가 증여세를 낸다.

한국에 있는 부모가 해외에 있는 자녀에게 해외에 있던 예금·주식 혹은 부동산 등을 증여를 하는 경우에는, 한국의 부모가 한국 국세청에 증여세를 내야 한다. 원래 한국에서는 증여를 받은 사람이 증여세를 신고해야 하지만, 해외에 있는 자녀에게 해외에 있는 재산을 증여를 하는 경우에는 예외적으로 증여를 하는 부모가 한국에 증여세를 신고하고 세금도 낼 의무가 있다.

한국의 부모가 한국 세법의 규정에 따라 증여세를 내는 것은 자녀에 대한 증여에 해당하지 않는다.[285)]

6 부모와 자녀가 모두 해외에 있으면 국내재산에 대하여만 신고해야 한다.

부모나 자녀가 모두 외국 국적을 가진 경우로서 둘 다 한국의 입장에서 비거주자에 해당되면, 재산이 어디에 있는지에 따라 세금 내는 방법이 달라진다.

---

285) 국제조세조정에 관한 법률 제35조, 국외증여에 대한 과세특례

(1) 국내에 있는 재산을 상속 혹은 증여를 하면 국내에 신고한다.

부모와 자녀가 모두 해외에 살고 있는 경우로서 국내에 있는 재산을 상속 혹은 증여를 하는 경우에는, 재산이 한국에 있으므로 한국에서 상속 혹은 증여세를 낸다.

상속 혹은 증여를 받는 자녀 이름으로, 국내에 재산이 있는 소재지를 관할하는 세무서에 증여세를 신고한다.

가족 전부가 해외에 이주를 하였으나 국내에 부동산 등을 남겨놓았던 경우에 발생할 수 있는 사례이다.

만일 자녀가 미국에 살고 있다면 미국 시민권자인 경우 생애 전체에 상속 및 증여한 금액을 합하여 $12,920,000(2023년 기준 원화 약 160억 원)이 될 때까지는 상속 · 증여세가 없다.

그러므로 부모가 가진 국내의 재산을 국내에서 증여하지 않고 팔아서 현금화한 후, 부모 이름으로 미국으로 가져가서 증여를 하면 한국과 미국 모두 증여세를 낼 필요가 없다.

(2) 해외에 있는 재산을 증여하면 신고할 필요가 없다.

부모와 자녀가 모두 해외에 살고 있는 경우에, 해외에 있는 재산을 상속 · 증여하는 것은 우리나라에서 신고할 필요가 없다.

■ 소득세법 시행규칙 [별지 제29호의12서식] (2018. 3. 21. 개정)

국내원천소득 제한세율 적용신청서 (비거주자용)

※해당되는 [ ]에 √표를 합니다. (앞쪽)

접수번호	접수일자

1. 신청인의 인적사항

① 성명 (Last Name)	(First Name)		(Middle Name)
② 주소 (거주지국 주소)		(국내 거소)	
③ 납세자번호	④ 생년월일	⑤ 거주지국	⑥ 거주지국코드
⑦ 전화번호 (거주지 전화)		(국내 전화)	
⑧ 국내체재일 [ ]없음	(최근 1년간) ________일		(최근 2년간) ________일

2. 신청인이 적용받고자 하는 규정

⑨ 대한민국과 ______간의 조세조약 제___조 제___항 제___호 ___ 소득 세율 ___%
제___조 제___항 제___호 ___ 소득 세율 ___%
제___조 제___항 제___호 ___ 소득 세율 ___%

3. 비거주자 판정기준

항 목	예	아니오
㉮ 국내에 주소를 두고 있습니까?		
㉯ 국내에 계속하여 183일 이상 거주하고 있습니까?		
㉰ 최근 1년 동안 국내에 체재한 날이 183일 이상입니까?		
㉱ 생계를 같이하는 가족(배우자와 자녀 등)이 국내에 계속하여 183일 이상 거주하고 있습니까?		
㉲ 국내에 계속하여 183일 이상 거주할 것을 필요로 하는 직업이 있습니까?		
㉳ 대한민국의 공무원입니까?		
㉴ 대한민국 국민으로서 국내법인의 해외지점, 영업소 또는 해외현지법인에 파견된 직원입니까?		
㉵ 외국의 국적이나 영주권을 가지고 있는 경우 그 국가명을 기입하십시오.		

본인은 「소득세법」 제156조의6제1항 및 같은 법 시행령 제207조의8제1항에 따라 국내원천소득 제한세율 적용신청서를 제출함에 있어 아래 사항을 명확히 인지하고 있을 뿐 아니라 기재내용에 오류가 없으며 이 신청과 관련된 모든 국내원천소득의 실질귀속자(또는 실질귀속자를 대리하여 서명을 하도록 위임을 받은 자)에 해당함을 확인합니다.

1) 신청인은 위 신청서 내용이 사실과 다른 경우에는 원천징수세액이 관련 법률에 따라 원천징수되어야 할 세액에 미달할 수 있음을 인지하고 있습니다.
2) 본인이 비거주자에서 거주자로 변경되는 경우 즉시 그 사실을 귀하에게 통지하겠습니다.

년 월 일

신 청 인 (서명 또는 인)

귀하

첨부서류	출입국에 관한 사실증명(국내체재일이 있는 경우)	수수료 없음

대리인	⑩ 대리인유형 [ ]납세관리인 [ ]그 외 대리인	⑪ 성명 또는 법인명	⑫ 사업자(주민)등록번호
	⑬ 주소 또는 소재지		

※ 귀 금융기관이 본인의 법무부 출입국정보를 조회하는 것에 대하여 동의합니다.

고 객 명 (서명 또는 인)

210㎜×297㎜(백상지 80g/㎡)

(뒤쪽)

작성방법

※ 접수번호 및 접수일자는 원천징수의무자가 실질귀속자로부터 이 신청서를 제출받아 접수한 일자 및 일련번호를 적습니다.

1. 이 신청서는 비거주자가 지급받는 국내원천소득에 대하여 조세조약에 따른 제한세율을 적용받으려는 경우에 제출하며, 조세조약에 따라 국내에서 원천징수가 면제되는 경우에는 이를 제출하지 않습니다.
   이 신청서를 제출하여 해당 국내원천소득에 대하여 조세조약에 따른 제한세율을 적용받은 이후에 다시 국내원천소득을 지급받는 경우로서 신청인의 거주지국, 주소, 국내거소, 전화번호 등에 변동이 있는 경우 또는 이 신청서를 제출한 날부터 3년이 경과한 경우에는 이 신청서를 다시 작성하여 제출합니다.

2. ① 성명란에 외국인은 성명을 영문으로 적되, 여권에 있는 영문성명 전부를 적습니다.

3. ② 주소란의 (거주지국 주소)는 영문주소를 번지(number), 거리(Street), 시(City), 도(State), 우편번호(Postal code), 국가(Country) 순으로 적습니다. 우편사서함을 적지 않습니다. (국내 거소)는 한글로 적습니다.

4. ③ 납세자번호란에는 아래의 표를 참조하여 적습니다.

	구 분	기 재 번 호
-1	원 칙	주민등록번호 또는 사업자등록번호
-2	(1)의 기재번호를 부여받지 않은 경우	[개인] 국내거소신고증상의 국내거소신고번호(재외국민, 외국국적동포인 경우) 또는 외국인등록표상의 외국인등록번호(외국인인 경우)를 적고, 그 번호가 없는 경우 여권상의 여권번호
-3	(1), (2)의 기재번호를 부여받지 않은 경우	투자등록증상의 투자등록번호를 적고, 그 번호가 없는 경우 해당 거주지국의 납세번호(Taxpayer Identification Number)

5. ⑤거주지국 및 ⑥거주지국코드란은 국제표준화기구(ISO)가 정한 국가별 ISO코드 중 국명(약어) 및 국가코드를 적습니다.

6. ⑦전화번호란에는 연락가능한 전화번호를 국가번호와 지역번호를 포함하여 적습니다.

7. ⑧국내체재일란에는 국내에 거소를 둔 기간을 적되, 입국하는 날의 다음날부터 출국하는 날까지의 기간을 합산하여 적습니다. 국내에 거소를 두고 있던 개인이 출국 후 다시 입국한 경우에 생계를 같이하는 가족의 거주지나 자산소재지 등에 비추어 그 출국 목적이 명백하게 일시적인 것으로 인정되는 때에는 그 출국한 기간도 국내에 거소를 둔 기간으로 봅니다. 국내에 입국한 사실이 없는 비거주자의 경우에는 '없음' 란에 √로 표기하고 출입국에 관한 사실증명을 제출하지 않습니다.

8. ⑨란에는 적용받으려는 조세조약과 해당 조문, 해당 국내원천소득 및 제한세율을 적습니다. 다만, 해당 조세조약의 대상조세에 지방소득세 소득분이 포함되지 않는 경우에는 「지방세법」 제89조제1항의 세율을 반영한 세율을 적습니다.

9. '3. 비거주자 판정기준'의 작성 결과 ㉮ ~ ㉳번 항목 중 한가지 항목이라도 "예(YES)"로 표시되면 특별한 사정이 없는 한 거주자로 판정됩니다. 거주자 · 비거주자에 대한 판정은 외국 국적이나, 영주권 등의 보유 여부를 불문합니다. 다만, 주한외교관과 주한외교관의 세대에 속하는 가족(대한민국 국민 제외) 및 한미 행정협정(SOFA) 제1조에서 규정하는 미합중국 군대의 구성원, 군무원과 그들의 가족은 판정표의 작성내용에 불문하고 비거주자로 판정합니다.

10. 국내체류기간 계산에 참고하기 위하여 받는 '출입국에 관한 사실증명'은 제출일 부터 소급하여 2년 이상의 기간을 증명하는 자료를 제출합니다.

11. ⑩ ~ ⑬란은 신청서를 본인 외에 대리인에 의하여 제출하는 경우에 적는 것으로서, 「국세기본법」 제82조에 따른 납세관리인 외의 그 밖의 대리인에 의해서 제출하는 경우에는 그 위임관계를 증명하는 위임장을 그 국문번역문과 함께 제출하여야 합니다.

12. 이 신청서(첨부서류가 있는 경우 이를 포함합니다)를 제출받은 원천징수의무자 또는 국외투자기구는 이를 「소득세법」 제156조제1항에 따른 원천징수세액의 납부기한 다음날부터 5년 간 보관하여야 하며, 원천징수의무자의 납세지 관할세무서장이 그 제출을 요구하는 경우에는 이를 제출하여야 합니다.

Form **3520**

Department of the Treasury
Internal Revenue Service

Annual Return To Report Transactions With Foreign Trusts and Receipt of Certain Foreign Gifts

► Go to *www.irs.gov/Form3520* for instructions and the latest information.

OMB No. 1545-0159

2020

Note: All information must be in English. Show all amounts in U.S. dollars. File a **separate** Form 3520 for **each** foreign trust.

For calendar year 2020, or tax year beginning , 2020, ending , 20

A Check appropriate boxes: ☐ Initial return ☐ Final return ☐ Amended return

B Check box that applies to person filing return: ☐ Individual ☐ Partnership ☐ Corporation ☐ Trust ☐ Executor

C Check if any excepted specified foreign financial assets are reported on this form. See instructions . . . . . ☐

Check all applicable boxes. See applicable instructions.

☐ You are **(a)** a U.S. transferor who, directly or indirectly, transferred money or other property during the current tax year to a foreign trust; **(b)** a U.S. person who (1) during the current tax year, transferred property (including cash) to a related foreign trust (or a person related to the trust) in exchange for an obligation, or (2) holds a qualified obligation from the trust that is currently outstanding; or **(c)** the executor of the estate of a U.S. decedent and (1) the decedent made a transfer to a foreign trust by reason of death, (2) the decedent was treated as the owner of any portion of a foreign trust immediately prior to death, or (3) the decedent's estate included any portion of the assets of a foreign trust. **Complete all applicable identifying information requested below and Part I of the form.**

☐ You are a U.S. owner of all or any portion of a foreign trust at any time during the tax year. **Complete all applicable identifying information requested below and Part II of the form.**

☐ You are **(a)** a U.S. person (including a U.S. owner) or an executor of the estate of a U.S. person who, during the current tax year, received, directly or indirectly, a distribution from a foreign trust; **(b)** a U.S. person who is a U.S. owner or beneficiary of a foreign trust and in the current tax year, you or a U.S. person related to you received (1) a loan of cash or marketable securities, directly or indirectly, from such foreign trust, or (2) the uncompensated use of trust property; or **(c)** a U.S. person who is a U.S. owner or beneficiary of a foreign trust and in the current tax year such foreign trust holds an outstanding qualified obligation of yours or a U.S. person related to you. **Complete all applicable identifying information requested below and Part III of the form.**

☐ You are a U.S. person who, during the current tax year, received certain gifts or bequests from a foreign person. **Complete all applicable identifying information requested below and Part IV of the form.**

1a Name of U.S. person(s) with respect to whom this Form 3520 is being filed (see instructions)			**b** Taxpayer identification number (TIN)
c Number, street, and room or suite no. If a P.O. box, see instructions.			**d** Spouse's TIN
e City or town	**f** State or province	**g** ZIP or foreign postal code	**h** Country

i Check the box if you are married and filing a joint 2020 income tax return, and you are filing a joint Form 3520 with your spouse . . . ☐

j If an automatic 2-month extension applies for the U.S. person's tax return, check this box and attach statement. See instructions . . ► ☐

k If an extension was requested for the tax return, check this box ☐ and enter the form number of the tax return to be filed. ►

2a Name of foreign trust (if applicable)			**b** Employer identification number (EIN), if any
c Number, street, and room or suite no. If a P.O. box, see instructions.			**d** Date foreign trust was created
e City or town	**f** State or province	**g** ZIP or foreign postal code	**h** Country

3 Did the foreign trust appoint a U.S. agent (defined in the instructions) who can provide the IRS with all relevant trust information? ☐ **Yes** ☐ **No**
If "Yes," complete lines 3a through 3g. If "No," and you are required to complete Part I, complete lines 15 through 18.

3a Name of U.S. agent			**b** TIN, if any
c Number, street, and room or suite no. If a P.O. box, see instructions.			
d City or town	**e** State or province	**f** ZIP or postal code	**g** Country

4a Name of U.S. decedent (see instructions)	**b** Address	**c** TIN of decedent
d Date of death		**e** EIN of estate

f Check applicable box.
☐ U.S. decedent made transfer to a foreign trust by reason of death.
☐ U.S. decedent treated as owner of foreign trust immediately prior to death.
☐ Assets of foreign trust were included in estate of U.S. decedent.

For Privacy Act and Paperwork Reduction Act Notice, see instructions. Cat. No. 19594V Form **3520** (2020)

Part I Transfers by U.S. Persons to a Foreign Trust During the Current Tax Year (see instructions)

5a Name of trust creator	b Address	c TIN, if any
6a Country code of country where trust was created	b Country code of country whose law governs the trust	c Date trust was created

7a Will any person (other than the foreign trust) be treated as the owner of the transferred assets after the transfer? ☐ Yes ☐ No

b (i) Name of foreign trust owner	(ii) Address	(iii) Country of residence	(iv) TIN, if any	(v) Relevant Code section

8 Was the transfer a completed gift or bequest? If "Yes," see instructions ☐ Yes ☐ No

9a Now or at any time in the future, can any part of the income or corpus of the trust benefit any U.S. beneficiary? ☐ Yes ☐ No

b If "No," could the trust be revised or amended to benefit a U.S. beneficiary? ☐ Yes ☐ No

10 Reserved for future use ☐ Yes ☐ No

Schedule A—Obligations of a Related Trust (see instructions)

11a During the current tax year, did you transfer property (including cash) to a related foreign trust in exchange for an obligation of the trust or an obligation of a person related to the trust? See instructions ☐ Yes ☐ No

If "Yes," complete the rest of Schedule A, as applicable. If "No," go to Schedule B.

b Were any of the obligations you received (with respect to a transfer described in line 11a above) qualified obligations? ☐ Yes ☐ No

If "Yes," complete the rest of Schedule A and attach a copy of each loan document entered into with respect to each qualified obligation reported on line 11b. If these documents have been attached to a Form 3520 filed within the previous 3 years, attach only relevant updates.

If "No," go to Schedule B.

(i) Date of transfer giving rise to obligation	(ii) Maximum term	(iii) Yield to maturity	(iv) FMV of obligation

12 With respect to each qualified obligation you reported on line 11b, do you agree to extend the period of assessment of any income or transfer tax attributable to the transfer, and any consequential income tax changes for each year that the obligation is outstanding, to a date 3 years after the maturity date of the obligation? ☐ Yes ☐ No

Note: You have the right to refuse to extend the period of limitations or limit this extension to a mutually agreed-upon issue(s) or mutually agreed-upon period of time. Generally, if you refuse to extend the period of limitations with respect to each qualified obligation you reported on line 11b, then such obligation is not a qualified obligation and you cannot check "Yes" to the question on line 11b.

Schedule B—Gratuitous Transfers (see instructions)

13 During the current tax year, did you make any transfers (directly or indirectly) to the trust and receive less than FMV, or no consideration at all, for the property transferred? ☐ Yes ☐ No

If "Yes," complete columns (a) through (i) below and the rest of Schedule B, as applicable. When completing columns (a) through (i) with respect to each nonqualified obligation, enter "-0-" in column (h).

If "No," go to Schedule C.

(a) Date of transfer	(b) Description of property transferred	(c) FMV of property transferred	(d) U.S. adjusted basis of property transferred	(e) Gain recognized at time of transfer, if any	(f) Excess, if any, of column (c) over the sum of columns (d) and (e)	(g) Description of property received, if any	(h) FMV of property received	(i) Excess of column (c) over column (h)
Totals ▶					$			$

14 You are required to attach a copy of each sale or loan document entered into in connection with a transfer reported on line 13. If these documents have been attached to a Form 3520 filed within the previous 3 years, attach only relevant updates.

Are you attaching a copy of any of the following?	Yes	No	Attached Previously	Year Attached
a Sale document	☐	☐	☐	
b Loan document	☐	☐	☐	
c Subsequent variances to original sale or loan documents	☐	☐	☐	

Form **3520** (2020)

Form **8938** | Department of the Treasury Internal Revenue Service

Statement of Specified Foreign Financial Assets

▶ Go to *www.irs.gov/Form8938* for instructions and the latest information.
▶ Attach to your tax return.

For calendar year 2020 or tax year beginning , 2020, and ending , 20

OMB No. 1545-2195

Attachment Sequence No. 938

If you have attached continuation statements, check here ☐ **Number of continuation statements** ______

1 Name(s) shown on return | 2 Taxpayer identification number (TIN)

3 Type of filer
a ☐ Specified individual b ☐ Partnership c ☐ Corporation d ☐ Trust

4 If you checked box 3a, skip this line 4. If you checked box 3b or 3c, enter the name and TIN of the specified individual who closely holds the partnership or corporation. If you checked box 3d, enter the name and TIN of the specified person who is a current beneficiary of the trust. (See instructions for definitions and what to do if you have more than one specified individual or specified person to list.)

a Name b TIN

Part I Foreign Deposit and Custodial Accounts Summary

1	Number of deposit accounts (reported in Part V) . . . ▶	
2	Maximum value of all deposit accounts . . .	$
3	Number of custodial accounts (reported in Part V) . . . ▶	
4	Maximum value of all custodial accounts . . .	$
5	Were any foreign deposit or custodial accounts closed during the tax year? . . .	☐ Yes ☐ No

Part II Other Foreign Assets Summary

1	Number of foreign assets (reported in Part VI) . . . ▶	
2	Maximum value of all assets (reported in Part VI) . . .	$
3	Were any foreign assets acquired or sold during the tax year? . . .	☐ Yes ☐ No

Part III Summary of Tax Items Attributable to Specified Foreign Financial Assets (see instructions)

(a) Asset category	(b) Tax item	(c) Amount reported on form or schedule	Where reported (d) Form and line	(e) Schedule and line
1 Foreign deposit and custodial accounts	a Interest	$		
	b Dividends	$		
	c Royalties	$		
	d Other income	$		
	e Gains (losses)	$		
	f Deductions	$		
	g Credits	$		
2 Other foreign assets	a Interest	$		
	b Dividends	$		
	c Royalties	$		
	d Other income	$		
	e Gains (losses)	$		
	f Deductions	$		
	g Credits	$		

Part IV Excepted Specified Foreign Financial Assets (see instructions)

If you reported specified foreign financial assets on one or more of the following forms, enter the number of such forms filed. You do not need to include these assets on Form 8938 for the tax year.

1. Number of Forms 3520 ______ 2. Number of Forms 3520-A ______ 3. Number of Forms 5471 ______
4. Number of Forms 8621 ______ 5. Number of Forms 8865 ______

Part V Detailed Information for Each Foreign Deposit and Custodial Account Included in the Part I Summary (see instructions)

If you have more than one account to report in Part V, attach a continuation statement for each additional account. See instructions.

1 Type of account ☐ Deposit ☐ Custodial | 2 Account number or other designation

3 Check all that apply a ☐ Account opened during tax year b ☐ Account closed during tax year
c ☐ Account jointly owned with spouse d ☐ No tax item reported in Part III with respect to this asset

4 Maximum value of account during tax year . . . $

5 Did you use a foreign currency exchange rate to convert the value of the account into U.S. dollars? . . ☐ Yes ☐ No

6 If you answered "Yes" to line 5, complete all that apply.

(a) Foreign currency in which account is maintained	(b) Foreign currency exchange rate used to convert to U.S. dollars	(c) Source of exchange rate used if not from U.S. Treasury Department's Bureau of the Fiscal Service

For Paperwork Reduction Act Notice, see the separate instructions. Cat. No. 37753A Form **8938** (2020)

Part V Detailed Information for Each Foreign Deposit and Custodial Account Included in the Part I Summary (see instructions) *(continued)*

7a Name of financial institution in which account is maintained	**b** Global Intermediary Identification Number (GIIN) (Optional)

8 Mailing address of financial institution in which account is maintained. Number, street, and room or suite no.

9 City or town, state or province, and country (including postal code)

Part VI Detailed Information for Each "Other Foreign Asset" Included in the Part II Summary (see instructions)

If you have more than one asset to report in Part VI, attach a continuation statement for each additional asset. See instructions.

1 Description of asset	**2** Identifying number or other designation

3 Complete all that apply. See instructions for reporting of multiple acquisition or disposition dates.

a Date asset acquired during tax year, if applicable . . . .

b Date asset disposed of during tax year, if applicable . . . .

c ☐ Check if asset jointly owned with spouse **d** ☐ Check if no tax item reported in Part III with respect to this asset

4 Maximum value of asset during tax year (check box that applies)

a ☐ \$0–\$50,000 **b** ☐ \$50,001–\$100,000 **c** ☐ \$100,001–\$150,000 **d** ☐ \$150,001–\$200,000

e If more than \$200,000, list value . . . . \$

5 Did you use a foreign currency exchange rate to convert the value of the asset into U.S. dollars? . . . ☐ Yes ☐ No

6 If you answered "Yes" to line 5, complete all that apply.

(a) Foreign currency in which asset is denominated	**(b)** Foreign currency exchange rate used to convert to U.S. dollars	**(c)** Source of exchange rate used if not from U.S. Treasury Department's Bureau of the Fiscal Service

7 If asset reported on line 1 is stock of a foreign entity or an interest in a foreign entity, enter the following information for the asset.

a Name of foreign entity ________ **b** GIIN (Optional) ________

c Type of foreign entity **(1)** ☐ Partnership **(2)** ☐ Corporation **(3)** ☐ Trust **(4)** ☐ Estate

d Mailing address of foreign entity. Number, street, and room or suite no.

e City or town, state or province, and country (including postal code)

8 If asset reported on line 1 is not stock of a foreign entity or an interest in a foreign entity, enter the following information for the asset.

Note: If this asset has more than one issuer or counterparty, attach a continuation statement with the same information for each additional issuer or counterparty. See instructions.

a Name of issuer or counterparty ________

Check if information is for ☐ Issuer ☐ Counterparty

b Type of issuer or counterparty

(1) ☐ Individual **(2)** ☐ Partnership **(3)** ☐ Corporation **(4)** ☐ Trust **(5)** ☐ Estate

c Check if issuer or counterparty is a ☐ U.S. person ☐ Foreign person

d Mailing address of issuer or counterparty. Number, street, and room or suite no.

e City or town, state or province, and country (including postal code)

Form **8938** (2020)

(Continuation Statement)

Name(s) shown on return	TIN

Part V Detailed Information for Each Foreign Deposit and Custodial Account Included in the Part I Summary (see instructions)

1 Type of account ☐ Deposit ☐ Custodial

2 Account number or other designation

3 Check all that apply a ☐ Account opened during tax year b ☐ Account closed during tax year c ☐ Account jointly owned with spouse d ☐ No tax item reported in Part III with respect to this asset

4 Maximum value of account during tax year . . . . . . $

5 Did you use a foreign currency exchange rate to convert the value of the account into U.S. dollars? . . ☐ Yes ☐ No

6 If you answered "Yes" to line 5, complete all that apply.

(a) Foreign currency in which account is maintained	(b) Foreign currency exchange rate used to convert to U.S. dollars	(c) Source of exchange rate used if not from U.S. Treasury Department's Bureau of the Fiscal Service

7a Name of financial institution in which account is maintained

b GIIN (Optional)

8 Mailing address of financial institution in which account is maintained. Number, street, and room or suite no.

9 City or town, state or province, and country (including postal code)

Part VI Detailed Information for Each "Other Foreign Asset" Included in the Part II Summary (see instructions)

1 Description of asset

2 Identifying number or other designation

3 Complete all that apply. See instructions for reporting of multiple acquisition or disposition dates.

a Date asset acquired during tax year, if applicable . . . . . .

b Date asset disposed of during tax year, if applicable . . . . . .

c ☐ Check if asset jointly owned with spouse d ☐ Check if no tax item reported in Part III with respect to this asset

4 Maximum value of asset during tax year (check box that applies)

a ☐ $0–$50,000 b ☐ $50,001–$100,000 c ☐ $100,001–$150,000 d ☐ $150,001–$200,000

e If more than $200,000, list value . . . . . . $

5 Did you use a foreign currency exchange rate to convert the value of the asset into U.S. dollars? . . . ☐ Yes ☐ No

6 If you answered "Yes" to line 5, complete all that apply.

(a) Foreign currency in which asset is denominated	(b) Foreign currency exchange rate used to convert to U.S. dollars	(c) Source of exchange rate used if not from U.S. Treasury Department's Bureau of the Fiscal Service

7 If asset reported on line 1 is stock of a foreign entity or an interest in a foreign entity, enter the following information for the asset.

a Name of foreign entity ______ b GIIN (Optional)

c Type of foreign entity (1) ☐ Partnership (2) ☐ Corporation (3) ☐ Trust (4) ☐ Estate

d Mailing address of foreign entity. Number, street, and room or suite no.

e City or town, state or province, and country (including postal code)

8 If asset reported on line 1 is not stock of a foreign entity or an interest in a foreign entity, enter the following information for the asset.

a Name of issuer or counterparty

Check if information is for ☐ Issuer ☐ Counterparty

b Type of issuer or counterparty

(1) ☐ Individual (2) ☐ Partnership (3) ☐ Corporation (4) ☐ Trust (5) ☐ Estate

c Check if issuer or counterparty is a ☐ U.S. person ☐ Foreign person

d Mailing address of issuer or counterparty. Number, street, and room or suite no.

e City or town, state or province, and country (including postal code)

Form **8938** (2020)

70장

해외자녀에 부동산이전 후 사후관리

1 해외에 있는 자녀에게 국내의 부동산을 상속·증여한 경우

(1) 부동산을 빌려주면 국내에서 소득세를 내야 한다.

상속·증여를 받은 부동산에서 임대소득이 발생하면, 한국에서 매년의 소득을 다음 연도 5월 31일까지 종합소득세로 신고해야 한다.

주택임대소득세를 신고할 의무는, 주택의 기준시가와 국내에 가지고 있는 주택의 수에 따라 달라진다. (25장, 주택증여이후의 세금 참고)

〈임대소득 신고대상〉

소유 주택수	월세를 받는 경우	전세금을 받는 경우
1주택 소유자	기준시가 12억 초과하면 신고	신고 불필요
2주택 소유자	모든 월세수입을 신고	신고 불필요
3주택 소유자	모든 월세수입을 신고	전세금합계가 3억 초과하면 신고

위의 표는 주택(주거용 오피스텔 포함)을 임대하는 경우에 신고의무를 요약한 것이며, 주택이 아닌 상가나 토지를 임대하면 모든 월세 수입을 신고해야 한다.

(2) 해외에서는 모든 월세소득을 신고해야 한다.

국내에서는 임대소득신고대상이 되는 경우에만 국내의 종합소득으로 신고해야 하지만, 국내에서 임대소득을 신고하지 않는 경우에도 미국현지에서는 한국의 모든 임대료수입을 신고해야 한다.

(3) 임대보증금을 은행에 예치하면 해외에서 매년 신고해야 한다.

국내에서 월세를 받으면 미국에서 소득으로 신고해야 하지만, 임대보증금을 받으면 다시 돌려주어야 하는 부채이므로 미국에서 소득으로 신고할 필요는 없다.

그러나 월세를 받은 현금이나 임대보증금을 은행에 예치하거나, 혹은 주식에 투자를 하는 경우에는, 미국의 입장에서는 해외의 금융자산이 되므로 매년 미국 재무부와 미국 국세청에 신고해야 한다.

2 해외에 있는 자녀가 국내부동산을 처분하는 경우 – 국내에서 해야 할 일

(1) 국내에서 매매를 대리할 대리인을 선임해야 한다.

해외에 살고 있는 자녀가 국내에 있는 부동산을 상속 혹은 증여를 받은 후 나중에 부동산을 팔기 위해서는, 국내에서 업무를 대신할 대리인을 선임해야 한다. 국내의 대리인에게 처분과 관련된 업무를 위임한다는 위임장을 작성하여 국내로 보내야 하고, 위임장에는 국내 대리인의 인적사항, 위임할 업무의 내용, 부동산의 주소 등을 상세하게 자필로 작성해야 한다. 또한 현지 영사관에서 본인이 위임장을 직접 작성하였다는 사실을 확인받은 후 영사의 날인을 받아야 한다.

(2) 소유권을 이전해 주기 위해 부동산 양도신고확인서를 발급받아야 한다.

해외에 살고 있는 자녀가 국내에 있는 부동산을 팔면, 잔금을 받는 날에 상대방에게 소유권이전등기를 해주어야 한다.

해외교포나 외국인인 경우에는, 소유권이전등기를 위해 세무서장이 발급해주는 「부동산 등 양도신고확인서」를 등기소에 제출해야 한다.

부동산 양도신고확인서를 발급받기 위해서는 양도소득세 신고서가 첨부되어야 하므로, 잔금을 수령하기 전에 양도소득세를 먼저 신고해야 한다.

양도소득세 신고서는 부동산 양도신고확인서를 발급받을 때 필요하므로 잔금지급일 전에 세무서에 제출해야 하지만, 양도소득세는 양도한 날의 말일부터 2개월 이내에 납부하면 된다.

(3) 국내에서 양도소득세를 신고하고 세금을 내야 한다.

해외에 살고 있는 자녀라 해도 국내에 있는 부동산을 팔면 국내에서 양도소득세를 내야 한다.

1세대 1주택 비과세 혜택은 국내에 살고 있는 사람에게만 적용되므로, 해외에 살고 있는 사람은 양도소득세 비과세 혜택을 받을 수 없다. 그러나 부동산을 3년 이상 소유한 경우에는 보유기간에 따라 양도소득의 6%~30%의 금액을 빼주는 장기보유공제 혜택은 받을 수 있다.

(4) 증여를 받은 후 10년이 지나고 나서 파는 것이 유리하다.

증여를 받았던 부동산을 팔게 되면, 판 가격에서 증여를 받은 시점의 금액을 빼서 양도차익을 계산하는 것이 원칙이다.

그러나 예외적으로 자녀가 부모로부터 증여를 받은 부동산을 10년(2023.1.1. 이전에 증여받은 부동산은 5년)이 되기 전에 팔면, 증여를 받은 시점의 금액을 빼주는 것이 아니라 부모가 처음에 구입한 시점의 가격을 빼준다. (23장, 부동산의 증여 이후 매각 참조)

부동산가격이 올라가는 경우에는, 부모가 처음에 샀던 당시의 가격이 증여를 받는 당시의 시가보다 낮으므로 양도차익이 더 커진다.

다만, 증여를 받을 당시에 냈던 증여세는 양도이익을 계산할 때 비용으로 빼서 계산하며, 만일 부동산가격이 떨어져서 증여를 받을 당시의 금액이 처음에 부모가 샀던 가격보다 낮은 경우에는 증여를 받은 시점의 금액을 빼서 양도이익을 계산한다.

그러나 상속받은 부동산을 처분할 때는 상속받은 시기와 상관없이 상속재산으로 신고한 가액을 취득원가로 인정해준다.

3 해외자녀가 국내부동산을 처분하는 경우 – 해외에서 해야 할 일

(1) 해외에서도 양도소득을 신고해야 한다.

미국에 살고 있는 자녀가 한국의 부동산을 팔면 미국 현지에서도 양도소득세를 신고해야 한다.

미국의 양도소득세는 개인소득세 신고서 Form1040을 신고할 때, Schedule D(양도소득)를 첨부하여 미국 국세청에 신고한다.

한국의 양도소득을 미국의 개인소득에 포함하여 신고하면 미국의 연방소득세를 내게 되며, 한국에서 낸 세금은 미국의 연방소득세에서 공제받게 된다. 한국의 기본양도세율이 6%~45%로서 미국의 장기 양도소득세율 20%보다 높아서 한국에서 낸 세금이 더 크므로, 미국에서 추가로 낼 연방소득세는 거의 발생하지 않는다.

(2) 처분 대금을 단 하루라도 은행에 예치하면 해외금융자산으로 신고해야 한다.

해외에 있는 자녀가 한국에서 부동산을 판 돈을 은행에 예금하면, 미국 현지에서 다음 연도 4월 15일까지 해외 금융자산 신고를 해야 한다.

해외 금융자산 신고는 개인소득세 신고와 별도로, 미국 재무부(FBAR)와 미국 국세청(FACTA)에 신고할 의무가 있다.

또한 한국에 있는 예금에서 이자를 받게 되면 미국에서 이자소득으로 신고해야 하며, 한국에서 원천징수당한 세금은 미국 세금에서 공제받을 수 있다.

(3) 미국은 장기양도소득에 낮은 세율을 매기지만 투자소득세와 주소득세를 별도로 낸다.

미국의 경우 부동산을 1년 이하만 가지고 있다가 판 경우에는, 단기양도소득으로 분류되어 정규 소득세율인 10%~37%의 세율을 곱하지만, 1년을 넘게 보유한 후 파는 경우에는 장기 양도소득으로 분류되어 최고세율이 20%인 낮은 세율을 곱한다.

미국의 경우 처분한 금액에서 빼주는 취득금액은, 가격이 상승한 부동산의 경우 처음에 증여를 해준 부모의 취득원가를 적용하므로 양도이익이 커지게 된다.

증여할 당시에 증여세로 낸 금액 중에서, 증여를 받은 시점 이후부터 팔 때까지 가격이 올라간 비율만큼을 양도이익에서 빼준다.

(4) 양도소득세 이외에 투자소득세와 주정부 소득세를 추가로 낸다.

장기 양도차익에 대한 20%의 세금은 연방정부에 내는 세금이며 연방세금에 추가하여, 투자소득금액이 $250,000(부부합산 신고자인 경우) 이상인 경우 $250,000을 넘는 투자소득의 3.8%에 해당하는 순투자소득세를 내고, 거주하고 있는 주정부에 주소득세를 추가로 낸다.

한국에서 낸 양도소득세는, 세율 20%를 적용하는 연방소득세를 신고할 때 공제받을 수 있지만, 투자소득세와 주소득세에서는 공제받을 수 없다.

한국에 있는 부동산을 판 경우에 미국에서 세금을 계산하는 사례를 보면 다음과 같다.

사 례

한국에서 부모로부터 증여를 받은 부동산을 12억 원($1 million)에 팔고 한국에서 양도소득세를 $200,000 신고하였다.
한국에서 부모가 증여세로 $150,000을 냈고, 중개수수료는 $10,000이며 부모의 취득원가는 $300,000, 증여당시 시가는 $700,000로 가정한다.

부부합산 신고자를 가정하여 미국현지에서 낼 총세금은?

처분가액		$1,000,000	
증여세차감*		−85,714	증여세 중 가치증가분만큼만 취득가액으로 인정
중개수수료		−10,000	양도비용공제
취득원가		−300,000	증여한 부모의 취득원가
양도소득		604,286	
연방소득세	20%	120,857	장기양도소득에 대한 연방최고세율
외국납부세액공제		(200,000)	한국에서 낸 양도소득세
① 연방소득세		0	외국납부세액이 더 크므로 낼 세금이 없음
② 주소득세	10%	**60,428**	거주하는 주에 별도로 내는 세금 (세율을 10%로 가정)
③ 투자소득세**	3.8%	**13,462**	기준금액 $250,000를 넘는 양도소득에 3.8%를 적용

$$* 150{,}000 \times \frac{(700{,}000 - 300{,}000)}{700{,}000} = 85{,}714$$

* 한국에서 낸 세금이 더 커서 연방소득세는 0 이지만, 주소득세와 투자소득세는 한국에서 낸 세금을 공제받을 수 없어 별도로 내야 한다.

** (604,286 − 250,000) × 3.8% = 13,462

4 부동산을 처분한 후 처분대금을 해외로 가져가는 경우

한국에 있는 부동산을 판 후 그 대금을 미국으로 송금하기 위해서는 외국환거래법의 절차를 따라야 한다.

외국환거래법에 따르면 국내은행 중 어느 하나를 정하여 「외국환은행 지정신청서」를 제출하여 송금할 은행을 지정하고, 부동산을 판 후 세무서장에게 신청하여 「부동산 매각자금 확인서」를 발급받은 후, 지정된 은행에 「재외동포 재산반출 신청서」를 제출하여 송금한다.[286)]

286) 상증세 사무처리규정 제58조

[별지 제88호 서식](2021. 3. 16. 개정)

[ ] 부동산등 양도신고확인서 발급 신청서
[ ] 부동산등 양도신고확인서

※ 뒤쪽의 작성방법을 읽고 작성하시기 바랍니다. (앞쪽)

발행번호	제 호		처리기한: 즉시

신청인 (양도인)	① 성명	② 주민등록번호(국내거소신고번호, 외국인등록번호, 여권번호)
	③ 주소 (전화번호 :)	
	④ 구분 [ ] 재외국민 [ ] 외국인	
등기권리자 (양 수 인)	⑤ 성 명 (법인명)	⑥ 주민등록번호(법인등록번호)
	⑦ 주소 (전화번호 :)	
⑧ 등기원인		⑨ 양도계약일자

부 동 산 등 양 도 내 용

⑩ 부동산소재지	⑪ 종 류	⑫면적(㎡)	⑬양도지분	⑭잔금일자

「소득세법」 제108조 및 같은 법 시행령 제171조에 따라 부동산등양도신고확인서 발급 신청서를 제출합니다.

년 월 일

양도인 또는 대리인 주소

성명 (서명 또는 인)

세무서장 귀하

위와 같이 부동산등 양도내용을 신고하였음을 확인합니다.

년 월 일

세무서장 [인]

첨부서류	뒤쪽 참조	수수료 없 음

210mm×297mm[백상지80g/㎡ 또는 중질지80g/㎡]

(뒤쪽)

신청인 제출 서류	1. 양도소득세 과세표준 신고 및 납부계산서(별지 제84호서식) 또는 양도소득세 간편신고서(별지 제84호의4서식) 1부 2. 매매관련 계약서 사본 1부 3. 자본적 지출액·양도비 등 기타필요경비 증명서류(세금계산서 등) 1부 4. 감면신청서 및 수용확인서 등 1부 5. 그 밖에 양도소득세 계산에 필요한 서류 1부	수수료 없 음

유 의(안 내) 사 항

1. 부동산등양도신고확인서는 부동산등을 양도하는 경우 부동산소유권이전등기를 신청할 때 첨부해야 합니다.
2. 부동산등양도신고확인서를 사용하기 전에 부동산등 양도내용이 변경된 경우에는 변경된 신고내용에 따라 재발급하여 드립니다.

작 성 방 법

1. 양도자, 양수자 및 양도부동산 내용은 정확하게 적습니다.
2. 2인 이상이 공유부동산을 동일한 계약에 의하여 양도한 경우에는 양도자별로 신고서를 작성하되 첨부서류는 한부만 첨부하여 양도자 중 1인의 관할세무서에 신고합니다.
3. 양수자가 2인 이상인 경우에는 대표 양수자 1인만 작성합니다.
4. ②주민등록번호란은 국내거소신고번호를 부여받은 재외국민 또는 외국국적동포이면 국내거소신고증상의 국내거소신고번호를 적고, 외국인이면 외국인등록표상의 외국인등록번호를 적으며, 상기 번호을 부여받지 않은 경우에는 여권번호를 적습니다.
5. ⑧등기원인란은 매매, 대물변제, 교환, 현물출자, 공매, 경매 또는 「공익사업을 위한 토지등의 취득 및 보상에 관한 법률」 등에 의한 수용 등을 적습니다.

6 ⑨양도계약일자란은 양도계약서 작성일자를 적습니다.

7. ⑩부동산소재지란은 지번 및 아파트 동호수까지 적습니다.
8. ⑪종류란은 토지와 건물을 같이 양도하더라도 다른 칸에 구분하여 적습니다.
9. ⑫면적란은 양도부동산의 총면적을 적습니다.
10. ⑬양도지분란은 공유지분을 양도하는 경우 지분비율을 적습니다.
11. ⑭잔금일자란은 세액계산의 기초가 되므로 반드시 적습니다(잔금을 받은 경우에는 받은 날 또는 계약서상의 잔금약정일자, 교환계약체결일, 현물출자대금의 대가로 주식을 교부받은 날 등).
12. 구비서류는 부동산양도내용 및 세액계산의 근거가 되므로 반드시 정확한 증빙서류를 제출해야 합니다.

210mm×297mm[백상지 80g/㎡ 또는 중질지 80g/㎡]

【상속세 및 증여세 사무처리규정 별지 제7호 서식】 (2016.7.1. 개정)

발급번호	부동산 매각자금 확인서				처리기간
신청인	성 명		생년월일 (외국인등록번호)		국적 또는 영주권취득일
	국내거소			(연락처)	
부 동 산 매 각 자 금 내 역					
부동산	소 재 지				
	지 목		면 적(㎡)		
	양도일자		양도가액(원)		
	확인금액(원)				
양수인	성 명		생년월일		
	주 소				

외국환거래규정 및 관련 지침 등에 의해 국내보유 부동산을 매각한 자금이 위와 같이 확인됨을 증명하여 주시기 바랍니다.

년 월 일

신청인 :

대리인 :

신청인과의 관계 :

대리인 생년월일 :

세무서장 귀하

위와 같이 확인함

년 월 일

세무서장 (인)

붙임서류 1. 등기부등본

2. 양도당시 실지거래가액을 확인할 수 있는 서류(매매계약서 및 관련 금융자료 등)

☞ 작성요령

1. "국내거소"란에는 국내체류지 및 연락 전화번호를 기재
2. "지목"란에는 부동산의 종류(대지, 전답, 아파트 등)을 기재하고 부동산소재지별로 작성한다.
3. "양도가액"란에는 세무서에 신고된 부동산 매각당시의 가액을 기재
   다만, 기준시가에 의한 양도소득세 신고의 경우 또는 양도소득세 비과세에 해당하는 경우 매매계약서 및 관련 금융자료 등 제출된 증빙서류에 의하여 객관적으로 부동산매각대금이 확인된 경우에는 그 가액을 기재
4. "확인금액"란에는 양도가액에서 해당 부동산의 채무액(전세보증금, 임차보증금 등)을 공제한 가액을 기재
5. 토지수용 등의 경우 사업시행소관부처장의 확인서를 첨부

※ 개인정보보호법 제24조에 의한 수집·이용 동의 [신청인(본인)]

○ 수집·이용목적(확인서발급, 사후관리 등)

○ 수집대상 고유식별정보 (주민등록번호, 외국인등록번호, 여권번호)

○ 보유·이용기간(5년)

☞ 상기내용에 대해 동의함 □, 동의하지 않음 □

○ 동의를 거부할 권리가 있으며, 동의 거부에 따라 불이익(확인서 미발급 등)이 있을 수 있음

71장

해외자녀에 주식이전 후 사후관리

1 주식에서 배당금을 받는 경우 현지에서 개인소득세를 신고해야 한다.

상속 · 증여를 받은 주식에서 배당금을 받게 되면, 배당금을 지급하는 국내의 회사에서 외국인에 대한 세금을 원천징수를 한다.

배당금을 지급하는 한국의 법인에게 한미조세협약에 규정되어 있는 제한세율로 원천징수하도록 요청하면, 16.5%의 세율로 원천징수하여 국내에서의 세금신고는 종료된다.

미국 현지에서는 해외에서 배당금을 받는 경우 개인소득세 신고서 Form1040의 Schedule B에 신고하고, 한국에서 원천징수당한 세금은 미국에서 공제받을 수 있다.

미국의 배당소득세율은 개인별로 소득 금액에 따라 0%, 15%, 20%가 적용된다. 그러므로 한국의 16.5%보다 높은 20%의 미국 세율이 적용되는 사람은, 제한세율로 원천징수를 받아 한국에서 낸 세금 모두를 공제받는 것이 더 유리하다.

또한 배당금은 투자소득에 해당되어 $250,000을 넘는 투자소득에 대하여 3.8%의 투자소득세를 내고, 주정부 소득세도 추가로 낸다.

2 주식을 처분하는 경우 – 국내에서 해야 할 일

(1) 주식의 처분이익은 거주하고 있는 나라에서 신고한다.

해외에 살고 있는 사람이 한국에 있는 회사의 주식을 파는 경우, 어느 나라에서 세금을 내야 하는지는 조세협약에 따라 달라진다. 대부분의 국가 간 조세협약에 따르면 주식의 양도소득은 그 사람이 살고 있는 나라에 신고하는 것으로 규정되어있다.

한국과 미국의 조세협약에 따르면 미국에 살고 있는 자녀가 한국의 주식을 팔면, 한미 조세협약에 따라 현재 살고 있는 미국에서 세금신고를 해야 하므로, 한국에서는 처분이익에 대한 세금을 신고할 필요가 없다.[287)]

(2) 주식처분에 대한 증권거래세는 국내에서 낸다.

주식의 처분이익은 미국 현지에서 신고를 하지만, 주식의 처분금액에 붙는 증권거래세는 조세협약에 규정이 없으므로 주식을 처분한 한국에서 낸다.

증권거래세는 주식의 처분가액의 0.35%(비상장주식인 경우)이며 주식을 발행한 법인의 본점 소재지 관할세무서에 낸다.

287) 한미 조세협약 제16조, 양도소득 제①항

3 주식을 처분하는 경우 – 해외 현지에서 해야 할 일

(1) 양도소득세를 신고해야 한다.

한미 조세협약에 따르면 미국에 살고 있는 사람은, 미국외의 국가에서 발생한 주식처분이익을 미국에서 양도소득세로 신고해야 한다.

미국의 경우 개인소득세 신고서 Form1040에 첨부되는 Schedule D에 주식의 취득 및 양도가액을 신고하고, 양도이익에 따라 최대 20%의 연방소득세를 낸다.

증여를 받았던 주식을 팔아서 양도이익을 계산할 때 증여를 해준 부모의 취득원가보다 비싸게 판 경우에는 부모의 취득원가를 빼서 이익을 계산하고, 부모의 취득원가보다 낮게 판 경우에는 증여받을 당시의 시가를 취득원가로 빼서 손실을 계산한다.

상속받은 주식을 처분하면 상속받을 당시의 시가를 취득원가로 인정해준다.

주식의 처분이익이 생기면 정규 소득세율을 적용하지 않고 별도로 최대 20%의 장기투자소득세율(1년 미만 보유한 주식은 정규소득세율을 적용)을 적용하고, 처분손실이 나면 부부합산신고자의 경우 연간 $3,000(합산신고자 외에는 $1,500)까지 다른 소득에서 공제를 받을 수 있다.

이번 연도에 공제를 받지 못한 투자손실 있으면 다음 연도로 이월하여 연간 공제한도 내에서 공제받을 수 있다.

(2) 투자소득세와 주정부 소득세는 별도로 낸다.

부동산의 처분이익과 같이, 장기 양도차익에 대한 20%의 세금은 연방정부에 내는 세금이며, $250,000을 넘는 투자소득의 3.8%에 해당하는 순투자소득세를 별도로 낸다. 그리고 연방소득세 이외에도 거주하고 있는 주정부에 주소득세를 추가로 낸다.

한국에서는 주식양도소득세를 내지 않으므로 미국에서 외국납부세액으로 공제받을 금액은 없다.

(3) 주식을 판 대금을 국내은행에 예금하면 금융자산으로 신고해야 한다.

주식을 판 대금을 은행에 예금하면 미국 현지에서 다음 연도 4월 15일까지 해외 금융자산 신고를 해야 한다.

해외 금융자산 신고는 개인소득세 신고와 별도로, 미국 재무부(FBAR)와 미국 국세청(FACTA)에 신고할 의무가 있다.

4 처분대금을 해외로 가져갈 경우 자금출처를 확인받아야 한다.

국내의 재산을 팔고 처분대금을 해외로 송금하기 위해서는 세무서장으로부터 자금의 출처를 확인받아야 한다.

부동산 매각대금은 「부동산 매각자금 확인서」를 지정은행에 제출해야 하지만, 부동산 매각대금이 아닌 경우에는 관할세무서장이 발행해 주는 「예금 등에 대한 자금출처 확인서」를 지정은행에 제출한다.[288)]

288) 상증세 사무처리규정 제59조

【상속세 및 증여세 사무처리규정 별지 제 12 호 서식 】(2016.7.1. 개정) 　수수료 없음

예금 등에 대한 자금출처 확인서 (갑)

발급번호				처리기간
신 청 자	성 명		생년월일 또는 외국인등록번호	
	주소 또는 거소			
제출처			이민일자	
확인서의 사용목적		여권번호	전화번호	
		해외이주허가번호 및 일자 No. (. . .)		
확인금액	원 (미화 $) 【 년 월 일 확인서 발급금액 원 포함 】			

자 금 출 처 내 역			
자 금 출 처	금 액	자 금 원 천	비 고
계			
예금 · 적금			
신 탁 계 정			
원 화 대 출 금			
임 대 보 증 금			
기 타			

외국환거래규정 제 4~7 조의 규정에 따라 위 확인서 발급되는 날 현재 자금출처가 위와 같이 확인됨을 증명하여 주시기 바랍니다.

신 청 인 : ㊞

세 무 서 장 귀하

위와 같이 확인합니다.

세 무 서 장 ㊞

※ 붙임서류 : 1. 예금 등 재산반출 명세서

2. 예금 · 적금 및 신탁계정은 통장 사본을 붙이고 동 예금 · 적금의 입금과 관련한 자금 원천이 확인되는 서류

3. 대출금의 경우 대출금 통장 사본 및 대출관련 서류

4. 임대보증금의 경우 임대차계약서 사본

5. 대리인의 경우 위임장

※ 유의사항 : - 비고란에는 자금의 원천을 간단하게 기재합니다.

- 확인금액은 국외 반출되는 전체 누계금액이 미화 10만 달러를 초과하는 경우 초과하는 금액을 포함한 전체 누계금액으로 표기합니다.

※ 원화대출금 · 임대보증금 : 본인명의 예금 또는 부동산을 담보로 하여 외국환은행으로부터 취득한 원화대출금 및 본인명의 부동산의 임대보증금을 말합니다.

※ 개인정보보호법 제 24 조에 의한 수집 · 이용 동의 [신청인 (본인)]

○ 수집 · 이용목적 (확인서발급, 사후관리 등)

○ 수집대상 고유식별정보 (주민등록번호, 외국인등록번호, 여권번호)

○ 보유 · 이용기간 (5 년)

☞ 상기내용에 대해 동의함 ㅁ, 동의하지 않음 ㅁ

○ 동의를 거부할 권리가 있으며, 동의 거부에 따라 불이익 **(확인서 미발급 등)**이 있을 수 있음

■ 찾아보기

김 영 수

■ **약력**

- 고려대학교 경영학과 졸업
- 한국 · 미국 공인회계사
- (현)신한회계법인

■ 주요경력

- 재경부 정부투자기관 평가위원
- 감사원 지방세합동조사반 파견
- 감사원, 한국생산성본부, KBS 방송연수원 등 출강
- 영등포세무서 과세적부심 심의위원
- 서울디지털대 겸임교수(세법학)
- 국제금융회계아카데미출강(미국세법)
- 한국공인회계사회 연수원출강(미국세법, 비상장주식평가)
- 국세청 직무교육출강(비상장주식평가)

■ **저서**

<전문서적>

- 미시중급회계의 대가
- 거시중급회계의 대가
- 한씨네 세법
- 세법원리(세학사)
- 법인의 세법실무(세학사)
- 미국세법(2026, 세학사)
- 비상장주식평가 Pro(2026, 도서출판 ONE)

■ YouTube(유튜브) 채널 : 납세자는 왕이다

■ E-mail : yskimabc@hanmail.net

(2026년 개정판) 알기 쉬운 **상속 · 증여세** (제4판)

제1판1쇄 발행 • 2023년 2월 16일
제2판1쇄 발행 • 2024년 2월 16일
제3판1쇄 발행 • 2025년 2월 19일
제4판1쇄 발행 • 2026년 2월 26일
저 자 • 김 영 수
발 행 인 • 정 성 열
발 행 처 • 도서출판 ONE
주 소 • 서울특별시 영등포구 선유로3길 10
등 록 • 제313-2003-427호
전 화 • 02-323-8536
팩 스 • 02-323-8531

저자와의 협의하에 인지생략

ISBN 978-89-6481-502-1

정가 26,000원

- 본서의 내용에는 저자의 주관적인 견해가 포함되어 있습니다. 개별적인 사안에 대하여는 관련기관의 해석이나 전문가의 상담을 받으시기 바랍니다.
- 출간이후 법령이나 해석이 수정되어 본 저서의 내용이 수정되어야 하는 경우에는 (http://one-book.co.kr)에 그 내용을 공지하고 있습니다.